科学出版社“十三五”普通高等教育本科规划教材

分析化学

（第二版）

邵利民　编著

科学出版社

北京

内 容 简 介

本书的主要内容包括酸碱平衡、配位平衡、氧化还原平衡和沉淀平衡体系的定量计算，以及相应的滴定分析方法。不同于经典的分析化学教材，本书采用“去公式化”解析策略，注重化学平衡体系的分析和算式的推导，数值计算和方程求解则通过软件完成。相关软件的Matlab代码附于书后。本书还介绍了常见数理统计方法及其在分析化学中的应用，特别强调方法的正确使用和结果的合理阐释。本书包含数量众多、难度不同的例题，并且给出解题思路和分析过程。每章最后包括习题并附有答案。

本书可作为高等理工类学校化学化工类相关专业本科生的分析化学教材，也可供从事分析化学相关工作的科技人员阅读和参考。

图书在版编目(CIP)数据

分析化学 / 邵利民编著. —2版. —北京：科学出版社，2020.7
科学出版社“十三五”普通高等教育本科规划教材
ISBN 978-7-03-065570-7

Ⅰ. ①分… Ⅱ. ①邵… Ⅲ. ①分析化学-高等学校-教材 Ⅳ. ①O65

中国版本图书馆CIP数据核字(2020)第106026号

责任编辑：陈雅娴 / 责任校对：何艳萍
责任印制：张　伟 / 封面设计：迷底书装

科学出版社 出版
北京东黄城根北街16号
邮政编码: 100717
http://www.sciencep.com

三河市骏杰印刷有限公司印刷
科学出版社发行　各地新华书店经销

*

2016年6月第　一　版　开本：787×1092　1/16
2020年7月第　二　版　印张：15 1/2
2025年12月第十三次印刷　字数：364 000

定价：58.00元

第二版前言

《分析化学》第一版出版以后，收到很多来自全国和本校师生的反馈意见。整合这些极具价值的意见，同时吸收最新教学研究成果，完成教材的第二版。本教材配套课件的下载地址为 http://staff.ustc.edu.cn/~lshao/misc.html。

第二版的新增内容主要包括以下几个方面：

(1) 新增化学平衡体系定量解析的理论框架，使"去公式化"主线更加明晰(第 1 章 1.2.2)。各类化学平衡计算原则上都可以纳入这个框架。

(2) 新增化学平衡等量关系的系统介绍和使用原则(第 1 章 1.2.2)，证明电荷平衡式 CBE 可以由物料平衡式 MBE 导出，因此不是独立等量关系(附录 3)。

(3) 新增 MBE 的建立规则和相应例题(第 1 章 1.2.2)。

(4) 新增"活度"的简要介绍(第 1 章 1.2.2)。

(5) 新增氨基酸溶液 pH 计算示例和深入讨论(第 3 章例 3.11)。

(6) 新增计算效率更高的"滴定突跃法"，用于准确滴定判别(第 3 章 3.5、第 4 章 4.4)。

(7) 新增通过滴定曲线研究 EDTA 测定 Ca、Mg 总量时 EBT 的变色情况，说明滴定曲线在深入剖析滴定体系中的作用(第 4 章 4.5)。

(8) 新增能斯特方程计算结果的误差讨论(第 5 章 5.1.1)。

(9) 新增氧化还原终点误差计算中确定过量反应物的方法(第 5 章 5.3.2 信息栏 5.2)。

(10) 部分例题新增解法，尤其是传统解法，以资对比。展示传统方法的特点，并讨论其近似手段导致的误差。每章都新增部分习题。

第二版的优化内容主要包括以下几个方面：

(1) 重写显著性检验(第 2 章 2.3.3)，突出应用层面上的重点，减少应用中很少涉及的数理统计概念和知识难点。

(2) 优化部分知识点的推导流程，使之更加直观流畅、容易理解。例如，酸碱组分分布分数的推导(第 3 章 3.1.1)、副反应系数的推导(第 4 章 4.1.1)、$[M']_{sp}$计算式的推导(第 4 章 4.2.2)、金属指示剂变色点的推导(第 4 章 4.3.1)等。

(3) 详细解释为什么要在 EDTA-金属离子配位平衡体系中引入"表观浓度""副反应系数""条件稳定常数"，讨论这种处理方式的近似之处，并介绍精确求解思路。

(4) 优化滴定突跃端点的讨论(第 3 章 3.3.4、第 4 章 4.2.3、第 5 章 5.2.3、第 6 章 6.4.2)。

(5) 优化终点误差的计算流程(第 3 章 3.4.2、第 4 章 4.3.2、第 5 章 5.3.2、第 6 章 6.4.3)。

(6) 优化氧化还原滴定曲线的绘制(第 5 章 5.2.1、5.4)。

(7) 优化部分例题解题过程，使思路逻辑性更强、条理更加清晰。

(8) 修改全书文本，使表述更加精确严密、精简洗练。

第二版的修正内容主要包括：删除部分重复例题和过于复杂的例题，较全面的习题参见本书配套题解；修正 3 处不严密的表述(常用对数运算的有效数字修约规则、概率密度定义和对称电对定义)。

作者开发了界面友好的方程求解软件、数理统计应用软件和分析化学常数数据库软件，软件的介绍和下载参见附录。作者还录制了视频演示这些软件的使用，读者可以扫描书中的二维码观看。

本书第一版引发了一些关于“去公式化”课程体系的讨论，概括起来主要有两点：一是在考场无法使用方程求解软件，所以学生不能给出所求数值；二是传统的近似计算足够了，没有必要使用“去公式化”策略精确求解，因为平衡常数的数值精度不高。

对于上述两个问题，这里提一点个人看法，以期引玉。考试中，如果学生给出了正确而且完整的求解过程，唯一剩下的是实际中完全能够解决、只是在考场受限的数值计算问题，可否给满分？分析化学计算中，平衡常数只是精度的一个影响因素，还有一个重要的影响因素是传统公式中的近似手段。这些近似手段在处理复杂问题时往往有很大误差，导致传统公式失效。“去公式化”课程体系的精确性体现在求解思路和方法上。

书中不免有错误和疏漏之处，恳请读者批评指正：lshao@ustc.edu.cn。

分析化学是一门重要的本科基础课，学生完成学习后却不一定有机会再次接触课程内容。然而，知识学习之外的素养提升会让他们终身受益。我们期望的素养提升包括科学思维方式的建立和逻辑推理能力的培养，可以得益于书中解决各类分析化学问题的统一理论框架。书中“去公式化”课程体系所体现的批判性思维，学生也许觉得更有启发性：不唯上、不唯书，只唯实；求学如此，做人亦如此，方可不负韶华，不负时代。

作　者

2023 年 4 月

配 套 题 解

书名：《分析化学题解——基于去公式化计算策略》

书号：978-7-03-061338-7

科学出版社电子商务平台购买链接

- “去公式化”计算策略无需记忆大量公式，让分析化学“回归”分析
- 统一的理论框架能够求解不同类型的问题
- 详细解题，循序渐进，深入思考，剖析知识点之间的内在联系

第一版前言

本书是分析化学经典课程体系的改革成果。

分析化学作为“四大化学”之一，是国内外高校化学专业的基础课程。经过长期发展，分析化学课程已经形成了成熟且稳定的经典体系，强调计算的可实现性。在计算工具欠发达的年代，前辈研究者们精心推导了各种近似计算公式，这些公式运算简单，复杂度一般不会超过平方/开方、指数/对数。只要记住公式及其适用条件，借助简单计算工具和数学用表就能够解决问题，甚至是一些稍复杂的难题。因此，“公式化”的经典课程体系得到了广泛认可，时至今日，国内绝大多数分析化学教材仍然采用这种课程体系。

现代计算机技术高度发展，发达的硬件和丰富的软件可以高效地解决分析化学中的计算问题。当数值运算不再困难时，经典课程体系的优点便失去了基础，不足则迅速显现，具体表现在三个方面：一是大量公式及其适用条件需要记忆，导致了学习兴趣的减退；二是诸多公式将学习焦点集中在问题的求解层面而非分析层面，套用公式解题尽管方便，却降低了主动思考的必要性，不利于培养创新型人才；三是难以解决某些复杂化学平衡问题，因为无公式可用。因此，经典课程体系的改革势在必行。

一些教改研究者显然意识到了过量的计算公式对分析化学课程的负面影响，于是在修订教材时删除了一些烦琐公式。然而，删除烦琐公式就意味着移除了它们所解决的复杂化学平衡问题，而这些问题正是分析化学的重要内容，不仅不能从教材中移除，反而应该加以强调。

作者通过长期教学实践和研究，建立了分析化学新课程体系。新体系的核心思想是：从基本定量关系(物料平衡和电荷平衡)入手，完成对化学平衡的分析和算式的推导，数值计算和方程求解则通过软件完成。新课程体系的特点如下：

(1) 新课程体系不再包含经典体系中的大量导出公式，是“去公式化”的课程体系，因此在很大程度上减轻了机械记忆的负担。为了节约解题时间，作者设计了一个界面友好的代数方程求解软件(源代码见附录 4)。同时为了兼顾效率，书中保留了少量适用范围较广的传统公式，如简单酸碱平衡体系[H^+]估算公式，计算 EDTA 配位滴定终点误差的林邦公式，以及氧化还原滴定中化学计量点电势的计算公式等。

(2) 新课程体系为解决复杂化学平衡问题提供了统一的思路和模式。例如，建立了酸碱平衡体系[H^+]的通用计算策略、终点误差的通用计算策略，以及高精度滴定曲线的通用绘制策略。对于部分例题，补充了经典解法，以作为参考和对比。不难发现，一些传统的解题技巧已变成更广泛背景下的特例。

(3) 新课程体系解决了一些传统方法无能为力的复杂化学问题；澄清了一些似是而非的结论，如混合酸的准确滴定判别；剖析了一些近似解法存在的问题，如复杂配位平衡体系的计算、碘量法的终点误差计算、MnS 沉淀的溶解度计算等。

大学分析化学的另一个重要组成部分是数理统计方法及其应用。本书对这部分内容的编排也有别于传统教材：较为系统地介绍常用数理统计方法的基本原理，而不是只停留在应用层面。数理统计的特点是计算简单，原理和概念相对难懂。然而，只有理解原理，才能实现对方法的正确应用，以及对结果的合理阐释。“知其然”固然有用，“知其所以然”更加重要。

对本书的一些内容安排说明如下：

(1) 本书没有包括传统教材中的吸光光度法，是出于两点考虑：一是吸光光度法属于分子光谱分析，在高年级的仪器分析课程中，学生将系统学习这部分知识；二是在使用传统教材的实际教学中，由于课时限制，对这部分内容最多只是简单介绍。

(2) 本书包含较多例题，以帮助读者更好地理解和掌握新课程体系。例题解答过程较为详细，目的是呈现出解题思路和分析过程，吸引读者主动思考，而不是被动地接受答案。对于一些复杂题目，解题之后主动设疑，深入探讨。例题标注了难度，学习重点不同的读者可以根据实际情况进行选择。

(3) 对于某些例题，求解时的中间结果多保留了 2 位有效数字，以减小数值计算中截断误差的累积。如果在计算机上编程求解，建议通过变量保留所有中间结果，不要人为截断。书中习题给出了参考答案，计算所需要的常数均取自本书附录。如果使用的常数不同，结果可能略有差异。

(4) 本书涉及一些数学、统计学以及计算机知识。在不影响整体结构的前提下，将这些知识与定量化学分析知识做了分隔，或将其独立成节(如第 2 章 2.3 节)，或以附录形式给出(附录 1～附录 5)。对于实用性知识，如计算步骤，进行了归纳总结，以信息栏的形式给出。

在本书的撰写过程中，作者参考了很多知名教材和专著，得到了许多珍贵的信息。前辈们以简单的计算工具创建并完善了分析化学经典课程体系，令后学钦佩不已，这里谨致以崇高敬意和由衷感谢。本书得到国家自然科学基金、安徽省重大教学改革研究项目以及中国科学技术大学教学研究项目的支持，在这里一并表示谢意。感谢我曾经教授过的中国科学技术大学本科学生，在分析化学的学习中，他们提出过很多建设性的意见，为提高本书的质量起到了重要作用。

本书从构思到成型，已历五载，增删数次。作者努力做到概念准确、表述清晰，避免文字设障。尽管如此，书中疏漏和不足在所难免，恳请读者不吝赐教：lshao@ustc.edu.cn。

作　者

2016 年 3 月

目　录

第 1 章 绪　　论

1.1 分析化学概述

1.1.1 分析化学及其作用

分析化学是一门建立或者应用各种理论、方法和技术，以获取物质在空间和时间方面组成和性质的科学。分析化学基于物质之间的化学反应或者物质的物理化学性质，借助特定仪器，确定物质“是什么”或者“有多少”。分析化学通过数学和统计学方法处理数据，以提高分析方法以及结果阐释的可靠性。

分析化学在科学研究和生产生活中发挥重要作用，与环境、材料、能源、生命、医药等诸多学科领域紧密联系、共同发展。一方面，分析化学为这些领域的研究提供信息支持；另一方面，这些领域中出现的新问题为分析化学带来挑战和机遇，丰富和发展分析化学。分析化学在生产生活中得到广泛应用；在化工、食品、商业、医疗卫生、公共安全等行业中，根据具体问题的特点以及在分析速度、灵敏度和准确度方面的要求，分析化学为之提供具有针对性的解决方案或者检测标准。

分析化学在高等教育中发挥重要作用。分析化学的理论知识和实验方法是化学学科的重要组成部分，是化学、应用化学、材料科学、环境科学、生物科学、医药学等诸多理工类专业的基础课程之一。通过分析化学的学习，学生不仅可以掌握相关系统知识，而且能够培养严谨的态度，训练缜密的思维，提高复杂问题的分析和解决能力。

1.1.2 分析化学分类

分析化学在许多领域得到广泛应用。在不同应用领域，按照不同的分类标准，分析化学可以划分为不同类别。下面介绍几种分类方法和各自特点。

1. 定性分析、定量分析和结构分析

按照分析任务的不同，分析化学可以分为定性分析(qualitative analysis)、定量分析(quantitative analysis)和结构分析(structural analysis)。

定性分析的任务是鉴定被分析物的组成，目标组分可以是元素、基团或者化合物。定量分析的任务是测定被分析物中目标组分的含量。结构分析的任务是研究被分析物的分子结构或者晶体结构。

2. 常量分析、微量分析和痕量分析

按照试样或者试液用量的不同，分析化学可以分为常量分析(试样>100 mg，试液>10 mL)、半微量分析(试样 10~100 mg，试液 1~10 mL)、微量分析(试样 0.1~10 mg，试液 0.01~1 mL)和超微量分析(试样<0.1 mg，试液<0.01 mL)。

按照目标组分相对含量的高低，分析化学可以分为常量组分分析(含量>1%)、微量组分分析(含量 0.01%~1%)、痕量组分分析(含量<0.01%)和超痕量组分分析(含量<0.0001%)。

应当根据试样特点和分析要求，选择合适的分析方法。例如，常量分析对结果准确度有较高要求，微量和痕量分析一般要求快速、灵敏。再如，常量分析方法通常不能分析微量样品，而微量分析方法也不适合常量组分的分析。

3. 化学分析和仪器分析

按照分析原理，分析化学可以分为化学分析(chemical analysis)和仪器分析(instrumental analysis)。

化学分析基于物质之间的化学反应，对目标组分进行定性或者定量分析。

定性化学分析借助选择性较高的化学反应，通过反应体系在形态、颜色、气味等方面的特异性变化来鉴定组分。例如，向酸性试液加入Ba^{2+}，如果出现白色晶形沉淀，则表明SO_4^{2-}的存在；向试液加入SCN^-，如果呈红色，则表明Fe^{3+}的存在；向试液加入 NaOH 并加热，如果释放出刺鼻的氨味，则表明NH_4^+的存在。

定量化学分析借助完成程度足够高的化学反应，依据反应计量关系来确定目标组分的含量。定量分析包括滴定分析(titrimetric analysis，也称容量分析，volumetric analysis)和重量分析(gravimetric analysis)，前者以滴定方式测定组分的量，后者以天平称量方式测定从试样分离出的组分。

化学分析历史悠久，故也称经典分析法。化学分析的优点是操作简单、费用低廉、常量组分的定量结果准确，主要不足是耗时较长、灵敏度偏低、选择性不高。另外，化学分析通常测定样品的化学组成，一般不能提供结构、状态等信息(当然有例外)，这些信息的获取需要通过仪器分析。

仪器分析是基于物质的某些物理或者化学性质的分析方法。这些性质与物质的特征、含量或者构型有关，因此，通过特定仪器测量这些性质，就可以获得目标组分的相关信息。仪器分析一般不需要化学反应，但是化学反应可以增强仪器分析。例如，富集、掩蔽等化学处理可以提高仪器分析的灵敏度和选择性。再如，对于无法检测的组分，可以通过衍生反应向其分子引入特定基团，从而引起检测器响应，实现检测。

仪器分析产生于 20 世纪早期，发展迅速，逐渐成为分析化学的主流。与经典化学分析相比，仪器分析具有样品用量少(μL、μg 级)、选择性好、灵敏度高、分析速度快以及自动化程度高等优点；不仅可以进行常规的定性和定量分析，而且能够深入微观世界，实现结构分析、状态分析、表面分析和微区分析等。仪器分析的主要不足是常量组分的分析误差偏大，

通常为 3%~5%(经典化学分析的误差约为 0.1%)。另外，分析仪器昂贵而且需要调试维护，因此分析成本偏高。

每类仪器分析方法都有相对独立的原理、仪器和特点，因而自成体系。有些仪器分析方法并无内在联系，甚至存在明显差异，然而在更广泛的应用背景下汇集在仪器分析中。仪器分析本质上不是化学方法，其应用范围也早已扩展到化学领域之外。因此，有人认为仪器分析应当属于分析科学而非分析化学。

1.1.3 分析化学简史

分析化学很早就出现在人类的化学实践中。历史上，无论是务实的制陶、冶金、酿造，还是超自然的炼丹、炼金，无不包含对物质的鉴定和度量，这是分析化学的原始形式。尽管人们提出过各种后来被证明为错误的化学理论(最著名的当属燃素学说)，分析化学却很早就在发挥正确的、可被验证的作用，其功用性可谓与生俱来。

分析化学的发展得益于这种功用性。人类社会进入工业时代后，要求对工业原料和工业产品进行可靠、高效的鉴别，这类社会需求极大地推动了分析化学的发展。然而，这种功用性也使分析化学在相当长的时间内只被当作一种技术。

18 世纪，人们在实践中积累了丰富的化学分析经验。在总结大量实验数据的基础上，俄国科学家罗蒙诺索夫(M. B. Ломоносов)于 1756 年提出质量守恒定律(law of conservation of mass)，法国科学家普罗斯(J. L. Proust)于 1799 年提出定比定律(law of definite composition or proportion)，英国科学家道尔顿(J. Dalton)于 1804 年提出倍比定律(law of multiple proportions)。这些基本定律为定量化学分析的创立奠定了基础。

19 世纪中叶，德国化学家弗伦纽斯(C. R. Fresenius)出版《定性分析》(1841 年)和《定量分析》(1846 年)①，对分析化学技术进行了系统的梳理和完善。19 世纪末，德国化学家奥斯特瓦尔德(F. W. Ostwald)出版《分析化学科学基础》(1894 年)，建立了溶液平衡理论，在理论上把化学提高到一个新的水平。从此，分析化学从一种技术成为一门科学，这被称为分析化学的第一次变革。

这一时期的分析化学主要基于溶液中的化学反应，故也称湿法分析(wet analysis)或者经典分析(classical analysis)，"经典"是后来仪器分析时代人们给予的称谓，以示区别。

仪器分析大约产生于 20 世纪早期，当时能源、材料、太空、医学、生物等领域高速发展，需要对复杂样品中的微量甚至痕量组分进行快速鉴别和定量。这对分析方法的选择性、灵敏度和分析速度都提出了更高要求。经典化学分析难以满足这些要求，于是仪器分析开始受到重视。此外，仪器分析发展的客观条件已经具备：物理学理论和电子技术取得令人瞩目的成就，不仅使人们深入理解物质的物理性质和化学性质，而且促进了各种仪器的研发和制造。

社会需求的推动和有利条件的支持使得仪器分析进入快速发展阶段。人们发明或者完善

① 这两部书的中译本于 1883 年出版，由英国人傅兰雅(J. Fryer)口译，徐寿笔述，定名《化学考质》和《化学求数》，可谓雅致。

了光学分析法(如原子光谱、紫外-可见光谱、红外光谱、拉曼光谱、X 射线光谱、分子发光分析、核磁共振波谱等)、电化学分析法(如电位分析、伏安分析、极谱分析、库仑分析等)、分离分析法(如气相色谱、液相色谱、毛细管电泳等)、质谱分析法、光电子能谱法等。此外，仪器联用技术，如色谱与质谱或者光谱的联用，显著提升了分析效能。

20 世纪中期，仪器分析技术发展迅速、成果显著，逐渐取代经典化学分析，成为分析化学的主流。这被称为分析化学的第二次变革。

20 世纪 70 年代以来，分析化学广泛吸收物理、生物、信息等学科的研究成果，应用范围不断扩展，进入第三次变革期。分析目标不仅是样品的化学组成，而且包括结构、形态、分布乃至能态信息；分析对象不再是传统意义上的样品，而是小到表面、微区、单分子、单细胞，大到生物圈、外层空间；分析环境不再限于实验室，而是在线分析、遥感监测、原位分析；测量数据不再是零星数值，而是二维矩阵、三维张量形式的大数据；数据处理不再是简单运算，而是采用了数学和统计学方法的高级数据解析；分析仪器不断创新，同时向智能化、微型化方向发展。分析化学正在发展成以获取物质信息为目的、以多学科为基础的综合性分析科学。

1.2 滴定分析法

1.2.1 滴定分析简史

滴定分析发源于 18 世纪中期的法国。当时化学工业快速发展，人们急需一种快速准确的方法，用于化工原料和化工产品的分析。在这种背景下诞生的滴定法较好地满足了这种需求，因而得到广泛应用，并逐渐完善。

滴定法的首次应用出现在 1729 年，法国化学家杰弗洛伊(C. J. Geoffroy)将乙酸滴加到碳酸钾中，直至气泡停止产生，以此测定乙酸浓度。滴定指示剂的首次应用出现在 1750 年，法国化学家韦内尔(G. F. Venel)将紫罗兰浸出液加入待测矿泉水中，以硫酸滴定，直至溶液呈现红色，以此测定矿泉水中的碱。第一支滴定管是法国科学家德克劳西(F. A. H. Descroizilles)在 1791 年制备的。德国化学家莫尔(K. F. Mohr)给滴定管加上夹子用于控制流速，并给滴定管装上尖端，使液滴体积更小、控制更加精确，这种滴定管开始具备现代形态。

法国科学家盖-吕萨克(J. L. Gay-Lussac)对滴定分析做出过重要贡献，包括银量法的制订、氧化还原指示剂的首次使用、滴定管的改进、滴定管和移液管的命名(分别是 buret 和 pipet)。德国化学家冯·李比希(J. von Liebig)曾经通过Ag^+滴定CN^-，是配位滴定的早期探索。

配位滴定分析在 20 世纪 40 年代有一个里程碑式的发展，是氨羧类螯合剂(最常用的是乙二胺四乙酸，EDTA)的应用。瑞士化学家施瓦岑巴赫(G. K. Schwarzenbach)在 1946 年以铬黑 T 为指示剂，通过 EDTA 滴定法测量水的硬度。这种方法最终成为水的硬度的标准测量方法。EDTA 能够与多种金属离子生成相当稳定的配合物，因此可以直接滴定分析这些金属离子。EDTA 配位滴定法在冶金、化工、环境等方面获得广泛应用。

时至今日，滴定分析已臻完善。在应用方面，建立了诸多成熟的滴定方案，有些已经成为标准，应用于各种例行分析和仲裁分析。在理论方面，作为滴定分析理论基础的化学平衡定量解析知识实现了系统化。这类系统知识也是高等化学教育的基础内容，滴定分析作为这类知识的绝好载体①，出现在分析化学教材中。

1.2.2　化学平衡和滴定分析的基础概念

这部分集中介绍化学平衡和滴定分析的一般性知识，这些知识既是学习基础，也是共性总结。

▶▶溶液

溶液(solution)是溶质(solute)溶解在溶剂(solvent)中形成的均匀而且稳定的混合物。

溶液浓度有多种表示方法，化学分析中应用最广泛的是摩尔浓度(molarity)，含义是单位体积溶液中溶质的物质的量，法定计量单位是 $mol \cdot m^{-3}$，更常用的是 $mol \cdot L^{-1}$(曾用 M 表示)。此外，还有质量摩尔浓度(molality)，含义是单位质量溶剂中溶质的物质的量，单位是 $mol \cdot kg^{-1}$。质量摩尔浓度不受温度影响，但是实用性较差。质量浓度(mass concentration)是单位体积溶液中溶质的质量，单位是 $kg \cdot m^{-3}$。

上述浓度单位都带有量纲。化学分析中还有一些量纲为一的浓度表示法，如质量分数(mass fraction)，表示溶质质量占溶液质量的分数。气体混合物则使用体积分数(volume fraction)。如果质量分数或者体积分数非常小，常采用 ppm(parts per million)、ppb(parts per billion)等方式，分别表示百万分之 、十亿分之 。

▶▶平衡浓度

平衡浓度(concentration)是指处于平衡状态的溶液中，溶质的某种具体存在形式(即组分)的浓度。平衡浓度用方括号表示。

以 HAc 溶液为例，HAc 是弱电解质，在溶液中有两种存在形式，分别是Ac^-和未离解的 HAc；达到平衡后，这两种存在形式(组分)的浓度就是平衡浓度，分别表示为$[Ac^-]$和$[HAc]$。

再如Zn^{2+}-NH_3溶液，Zn^{2+}与 NH_3 可以生成 4 种配合物，而配体 NH_3 又是一元弱碱，所以达到平衡后，体系中存在 7 种Zn^{2+}、NH_3 相关组分，其平衡浓度分别表示为$[Zn^{2+}]$、$[Zn(NH_3)^{2+}]$、$[Zn(NH_3)_2^{2+}]$、$[Zn(NH_3)_3^{2+}]$、$[Zn(NH_3)_4^{2+}]$、$[NH_3]$和$[NH_4^+]$。

▶▶分析浓度

平衡浓度反映溶液中实际组分的量，会随化学平衡的移动而发生改变，但是所有相关组分的总量保持恒定。反映这种“总量”特性的一个概念就是分析浓度。

分析浓度是 1 L 溶液中溶质的物质的量，单位是 $mol \cdot L^{-1}$，以c表示，溶质的分子式作为

① 实际上，没有什么能够比滴定分析更全面地包含化学平衡体系的定量解析知识。

下标。分析浓度不考虑溶质在溶液中发生的离解或者化学反应，所以也称为形式浓度(formal concentration)。

以 HAc 溶液为例，将m mol HAc 加入一定量蒸馏水中，配制成体积为V L的溶液，那么 HAc 的分析浓度表示为c_{HAc}，$c_{\mathrm{HAc}} = \frac{m}{V}$。当然，由于离解，溶液中 HAc 分子的实际浓度(即平衡浓度)小于c_{HAc}。

再如Zn^{2+}-NH_3溶液，将n mol Zn^{2+}与m mol NH_3溶于水，配制成体积为V L的溶液，那么Zn^{2+}的分析浓度表示为$c_{\mathrm{Zn^{2+}}}$，$c_{\mathrm{Zn^{2+}}} = \frac{n}{V}$；$NH_3$的分析浓度表示为$c_{\mathrm{NH_3}}$，$c_{\mathrm{NH_3}} = \frac{m}{V}$。由于$Zn^{2+}$-$NH_3$配离子的生成，$Zn^{2+}$和$NH_3$的实际浓度(即平衡浓度)分别小于$c_{\mathrm{Zn^{2+}}}$和$c_{\mathrm{NH_3}}$。

溶质的分析浓度与相关组分的平衡浓度之间存在等量关系。以 HAc 溶液为例，这种等量关系可以表示为$[\mathrm{Ac^-}] + [\mathrm{HAc}] = c_{\mathrm{HAc}}$。以$Zn^{2+}$-$NH_3$溶液为例，等量关系包括$[\mathrm{Zn^{2+}}] + [\mathrm{Zn(NH_3)^{2+}}] + [\mathrm{Zn(NH_3)_2^{2+}}] + [\mathrm{Zn(NH_3)_3^{2+}}] + [\mathrm{Zn(NH_3)_4^{2+}}] = c_{\mathrm{Zn^{2+}}}$(基于 Zn 列出，与$[\mathrm{NH_3}]$无关)和$[\mathrm{Zn(NH_3)^{2+}}] + 2[\mathrm{Zn(NH_3)_2^{2+}}] + 3[\mathrm{Zn(NH_3)_3^{2+}}] + 4[\mathrm{Zn(NH_3)_4^{2+}}] + [\mathrm{NH_3}] + [\mathrm{NH_4^+}] = c_{\mathrm{NH_3}}$(基于$NH_3$列出，与$[\mathrm{Zn^{2+}}]$无关)。

这种等量关系称为物料平衡式(material/mass balance equation, MBE)，在化学平衡定量解析中具有重要作用，系统介绍参见后面“化学平衡中的等量关系”条目。

表观浓度

表观浓度(apparent concentration)是一个专门设计的概念，目的是简化 EDTA 配位滴定中的复杂计算，详细解释参见第 4 章 4.1.1。

活度

平衡常数是一个常见概念，以化学平衡$\mathrm{AB} \rightleftharpoons \mathrm{A^+} + \mathrm{B^-}$为例，其平衡常数为：

$$K = \frac{[\mathrm{A^+}][\mathrm{B^-}]}{[\mathrm{AB}]}$$

平衡常数在计算中具有重要作用。但是，这种通过浓度定义的平衡常数受溶液离子的影响(包括A^+和B^-之外的离子，即使这些离子不与A^+或者B^-反应)，所以不是一个真正的热力学常数。离子浓度越高、电荷数越大，影响越严重。为了克服这种影响，对离子浓度进行如下修正：

$$a_{\mathrm{A^+}} = \gamma_{\mathrm{A^+}}[\mathrm{A^+}],\quad a_{\mathrm{B^-}} = \gamma_{\mathrm{B^-}}[\mathrm{B^-}]$$

其中，$a_{\mathrm{A^+}}$和$a_{\mathrm{B^-}}$分别称为离子A^+和B^-的活度(activity)，可以理解为经过修正的浓度；修正项$\gamma_{\mathrm{A^+}}$和$\gamma_{\mathrm{B^-}}$称为活度系数(activity coefficient)。注意这种修正只用于离子浓度，中性分子浓度不需要修正(或者说中性分子的活度系数为 1，$a_{\mathrm{AB}} = [\mathrm{AB}]$)。

通过上述修正，得到热力学平衡常数，称为活度常数，以K^0表示：

$$K^0 = \frac{a_{\mathrm{A^+}} a_{\mathrm{B^-}}}{a_{\mathrm{AB}}}$$

可见，活度常数K^0与浓度常数K具有相同的表达式，只是以活度替换浓度。本例中，K^0和K之间的关系为$K^0 = \gamma_{\mathrm{A^+}}\gamma_{\mathrm{B^-}}K$。

活度系数通常小于 1，离子强度(ionic strength)越大，活度系数越小。离子强度是反映溶液性质的一个量，与溶液中所有离子的浓度和电荷数有关。活度系数可以通过德拜-休克尔公式计算，这里不再赘述，感兴趣的读者可以参考物理化学教材。

浓度常数不是真正的热力学常数，所以溶液中不参加反应的离子也会影响化学平衡。向上例溶液加入不与A^+和B^-反应的“惰性”电解质，那么溶液离子强度增大，活度系数γ_{A^+}和γ_{B^-}减小，浓度常数K增大(活度常数不变)，平衡向右移动。

以上是定量角度的介绍。定性地看，阳离子吸引阴离子在其周围聚集，这些阴离子形成了所谓的“离子氛”(ionic atmosphere)；同样地，阴离子周围是阳离子形成的离子氛。离子氛减弱了被其包围的离子之间的相互作用，定量表现为小于 1 的活度系数。上例中，A^+和B^-的离子氛减小二者结合为 AB 的趋势，定量表现为浓度常数变大。

精确计算应该使用活度和活度常数，但是比较复杂。使用浓度和浓度常数的计算相对简单得多，对稀溶液而言误差也不大(离子强度较低时活度系数约等于 1)，所以仍然广泛应用。

滴定

滴定(titration)是一种经典定量分析方法。首先选取能与被测物完全反应的某种化学物质，配制成浓度已知的标准溶液，此为滴定剂(titrant)。然后，将滴定剂通过滴定管滴加到被测物(titrand)溶液中，以这样一种非常精细的方式逐渐消耗被测物，而又不致过量时终止滴加。终止状态由一种称为指示剂的化学物质来指示。最后，基于化学反应计量关系，从参与反应的试剂的量计算出被测物的量。

典型的滴定分析中，被测物溶液置于锥形瓶(有时是烧杯)，标准溶液则通过滴定管加入，这也是标准溶液有时被称为滴定剂的原因。但是在某些滴定分析中，标准溶液置于锥形瓶，通过滴定管滴加的是被测物溶液。

标准溶液

标准溶液(standard solution)是已知准确浓度的、常规条件下稳定的溶液。它是滴定分析的已知信息。标准溶液可以直接配制，如 $K_2Cr_2O_7$ 溶液；也可以先粗略配制，然后通过标定获得其准确浓度，如低浓度 NaOH 溶液①。

基准物质

基准物质(primary standard)是直接配制标准溶液或标定其他溶液的物质，如酸碱滴定中的邻苯二甲酸氢钾、氧化还原滴定中的 $K_2Cr_2O_7$。基准物质应该满足：①组成与其化学式一致；②高纯度(>99.9%)；③常规条件下稳定；④滴定分析时没有副反应；⑤有较大的摩尔质量。

常见的基准物质及其适用对象参见附表 7.1。

滴定分析的固有误差

滴定分析中，玻璃容器、试剂和操作者都会影响分析结果的准确性，导致误差。然而，

---

① 低浓度 NaOH 溶液比较稳定，一次滴定分析中可以暂时置于玻璃烧杯，而不必考虑与空气中 CO_2 或者与玻璃的反应。如果长期保存，NaOH 溶液应置于塑料试剂瓶。有实验表明，将 0.01 $mol \cdot L^{-1}$ NaOH 溶液置于玻璃烧杯煮沸 1 h 后，与玻璃的反应导致其浓度降低约 10%。

即使在这些影响因素都不存在的理想情况下，分析结果也不一定等于真实值，这是由于滴定分析的固有误差。

滴定分析有两个特点值得注意，一是滴定剂的加入并不连续，二是要求“半滴到终点”。所以，滴定剂实际加入体积是半个液滴体积的整数倍。这一事实说明，在其他误差都不存在的理想情况下，滴定剂实际加入体积一般不等于真实值，差值介于零和半个液滴体积之间，这就是滴定分析的固有误差，源自滴加方式，无法消除。半个液滴的体积约为 0.025 mL①，所以滴定分析的最大固有误差约为 0.025 mL；滴定剂的加入量一般约为 25 mL，所以滴定分析的最大固有相对误差约为 0.1%。

滴定分析的固有误差具有重要作用。应用已有的滴定方案对同一样品进行多次分析，相同实验条件下，滴定体积之间的差异不应超出±0.1%。设计一个滴定方案，理想情况是该方案的误差主要源自滴定固有误差，这就要求其他因素如指示剂、溶液酸度等所导致的误差不超出±0.1%。

固有误差无法避免，所以在滴定分析中控制其他误差，使之小于最大固有误差即可，没有必要进一步降低。在这种意义上，将±0.1%作为滴定分析的允许误差范围是恰当的。

指示剂

指示剂(indicator)是一类化学物质，能够在滴定反应结束时呈现颜色变化。颜色变化可能是由于过量滴定剂与指示剂生成了化合物，也可能是由于过量滴定剂破坏了指示剂与被测物在滴定前生成的化合物。

例如，HCl 滴定 NaOH 时使用的甲基橙指示剂，在碱性溶液中为黄色的偶氮式，滴定反应结束后与过量H^+生成醌式甲基橙，呈红色。再如，EDTA(乙二胺四乙酸)滴定Mg^{2+}时使用的铬黑 T(EBT)指示剂，与Mg^{2+}生成红色配合物 Mg-EBT；滴定反应结束后，Mg-EBT 与过量 EDTA 反应，生成无色的 Mg-EDTA 和蓝色的 EBT ($6<pH<11$)。

指示剂应该满足条件：颜色变化敏锐、便于观察，相关化学反应迅速、可逆。

化学计量点

化学计量点(stoichiometric point，sp；旧称 equivalence point，eq)是滴定分析中的一个理想状态，指加入的滴定剂与被测物恰好完全反应，其物质的量之比符合滴定反应方程式所示的计量关系。显然，如果在化学计量点结束滴定，那么滴定操作导致的系统误差为零。一个滴定体系只有一个化学计量点。

滴定终点

实际分析中，滴定是在指示剂发生颜色变化时结束的，这就是滴定终点(end point，ep)。与化学计量点不同，滴定终点是滴定分析的一个实际状态，与所用指示剂有关，因此一个滴定体系可以有多个滴定终点。

---

① 由于制造工艺的限制，不同滴定管的液滴体积各不相同，为 0.045~0.050 mL。

滴定分析中，一般通过目测指示剂的颜色变化来确定滴定终点。还可以通过测量平衡体系的电势来确定终点，称为电势滴定。

终点误差①

绝大多数情况下，滴定终点和化学计量点并不一致。这样，滴定剂的实际加入量不等于理想值，由此导致的误差称为终点误差(end point error)。

终点误差主要源自指示剂，因此可以用于研究指示剂的适用性。这类研究中，滴定剂和被测物的浓度设为已知，然后根据指示剂的变色点计算终点误差。如果终点误差超出允许范围(一般是±0.1%)，那么该指示剂不适用；如果没有指示剂能够使终点误差满足要求，那么滴定方案无效。终点误差在允许范围内，说明该指示剂只是一个候选项，能否最终可用，还需考虑其他因素，如颜色变化是否易于观测，是否受共存离子干扰等。所以，“终点误差在允许范围之内”只是合适指示剂的一个必要条件。

终点误差是滴定分析的核心内容之一，对于滴定方法的理论研究和实验设计都有重要指导作用。

终点误差以E_{t}表示，有浓度定义式和体积定义式，二者等价。体积定义式具有直观、简洁和便于计算的优点，为本书所采用，其形式如下：

$$E_{\mathrm{t}}=\frac{V_{\mathrm{ep}}-V_{\mathrm{sp}}}{V_{\mathrm{sp}}}\times 100\%=(R-1)\times 100\% \tag{1.1}$$

式中，V_{ep}和V_{sp}分别表示终点和化学计量点时加入滴定剂的体积；$R=\frac{V_{\mathrm{ep}}}{V_{\mathrm{sp}}}$，引入$R$是为了减少一个变量，提高计算效率。

(1.1)式表明，终点误差本质上是滴定剂实际加入体积相对于理想值的相对误差。

体积定义式不仅统一了四大滴定的终点误差，而且具有良好的计算实用性。计算有两个关键点：①以V_{sp}表示出被测物溶液的体积，②列出滴定体系的基本等量关系式。下面具体说明。

如果以V_{X}表示被测物溶液的体积，那么V_{X}和V_{sp}之间存在如下关系：

$$V_{\mathrm{X}}=kV_{\mathrm{sp}}$$

式中，k为比例系数；设被测物 X 和滴定剂 T 的化学反应计量关系为$n\mathrm{X}\sim m\mathrm{T}$，以$c_{\mathrm{X}}$和$c_{\mathrm{T}}$分别表示二者的分析浓度，那么$mc_{\mathrm{X}}V_{\mathrm{X}}=nc_{\mathrm{T}}V_{\mathrm{sp}}$(sp 时 X 和 T 恰好完全反应)，所以$k=\frac{nc_{\mathrm{T}}}{mc_{\mathrm{X}}}$②。

用于计算终点误差的基本等量关系式随滴定体系而异，在酸碱滴定、配位滴定/沉淀滴定和氧化还原滴定中分别是电荷平衡式、物料平衡式和能斯特方程。这些基本等量关系式在相应的章节中有详细解释。

至此我们知道：被测物溶液的体积V_{X}等于 kV_{sp}，终点时滴定剂的加入体积为V_{ep}，终点时

① 这部分内容以及后文的“准确滴定判别”、“滴定突跃”和“滴定曲线”，稍显抽象，初次接触时不容易理解。可以先作概括性了解，等学习完后面的章节，结合具体滴定体系重新阅读，不仅会有更深入的理解和体会，而且可以当作一个很好的总结。

② 很多习题设定$mc_{\mathrm{X}}=nc_{\mathrm{T}}$，所以$V_{\mathrm{X}}=V_{\mathrm{sp}}$。这种设定使得滴定剂加入体积与被测物溶液体积相近，便于滴定操作，当然也方便计算，但是不可误认为V_{sp}就是被测物溶液的体积。

溶液的总体积为$V_{ep}+V_X=V_{ep}+kV_{sp}$。这些信息会出现在滴定体系的基本等量关系式中(具体计算方法在相应章节有详细说明)，将关系式整理为关于R的方程，计算出R后通过(1.1)式获得终点误差E_t。由此可知终点误差的核心计算思路：滴定体系的基本等量关系式 → 关于R的方程。

终点误差不等于最终分析结果的相对误差，后者还有其他来源，包括读数误差、称量误差、试剂误差等。一般情况下，终点误差可以这样理解：指示剂之外的其他条件(仪器、试剂等)全部处于理想状态、都不产生误差时，终点误差就等于最终分析结果的相对误差①。

终点误差通常与V_{ep}和V_{sp}无关，尽管是从这两个量计算得来。

准确滴定判别

除了指示剂外，终点误差的另一个来源是目测溶液颜色变化时的不确定性。人眼虽然可以敏锐地感知颜色，但是无法免于主观影响，因此对颜色的判断不可能像仪器那样客观、精准。

由于目测的不确定性，即使(能够在化学计量点变色的)理想指示剂也不能保证终点误差为零。判断仅由目测不确定性所导致的终点误差是否超出允许范围，就是准确滴定判别。

仅由目测不确定性所导致的终点误差是一个滴定方案的最小误差，如果超出允许范围，那么方案肯定无效。可以将准确滴定判别视作某种“资格审查”；滴定方案只有通过了“资格审查”，才能进一步研究如指示剂、滴定方式等问题。

如果被测物浓度较低或者滴定反应不够完全，那么终点误差可能超出允许范围。所以，准确滴定判别实际上是研究特定化学环境下(组分浓度、溶液 pH、干扰离子等)的反应体系能否用于滴定分析。

从定量角度看准确滴定判别：计算仅由目测不确定性所导致的终点误差，然后判断其是否超出允许范围(一般是±0.1%)。不同类型的滴定分析中，目测不确定性具有不同的定量表现：酸碱滴定中，这种不确定性致使 pH_{ep} 偏离 pH_{sp} 0.2 单位；配位滴定中，这种不确定性致使pM'_{ep}偏离pM'_{sp} 0.2单位($pM'=-\lg[M']$，$[M']$为金属离子 M 的表观浓度)。

判别时，分别采用 0.2 单位变化和−0.2 单位变化来计算终点误差，只有两个误差都在允许范围内，才能得出“可以准确滴定”的结论。这两个误差多数情况下大小相等，符号相反，所以通常计算一个即可。如果滴定体系比较复杂，如滴定多元酸，这两个误差大小可能不相等。

通过终点误差进行准确滴定判别，原理上容易理解，但是计算量较大。另外一种方式更加高效，即判断滴定突跃是否大于 0.4 单位。下面介绍滴定突跃。

滴定突跃

在化学计量点附近，被测物消耗殆尽，所以溶液某种与之相关的性质会随滴定剂的继续

① 对于直接滴定法和置换滴定法，这种理解是正确的，但是对于返滴定法，就不能这样理解。例如，EDTA 返滴定法测Al^{3+}；向被测物Al^{3+}溶液加入一定量过量的 EDTA 溶液，反应完全后，再用标准Zn^{2+}溶液滴定剩余的 EDTA。这种情况下，终点误差仍如(1.1)式所示，而最终分析结果——Al^{3+}的物质的量——的相对误差是$\frac{c_{Zn}V_{Zn,sp}-c_{Zn}V_{Zn,ep}}{c_{EDTA}V_{EDTA}-c_{Zn}V_{Zn,sp}}$，二者并不相等，并且符号相反。

加入而急剧变化。例如，酸碱滴定中的溶液由酸变为碱，或者由碱变为酸；配位滴定中的金属离子由常量组分变为微量组分，或者由微量组分变为常量组分；氧化还原滴定中的溶液由氧化剂变为还原剂，或者由还原剂变为氧化剂。这种改变是急剧的，是一种“突跃”(jump)。

滴定突跃是指滴定剂加入体积分别为 $0.999V_{sp}$和 $1.001V_{sp}$时(V_{sp}为滴定剂在化学计量点的加入体积)，平衡体系某种性质的变化量。以酸碱滴定为例，滴定突跃是指滴定剂加入体积分别为 $0.999V_{sp}$和 $1.001V_{sp}$时，平衡体系 pH 的改变。那么 0.999 和 1.001 这两个神奇的数值从何而来？这是来自滴定分析的允许误差，而这个允许误差一般是±0.1%(参见前面“滴定分析的固有误差”条目)。显然，如果允许误差为±0.2%，那么突跃端点对应的滴定剂加入体积就是 $0.998V_{sp}$和 $1.002V_{sp}$。

滴定突跃的一个重要作用是选择指示剂。如果指示剂能够在滴定突跃范围内变色，指示实验者终止滴定，那么滴定剂的实际加入体积介于 $0.999V_{sp}$和 $1.001V_{sp}$之间，从而使(指示剂导致的)终点误差在允许范围±0.1%之内。

滴定突跃的另一个重要作用是准确滴定判别：如果突跃小于 0.4 单位，则不能准确滴定——来自目测不确定性的±0.2 单位偏移致使滴定剂加入体积处于 $0.999V_{sp}$~$1.001V_{sp}$范围之外，终点误差超出±0.1%。前面介绍的“准确滴定判别”条日中，所做判断是±0.2 单位偏移导致的终点误差是否超出±0.1%。不难发现，这两种判断是等价的。

以上所述可能有些抽象，结合图像就非常容易理解，这个图像是滴定曲线。

滴定曲线

滴定过程中，平衡体系的某种性质，如酸碱滴定中的 pH 或者氧化还原滴定中的电势，随着滴定剂的加入而连续变化。这一变化遵循确定的函数关系，其图像就是滴定曲线(titration curve)。

滴定曲线的横坐标为滴定剂加入体积V①；纵坐标视滴定体系而定：酸碱滴定为 pH，配位滴定为 pM′(pM′ = −lg[M′]，[M′]为金属离子 M 的表观浓度)，氧化还原滴定为体系电势E，沉淀滴定为 pX (pX = −lg[X]，X 表示被滴定物)。

化学计量点前后，参与滴定反应的离子的浓度变化极大，可达几个数量级，所以滴定曲线的纵坐标是离子浓度的负对数值，以清楚地显示数量级差异，详细说明参见第 3 章 3.3.3。氧化还原滴定曲线的情况有所不同，原因参见第 5 章 5.2.1。

滴定曲线不仅直观地显示出平衡体系性质的变化，而且能够用于定量计算。以图 1.1 所示的酸碱滴定曲线为例，根据V_{sp}可以获得重要参数 pH_{sp}；根据 $0.999V_{sp}$和 $1.001V_{sp}$可以获得滴定突跃，从而进行准确滴定判别或者指示剂选择；根据指示剂变色点 pH_{ep} 可以获得V_{ep}，进而通过(1.1)式计算出终点误差。

此外，修改滴定曲线绘制程序中的某些参数，如组分浓度、溶液酸度等，可以直观、方便地研究这些因素对滴定的影响，参见第 4 章 4.5 中的实例。

① 某些教材中，滴定曲线的横坐标是“滴定分数”。滴定分数等于$\frac{V}{V_{sp}}$，V和V_{sp}分别表示某一滴定时刻和化学计量点时加入滴定剂的体积。可见，分别以“滴定分数”和“滴定剂加入体积”为横坐标的两种滴定曲线本质上相同。

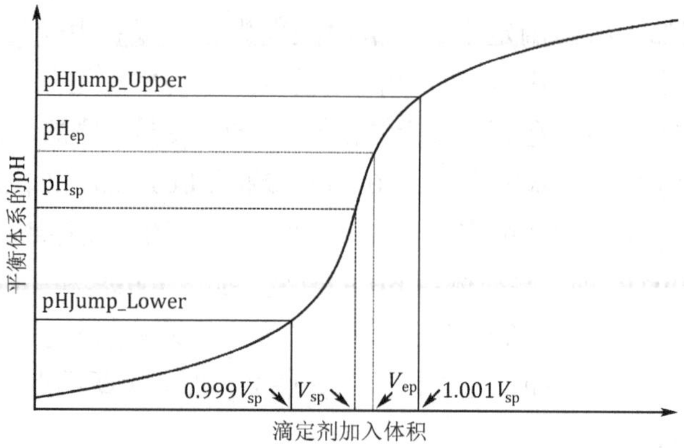

图 1.1　酸碱滴定曲线示意图

pH_{sp} 和 pH_{ep} 分别表示化学计量点和滴定终点时平衡体系的 pH，V_{sp}和V_{ep}表示对应的滴定剂加入体积；pHJump_Lower 和 pHJump_Upper 分别表示滴定突跃端点

上述定量计算需要高精度的滴定曲线。然而，绘制高精度曲线所需的大量数据点并不容易获得。以酸碱滴定为例，一般不会通过函数$[H^+] = f(V)$获得(V, pH)数据点，因为该函数的推导相当困难。所以，传统方法将滴定过程分为“滴定前”“化学计量点前”“化学计量点”“化学计量点后”4 个阶段，在每个阶段通过特定 pH 算式获得(V, pH)数据点进行绘制，最后将曲线片段连成完整滴定曲线。传统课程体系中，其他类型滴定曲线也通过类似方式绘制。

传统绘制方法涉及公式较多，不便于编程，故难以获得大量数据点，而且曲线片段连接处的误差较大。所以，这种滴定曲线精度不高，用于定性说明尚可，一般不能做定量计算。此外，对于一些复杂滴定体系，传统绘制方法难以胜任：不是公式太复杂，就是没有公式。

仍以酸碱滴定为例，与函数$[H^+] = f(V)$相比，反函数$V = g([H^+])$更容易推导，而且便于程序实现，因此可以高效地获得大量(V, pH)数据点，具体步骤是“指定pH → 计算$[H^+]$ → 通过反函数计算V → 获得(V, pH)数据点”。对于一些过于复杂的滴定体系，反函数也难以推导时，可以使用隐函数，第 4 章 4.5 中介绍了这样一个实例。

反函数绘制滴定曲线时，作为横坐标的滴定剂加入体积V成为因变量，取值无法预先设定。扩大自变量取值范围即可解决这一问题。以绘制$[0,\ 2V_{sp}]$内的酸碱滴定曲线为例，将自变量 pH 的取值范围设定得足够宽，然后通过反函数计算V值(可能出现负值)，最后保留$[0,\ 2V_{sp}]$内的V值，具体操作参见附录 6 各类绘制程序。通过隐函数绘制滴定曲线时，需要注意中间变量的取值，不仅要使相应的V值覆盖$[0,\ 2V_{sp}]$，还要使数据点疏密得当，参见第 4 章 4.5 中的实例及其绘制程序。

反函数或者隐函数方法同样适用于配位滴定、氧化还原滴定和沉淀滴定曲线的高效绘制。

化学平衡中的等量关系

化学平衡的定量解析中，常见三种等量关系，分别是物料平衡式(material balance

equation，MBE)、电荷平衡式(charge balance equation，CBE)和质子平衡式(proton balance equation，PBE)。

MBE 依据质量守恒定律，是指溶液中来自同一化合物的所有组分的总量保持不变。例如，将m mol 纯乙酸溶于水，制备成体积为V L的溶液。此溶液中，组分 HAc 与Ac^-会达到平衡，但是无论平衡如何移动，二者物质的量之和恒等于m mol。

MBE 具有计算实用性的定义是：某化合物的分析浓度等于所有相关组分的平衡浓度乘以相应系数之和。对于上例，MBE 可以写作$[HAc] + [Ac^-] = c_{HAc}$，其中$c_{HAc} = \frac{m}{V}$。

CBE 依据溶液电中性原理，是指正电荷的浓度等于负电荷的浓度。溶液中的各种离子明确后，CBE 容易列出，且不易出错。一般约定将正离子的浓度写在等号左侧，负离子的浓度写在等号右侧。

PBE 依据布朗斯特酸碱理论，是指酸碱平衡体系中失质子组分的浓度之和等于得质子组分的浓度之和。质子得失组分需要通过所谓的“质子参考水准”来确定。

MBE 是独立等量关系，且适用于酸碱、配位、氧化还原和沉淀四大平衡。CBE 也适用于四大平衡，却不是一个独立条件(CBE 可以由 MBE 导出的证明参见附录 3)。尽管如此， CBE 仍然广泛用于酸碱平衡，详细解释参见第 3 章 3.1.1。PBE 不独立于 MBE(证明参见附录 4)，而且仅适用于酸碱平衡；比 CBE 更难列出，故不推荐使用。

化学平衡体系定量解析中，等量关系的使用原则如下：

1. 酸碱平衡中使用 CBE。
2. 配位、氧化还原和沉淀平衡中使用 MBE。
3. 多种平衡共存时(不包括酸碱平衡)，使用 MBE。
4. 多种平衡中如果包括酸碱平衡，使用 MBE 和 CBE。
5. 解析时不必使用所有的 MBE。

一个化学平衡体系只有一个 CBE，却可以有多个 MBE。需要指出：一个化学平衡体系的所有 MBE 并非完全独立，如例 1.2 共列出 7 个 MBE，但只有 4 个是独立的。

物料平衡式建立规则

物料平衡式 MBE 是化学平衡定量解析中最重要的等量关系，其建立规则如下：

1. 基于化合物的分子构成列出等式。
2. 如果有化学反应，那么“反应剩余 + 反应消耗 − 其他来源 = 总量”。
3. “反应消耗”根据化学反应计量关系列出。

需要指出的是，解析时不必列出所有 MBE，尤其是简单问题；如果平衡体系比较复杂、未知量较多时，那么需要列出足够的 MBE。另外，根据不同规则列出的 MBE 可能相同，如例 1.2 中(4)(6)两式相同、(5)(7)两式也相同。

例 1.1　　**简单体系的物料平衡式；低难度**

写出 Na_2CO_3 溶液的物料平衡式 MBE。

解　根据 Na_2CO_3 的分子构成和水解反应计量关系，得到 MBE：

$$\underbrace{[H_2CO_3]+[HCO_3^-]}_{\text{等于水解消耗的}CO_3^{2-}}+[CO_3^{2-}]=\frac{[Na^+]}{2} \tag{1}$$

根据 H_2O 的分子构成和水解反应计量关系，得到 MBE：

$$[H^+]+\underbrace{2[H_2CO_3]+[HCO_3^-]}_{\text{等于}CO_3^{2-}\text{水解消耗的}H^+}=[OH^-] \tag{2}$$

值得指出的是，(1)×2−(2)整理后得到 $[Na^+]+[H^+]=[HCO_3^-]+2[CO_3^{2-}]+[OH^-]$，即是该溶液的电荷平衡式 CBE。本例既说明 CBE 的不独立性，也说明 CBE 的高效性——CBE 更易列出，且不易出错。

例 1.2　　**反应体系的物料平衡式；低难度**

写出 $K_2Cr_2O_7$、$FeSO_4$ 和 HCl 混合溶液的 MBE。

解　$Cr_2O_7^{2-}$ 与 Fe^{2+} 发生如下氧化还原反应，所以溶液组分包括 K^+、$Cr_2O_7^{2-}$、Fe^{2+}、SO_4^{2-}、H^+、Cl^-、Cr^{3+} 和 Fe^{3+}。

$$Cr_2O_7^{2-}+6Fe^{2+}+14H^+ \rightleftharpoons 2Cr^{3+}+6Fe^{3+}+7H_2O$$

根据 $K_2Cr_2O_7$ 的分子构成和化学反应计量关系，得到 MBE：

$$[Cr_2O_7^{2-}]+\underbrace{\frac{[Cr^{3+}]}{2}}_{\text{等于反应消耗的}Cr_2O_7^{2-}}=\frac{[K^+]}{2} \tag{1}$$

根据 $FeSO_4$ 的分子构成和化学反应计量关系，得到 MBE：

$$[Fe^{2+}]+\underbrace{[Fe^{3+}]}_{\text{等于反应消耗的}Fe^{2+}}=[SO_4^{2-}] \tag{2}$$

根据化学反应计量关系，得到 MBE：

$$3[Cr^{3+}]=[Fe^{3+}] \tag{3}$$

根据 HCl 的分子构成和化学反应计量关系，得到两个 MBE：

$$[H^+]+\underbrace{7[Cr^{3+}]}_{\text{等于反应消耗的}H^+}-\underbrace{[OH^-]}_{\text{等于 }H_2O\text{ 贡献的}H^+}=[Cl^-] \tag{4}$$

$$[H^+]+\underbrace{\frac{7}{3}[Fe^{3+}]}_{\text{等于反应消耗的}H^+}-\underbrace{[OH^-]}_{\text{等于 }H_2O\text{ 贡献的}H^+}=[Cl^-] \tag{5}$$

根据 H_2O 的分子构成和化学反应计量关系，得到两个 MBE：

$$\text{[H}^+\text{]} + \underbrace{7[\text{Cr}^{3+}]}_{\text{等于反应消耗的H}^+} - \underbrace{[\text{Cl}^-]}_{\text{等于 HCl 贡献的H}^+} = [\text{OH}^-] \tag{6}$$

$$\text{[H}^+\text{]} + \underbrace{\frac{7}{3}[\text{Fe}^{3+}]}_{\text{等于反应消耗的H}^+} - \underbrace{[\text{Cl}^-]}_{\text{等于 HCl 贡献的H}^+} = [\text{OH}^-] \tag{7}$$

可以发现：(4)(6)两式相同，(5)(7)两式也相同。将(3)式代入(4)式可以得到(5)式，所以，(4)~(7)四式中只有一个独立等式。

化学平衡定量解析的理论框架

传统分析化学课程体系中，化学平衡和滴定分析方面的计算通过各种公式完成。这种“公式化”策略被分析化学教科书广泛采用。公式数量众多且有适用条件，但是运算足够简单(仅需计算器)，体现了传统策略的第一个特点：记忆换运算。绝大多数公式在推导过程中使用近似手段(以避免复杂运算)，体现了传统策略的第二个特点：近似换简化。

传统策略的记忆负担较重，而且不能解决复杂化学平衡问题，因为无公式可用；有些情况下近似手段会导致显著误差。此外，众多公式也割裂了化学平衡定量解析的内在统一性。

本书采用一种新型的“去公式化”策略，其理论框架如图 1.2 所示。去公式化策略首先列出基本等量关系式(参见前面“化学平衡中的等量关系”条目)，然后针对需要求解的未知量，进行目标性整理和推导，得到方程，最后通过解方程或者绘图方式得到未知量的值。该理论框架适用范围广、记忆负担轻，而且能够对复杂化学平衡问题实施精确求解。本书中各类计算均基于这一理论框架。

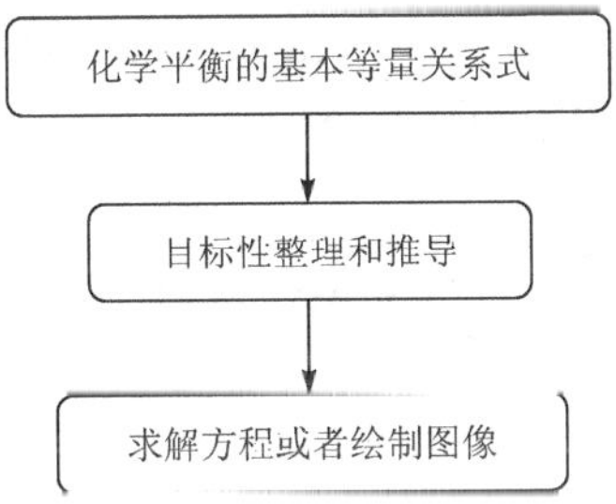

图 1.2 “去公式化”计算策略的理论框架

1.2.3 化学分析仪器

化学分析仪器主要包括玻璃器皿和分析天平，部分仪器的示意图见图 1.3。化学分析的硬件成本较低。

对于滴定管、移液管和容量瓶等精度较高的容量器皿，使用时应该注意环境温度，以保证量取溶液体积的准确度。必要时，应该对容量器皿进行校正。

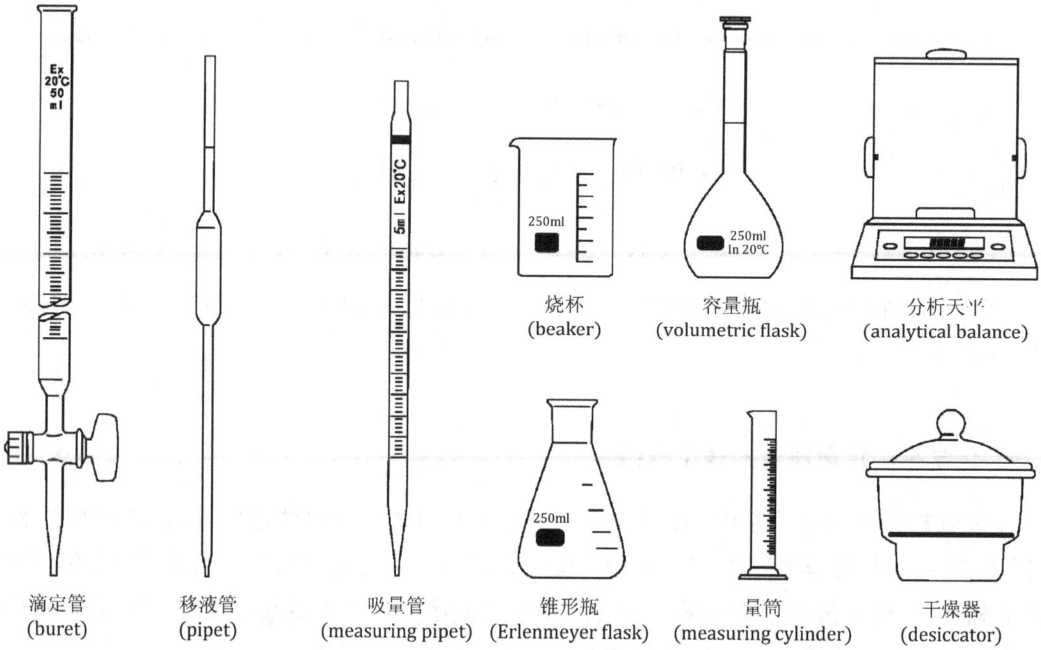

图 1.3　容量分析中的常用仪器

1.2.4　滴定方式

多数情况下，可以将滴定剂直接滴加到被测物溶液进行分析，称为直接滴定法(direct titration)。但是，有些物质只能通过间接方式进行测定。下面介绍一些实例。

配位滴定法测铝是返滴定法(back titration)的一个典型实例。Al^{3+}与 EDTA 生成非常稳定的配合物($K_{稳}=2.0\times10^{16}$)，但这只是能够进行滴定分析的一个必要条件。Al^{3+}在常温条件下与 EDTA 反应较慢，pH 较高时易生成多核羟基配合物，另外对指示剂二甲酚橙有封闭作用。这些原因致使直接滴定法无法应用于Al^{3+}的测定。

返滴定法测铝的原理如下：

常规反应：$Al^{3+} + \underset{(过量，定量)}{H_2Y^{2-}} \xrightarrow[pH\approx3]{煮沸，5\ min} AlY^{-} + 2H^{+} + \underset{(剩余)}{H_2Y^{2-}}$

滴定反应：$Pb^{2+} + H_2Y^{2-} \longrightarrow PbY^{2-} + 2H^{+}$

氧化还原滴定法测 $Na_2S_2O_3$ 是置换滴定法(replacement titration)的一个典型实例。$Na_2S_2O_3$是还原剂，能够与常用氧化滴定剂 $K_2Cr_2O_7$ 反应，但是 $K_2Cr_2O_7$ 的氧化性太强，可以将 $Na_2S_2O_3$ 氧化为 $Na_2S_4O_6$ 和 Na_2SO_4。由于化学计量关系不确定，该反应不能用于滴定分析。

置换滴定法测 $Na_2S_2O_3$ 的基本原理如下：一定量 $K_2Cr_2O_7$ 与过量 KI 反应，该反应能够定量完成，因此置换出一定量 I_2；I_2 是一个中等强度氧化剂，与 $Na_2S_2O_3$ 的反应能够快速、定量完成，符合滴定要求。

常规反应：$Cr_2O_7^{2-} + 6I^- + 14H^+ \longrightarrow 2Cr^{3+} + 3I_2 + 7H_2O$

（置换反应）　（定量）（过量）　　（定量）

滴定反应：$2S_2O_3^{2-} + I_2 \longrightarrow S_4O_6^{2-} + 2I^-$

习　题

1. 说明化学分析和仪器分析各自的特点。
2. 滴定分析在当代分析化学中的作用是什么？
3. 名词解释：化学计量点、滴定终点、基准物质、标准溶液、指示剂、物料平衡式、电荷平衡式。
4. 平衡浓度和分析浓度的含义是什么？二者有什么联系？
5. 滴定突跃的含义是什么？具有什么作用？
6. 滴定分析为什么把±0.1%作为相对误差的允许范围？
7. 以 X 和 T 分别表示被测物和滴定剂，化学反应计量关系为$n\text{X} \sim m\text{T}$。对于该滴定反应，传统的终点误差定义式(浓度定义式)为$E_t = \frac{nc_{T,ep} - mc_{X,ep}}{mc_{X,ep}} \times 100\%$，其中$c_{T,ep}$和$c_{X,ep}$分别表示终点时滴定剂和被测物的分析浓度。试证明，该定义式等价于体积定义式$E_t = \frac{V_{ep} - V_{sp}}{V_{sp}} \times 100\%$，其中$V_{ep}$和$V_{sp}$分别表示终点和化学计量点时加入滴定剂的体积。
8. 从滴定曲线可以获得哪些信息？
9. 粗略配制 0.1 mol·L^{-1} NaOH 溶液，通过酸碱滴定测定其准确浓度。称取一定量基准物质于锥形瓶中，加水溶解，然后以该 NaOH 溶液滴定，设滴定体积为 25~30 mL。如果使用邻苯二甲酸氢钾作为基准物质，称量范围是多少？如果采用二水合草酸，称量范围又是多少？这两种基准物质应该选用哪一种？为什么？(0.51~0.61 g；0.15~0.19 g)
10. 称取 1.6470 g 基准物 Na_2CO_3，溶解后转入 250 mL 容量瓶中定容。移取 25.00 mL 该溶液于锥形瓶中，以 HCl 溶液滴定至终点，消耗 21.96 mL。计算 Na_2CO_3 溶液和 HCl 溶液的浓度。(0.062157 mol·L^{-1}；0.1415 mol·L^{-1})
11. 称取 2.7815 g $CrCl_3$ 试样，溶解、过滤后制得样品溶液。向该溶液加入 25.00 mL 0.01125 mol·L^{-1} EDTA 标准溶液，充分反应后以 0.01058 mol·L^{-1} Pb^{2+}标准溶液滴定剩余 EDTA，终点时消耗 10.32 mL。计算试样中 $CrCl_3$ 的质量分数。(0.9796%)
12. 称取 0.2547 g 含硫有机物，置于氧气中燃烧，生成的 SO_2 通过 $FeCl_3$ 溶液吸收。然后以 0.01785 mol·L^{-1} $KMnO_4$ 标准溶液滴定至终点，消耗 23.44 mL。计算试样中硫的质量分数。(13.17%)
13. 称取 0.1016 g 铜合金试样，制备成 30 mL 溶液，加入 45 mL EDTA，以 0.021758 mol·L^{-1} Pb^{2+}标准溶液滴定至终点，消耗 16.47 mL。酸化溶液并加入抗坏血酸和硫脲以破坏 Cu-EDTA 配合物，然后继续以Pb^{2+}标准溶液滴定至终点，消耗 28.37 mL。计算试样中铜的质量分数。(38.61%)

第 2 章　分析化学中的误差和统计学处理

2.1　分析化学中的误差

误差无疑会降低测量数据的质量以及分析结果的可靠性，自然地，人们想减小甚至消除误差。其实，在分析实践方面，减小误差并不是唯一目的(有时甚至不是主要目的)，重要的是将误差控制在允许范围之内，在测量效率、测量成本和数据质量之间达到平衡。为此，需要对误差的来源和特性有深入而且系统的认识。在分析方法学方面，对误差的分析和溯源有助于现有方法的改进以及新方法的设计。

系统误差

系统误差(systematic error)源自测量系统(包括仪器、试剂、实验方案和实验者等)的缺陷。系统误差具有确定的来源(尽管囿于认知水平，在某个时期人们不一定清楚这个来源)，产生了确定的结果，所以也称确定性误差(determinate error)。由于这种确定性，系统误差可以重现，对测量值的影响非正即负，能够通过适当方法减小甚至消除。

系统误差与测量系统密切相关，因而具有“人工”的烙印。

随机误差

随机误差(random error)源自测量过程中的随机因素(即不确定因素)①，也称不确定性误差(indeterminate error)。随机误差对测量结果的影响或正或负，无法预知，但服从一定的统计规律；可以减小，但不能消除。

随机误差永远存在，是客观世界的一种属性，因而具有“自然”的烙印。

准确度

准确度(accuracy)衡量测量值与真实值的接近程度。准确度有两种指标，分别是“误差”和“相对误差”。以x_m和x_t表示测量值和真实值，那么“误差”计算公式是$x_m - x_t$，“相对误差”计算公式是$\frac{x_m - x_t}{x_t}$。“相对误差”通常表示为百分数，量纲为一，可用于比较不同类型测量的准确度。

---

① 决定论者(determinist)认为，不确定因素并非随机、不可预测，“不确定性”仅仅表明人类知识的缺乏程度；倘若拥有正确方程和必要参数，人们能够计算出宇宙在任意时刻的状态。这种观点的代表人物有拉普拉斯(Pierre-Simon Laplace)。当然，拉普拉斯先生足够自信，他深入研究太阳系天文观测数据，考虑各行星与卫星之间的引力作用，进行了异常复杂的解析，为解释行星摄动现象做出了重要贡献。

精密度

精密度(precision)衡量相同测量条件下同一对象的多次测量值的接近程度，反映数值的波动情况。以$x_1, x_2, \cdots, x_n$表示这样一组测量值，$\overline{x}$表示平均值，那么精密度有以下几种指标：

$d_i = x_i - \overline{x}$　偏差(deviation)

$\overline{d} = \frac{\sum|d_i|}{n}$　平均偏差(mean deviation)

$\frac{\overline{d}}{\overline{x}}$　相对平均偏差(relative mean deviation)

$s = \sqrt{\frac{\sum(x_i - \overline{x})^2}{n-1}}$　样本标准偏差(sample standard deviation)①

s^2　样本方差(sample variance)②

$\frac{s}{\overline{x}}$　相对标准偏差/变异系数(relative standard deviation/variation coefficient)

其中，相对平均偏差和相对标准偏差的量纲为一，可用于比较几组不同类型测量的精密度。

有效数字

有效数字(significant figure/digit)是测量值中具有明确物理意义的数字,包含所有实际测量到的数字再加一位估计数字③。对于数显仪器给出的测量值，最后一位是估计值。下面通过两个实例作进一步解释。

用一把最小刻度为毫米的直尺测量某物体的长度。将物体一端与零刻度对齐，然后清楚无疑地观察到另一端超出 21 mm 的刻度线，超出部分估计占 1 mm 刻度的$\frac{1}{4}$，因此测得物体长度是 21.2 mm。测量值中的 3 个数字都是通过直尺这一测量仪器得到，具有确定的物理意义，是有效数字。

仍然使用这把直尺，测量一个较短物体的长度。为了方便测量，将多个相同的短物体，比如 9 个，紧密接触并排在一起，测得总长度为 10.3 mm。那么一个短物体的长度就是$\frac{10.3}{9} = 1.1444444\cdots$。这是一个循环小数，可以写得很长，但是没有实际意义，例如小数点后第 3 位上的数字 4，并不说明这把直尺测量到了 4 μm。这把直尺的最高精度是 1 mm，再加上一位估计值，所以，一个短物体长度的可靠测量值是 1.1 mm。

从上述例子可以看出，有效数字与测量仪器密切相关，反映仪器的测量精度。

有效数字容易确定：从数值左端开始，第一个非零数字和其后数字均为有效数字。例如这些数值，*0.*1234、1.1234、1.0234、1.2340、*0.00*12340，粗体是有效数字，斜体是非有效数字。单位换算不能改变有效数字。例如，测量值 5.7 g，如果以毫克为单位，应写作 5.7×10^3 mg，而不是 5700 mg。测量值的记录应该采用科学计数法，以明确表示出有效数字。

---

① 为了简便运算，可以采用公式$s = \sqrt{\frac{\sum x_i^2 - (\sum x_i)^2/n}{n-1}}$。

② 样本方差 s^2 以$n-1$而非 n 作为分母是出于统计学的考虑，非取平均之意。这样，s^2就是总体方差σ^2的无偏估计。样本标准偏差 s 不是总体标准偏差 σ 的无偏估计，当 n 较大时比较接近。所谓无偏估计，就是估计量的数学期望等于总体参数。关于样本和总体的概念，参见 2.3.2 第 4 部分抽样分布或者数理统计专著。

③ 估计数字尽管不那么准确，但测量者对其是否超出分度值的一半比较有把握。加一位估计数字后，测量值的最大误差为分度值的一半；如果不加，最大误差就是一个分度值。所以，加上一位估计数字能够减小误差。

如果测量值参与运算，那么必须对最终运算结果进行修约，删去计算产生的多余数字。之所以修约，原因是有效数字反映仪器测量精度，运算结果也必须体现这一性质。修约规则是“四舍六入五成双”：“四舍六入”容易理解；“五成双”是指被截数字 5 可进可舍，以使被保留数字成为双数，不过 5 后面如果还有数字，就只进不舍。例如，对 1.235、1.245、1.2351、1.2451 进行修约，保留三位有效数字，结果为 1.24、1.24、1.24、1.25。

以上是数值修约规则，至于最终结果需要保留多少位有效数字，视具体运算而定。对于加减运算，以小数位数最少的数值为基准。对于乘除运算，以有效数字位数最少的数值为基准；如果数值的第一个有效数字是 9，那么可以多计一位有效数字。例如 9.08、0.092，参与乘除运算时，可视为分别具有四位、三位有效数字。乘除运算的这种约定可以为结果增加一个有效数字，而相对误差基本不变($\frac{0.01}{9.08} \approx \frac{0.01}{10.08}$)。

一个具有N位有效数字的值取常用对数，对数值的尾数修约为N位，首数不计入有效数字。例如，某长度测量值 1.2 km，两位有效数字，其对数值因此保留两位小数，即 $\lg 1.2 = 0.08$。以厘米为单位时，该测量值为 1.2×10^5 cm，幂指数 5 仅用于单位换算，并不影响有效数字位数；1.2×10^5 取对数后，幂指数 5 成为对数首数，当然也不能影响结果的有效数字位数，所以 $\lg(1.2\times10^5) = 5.08$ 具有两位有效数字，而非三位。

反常用对数的运算规则同上。例如pH = 10.76，表明氢离子浓度具有两位有效数字，所以$[H^+] = 1.7\times10^{-11}$，不能取四位有效数字。

下面是一些运算结果的有效数字修约实例，其中基准数值以粗体显示。

6.4503 **5.62** +0.071	6.4503 5.62 ×**0.071**	lg0.00**224**=	$\lg^{-1}(3.42)$=
12.1413	2.5737⋯	−2.2697⋯	$2.6302\cdots\times10^3$
↓ 修约	↓ 修约	↓ 修约	↓ 修约
12.14	2.6	−2.270	2.6×10^3
小数点后 保留2位	保留2位 有效数字	保留3位有效数字 首数不计入有效数字	保留2位有效数字 首数不计入有效数字

如果算式比较复杂，那么先完成计算，过程中保持精度，不修约中间结果；对算式进行分析以确定最终结果的有效数字位数，最后修约。例如$\frac{1.033\times(25.16-21.47)}{0.1179}$，计算结果为 32.3305⋯，分析算式后发现，其中减法结果只有 3 位有效数字，所以最终结果修约为 32.3。

分步计算时，如果不得不暂存中间结果，那么尽量多保留几位数字，以减小数值计算中截断误差的累积。本书的某些例题，中间结果比应该修约的多保留两位数字即是出于这种考虑。

修约化学分析结果，既要遵守有效数字运算规则，也要考虑组分的实际含量。如果组分含量大于 10%，一般要求四位有效数字；如果组分含量为 1%~10%，保留三位有效数字；如果组分含量低于 1%，保留两位有效数字即可。

2.2 实验数据中的误差传递

很多情况下，分析结果不是直接测得，而是将相关的直接测量值代入特定算式后计算得到。这些测量值的误差会通过该算式影响最终分析结果，这就是误差传递(propagation of error)。下面介绍误差传递的计算。

以A，B，⋯表示直接测量值，由这些测量值计算出的最终分析结果表示为R。设R的计算式如下：

$$R = f(A, B, \cdots)$$

误差传递所要考虑的是：直接测量值A，B，⋯的误差如何影响最终分析结果R，即这些误差如何通过算式传递到R上。从另一个角度看，误差传递考虑的是：A、B等数值的微小变化导致R发生多大的变化。自然地，这是一个全微分问题，即

$$\mathrm{d}R = \frac{\partial f}{\partial A}\mathrm{d}A + \frac{\partial f}{\partial B}\mathrm{d}B + \cdots$$

式中，$\mathrm{d}A$、$\mathrm{d}B$可以视为A、B测量值的误差，$\mathrm{d}R$可视为分析结果R的误差。

实验误差包括系统误差和随机误差，因此误差传递分为两种情形，下面分别介绍。

2.2.1 系统误差传递

根据上面介绍的全微分等式，可以得出系统误差的传递公式：

$$\Delta_R = \frac{\partial f}{\partial A}\Delta_A + \frac{\partial f}{\partial B}\Delta_B + \cdots$$

式中，Δ表示测量值或者计算值与真实值之差。

例 2.1 **加减和乘除运算的系统误差传递；低难度**

分析结果R的计算式为$R = \alpha A + \beta B - \gamma C$，其中$A$、$B$和$C$分别表示直接测量值，$\alpha$、$\beta$和$\gamma$是系数。试分析系统误差的传递。如果计算式为$R = \frac{A^\alpha B^\beta}{C^\gamma}$，结果又如何？

解 对于计算式$R = \alpha A + \beta B - \gamma C$，根据系统误差传递原理，得到：

$$\Delta_R = \frac{\partial R}{\partial A}\Delta_A + \frac{\partial R}{\partial B}\Delta_B + \frac{\partial R}{\partial C}\Delta_C = \alpha\Delta_A + \beta\Delta_B - \gamma\Delta_C$$

上式表明：对于只涉及加减运算的计算式，直接测量值的误差被传递并成为最终结果的误差，与测量值无关。

对于计算式$R = \frac{A^\alpha B^\beta}{C^\gamma}$，根据系统误差传递原理，得到：

$$\Delta_R = \alpha\frac{A^{\alpha-1}B^\beta}{C^\gamma}\Delta_A + \beta\frac{A^\alpha B^{\beta-1}}{C^\gamma}\Delta_B - \gamma\frac{A^\alpha B^\beta}{C^{\gamma+1}}\Delta_C$$

等号两侧同时除以$R = \frac{A^\alpha B^\beta}{C^\gamma}$，得到：

$$\frac{\Delta_R}{R} = \alpha\frac{\Delta_A}{A} + \beta\frac{\Delta_B}{B} - \gamma\frac{\Delta_C}{C}$$

上式表明：对于只涉及乘除运算的计算式，直接测量值的相对误差被传递并成为最终结果的相对误差，与测量值无关。

例 2.2 **系统误差传递；低难度**

配制浓度约为 0.5 g·L^{-1}的溶液，具体方法是称取一定量的溶质，溶解并定容到一定体积。试分析：质量测量误差和体积测量误差对浓度的影响。

解 分别以c、m和V表示浓度、溶质质量和溶液体积。从浓度计算公式$c=\frac{m}{V}$，得到系统误差的传递公式：

$$\Delta_c=\frac{\partial c}{\partial m}\Delta_m+\frac{\partial c}{\partial V}\Delta_V=\frac{1}{V}\Delta_m-\frac{m}{V^2}\Delta_V$$

由于$c=\frac{m}{V}\approx 0.5$，所以$\frac{1}{V}\approx 2\frac{m}{V^2}$，即$\Delta_m$对浓度的影响权重大约是$\Delta_V$影响权重的 2 倍。如果$\Delta_m$与$\Delta_V$相当，那么应该优先考虑减小质量称量误差。

例 2.3 **系统误差传递；中等难度**

吸收光谱分析中，强度为I_0的单色光透过厚度为b的溶液，被浓度为c的组分吸收了一部分，透射光强因此降为I。存在定量关系：$\lg\frac{I_0}{I}=\varepsilon bc$，其中$\varepsilon$是与该组分有关的常数。定义透光率$T=\frac{I}{I_0}$，再定义吸光度$A=-\lg T$，那么定量关系变为$A=\varepsilon bc$。这是著名的朗伯-比尔定律(Lambert-Beer law)，是吸收光谱定量分析的基础。试分析光强测量误差对组分浓度计算值的影响。

解 根据题意，组分浓度的计算式写为：

$$c=\frac{\lg I_0-\lg I}{\varepsilon b}$$

根据系统误差传递原理，得到：

$$\Delta_c=\frac{\mathrm{d}c}{\mathrm{d}I}\Delta_I=-\frac{1}{\ln 10\,\varepsilon b I}\Delta_I$$

两式相除，得到：

$$\frac{\Delta_c}{c}=\frac{1}{\ln 10\,I(\lg I-\lg I_0)}\Delta_I$$

式中，$\frac{1}{\ln 10\,I(\lg I-\lg I_0)}$可视为光强测量误差$\Delta_I$对浓度相对误差的影响权重，该影响权重在$-\lg\frac{I}{I_0}=\frac{1}{\ln 10}$时有最小值，此时吸光度$A=\frac{1}{\ln 10}\approx 0.434$。

本例表明：如果吸光度在 0.4 左右，那么组分浓度计算值受光强测量误差的影响较小。所以，吸收光谱定量分析应该避免使用过低或者过高的吸光度。

2.2.2 随机误差传递

随机误差的传递公式如下：

$$s_R^2=\left(\frac{\partial f}{\partial A}\right)^2 s_A^2+\left(\frac{\partial f}{\partial B}\right)^2 s_B^2+\cdots$$

式中，s为标准偏差，用以表征分析结果R、直接测量值A和B的随机误差。

例 2.4 **随机误差传递；信噪比；中等难度**

相同条件下对某随机信号进行n次测量，然后取平均值，计算平均值的标准偏差。

解 以x_i表示第i次测量值，s_i表示标准偏差($i=1,2,\cdots,n$)。$\bar{x}$表示平均值，其计算式如下：

$$\bar{x} = \frac{1}{n}(x_1 + x_2 + \cdots + x_n)$$

根据随机误差传递原理，得到：

$$s_{\bar{x}}^2 = \left(\frac{\partial \bar{x}}{\partial x_1}\right)^2 s_1^2 + \left(\frac{\partial \bar{x}}{\partial x_2}\right)^2 s_2^2 + \cdots + \left(\frac{\partial \bar{x}}{\partial x_n}\right)^2 s_n^2 = \frac{s_1^2 + s_2^2 + \cdots + s_n^2}{n^2}$$

式中，$s_{\bar{x}}$表示平均值的标准偏差。由于测量条件相同，所以$s_1 = s_2 = \cdots = s_n = s_{单}$，$s_{单}$表示单次测量的标准偏差。上式变为：

$$s_{\bar{x}} = \frac{1}{\sqrt{n}} s_{单}$$

随机噪声的强度度量是标准偏差，上述结果表明，将相同条件下的多个测量值进行平均是一种有效的噪声抑制方法。

信噪比(signal-to-noise ratio，SNR)用于衡量实测信号中噪声的影响，定义为$\frac{f}{s}$，其中f为非噪声信号的强度，s为噪声的标准偏差。将n个相同条件下的单次测量值进行平均，那么平均值中非噪声信号的强度仍为f，而噪声强度降为$\frac{s}{\sqrt{n}}$，所以平均值的信噪比是单次测量信噪比的$\sqrt{n}$倍。

这种取平均的方法具有显著的降噪效果，而又不影响非噪声信号，优于电子或数字滤噪方法。傅里叶变换红外光谱和傅里叶变换核磁共振谱都是利用这一原理进行噪声抑制，以测量微弱的非噪声信号。但是，这种方法要求非噪声信号在多次测量中保持不变①。

2.3 数理统计基础知识

本节介绍分析化学数据处理所需的数理统计知识。为了使内容简明易懂，只介绍必要知识点，数理统计方面的专业定义和论述请参阅相关专著。

数理统计的一个特点是相对简单的数学和抽象难懂的概念②。但是，数理统计方法源于解决实际问题，与日常经验有密切联系，是朴素思维活动的系统化。读者如果感觉本节中的概念或者原理过于抽象，可以试着沿用先贤们创建理论时使用的归纳法，结合具体事件来理解。

数理统计的另一个特点是计算容易完成、结果难以阐释，而后者却是重点。为提高计算效率，本节涉及一些 Matlab 程序和软件(参见附录 1)，用以取代传统的统计数值表，分析化学师生因此可以将注意力集中在更为重要的结果阐释上。

2.3.1 为什么要使用数理统计方法

分析化学中，数据处理不是最终目的，只是一种手段，帮助探究结果背后的主导因素。如果确定性因素主导，那么人们就有可以着力之处，如探索机理、改进仪器、完善方案，甚

① 光线不足时拍照，照片上黑色区域会出现色彩异常的斑点，这是相机感光元件的热噪声(噪声遍布照片，只是在黑色区域中更明显)。如果能够对同一场景进行多次拍照(在数码时代很容易)，而且场景中的物体保持不变(在任何时代都不容易)，那么这些数码照片的平均将是一张相当清晰(高信噪比)的照片。

② 人类很早就知道随机现象，但是直到近代才发展出概率论，缺乏的不是数学工具，而是概率论所需要的哲学观点。

至暂缓研究等。如果随机因素主导，那么人们可“做”的事就比较简单——接受。随机因素普遍存在，人类无法预知也不可控制，因此没有必要费心费力。

确定性因素遵循各种明确的、可掌握的规律，结果完全可以预知。随机因素遵循统计规律，是大量同类随机事件表现出的规律，结果总带有不确定性，而且我们在实际情况中不能将这种不确定性降低到零。

要而言之，在科学研究中，我们感兴趣而且要深入探究的是确定性因素；对于随机因素，我们坦然接受①。那么如何区分这两类因素？答曰：通过数理统计方法。数理统计方法还可以帮助人们发掘测量数据中的隐含信息，从而对分析结果做出合理的判断和更高级别的解释。

数理统计方法的基础是随机变量和统计规律性，下面作具体介绍。

2.3.2 随机变量及其分布

由于不确定性，随机因素对单次测量结果的影响无法预知，当然也就无从研究。然而在相同条件下进行多次测量，大量数据能够显示出较为清晰的统计规律性。之所以强调相同条件下的测量，是为了固定各种确定性因素，消除其对随机因素的影响。

上述随机因素和随机因素的统计规律性是数理统计中两个基本概念——随机变量和随机变量的分布(distribution)。随机变量可以视为取值随机而在确定范围内取值具有确定概率的变量，大量取值呈现出的统计规律性是随机变量的分布。

信息栏 2.1　　数理统计知识中的符号表示

随机变量以大写字母表示，如X、Y，相应的小写字母表示其取值，如x、y。

符号~表示随机变量服从某种分布。例如，$X \sim N(\mu, \sigma^2)$、$X \sim t(f)$、$X \sim F(m, n)$分别表示随机变量X服从正态分布、t分布、F分布。

以$P\{A\}$表示 A 事件的概率。例如，$P\{X > 0\}$表示随机变量X取正值的概率。注意：$P\{x > 0\}$是错误的表示法，因为x表示一个确定值。

总体参数用希腊字母表示，如μ表示总体均值，σ^2表示总体方差；样本参数用相应的拉丁字母表示，如u表示样本均值，s^2表示样本方差。

---

① 范例：瑞利勋爵(Lord Rayleigh)发现，化学反应制备出的 N_2 每升质量为 1.2505 g，而空气分离出的 N_2 每升质量为 1.2572 g (除去 O_2、CO_2 和 H_2O)。这种微小的确定性差异导致了氩气的发现。

又例：某分析化学家设计了一个分析方案，结果表明误差变小。分析化学家并不急着庆祝，而是冷静地通过数理统计方法来分析误差减小的原因。如果确实是由于新方案的先进性——这是个确定性因素，说明新方案更精确，值得进一步研究、推广，当然也值得庆祝。然而，如果误差的减小极有可能是随机因素造成的，那么就没必要做这些事了，因为随机因素的影响有正有负，一次误差减小只是巧合。然而后一种情况也不是令人沮丧的。新方案在准确度上没有显示出优势，但准确度可能没有降低——这也是数理统计的一种结论，如果还具备其他优点，如测量时间短、成本低等，那么新方案就有价值——现在可以庆祝了。

1. 频数分布

下面通过一个例子解释随机变量及其分布。

对真实长度为 1.00 cm 的物体进行 200 次长度测量，并且假设不存在任何系统误差(尺子没有问题，测量者能够客观读取数据等)。通过测量值的图像，可以发现两个有趣现象。现象之一如图 2.1(a)所示，测量值都相当接近，只在数值 1 附近波动，说明随机因素的影响程度不大。现象之二如图 2.1(b)的频数分布所示，离群值只是少数，而且离群越远，数量越少。

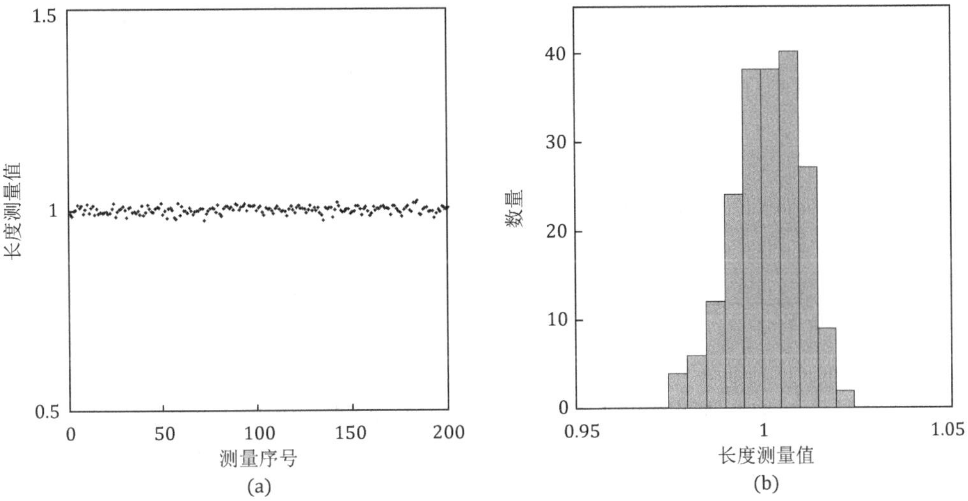

图 2.1　200 个长度测量值(a)及其频数分布(b)

当测量值无限多、频数分布的分组组距无限短时，频数分布变成连续形式，这就是概率密度曲线(probability density curve)。

2. 随机变量的概率密度和累积概率

概率密度曲线是概率密度(以p表示)与随机变量取值(以x表示)的关系曲线。概率密度有些抽象，其积分却是我们熟悉的概率。概率密度在某区间上的积分，即曲线在此区间上围成的面积①，就是随机变量取值落入此区间的概率。在图 2.2(a)的示例中，三个不同区域的面积分别为A、B和C，含义是随机变量取值落入区间$(-\infty, -1]$、$[-1, 1]$和$[1, \infty)$的概率；落入区间$[-1, 1]$之外的概率等于$A+C$。显然，概率密度曲线在实数域上围成的面积为 1。

概率密度曲线代表的函数称为概率密度函数 (probability density function，PDF)。如果图 2.2(a)中的 PDF 表示为$p(x)$，那么可以得到上述结论的数学等价：$A=P\{X<-1\}=\int_{-\infty}^{-1}p(x)\mathrm{d}x$、$B=P\{-1<X<1\}=\int_{-1}^{1}p(x)\mathrm{d}x$、$C=P\{X>1\}=\int_{1}^{\infty}p(x)\mathrm{d}x$、$A+C=1-\int_{-1}^{1}p(x)\mathrm{d}x$、$\int_{-\infty}^{\infty}p(x)\mathrm{d}x=1$。

与概率密度相关的一个概念是累积分布(cumulative distribution)。累积分布是概率密度在区间$(-\infty,x]$上的积分(对于只取正值的随机变量，此区间为$(0,x]$)，以P表示。累积分布函

① 连续型随机变量取某一确定值的概率是零。因此，谈及连续型随机变量的取值区间时，是否包括端点无关紧要。

数(cumulative distribution function，CDF) $P(x)$与概率密度函数$p(x)$的关系如下：

$$P(x) = P\{X < x\} = \int_{-\infty}^{x} p(t)\mathrm{d}t$$

借助 CDF，可以计算出随机变量取值落入任何区间的概率：以图 2.2(a)为例，$A = \mathrm{CDF}(-1)$、$B = \mathrm{CDF}(1) - \mathrm{CDF}(-1)$、$C = 1 - \mathrm{CDF}(1)$。CDF 曲线的示例见图 2.2(b)。

CDF 计算随机变量取值落入区间$(-\infty, x]$的概率。反之，如果这一概率已知，求区间端点x时，可以使用逆累积分布函数(inverse cumulative distribution function，ICDF)。

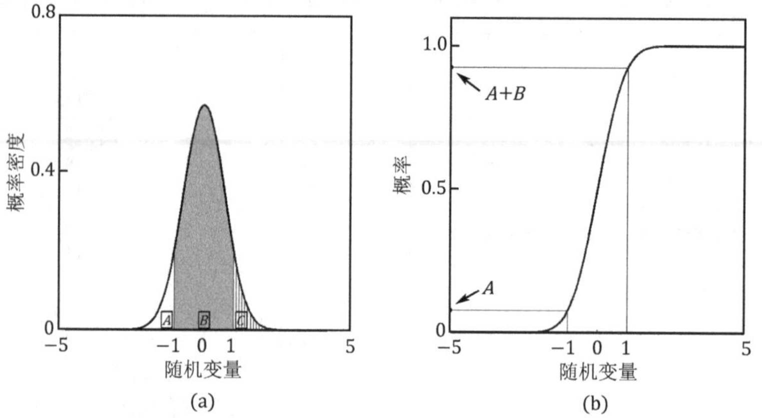

图 2.2 概率密度曲线(a)以及相应累积分布曲线(b)的示意图

(a)A、B和C分别表示曲线在区域$(-\infty, -1]$、$[-1, 1]$和$[1, +\infty)$上围成的面积；(b)标识了累积分布函数分别在−1 和 1 处的值

3. 随机变量的正态分布

正态分布(normal distribution)是最常见的一种分布，其 PDF 为：

$$p(x) = \frac{1}{\sigma\sqrt{2\pi}}\exp\left[-\frac{(x-\mu)^2}{2\sigma^2}\right]$$

式中，μ 和σ^2分别表示随机变量X的总体均值(即数学期望)和总体方差，是正态分布的两个参数。正态分布以$N(\mu, \sigma^2)$表示。

正态分布的 CDF 为：

$$P(x) = \frac{1}{2}\mathrm{erfc}\left(-\frac{x-\mu}{\sqrt{2}\sigma}\right)$$

式中，erfc 表示互补误差函数(complementary error function)①，可用 Matlab 库函数 erfc 进行计算。CDF 的 Matlab 计算程序参见附录 1。

有些情况下，需要计算逆累积分布函数 ICDF，即计算累积概率P (如 95%、99%等)对应的随机变量取值x，计算方法如下：

$$x = \mu - \sigma\sqrt{2}\mathrm{erfcinv}(2P)$$

式中，erfcinv 表示互补误差函数的反函数，可用 Matlab 库函数 erfcinv 进行计算。ICDF 的 Matlab 计算程序参见附录 1。

① $\mathrm{erfc}(x) = \frac{2}{\sqrt{\pi}}\int_{x}^{\infty}\exp(-t^2)\mathrm{d}t$。

图 2.3 是两个正态分布$N(0,0.25)$和$N(0,1)$的概率密度曲线和累积分布曲线。从图中可以看出，正态分布是关于$x=\mu$对称的峰形曲线；峰位置由μ控制，峰宽由σ控制，$\sigma \approx \frac{1}{2}W_{0.6}$ ($W_{0.6}$表示 0.6 倍峰高处的峰宽)。

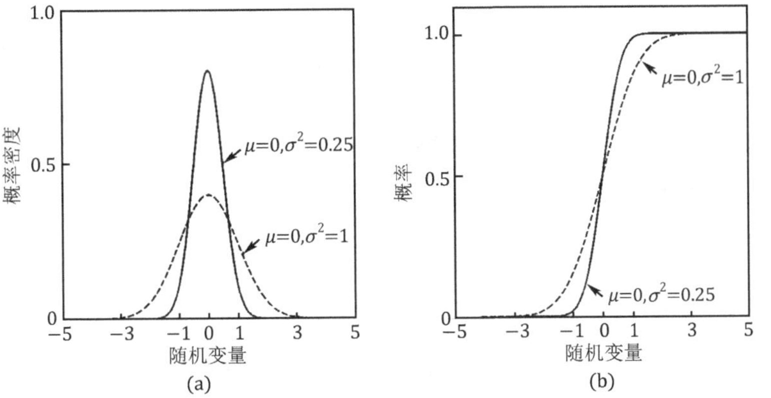

图 2.3 参数不同的两个正态分布的概率密度曲线(a)和累积分布曲线(b)

均值为 0、方差为 1 的正态分布称为标准正态分布$N(0,1)$。通过简单数学变换，标准正态分布可以与任意参数的正态分布相互转换，这一性质使得相关计算更加便捷，下面进行说明。

以$p(u)$和$p(x)$分别表示$N(0,1)$和$N(\mu,\ \sigma^2)$的 PDF，那么两个函数的自变量和因变量存在如下关系：

$$u=\frac{x-\mu}{\sigma},\quad p(u)=\sigma p(x)$$

如果$N(0,1)$的概率密度已知，那么通过上述简单变换即可得到$N(\mu,\ \sigma^2)$的概率密度，不必费力计算 PDF。例如 Matlab 中的 randn 命令，该命令生成服从标准正态分布的随机数，那么通过算式$\sigma * \text{randn}+\mu$即可得到服从$N(\mu,\ \sigma^2)$分布的随机数。

以$P(u)$和$P(x)$分别表示$N(0,1)$和$N(\mu,\ \sigma^2)$的 CDF，那么两个函数的自变量和因变量存在如下关系：

$$u=\frac{x-\mu}{\sigma},\quad P(u)=P(x)$$

如果$N(0,1)$的累积概率已知，那么通过上述简单变换即可得到$N(\mu,\ \sigma^2)$的累积概率，不必费力计算 CDF。在计算工具欠发达的年代，计算 CDF 颇为困难，于是人们制作了$N(0,1)$的累积概率数值表，列出不同u值与其对应的$P(u)$。通过数值表和$u=\frac{x-\mu}{\sigma}$这一简单算式，无需计算 CDF 即可得到任意参数正态分布$N(\mu,\ \sigma^2)$的累积概率。

例 2.5 **正态分布；低难度**

随机变量$X\sim N(20,2)$，求X的取值落入区间[17, 22]的概率。

解 $N(20,2)$的 PDF 示意图如下：

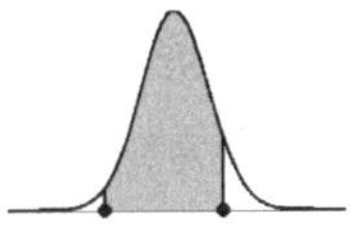

图中两个端点分别是 17 和 22，阴影部分面积就是随机变量取值落入[17, 22]的概率。启动附录 1 软件

stac，在“CDF<>ICDF”模式下选择正态分布，输入总体均值 20 和总体标准偏差 1.414 后，计算 17 和 22 对应的累积概率，得到 0.017 和 0.921。所以，阴影部分面积，也就是随机变量取值落入区间[17, 22]的概率，等于 0.904。

例 2.6 **正态分布；中等难度**

分析仪器在没有样品时的连续输出称为基线。某仪器开机预热后基线平稳，设基线数据服从正态分布$N(0, 0.01)$，计算基线中大于 0.3 的值出现的概率。

解 $N(0, 0.01)$的 PDF 示意图如下：

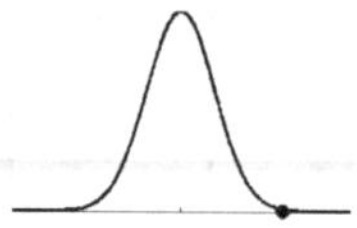

图中端点是 0.3，曲线在$[0.3, \infty)$范围内的面积即为所求概率。启动附录 1 软件 stac，在“CDF<>ICDF”模式下选择正态分布，输入总体均值 0 和总体标准偏差 0.1 后，计算 0.3 对应的累积概率，得到 0.9987。所以，大于 0.3 的值出现的概率等于 0.0013。

本例说明，纯噪声中很少有大于3σ的值(概率仅为 0.13%)。如果仪器输出了较大数值，那么可能是发生了小概率事件，然而更有可能是出现了非随机信息——样品信息。这是确定分析仪器检出限的统计学基础，详细讨论参见 2.4.1。

正态分布相当常见。现实中有许多类型的数据，其统计规律性与正态分布比较吻合，尤其当数据量较大时。但是，在数据量较小的场合，实际情况与正态分布有一定偏离。因此，有必要研究少量数据的分布，这是抽样分布要解决的问题。

4. 抽样分布

很多情况下，正态分布可以较好地描述测量值，因而是研究这些测量值理所当然的选择。然而，我们有时需要研究测量值的平均值、方差等参数，那么应该使用什么分布？解决这一问题的数理统计方法是抽样分布(sampling distribution)。

分析化学中的测量值司空见惯，如测定矿石含铁量：对同一样品平行测定 5 次，得到 5 个测量值。从数理统计角度，可以这样理解：考虑所有的测量情形，理论上可以得到无数个含铁量的测量值，从中抽取 5 个就得到了这 5 个测量值。

上例便于我们理解抽样分布。数理统计中，研究对象的所有可能取值构成一个集合，称为总体(population)，这些取值称为个体(individual)。总体包含大量甚至无限多个体。通过简单抽样①，从总体抽取有限个体构成的集合称为样本(sample)，其中个体的数量称为样本容量。

为了反映样本特征，需要从样本信息构造一些变量，如样本均值、样本方差等。这种完全由样本信息确定的量称为样本统计量(statistic)。样本统计量的概率分布就是抽样分布。如果抽样分布能够从总体的分布得出，那么称为精确抽样分布。

① 简单抽样是指抽样随机(所有个体被抽中的概率相同)和抽样独立(抽样结果互不影响)。

精确抽样分布大多从正态总体得到，这就是统计中著名的三大抽样分布——χ^2分布、t分布和F分布。精确抽样分布适用于样本容量较小的数理统计问题，因而成为处理少量测量数据的重要工具。

5. 抽样分布之样本均值的分布

设$X_1,X_2,\cdots,X_n$是来自正态总体$N(\mu,\sigma^2)$的一个样本，以$\bar{X}$表示样本均值，那么$\bar{X}\sim N\left(\mu,\frac{\sigma^2}{n}\right)$。如果定义随机变量$U$

$$U=\frac{\bar{X}-\mu}{\sigma}\sqrt{n}$$

那么，$U\sim N(0,1)$。

对于均值μ、方差σ^2的任何总体，样本均值 $\bar{X}$ 近似服从正态分布$N\left(\mu,\frac{\sigma^2}{n}\right)$；样本容量越大，近似程度越好，这就是中心极限定理(central limit theorem)。因此，即使总体的分布未知，也可以使用正态分布研究其样本均值。

6. 抽样分布之χ^2分布

设$X_1,X_2,\cdots,X_n$是来自正态总体$N(\mu,\sigma^2)$的一个样本，那么以下形式的随机变量χ^2服从自由度(degree of freedom，df)为f ($f=n-1$)的χ^2分布(Chi-squared distribution)，记作$\chi^2\sim\chi^2(f)$

$$\chi^2=\frac{(n-1)s^2}{\sigma^2}$$

式中，s^2表示样本方差。

χ^2分布的 PDF 为：

$$p(x;f)=\frac{1}{\Gamma\left(\frac{f}{2}\right)}2^{-\frac{f}{2}}x^{\frac{f}{2}-1}\mathrm{e}^{-\frac{x}{2}}\quad(x\geqslant 0)$$

式中，Γ表示伽玛函数(gamma function)①，可用 Matlab 库函数 gamma 进行计算。

χ^2分布的 CDF 为：

$$P(x;f)=\frac{\gamma\left(\frac{x}{2},\frac{f}{2}\right)}{\Gamma\left(\frac{f}{2}\right)}\quad(x\geqslant 0)$$

式中，γ表示不完全伽玛函数(incomplete gamma function)②。$P(x;f)$是正则化不完全伽玛函数(regularized incomplete gamma function)，可用 Matlab 库函数 gammainc 进行计算。CDF 的 Matlab 计算程序参见附录 1。

有些情况下，需要计算 ICDF，即计算累积概率P (如 95%、99%等)对应的随机变量取值x。以 Matlab 代码为例，计算方法如下：

---

① $\Gamma(x)=\int_0^\infty t^{x-1}\mathrm{e}^{-t}\mathrm{d}t$。

② $\gamma(x,a)=\int_0^x t^{a-1}\mathrm{e}^{-t}\mathrm{d}t$。

$$x = 2 * \text{gammaincinv}\left(P, \frac{f}{2}\right)$$

式中，gammaincinv 为 Matlab 库函数，用于计算正则化不完全伽玛函数的反函数。ICDF 的 Matlab 计算程序参见附录 1。

图 2.4 是自由度分别为 1、5 和 20 三种χ^2分布的概率密度曲线和累积分布曲线。从图中可以看出，概率密度曲线不对称，f越大，曲线越趋于对称。当$f \to \infty$时，$\chi^2(f)$趋向正态分布$N(f, 2f)$。

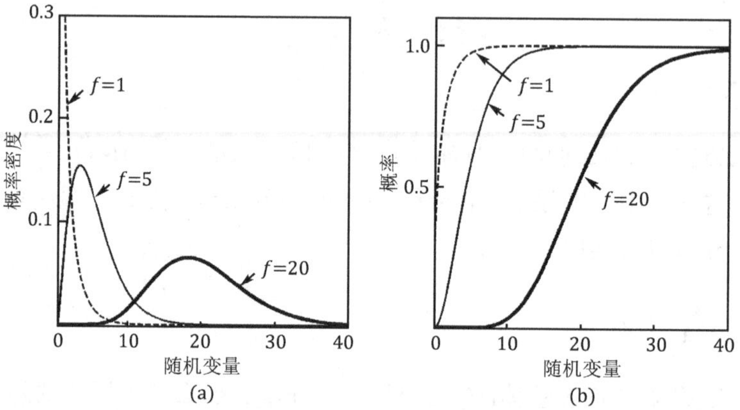

图 2.4 自由度不同的三种χ^2分布的概率密度曲线(a)和相应累积分布曲线(b)

7. 抽样分布之t分布

设$X_1, X_2, \cdots, X_n$是来自正态总体$N(\mu, \sigma^2)$的一个样本，那么以下形式的随机变量T服从自由度为f $(f = n-1)$的t分布①，记作$T \sim t(f)$

$$T = \frac{\bar{x} - \mu}{s}\sqrt{n}$$

式中，$\bar{x}$表示样本均值；s表示样本标准偏差。

t分布的 PDF 为：

$$p(x; f) = \frac{1}{\sqrt{f}B\left(\frac{f}{2}, \frac{1}{2}\right)}\left(1 + \frac{x^2}{f}\right)^{-\frac{f+1}{2}} \text{ 或者 } p(x; f) = \frac{\Gamma\left(\frac{f+1}{2}\right)}{\sqrt{f\pi}\Gamma\left(\frac{f}{2}\right)}\left(1 + \frac{x^2}{f}\right)^{-\frac{f+1}{2}}$$

式中，B表示贝塔函数(beta function)②，可用 Matlab 库函数 beta 进行计算。

t分布的 CDF 为：

$$P(x; f) = \begin{cases} 1 - \frac{1}{2}I\left(\frac{f}{f + x^2}; \frac{f}{2}, \frac{1}{2}\right) & (x \geqslant 0) \\ \frac{1}{2}I\left(\frac{f}{f + x^2}; \frac{f}{2}, \frac{1}{2}\right) & (x < 0) \end{cases}$$

式中，I表示正则化不完全贝塔函数(regularized incomplete beta function)，可用 Matlab 库函

① t分布由英国统计学家 W. S. Gosset 在 1908 年创立，发表论文的署名是 A. Student，得名t分布，也称 Student 分布。

② $B(x, y) = \int_0^1 t^{x-1}(1-t)^{y-1}\mathrm{d}t$。后文$F$分布的 PDF 也用到贝塔函数。

数 betainc 进行计算①。CDF 的 Matlab 计算程序参见附录 1。

有些情况下，需要计算 ICDF，即计算累积概率P (如 95%、99%等)对应的随机变量取值x。以 Matlab 代码为例，计算方法如下：

$$x=\begin{cases}\sqrt{f/\text{betaincinv}\left(2-2P,\dfrac{f}{2},\dfrac{1}{2}\right)-f} & (P\geqslant 0.5)\\ -\sqrt{f/\text{betaincinv}\left(2P,\dfrac{f}{2},\dfrac{1}{2}\right)-f} & (P<0.5)\end{cases}$$

式中,betaincinv 为 Matlab 库函数,用于计算正则化不完全贝塔函数的反函数。ICDF 的 Matlab 计算程序参见附录 1。

图 2.5 是自由度分别为 1 和 20 的两种t分布的概率密度曲线和累积分布曲线。从图中可以看出,概率密度曲线是关于$x=0$对称的峰形曲线,峰形随自由度不同而改变。当$f\rightarrow\infty$时，$t(f)$趋向标准正态分布$N(0,1)$。

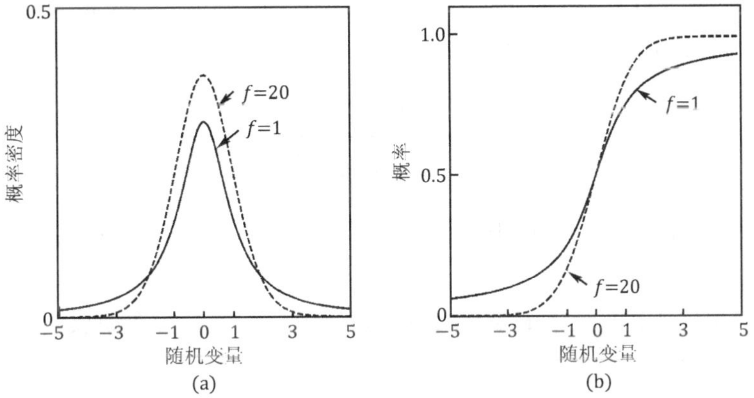

图 2.5 自由度不同的两种t分布的概率密度曲线(a)和相应累积分布曲线(b)

8. 抽样分布之F分布

设$X_1,X_2,\cdots,X_m$是来自正态总体$N(\mu_1,\sigma_1^2)$的一个样本，$Y_1,Y_2,\cdots,Y_n$是来自另一正态总体$N(\mu_2,\sigma_2^2)$的一个样本，那么以下形式的随机变量F服从自由度分别为f_1 ($f_1=m-1$)和f_2 ($f_2=n-1$)的F分布②，记作$F\sim F(f_1,f_2)$。其中，f_1和f_2分别称为分子自由度和分母自由度(也称第一自由度和第二自由度)

$$F=\frac{s_1^2/\sigma_1^2}{s_2^2/\sigma_2^2}$$

式中，s_1^2和s_2^2分别表示两个样本的样本方差。

如果两个样本来自同一总体，那么随机变量F的形式变为：

① $I(t;x,y)=\frac{B(t;x,y)}{B(x,y)}$，其中$B(t;x,y)=\int_0^t t^{x-1}(1-t)^{y-1}\mathrm{d}t$为不完全贝塔函数(incomplete beta function)。后文F分布的 CDF 也用到正则化不完全贝塔函数。

② 此命名用以纪念统计学家 R. A. Fisher 爵士。

$$F=\frac{s_1^2}{s_2^2}$$

也称方差比。

F分布的 PDF 为：

$$p(x;f_1,f_2)=\frac{1}{B\left(\frac{f_1}{2},\frac{f_2}{2}\right)}f_1^{\frac{f_1}{2}}f_2^{\frac{f_2}{2}}\frac{x^{\frac{f_1}{2}-1}}{(f_2+f_1x)^{\frac{f_1+f_2}{2}}}\quad(x\geqslant 0)$$

式中，B表示贝塔函数，可用 Matlab 库函数 beta 进行计算。

F分布的 CDF 为：

$$P(x;f_1,f_2)=I\left(\frac{f_1x}{f_2+f_1x};\frac{f_1}{2},\frac{f_2}{2}\right)\quad(x\geqslant 0)$$

式中，I表示正则化不完全贝塔函数，可用 Matlab 库函数 betainc 进行计算。CDF 的 Matlab 计算程序参见附录 1。

有些情况下，需要计算 ICDF，即计算累积概率P (如 95%、99%等)对应的随机变量取值x。以 Matlab 代码为例，计算方法如下：

$$x=\frac{f_2}{f_1}\frac{\text{betaincinv}\left(P,\frac{f_1}{2},\frac{f_2}{2}\right)}{1-\text{betaincinv}\left(P,\frac{f_1}{2},\frac{f_2}{2}\right)}$$

式中，betaincinv 为 Matlab 库函数，用于计算正则化不完全贝塔函数的反函数。ICDF 的 Matlab 计算程序参见附录 1。

图 2.6 是自由度不同的三种F分布的概率密度曲线和累积分布曲线。从图中可以看出，$F(f_1,f_2)$不同于$F(f_2,f_1)$。

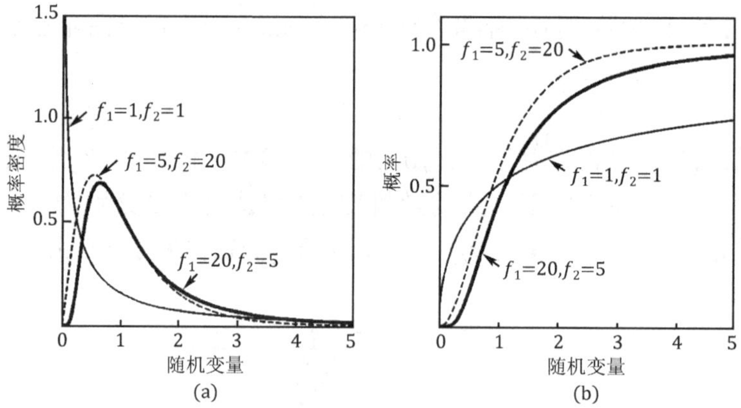

图 2.6　自由度不同的三种F分布的概率密度曲线(a)以及相应累积分布曲线(b)

值得指出的是，如果随机变量$X\sim F(f_1,f_2)$，那么随机变量$\frac{1}{X}\sim F(f_2,f_1)$。

2.3.3　显著性检验

显著性检验(significance test)用于判断结果源自随机因素还是确定性因素，属于数理统计中的“假设检验”。关于假设检验的简要介绍参见附录 2。

显著性检验的结论有二，分别是“统计显著”(statistically significant)和“统计不显著”(statistically insignificant)。“统计不显著”说明结果源自随机因素，那么坦然接受现实。“统计显著”说明结果源自确定性因素，则可以进一步探究。

1. 基本原理

显著性检验基于一个常识：有些事件的发生属于“异常”，引人注意；另外一些事件的发生属于“正常”，司空见惯。所谓“异常”或者“正常”，是指实际结果与我们的预想不同或者相同。一个“异常”事件的发生有两种情形：一种是“异常”事件确实发生了，尽管经验表明，这种可能性很小；而另一种情形更有可能，那就是预想并不正确[①]。因此，通过对已发生事件进行“异常”或者“正常”的归属，就可以判断预想是否合理。日常生活中，我们依据经验，对“异常”和“正常”事件的范围做出大致划分，经验越丰富，结论越可靠。

以上述事实作类比，显著性检验就比较容易理解了。事件在显著性检验中用一个随机变量来表征，称为检验统计量(test statistic)。“异常”事件的发生相当于检验统计量的取值落入小概率区间；“正常”事件的发生相当于检验统计量的取值落入大概率区间。“预想”相当于原假设(null hypothesis)，显著性检验的原假设是：事件的发生源自随机因素。无限丰富的经验相当于检验统计量的分布。

显著性检验的逻辑链条是：确立原假设 → 获得检验统计量的分布 → 划分小概率区间和大概率区间 → 检验统计量取值落入小概率区间说明发生了小概率事件。小概率事件在一次试验中不会发生，如果确实发生，只有否定原假设才能解决矛盾，因为链条的逻辑没有问题。

上文的“小概率”是显著性检验中的“显著性水平”(significance level)，以α表示，由检验者设定，一般是 0.05 或者 0.01。α设定得越小，说明检验者认为小概率事件越不容易发生，所以α值的设定反映了检验者的立场。上文的“大概率”是显著性检验中的“置信度”(confidence)。置信度和显著性水平之和为 1。上文的“小概率区间”和“大概率区间”分别是显著性检验中的“拒绝域”(rejection region)和“接受域”(acceptance region)。

2. 检验类型和临界值

显著性检验分为两大类，分别是单侧检验(one-sided/one-tailed test)和双侧检验(two-sided/two-tailed test)。对于前者，小概率事件和大概率事件只有一个分界；对于后者，这种分界则有两个。分析化学中，单侧检验适用的判断如“平均值是否显著大于参考值”“平均值是否显著小于参考值”，双侧检验适用的判断如“平均值是否显著异于参考值”[②]。

单侧检验细分为左侧单侧检验和右侧单侧检验，分别指在检验统计量的概率密度曲线上，

---

① 这里反映的是假设检验中的小概率原理。小概率是指一次试验中一个几乎不可能发生的事件的发生概率，具体数值由研究者事先确定。原假设(相当于文中的“预想”)成立的情况下，小概率事件在一次试验中可以认为不会发生；一旦发生，就有理由拒绝原假设(相当于文中的“预想并不正确”)。

② 在认为结果源自随机因素的原假设之下，“平均值显著大于参考值”和“平均值显著小于参考值”都是小概率事件，都归于“平均值显著异于参考值”。这样，小概率事件和大概率事件有两个分界，是双侧检验。

拒绝域位于接受域的左侧和右侧。仍以分析化学数据为例，“平均值是否显著小于参考值”的判断属于左侧单侧检验，“平均值是否显著大于参考值”的判断属于右侧单侧检验。

拒绝域和接受域的分界称为临界值(critical value)。临界值是检验统计量的取值，根据检验类型，借助检验统计量的逆累积分布函数，从显著性水平计算得到，参见表 2.1 中的图示。标准正态分布和t分布关于零点对称，随机变量取实数值；χ^2分布和F分布不对称，随机变量取正数值，这些知识有助于理解表中的符号表示。

临界值的计算曾经比较困难，所以那时人们普遍采用统计数值表。

表 2.1　显著性检验图示、相应临界值的表示和计算

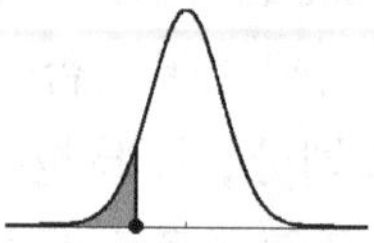

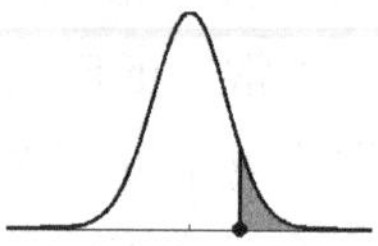

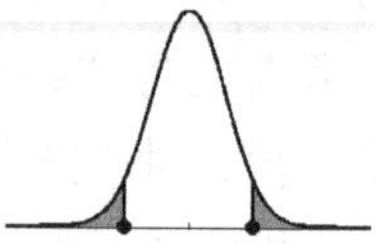

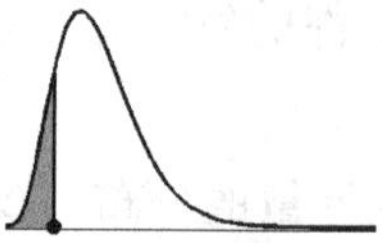

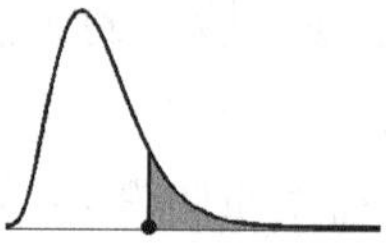

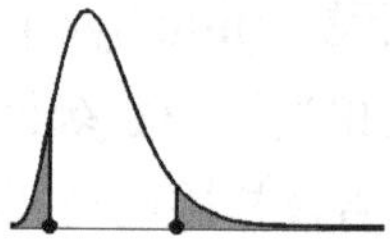

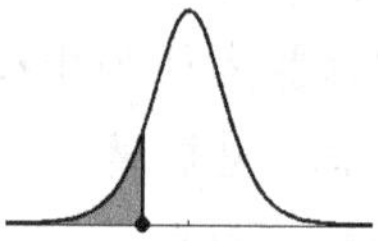

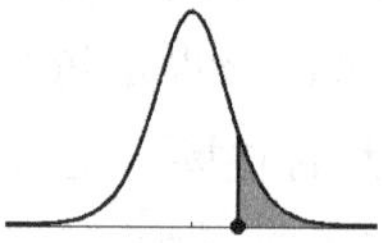

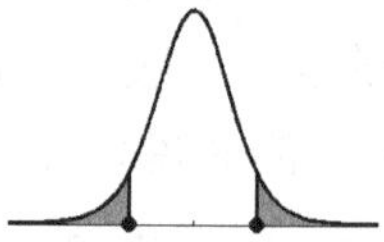

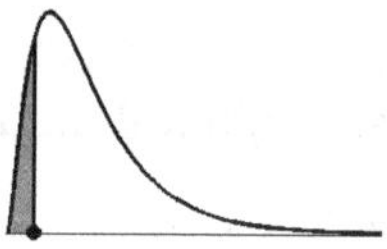

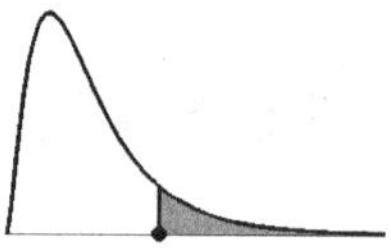

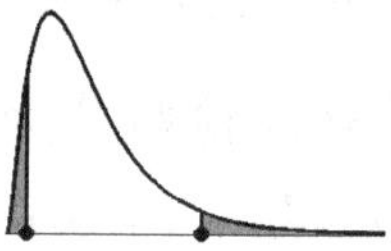

分布类型	左侧单侧	右侧单侧	双侧检验
$N(0,1)$分布	$-u_\alpha = \mathrm{ICDF}(\alpha)$	$u_\alpha = \mathrm{ICDF}(1-\alpha)$	$-u_{\frac{\alpha}{2}} = \mathrm{ICDF}\left(\frac{\alpha}{2}\right)$ $u_{\frac{\alpha}{2}} = \mathrm{ICDF}\left(1-\frac{\alpha}{2}\right)$
χ^2分布	$\chi^2_{1-\alpha,f} = \mathrm{ICDF}(\alpha,f)$	$\chi^2_{\alpha,f} = \mathrm{ICDF}(1-\alpha,f)$	$\chi^2_{1-\frac{\alpha}{2},f} = \mathrm{ICDF}\left(\frac{\alpha}{2},f\right)$ $\chi^2_{\frac{\alpha}{2},f} = \mathrm{ICDF}\left(1-\frac{\alpha}{2},f\right)$
t分布	$-t_{\alpha,f} = \mathrm{ICDF}(\alpha,f)$	$t_{\alpha,f} = \mathrm{ICDF}(1-\alpha,f)$	$-t_{\frac{\alpha}{2},f} = \mathrm{ICDF}\left(\frac{\alpha}{2},f\right)$ $t_{\frac{\alpha}{2},f} = \mathrm{ICDF}\left(1-\frac{\alpha}{2},f\right)$
F分布	$F_{1-\alpha,f_1,f_2} = \mathrm{ICDF}(\alpha,f_1,f_2)$	$F_{\alpha,f_1,f_2} = \mathrm{ICDF}(1-\alpha,f_1,f_2)$	$F_{1-\frac{\alpha}{2},f_1,f_2} = \mathrm{ICDF}\left(\frac{\alpha}{2},f_1,f_2\right)$ $F_{\frac{\alpha}{2},f_1,f_2} = \mathrm{ICDF}\left(1-\frac{\alpha}{2},f_1,f_2\right)$

注：圆点表示临界值；α表示显著性水平，对应图中阴影面积，阴影所在区域为拒绝域；ICDF 表示逆累积分布函数；f表示自由度

3. 统计数值表和软件

显著性检验所需的关键信息是临界值，通过逆累积分布函数 ICDF 计算得到，如表 2.1 所

示。然而，ICDF 对于简单计算器而言过于复杂，所以在计算工具欠发达的年代，人们只有使用由专业人员计算好的统计数值表。分析化学传统教材中，统计数值表是附录的必要部分。

统计数值表曾经必不可少，但是也存在明显不足。限于篇幅，普通统计数值表只列出常用数值①；存在多种数值表，不易区分，所以表头通常给出明确的图示和相应公式，避免误用。读者可以从图 2.7 直观感受一下传统的统计数值表。

t 分布表(双边)

$P(|t|>t_\alpha)=\alpha$

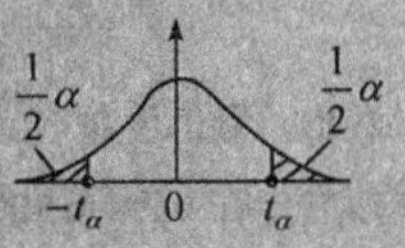

f	*P*	90%	95%	98%	99%	99.9%
	α	0.10	0.05	0.02	0.01	0.001
1		6.31	12.71	31.82	63.66	636.62
2		2.92	4.30	6.37	9.93	31.60

图 2.7 某分析化学教材中统计数值表的扫描图

当前计算机硬件普及、软件丰富，ICDF 计算不再困难。例如，微软公司的 Excel 软件就能够计算常见统计函数，更不必说专业统计软件——输入原始数据，即可得到结果，用户不必计算检验统计量，更不必计算临界值。可以说，当前数理统计应用已经不需要统计数值表。

本书不提供统计数值表，显著性检验所需的临界值均通过 stac 软件得到，软件详细介绍参见附录 1。软件有 Matlab 和 Android 两个版本，分别运行于计算机②和智能手机。stac 软件还能够计算正态分布、t分布、χ^2分布和F分布的 CDF 和 ICDF，以及实际中广为采用的P-值。

4. 显著性检验的P-值

P-值(P-value)是实施显著性检验的一个方便工具：如果P-值 $<\alpha$，那么统计显著；如果P-值 $>\alpha$，那么统计不显著。使用P-值时，检验者无需考虑检验类型(单侧或者双侧)，也不需要计算P-值(统计应用软件通常会给出)，所以比较方便。

P-值本质上是概率，是出现比观测值更加极端的结果的概率。“更加极端”的含义与检验类型有关。如图 2.8 所示，左侧、右侧单侧检验中，P-值分别是检验统计量取值的左侧、右侧区域的面积；双侧检验中，P-值是检验统计量取值的某一侧且面积小于 0.5 的区域面积的 2 倍。

左侧单侧检验中，如果P-值小(大)于显著性水平α，那么检验统计量取值小(大)于临界

① 更加全面、详尽的数值只能求助专业书，如国家标准局批准(GB 4086.1-4086.6—1983)、中国标准出版社 1984 年出版的《统计分布数值表》。

② 需要在计算机上安装 Matlab 以运行 stac，安装 Matlab 基本组件即可，不需要任何工具箱。Matlab 有 Windows 和 Mac 版本，所以 stac 软件可以运行于 PC 机和苹果电脑。

值[①]，说明统计(不)显著。右侧单侧检验中，如果P-值小(大)于显著性水平α，那么检验统计量取值大(小)于临界值，说明统计(不)显著。双侧检验中，如果P-值小(大)于显著性水平α，那么检验统计量取值在两个临界值之外(内)，说明统计(不)显著。

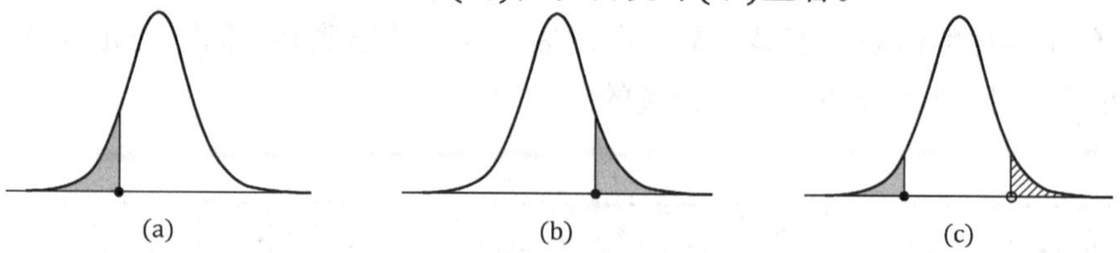

图 2.8　概率密度函数和P-值示意图

(a)和(b)中阴影面积分别表示左侧和右侧单侧检验的P-值，实心点表示检验统计量取值；(c)所示的双侧检验中，如果检验统计量取值为实心点，且其左侧区域面积小于 0.5，那么P-值等于该面积的 2 倍；如果检验统计量取值为空心点，且其右侧区域面积小于 0.5，那么P-值等于该面积的 2 倍

P-值与显著性水平α的比较等价于检验统计量取值与临界值的比较。从上文不难发现，前者更加简单明了，另外P-值一般由软件完成计算，所以在显著性检验中广为使用。

5. 拒真错误和存伪错误

显著性检验的一种结论是“统计显著”，如“精密度显著高”“平均值显著低于参考值”等。该结论可能是错误的，即小概率事件虽然发生，但是(被拒绝的)原假设仍然成立、PDF 曲线仍然有效。换言之，我们也许拒绝了正确的原假设，这种情况出现的概率等于显著性水平α。

所以，“统计显著”这一结论出错的概率等于α。这种错误称为拒真错误，即原假设成立，却被拒绝接受。拒真错误也称“第一类错误”“检验中的损失”。如果想提高该结论可靠性，那么应该使用小α，但是α不能小到改变检验结论，使结论变为“统计不显著”。

显著性检验的另一种结论是“统计不显著”，如“两个精密度没有显著差异”“平均值与参考值没有显著差异”等。该结论也可能是错误的，即大概率事件虽然发生，(被接受的)原假设实际上却不成立。换言之，我们也许接受了错误的原假设，这种情况出现的概率用β表示。

所以，“统计不显著”这一结论出错的概率等于β。这种错误称为存伪错误，即原假设不成立，却被接受。存伪错误也称“第二类错误”“检验中的污染”。一般情况下，缺少计算β的信息[②]。β与α的大小关系相反，所以，如果想提高该结论可靠性，那么应该使用大α (β相应地变小)，但是α不能大到改变检验结论，使结论变为“统计显著”。

6. 显著性检验步骤

下面是显著性检验的一般步骤，其中α代表显著性水平。既可以通过临界值判断(实线所

① 图 2.8 中没有标记出显著性水平和临界值。注意不要把图中阴影面积误解为显著性水平、圆点误解为临界值。

② 计算β所需的信息是：原假设不成立时检验统计量的真实分布。

示流程)，也可以通过P-值判断(虚线所示流程)，结合下节例题的解题过程加深理解。

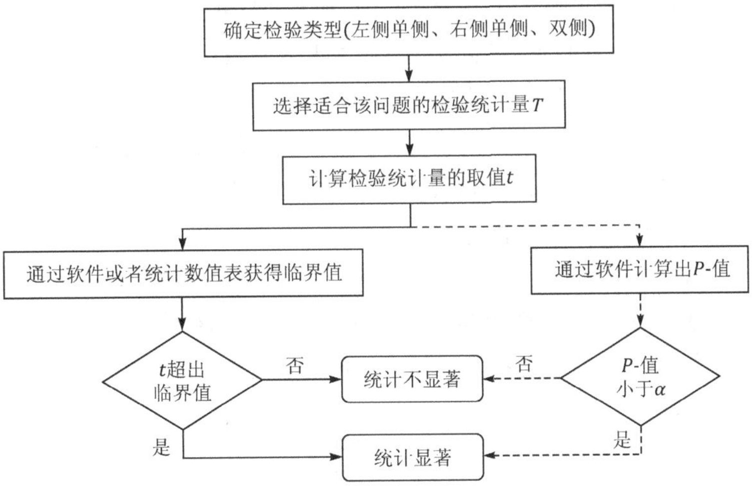

对于“统计显著”的结论，其可靠性为$1-\alpha$；在不改变结论的前提下使用更低的显著性水平，可以提高可靠性。对于“统计不显著”的结论，其可靠性的数值一般不可得；在不改变结论的前提下使用更高的显著性水平，可以提高可靠性。

2.4 数理统计应用

本节针对分析化学中不同的数据处理情形，介绍数理统计的具体应用。数理统计应用的重点和难点是概念理解、方法选择和结果阐释，其中涉及的数值计算相对简单得多。

χ^2分布、t分布和F分布是来自正态总体的精确抽样分布，所以适用于数据量小、测量值服从正态分布的数据。人们在实际应用中经常忽略后一条件，所得结论就有失偏颇甚至错误(幸运的是，很多情况下测量值服从或者近似服从正态分布)。数理统计方法的应用固然重要，然而更重要的是避免误用和滥用。

2.4.1 检出限和定量限

由于随机因素的影响，即使被分析物不存在，测量值(即空白测量值)也不一定为零，而是零值附近很小的随机波动。如果被分析物存在，但是非常少，以至于相应测量值与这些随机波动没有区别，那么不能认为该测量值来自被分析物。从另一个角度看，任何分析方法的检测能力都存在下限，这个下限称为检出限(limit of detection，LOD)。

检出限是分析方法的最小可靠测量值对应的被分析物的量[①]。可靠测量值是指该测量值属于随机波动的可能性极小。所以，确定检出限的关键在于判断测量值是否显著大于随机波

① IUPAC对检出限的定义如下：The limit of detection，expressed as the concentration，c_L，or the quantity，q_L，is derived from the smallest measure，x_L，that can be detected with reasonable certainty for a given analytical procedure. The value of x_L is given by the equation $x_L=\bar{x}_{bi}+ks_{bi}$，where $\bar{x}_{bi}$ is the mean of the blank measures，s_{bi} is the standard deviation of the blank measures，and k is a numerical factor chosen according to the confidence level desired.

动，这可以通过数理统计方法来实现。

一般认为，空白测量值是服从正态分布$N(0, \sigma^2)$的随机变量①。容易计算出，该随机变量的取值大于 3σ 的概率仅为 0.13%(参见例 2.6)。所以，大于3σ 的测量值源自随机因素的可能性极小，反而极有可能是对少量被分析物的真实响应。

综上所述，分析方法的最小可靠测量值是其空白测量值标准偏差的 3 倍，对应的被分析物的量就是检出限。这就是所谓的“3σ规则”。检出限的单位可以是浓度、质量或者物质的量。检出限是分析方法性能的重要指标之一。

检出限属于定性分析范畴。对于定量分析，存在类似概念，称为定量限(limit of quantification，LOQ)。定量限一般为空白测量值标准偏差 10 倍所对应的被分析物的量。

分析化学中还有一个相关概念称为灵敏度(sensitivity)，是指被分析物量的改变引起的测量值的变化，定义式如下：

$$S = \frac{\Delta R}{\Delta Q}$$

式中，S表示灵敏度；ΔQ表示被分析物量的改变；ΔR表示相应测量值的变化。S与检出限 LOD 的关系为$\mathrm{LOD} = \frac{3\sigma}{S}$。灵敏度在一定范围内为定值，这个范围是分析方法的线性范围。

例 2.7　　**仪器分析定量限；低难度**

采用开放光路傅里叶变换红外光谱(open-path Fourier transform infrared spectroscopy，OP/FTIR)监测大气中 NH_3 的浓度。当浓度为 100 ppm-m 时，NH_3 的最大吸收约等于 0.13 a.u.。如何确定 OP/FTIR 对 NH_3 的定量分析下限？

解　使用 OP/FTIR 仪器对洁净大气进行测量。H_2O 和 CO_2 在波数范围 990~980 cm^{-1} 均无吸收，因此该范围的光谱数据属于测量噪声，计算出标准偏差$\sigma = 0.00359$。10σ为 0.0359，对应的 NH_3 浓度是 28 ppm-m，所以 LOQ 为 28 ppm-m。

值得指出的是，噪声强度为σ的红外光谱中，峰值为10σ的 NH_3 吸收峰相当显著。LOQ 中10σ 的规定是为了减小定量分析结果的不确定性，对于定性分析而言是有富余的。

2.4.2　分析结果精密度的检验

例行分析中，需要定期检查分析系统的稳定性。在相同条件下对同一样品进行多次分析，然后检验由样本推测出的总体方差与参考值(方差参考值通过长期分析实践或者经验得到)是否显著不同。如果存在显著性差异，说明数据波动源自确定性因素，那么应该检查试剂、设备、分析人员等。

解决上述问题的数理统计方法是χ^2检验，具体步骤如下。

① 有时空白测量值非常稳定，标准偏差为零。这种情况下，可向试剂空白加入极少量被测组分，使分析方法产生响应。加入的被测组分应该尽量少，否则标准偏差可能被人为降低，导致错误的检出限。

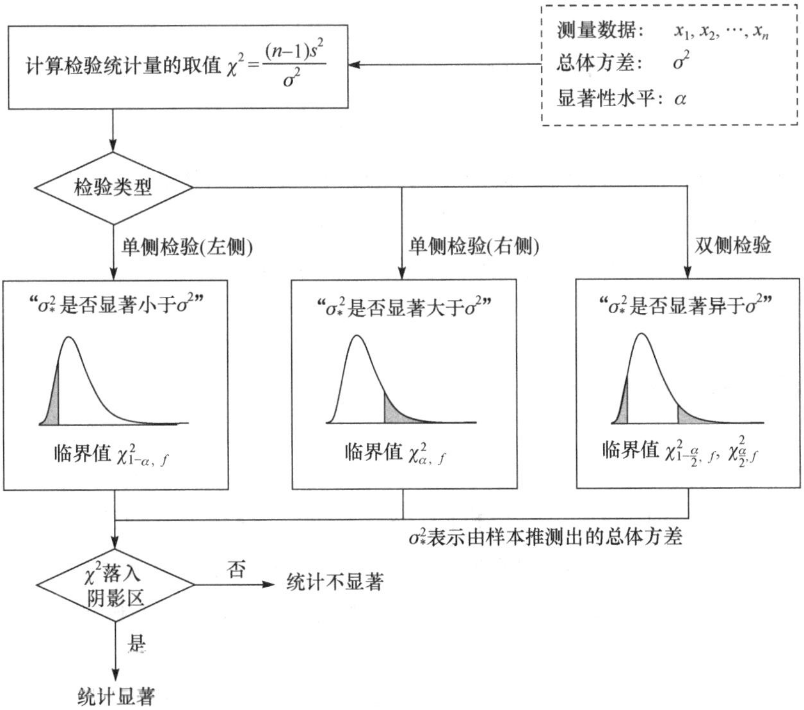

例 2.8 **χ^2检验；双侧检验；低难度**

在药品生产线上实时监测药品活性成分含量。根据经验，活性成分含量服从正态分布$N(4.55, 0.01)$。某天随机读取 25 个样品的活性成分含量，样本方差为 0.00866。在 0.05 显著性水平下，判断当天产品的活性成分含量是否出现异常波动。

解 这是一个双侧检验问题。样本方差太大当然属于异常，说明某(些)确定性因素致使生产条件不稳定；样本方差太小也是“异于寻常”，尽管这是好事，说明某(些)确定性因素提高了稳定性。

根据题意，使用χ^2检验，检验统计量的取值为：

$$\chi^2=\frac{24s^2}{\sigma^2}=20.78$$

启动附录 1 软件 stac，在“Two-sided Test”模式下选择 Chi2 分布，选择“Significance Level”然后输入 0.05，得到两个临界值$\chi^2_{0.975,24}=12.40$、$\chi^2_{0.025,24}=39.36$。检验统计量的取值在两个临界值之间，说明统计不显著，即不能认为当天产品的活性成分含量出现异常波动。

本题也可以通过P-值完成检验。在软件的“Two-sided Test”模式下选择 Chi2 分布，选择“Test Statistics”然后输入 20.78，得到P-值 = 0.7。P 值 $>\alpha$，所以统计不显著。

例 2.9 **χ^2检验；右侧单侧检验；低难度**

液态产品生产线的稳定性以实际瓶装量的方差衡量。某制药厂的标准是方差不能超过 0.25。对一条生产线进行测试，抽取 18 个样品，瓶装量的方差为 0.40，在 0.05 显著性水平下，判断生产线的稳定性是否低于厂方标准。

解 本题判断由样本推测出的总体方差是否显著大于参考值，所以这是一个右侧单侧检验问题。

根据题意，使用χ^2检验，检验统计量的取值为：

$$\chi^2 = \frac{17s^2}{\sigma^2} = 27.20$$

启动附录 1 软件 stac，在“Right One-sided Test”模式下选择 Chi2 分布，选择“Significance Level”然后输入 0.05，得到临界值$\chi^2_{0.05,17} = 27.59$。检验统计量的取值在临界值之内，说明瓶装量的总体方差没有显著大于参考值 0.25，不能认为此生产线的稳定性低于厂方要求。

2.4.3 两组数据精密度的比较

分析化学中常有比较两组实验数据的情形。例如，两名分析人员使用同一方法分析同一样品、一名分析人员使用两种方法分析同一样品、一名分析人员使用同一方法分析两种样品等。比较两组实验数据之前，必须检验二者的精密度是否存在显著性差异，因为精密度是准确度的必要条件。此外，精密度的比较也可以判断一组数据的分析条件是否比另一组更加稳定。

解决上述问题的数理统计方法是F检验，具体步骤如下。

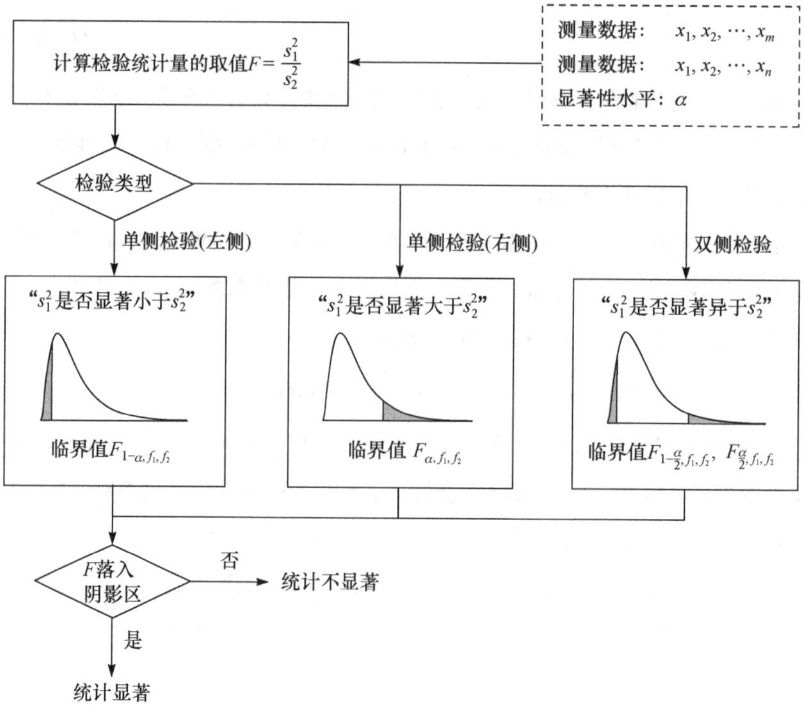

例 2.10 **F检验；双侧检验；低难度**

两名分析人员通过同一方法测定某聚合物的氯含量。每人分析 10 次，甲结果的方差为 0.542，乙结果的方差为 0.605。在 0.05 显著性水平下，二人分析结果的精密度是否存在显著性差异？

解 这是一个双侧检验问题。根据题意，使用F检验，检验统计量的取值为：

$$F = \frac{s_{甲}^2}{s_{乙}^2} = 0.90$$

启动附录 1 软件 stac，在“Two-sided Test”模式下选择F分布，选择“Significance Level”然后输入 0.05，得到两个临界值$F_{0.975,9,9} = 0.25$、$F_{0.025,9,9} = 4.03$。检验统计量的取值在两个临界值之间，说明统计不显著，即不能认为二人分析结果的精密度存在显著性差异。

例 2.11 **F检验；左侧单侧检验；深入分析；中等难度**

某分析化学家合成了一种新型酸碱指示剂，变色敏锐，终点更易于判断。使用该指示剂进行 8 次滴定，滴定体积的标准偏差为 0.02。作为对比，使用变色点相同的传统指示剂进行 8 次滴定，滴定体积的标准偏差为 0.04。在 0.05 显著性水平下，能否认为新型指示剂的效果优于传统指示剂？

解 本题判断使用新指示剂的滴定体积的方差是否显著小于使用传统指示剂的情形，所以这是一个左侧单侧检验问题。根据题意，使用F检验，检验统计量的取值为：

$$F = \frac{s_{新型}^2}{s_{传统}^2} = 0.25$$

启动附录 1 软件 stac，在“Left One-sided Test”模式下选择F分布，选择“Significance Level”然后输入 0.05，得到临界值$F_{0.95,7,7} = 0.26$。检验统计量的取值在临界值之外，说明统计显著，即使用新型指示剂的滴定体积的精密度显著优于使用传统指示剂的情形。这一结论的可靠性为 95%。

本题也可以通过P-值完成检验。在软件的“Left One-sided Test”模式下选择F分布，选择“Test Statistics”然后输入 0.25，得到P-值 = 0.044。P-值 $< \alpha$，所以统计显著。

也许有人会想：结论可靠性提高到 99%岂不更好？在 0.01 显著性水平下进行检验，临界值$F_{0.99,7,7} = 0.14$，检验统计量取值 0.25 在临界值之内，所以结论变为“不能认为新型指示剂的效果优于传统指示剂”，与之前结论完全相反，怎么办？

使用 0.01 显著性水平的结论确实如此，可能与化学家的期望相左。不过可以换个研究角度：检验两个方差是否存在显著性差异。这是一个双侧检验，通过 stac 软件得到两个临界值$F_{0.995,7,7} = 0.11$、$F_{0.005,7,7} = 8.89$，检验统计量的取值在两个临界值之间，说明方差没有显著性差异。换言之，新型指示剂与传统指示剂具有同样性能。在该结论的支持下，新型指示剂如果还有其他优点如价格低廉、容易合成，那么该研究仍然有价值。

不同显著性水平的检验结论可能完全相反，这是数理统计的正常现象，因为存在我们永远无法消除的不确定性。0.05 和 0.01 是实际中常用的显著性水平，检验者可以任选一个以获得对自己有利的结论，其实无可厚非。需要注意的是：选择大α的检验者倾向于拒绝原假设，更愿意认为结果源自确定性因素，显得激进；选择小α的检验者倾向于接受原假设，更愿意认为结果源于随机因素，显得谨慎。在科学研究中，激进和谨慎各有优缺点，然而，激进不能盲目，谨慎不能畏缩。

信息栏 2.2 **F检验的进一步说明**

左侧单侧检验中，检验“s_1^2是否显著小于s_2^2”就是判断以下关系是否成立：

$$\frac{s_1^2}{s_2^2} < F_{1-\alpha,f_1,f_2}$$

F分布的临界值有这样一个性质：$F_{1-\alpha,f_1,f_2} = \frac{1}{F_{\alpha,f_2,f_1}}$，将之代入上式，得到：

$$\frac{s_2^2}{s_1^2} > F_{\alpha,f_2,f_1}$$

上述关系是检验“s_2^2是否显著大于s_1^2”时需要进行的判断，而这是一个右侧单侧检验。

检验“s_1^2是否显著小于s_2^2”(检验统计量为$\frac{s_1^2}{s_2^2}$)等价于检验“s_2^2是否显著大于s_1^2”(检验统计量为$\frac{s_2^2}{s_1^2}$)。所以，左侧单侧检验可以等效转化为右侧单侧检验，只需要将检验统计量规定为“大方差除以小方差”。

检验统计量规定为“大方差除以小方差”时，如果$\frac{s_2^2}{s_1^2} > F_{\alpha,f_2,f_1}$，那么“$s_2^2$显著大于$s_1^2$”，也等同于“$s_1^2$显著小于$s_2^2$”，这是双侧检验中“统计显著”的结论；如果$\frac{s_2^2}{s_1^2} < F_{\alpha,f_2,f_1}$，那么“$s_2^2$不显著大于$s_1^2$”，也等同于“$s_1^2$不显著小于$s_2^2$”，这是双侧检验中“统计不显著”的结论。可见，右侧单侧检验也可以完成双侧检验，只是显著性水平加倍，即$\alpha_{双侧} = 2\alpha_{单侧}$。

综上所述，尽管理论上没有规定F检验统计量必须是“大方差除以小方差”，然而得益于这种规定，一个显著性水平为α的统计数值表就能完成显著性水平为α的单侧检验和显著性水平为2α的双侧检验。F检验的这种模式被使用统计数值表的传统教材所采用，以简化步骤、节约篇幅，但是有损检验的直观性，而且也无法进行其他显著性水平下的检验(除非提供相应的统计数值表)。统计软件则可以避免这些问题，使用时也不必刻意“大方差除以小方差”，按照前面介绍的步骤，或许更容易理解。

2.4.4 置信区间

很多情况下，真实值无法得知，而是根据实际分析结果进行区间估计。该区间称为置信区间(confidence interval, CI)，以分析结果的平均值为中心。CI 包含真实值[①]的概率是一个较大的预设值，称为置信度；CI 不包含真实值的概率等于显著性水平α。

在 2.3.2 第 5 部分介绍的均值分布中，随机变量$U = \frac{\bar{x}-\mu}{\sigma}\sqrt{n}$服从标准正态分布$N(0,1)$。$U$取极端值的概率很小，如果将此概率设为显著性水平$\alpha$，那么可以确定一个非极端值的取值区间，$U$取值落入该区间是一个大概率事件(概率等于$1-\alpha$)。以$\pm u_{\alpha/2}$表示该区间的端点，得到：

$$P\{-u_{\alpha/2} \leqslant U \leqslant u_{\alpha/2}\} = 1-\alpha$$

将$U = \frac{\bar{x}-\mu}{\sigma}\sqrt{n}$代入上式，整理后得到：

$$P\left\{\bar{x} - \frac{\sigma u_{\alpha/2}}{\sqrt{n}} \leqslant \mu \leqslant \bar{x} + \frac{\sigma u_{\alpha/2}}{\sqrt{n}}\right\} = 1-\alpha$$

$\left[\bar{x} - \frac{\sigma u_{\alpha/2}}{\sqrt{n}}, \bar{x} + \frac{\sigma u_{\alpha/2}}{\sqrt{n}}\right]$就是置信区间，包含真实值的概率等于$1-\alpha$。

① 一个常见的错误表述是“真实值落入置信区间的概率是……”；随机性只出现在测量值(平均值)中，真实值已经确定，不存在随机性。

如果总体方差σ^2未知，那么以随机变量$T=\frac{\bar{x}-\mu}{s}\sqrt{n}$代替$U=\frac{\bar{x}-\mu}{\sigma}\sqrt{n}$。$T\sim t(n-1)$，通过$t$分布得到置信区间$\left[\bar{x}-\frac{st_{\alpha/2,f}}{\sqrt{n}},\bar{x}+\frac{st_{\alpha/2,f}}{\sqrt{n}}\right]$。

置信区间端点的计算式中，$u_{\alpha/2}$和$t_{\alpha/2,f}$分别是标准正态分布和t分布的临界值，参考 2.3.3 表 2.1 中双侧检验的图示。

置信度和置信区间长度是相互制约的两个量。较小的$u_{\alpha/2}$或者$t_{\alpha/2,f}$可以缩短置信区间，但是置信度随之降低；高置信度下，$u_{\alpha/2}$或者$t_{\alpha/2,f}$变大，置信区间变宽，实用价值降低。缩短置信区间而又不降低置信度的实用方式是增加测量次数。

例 2.12　**置信区间；中等难度**

根据大量分析经验，某铜合金标样的含铜量服从正态分布$N(65.36, 0.11^2)$。通过碘量法对标样进行 5 次测量，结果为 65.40、65.29、65.30、66.12 和 65.48。在 0.05 显著性水平下，计算分析结果平均值的置信区间。

解　总体方差已知，所以置信区间为：

$$\left[\bar{x}-\frac{0.11u_{0.025}}{\sqrt{5}},\bar{x}+\frac{0.11u_{0.025}}{\sqrt{5}}\right]$$

启动附录 1 软件 stac，在“Two-sided Test”模式下选择正态分布，选择“Significance Level”然后输入 0.05，得到临界值$u_{0.025}=1.96$，代入到上式计算出置信区间[65.42, 65.61]。

置信区间没有包含参考值，95%可能因为确定性因素。因此，有必要详查分析系统，包括试剂、设备、分析人员等。

还可以通过χ^2检验来判断方差是否偏大，这是一个右侧单侧检验问题。检验统计量的取值为$\chi^2=39.44$。通过附录 1 软件 stac 得到临界值$\chi^2_{0.05,4}=9.49$。检验统计量的取值超出临界值，说明方差显著大，结论可靠性为 95%（$\chi^2_{0.01,4}=13.28$，所以 0.01 显著性水平下的检验结论相同，但是结论可靠性提高到 99%）。数值波动显著，应该检查单次测量值，如第 4 个数据显得过高，值得注意。

2.4.5　平均值与参考值的比较

分析化学中，测量值与参考值之间有时存在差异。数理统计方法可以帮助探究差异背后可能的确定性因素。

从 2.3.2 介绍的抽样分布可知，包含平均值与参考值之差的随机变量有$U=\frac{\bar{x}-\mu}{\sigma}\sqrt{n}$ 和 $T=\frac{\bar{x}-\mu}{s}\sqrt{n}$，$U\sim N(0,1)$，$T\sim t(n-1)$。以$U$或者$T$作为检验统计量的方法称为$u$检验或者$t$检验，分别适用于总体方差已知或者未知的情形。

t检验的具体步骤如下。u检验的步骤完全相同，只需要将检验统计量改为$U=\frac{\bar{x}-\mu}{\sigma}\sqrt{n}$、临界值改为$u_\alpha$(单侧检验)或者$u_{\alpha/2}$(双侧检验)。

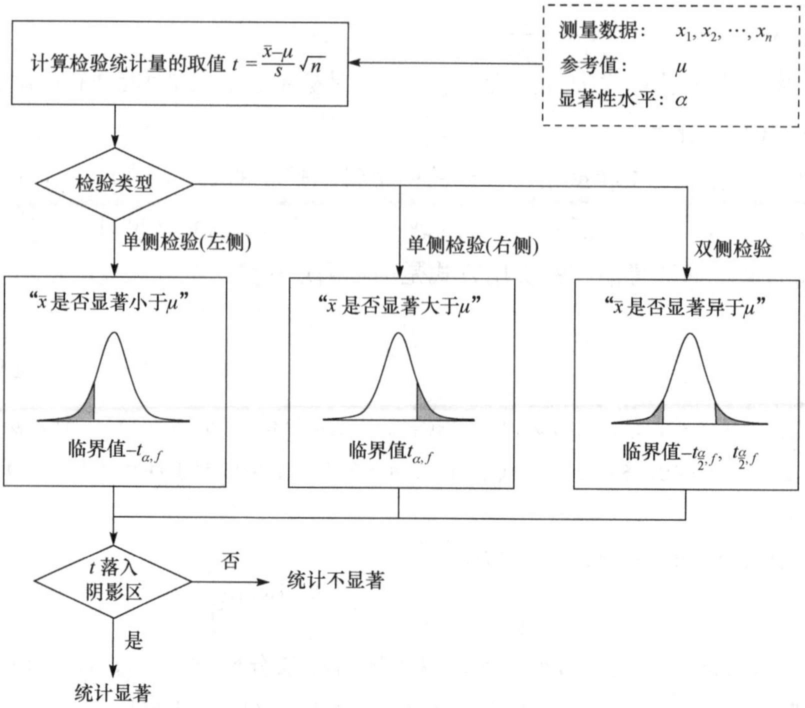

可以通过置信区间来理解上述检验方法。根据显著性水平，计算出平均值的置信区间，然后判断该区间是否包含参考值：“是”说明平均值与参考值之间的差异源自随机因素；“否”则说明这种差异源自确定性因素。

例 2.13 **平均值与参考值比较；双侧检验；深入分析；中等难度**

某分析实验室招聘分析人员，一项测试是以配位滴定法测量明矾标样的铝含量。根据长期分析经验，标样的铝含量服从正态分布$N(5.72, 0.08^2)$。某应聘者测量 4 次，平均值为 5.81，在 0.05 显著性水平下，判断其操作是否合格。

解 与参考值相比，平均值过大或者过小都属于不合格，所以这是一个双侧检验问题。总体方差已知，所以使用u检验，检验统计量的取值为：

$$u = \frac{(\bar{x} - 5.72)\sqrt{4}}{\sigma} = 2.25$$

启动附录 1 软件 stac，在“Two-sided Test”模式下选择正态分布，选择“Significance Level”然后输入 0.05，得到两个临界值$-u_{0.025} = -1.96$、$u_{0.025} = 1.96$。检验统计量的取值在临界值之外，说明统计显著，即平均值与参考值的差异源自确定性因素，试剂和仪器没有问题，所以应聘者的操作不合格。这一结论的可靠性为 95%。

设想这样一种场景：应聘者认为考官将显著性水平设置得过大，应该取 0.01。$\alpha = 0.01$时，两个临界值是$-u_{0.005} = -2.58$、$u_{0.005} = 2.58$。这样，他的分析结果与参考值就不存在显著性差异(但是能说此结论的可靠性为 99%吗?)。

考官的目的是通过严格条件招聘到合格人员，相比于漏招一位合格者(此为拒真错误)，他更在意不能错招一位不合格者(此为存伪错误)。为了降低存伪错误概率，他选用较大的显著性水平。

应聘者非常在意自己的能力得到认可，所以选择较小显著性水平，以降低拒真错误概率，然而存伪错误概率同时增大(但他又不是考官，何必在意)。0.01 和 0.05 都是检验中常用的显著性水平，选择性使用只是因为伯乐和千里马的倾向不同。

例 2.14 **平均值与参考值比较；左侧单侧检验；深入分析；中等难度**

某制药厂生产复合维生素制剂，称 50 g 产品的含铁量不低于 2.000 mg。对某批次产品进行 10 次抽查，测得含铁量(单位：mg)如下：

2.000 1.997 1.983 1.997 1.992 1.990 1.988 1.995 1.980 2.010

在 0.05 显著性水平下，判断该批次产品的含铁量是否显著低于规定标准。

解 抽查结果的平均值为 1.993 mg，虽然低于参考值，但原因可能是测量过程中的随机因素。只有通过显著性检验排除这种情况，才可以认为结果偏低源自确定性因素——该批次产品不合格。

本题是一个左侧单侧检验。总体方差未知，所以使用t检验，检验统计量的取值为：

$$t=\frac{(\bar{x}-2.000)\sqrt{10}}{s}=-2.48$$

启动附录 1 软件 stac，在“Left One-sided Test”模式下选择t分布，选择“Significance Level”然后输入 0.05，得到临界值$-t_{0.05,9}=-1.83$。检验统计量的取值在临界值之外，说明统计显著，即该批次产品的含铁量显著低于规定标准。这一结论的可靠性为 95%。

这个结论不是制药厂乐意接受的。为了维护厂方利益，有人可能想使用更低显著性水平以减小临界值，使之小于检验统计量的取值，这样结论就变成统计不显著，即不能认为含铁量显著低于规定标准，该批次产品厂方无责。将显著性水平降低为 0.01 即可达到这一目的，因为临界值$-t_{0.01,9}=-2.82$。

使用更低显著性水平，意味着检验者更倾向于接受原假设(低显著性水平说明“拒真错误”概率低，这是倾向接受原假设的结果)，在该问题中就是更愿意认为随机因素导致了含铁量偏低。使用更低显著性水平，虽然得到对厂方有利的结论，但是这种操作就是大众眼中的推卸责任，不可谓智。

2.4.6 两个平均值的比较

2.4.3 描述的数据分析中，当两组数据的精密度没有显著性差异时，有时会进一步比较两个平均值，判断二者的差异源自随机因素还是确定性因素。

解决上述问题的数理统计方法是t检验，步骤见 2.4.5，不同的只是自由度和检验统计量。以m和n分别表示两组数据的数据量，那么该检验的自由度$f=m+n-2$，检验统计量为：

$$T=\frac{\bar{x}_1-\bar{x}_2}{\bar{s}}\sqrt{\frac{mn}{m+n}}$$

式中，$\bar{s}$是合并标准偏差(pooled standard deviation)，计算公式如下：

$$\bar{s}=\sqrt{\frac{(m-1)s_1^2+(n-1)s_2^2}{m+n-2}}$$

只有当s_1^2和s_2^2无显著性差异时，才可以计算$\bar{s}$，这也是首先进行F检验的原因。

例 2.15 **两个平均值对比；双侧检验；低难度**

两瓶铜合金标样的标签遗失。为了确定是否为同一标样，对一号样进行 5 次分析，得到均值 57.55，标准偏差 0.041；对二号样进行 6 次分析，得到均值 57.48，标准偏差 0.067。在 0.05 显著性水平下，判断这两瓶试样是否为同一铜合金标样。

解 首先通过 F 检验判断两个方差是否有显著性差异。这是一个双侧检验问题，检验统计量的取值为：

$$F=\frac{s_1^2}{s_2^2}=0.37$$

启动附录 1 软件 stac，在“Two-sided Test”模式下选择F分布，选择“Significance Level”然后输入 0.05，得到两个临界值$F_{0.975,4,5}=0.11$、$F_{0.025,4,5}=7.39$。检验统计量的取值在两个临界值之间，所以方差没有显著性差异。

然后进行t检验，判断两个平均值是否显著不同。这也是一个双侧检验问题，检验统计量的取值为：

$$t=\frac{57.55-57.48}{\bar{s}}\sqrt{\frac{30}{11}}=2.03$$

在 stac 软件的“Two-sided Test”模式下选择t分布，选择“Significance Level”然后输入 0.05，得到临界值$-t_{0.025,9}=-2.26$、$t_{0.025,9}=2.26$。检验统计量的取值在两个临界值之间，说明统计不显著，即两个平均值不相等的原因是随机因素，所以这两瓶试样是同一铜合金标样。

例 2.16 **两个平均值对比；左侧单侧检验；低难度**

某河流污染严重。取 12 个水样测定化学需氧量($mg\cdot L^{-1}$)，均值 70.1，标准偏差 2.1。后来关闭了污染源，欲利用水体的自洁功能降低污染。一段时间后又取 12 个水样测定化学需氧量，均值 68.5，标准偏差 3.6。在 0.05 显著性水平下，判断化学需氧量是否有了显著降低。

解 首先通过 F 检验判断两个方差是否有显著性差异。这是一个双侧检验问题，检验统计量的取值为：

$$F=\frac{s_1^2}{s_2^2}=0.34$$

启动附录 1 软件 stac，在“Two-sided Test”模式下选择F分布，选择“Significance Level”然后输入 0.05，得到两个临界值$F_{0.975,11,11}=0.29$、$F_{0.025,11,11}=3.47$。检验统计量的取值在两个临界值之间，所以方差没有显著性差异。

然后进行t检验，判断 68.5 是否显著小于 70.1。这是一个左侧单侧检验问题，检验统计量的取值为：

$$t=\frac{68.5-70.1}{\bar{s}}\sqrt{6}=-1.33$$

在 stac 软件的“Left One-sided Test”模式下选择t分布，选择“Significance Level”然后输入 0.05，得

到临界值$-t_{0.05,22} = -1.72$。检验统计量的取值没有超出临界值，说明统计不显著，即不能认为这段时间内化学需氧量有了显著降低，68.5 小于 70.1 的原因是测量过程中的随机因素。

也许有人先入为主地认为水体具有强大的自洁功能，然而结果与他的期望不一致。他可能想到选择一个大于-1.33的临界值，这样，检验结论就变成“化学耗氧量有了显著降低”。事实上，在 0.10 显著性水平下检验即可得出此结论，因为$-t_{0.10,22} = -1.32$。但是，该结论的可靠性只有 90%。

2.4.7 配对数据的比较

分析化学中存在这样的情形：有多个样品，每个样品通过两种方法分析，或者由两名分析人员使用同一方法在相同条件下分析。分析完成后，每个样品都有两个结果，这就是所谓的配对数据(paired data)：

	样品 1	样品 2	…	样品n
分析一	a_1	a_2	…	a_n
分析二	b_1	b_2	…	b_n

配对数据的检验不属于上面介绍的“两个平均值的比较”，因为a_i(或者b_i)不是同一对象的测量值,计算其平均值$\bar{a}$(或者$\bar{b}$)没有意义。正确的做法是计算配对数据的差值$d_i = a_i - b_i$，然后检验平均值$\bar{d}$与参考值是否存在显著性差异。“参考值”是指仅在随机因素的影响下差值的期望值，这个期望值一般是零，当然也有例外，参见例 2.18。

配对数据的检验过程：首先计算出配对数据的差值，然后根据具体问题确定这些差值的期望值，最后使用 2.4.5 中介绍的t检验。

例 2.17 **配对数据检验，双侧检验；低难度**

分析一批采集自不同区域的铁矿石。对每一样品分别采用光度法和滴定法进行分析，测得如下结果：

光度法：	6.33	9.05	14.35	17.32	20.47	24.88	27.88	32.56	35.73	39.72
滴定法：	6.53	9.52	14.68	17.74	20.78	24.67	27.73	32.23	35.40	39.21

在 0.05 显著性水平下，检验两种分析方法的结果是否一致。

解 该问题属于配对数据检验，先计算配对数据的差值d：

$$-0.20 \quad -0.47 \quad -0.33 \quad -0.42 \quad -0.31 \quad 0.21 \quad 0.15 \quad 0.33 \quad 0.33 \quad 0.51$$

这是一个双侧检验问题，检验统计量的取值为：

$$t = \frac{(d - d_{\mathrm{R}})\sqrt{10}}{s_d} = -0.17$$

式中，d_{R}表示差值的参考值，在本题中等于零。启动附录 1 软件 stac，在“Two-sided Test”模式下选择t分布，选择“Significance Level”然后输入 0.05，得到临界值$-t_{0.025,9} = -2.26$、$t_{0.025,9} = 2.26$。检验统计量的取值在两个临界值之间，说明统计不显著，即差值不为 0 的原因是随机因素，所以两种分析方法的结果一致。

例 2.18 **配对数据检验；右侧单侧检验；中等难度**

某公司宣称其烟气脱硫技术可以使 SO_2 的小时排放量降低至少 8.5 kg。将该技术应用于工厂废气处理，在脱硫装置前后分别测量 SO_2 的小时排放量(kg)。随机测量 10 次，结果如下：

脱硫前：94.5 101.0 110.0 103.5 97.0 88.5 96.5 101.0 104.0 116.5

脱硫后：85.0 89.5 101.5 96.00 86.0 80.5 87.0 93.5 93.00 102.0

在 0.05 显著性水平下，判断该脱硫技术是否达到标称性能。

解 该问题属于配对数据检验，先计算配对数据的差值d：

9.5 11.5 8.5 7.5 11.0 8.0 9.5 7.5 11.0 14.5

$\bar{d} = 9.85$，大于参考值 8.5，原因可能是随机因素，也可能是确定性因素，只有排除前者，才可以认为该技术达到标称性能。所以，这是一个右侧单侧检验，检验统计量的取值为：

$$t = \frac{(\bar{d} - d_{\mathrm{R}})\sqrt{10}}{s_d} = 1.94$$

式中，d_{R}表示差值的参考值，在本题中等于 8.5。启动附录 1 软件 stac，在“Right One-sided Test”模式下选择t分布，选择“Significance Level”然后输入 0.05，得到临界值$t_{0.05,9} = 1.83$。检验统计量超出临界值，说明统计显著，该脱硫技术达到其标称性能。这一结论的可靠性为 95%。

习 题

1. 判断以下数值有几位有效数字。

(1) 0.050　(2) 99.0902　(3) pH = 10.02

(4) 71.00　(5) 0.44%　(6) 6.022×10^{23}

2. 根据有效数字的修约规则写出结果。

(1) 3.451 修约为两位　(2) 3.55 修约为两位　(3) 3.45 修约为两位

(4) 2.374 修约为三位　(5) 12.25 修约为两位　(6) 0.0702 修约为两位

3. 根据有效数字的运算规则写出结果。

(1) $\frac{3.51\times2.18}{9.4}$　(2) $[H^+] = 1.2\times10^{-11}$，计算 pH

(3) $\frac{2.2842\times2.42+5.24-1.4750\times0.750}{2.6481}$　(4) pH = 4.06，计算$[H^+]$

4. 用精度为±0.1 mg 的分析天平称取 0.1~0.2 g $CaSO_4\cdot\frac{1}{2}H_2O$，加热除水后再次称量，由此计算出样品的失重，结果有几位有效数字？(2 位或者 3 位)

5. 通过沉淀滴定法测定 NaCl 中氯的质量分数，结果为：0.6056、0.6046、0.6070、0.6065 和 0.6069。计算：①平均值；②平均值的绝对误差；③相对误差；④平均偏差；⑤相对平均偏差。

6. 在扩展 X 射线吸收精细结构谱数据分析中，通过$k = \sqrt{0.263\times(E-8900)}$将能量数据$E$转化为$k$数据。试推导相对误差$\frac{\Delta E}{E}$与相对误差$\frac{\Delta k}{k}$的关系式；如果$E$的范围是 9000~9800，$\frac{\Delta E}{E}$对$\frac{\Delta k}{k}$的最小影响权重是多少？(略；5.44)

7. 通过滴定分析测定某组分的含量，计算公式为$x = \frac{cVM_x}{m}$，其中c和V分别是标准溶液的浓度和消耗体积，m为试样质量，M_x为组分摩尔质量。已知c、V和m测量值的随机误差(以标准偏差衡量)分别是 0.0002 $mol\cdot L^{-1}$、

0.02 mL 和 0.002 g，当c、V、m和M_x分别为 0.05 mol·L-1、25 mL、0.2 g 和 106 g·mol-1时，结果x的随机误差是多少？受哪个因素的影响最大？(0.0072；V影响最大)

8. 长期分析发现，某合金标样的Zn含量服从正态分布$N(1.35, 0.01^2)$，测量值处于[1.35, 1.37]的概率是多少？(0.477)
9. 总体$X \sim N(36, 10^2)$，为了使样本均值$\bar{X}$取值大于 32 的概率高于 95%，样本容量n应该超过多少？(17)
10. 某环境监测中心定期监测自来水的含铁量，长期分析发现，含铁量服从正态分布$N(0.28, 0.04^2)$。某天在不同时刻取了 5 个样，测得含铁量的平均值为 0.31 mg·L-1，在 0.05 显著性水平下判断当天自来水的含铁量是否显著偏大。(是)
11. 某分析实验室按照测试标准，对标样进行 9 次分析，标准偏差 0.07。该测试标准规定，标样分析结果的标准偏差不得超过 0.05。在 0.05 显著性水平下，能否认为该实验室结果的标准偏差显著偏大？(能)
12. 某F分布的统计数值表标明“单侧，显著性水平 0.05”。将表中数据用于双侧检验时，显著性水平是多少？如果标明的是“双侧，显著性水平 0.05”，那么将表中数据用于单侧检验时，置信度是多少？(0.10；97.5%)
13. 甲、乙二人在相同条件下，使用同一方法分析同一样品，结果如下：

    甲：96.5　95.8　97.1　96.0

    乙：94.2　93.0　95.0　93.0　94.5

    欲在 95%置信度下检验两组数据的精密度是否存在显著性差异，应该使用什么方法？画出该分布的示意图以及相应的临界值，说明检验结果。(F检验；$F_{0.975,3,4} = 0.066$，$F_{0.025,3,4} = 9.98$)
14. 某分析人员连续两天使用同一方法分析同一样品，结果如下：

    第一天：9.56　9.56　9.60　9.57　9.58　9.62

    第二天：9.33　9.51　9.49　9.51　9.49　9.34

    在 95% 置信度下，第一天数据的精密度是否显著优于第二天数据的精密度？该问题是否等价于“在 95%置信度下，第二天数据的样本方差是否显著大于第一天数据的样本方差”？两个问题中F分布的临界值有什么关系？(统计显著；等价；互为倒数)
15. 滴定法测量合金中铝的百分含量，平行测定 5 次，得到平均值 20.10%，标准偏差 0.022%。计算 95%置信度下平均值的置信区间。(20.07%~20.13%)
16. 某测量值服从t分布。如果平均值的置信区间在 95%置信度下不超过$\bar{x} \pm s$，最少应该测量几次？在 90%置信度下，结果又是多少？(7 次；5 次)
17. 对矿样的含铜量进行测定，13 次分析的平均值为 1.21%，标准偏差为 0.04%。计算 95%置信度下含铜量平均值的单侧置信下限。(1.19)
18. 设计了一种测 Zn 的新方法。通过该方法测定锌含量为 34.33%的标准合金试样，5 次测定结果为 34.38%、34.26%、34.29%、34.38%和 34.37%。在 95%置信度下判断新方法是否有系统误差。(无)
19. 某化工厂一种无机产品的铁含量为 0.15%。试用一种降低铁含量的新工艺后，分析 5 个样品，铁含量为 0.13%、0.12%、0.14%、0.14%和 0.13%。分别在显著性水平 0.05 和 0.01 下，判断新工艺是否显著降低了产品的铁含量。最终应该选择哪个显著性水平？为什么？(是，是；选择 0.01，结论可靠性高)
20. 两名分析人员通过同一方法分析同一试样。甲分析 7 次，标准偏差 0.535；乙分析 6 次，标准偏差 0.958。在 0.10 显著性水平下判断两个结果的精密度是否存在显著性差异，计算该检验问题的P-值。在相同显著性水平下判断乙结果的方差是否显著大于甲结果的方差，检验统计量的取值是多少？P-值又是多少？(0.19；3.21；0.094)

21. 通过两种方法测定标准矿样中的铁含量。方法一测定 7 次，得到均值 2.08，标准偏差 0.10；方法二测定 9 次，得到均值 2.19，标准偏差 0.12。在 0.10 显著性水平下检验精密度是否存在显著性差异。在 0.10 和 0.05 显著性水平下检验两个平均值是否存在显著性差异。两个结论的可靠性是多少？(无；有，结论可靠性为 90%，无，缺乏信息故结论可靠性不可知)

22. 某天平制造商使用 1.0000 g 标准砝码对其产品进行检验，合格产品的标准偏差为 0.0002 g。对一台天平进行检验，称量标准砝码 15 次，结果为：0.9999、1.0001、0.9996、0.9999、1.0000、0.9998、0.9998、0.9997、1.0004、1.0001、1.0003、1.0000、1.0002、0.9997 和 1.0002。通过均值和方差检验判断该天平是否合格，显著性水平为 0.05。(合格)

23. 分析天平操作训练中，学生从称量瓶转移固体试样到已恒量的坩埚中，然后比较称量瓶的质量减少和坩埚的质量增加。一名学生操作了 6 次，结果如下：

称量瓶质量减少：	0.2125	0.3026	0.1426	0.1573	0.1443	0.1561
坩埚质量增加：	0.2124	0.3025	0.1423	0.1568	0.1443	0.1566

在 0.05 显著性水平下，判断该学生的称量是否合格。(合格)

24. 某实验室合成一种新型耐磨弹性材料，欲推广。与运动鞋制造商合作，分别以新型材料(A)和传统材料(B)制作运动鞋的左右鞋底。邀请 15 名志愿者试穿 3 个月，然后测定鞋底磨损情况(mm)，结果如下

A：	3.4	3.0	1.7	1.8	4.8	0.7	2.1	1.5	2.2	2.5	3.9	1.1	3.9	0.6	0.9
B：	2.6	4.6	1.2	2.0	3.2	0.9	3.7	2.5	3.0	3.5	5.6	2.3	5.8	0.6	0.9

在 0.05 显著性水平下，能否认为新型材料比传统材料更加耐磨？(是)

第3章 酸碱滴定

酸碱滴定(acid-base titration)是基于酸碱反应，通过滴定方式进行的一种经典定量分析方法。酸碱滴定起源较早，但是由于天然指示剂的限制，早期没有得到广泛应用。这种状况直到19世纪末、20世纪初合成指示剂大量出现后才得以改变①。

酸碱反应的速率很大，反应完成程度就成为滴定准确性的决定因素之一。为了了解酸碱反应的完成程度，必须掌握酸碱平衡体系的系统知识，包括各种基础概念、基本等量关系以及解析策略。

3.1 酸碱平衡体系

酸和碱是早就为人们所熟知的化学物质，后来人们提出了一些理论以解释物质的酸碱性，包括电离理论、布朗斯特(J. N. Brønsted)酸碱质子理论和路易斯(G. N. Lewis)酸碱理论等。这些理论拓宽了传统意义上酸碱物质的范围，对酸碱强度做出与实际相符的定性解释。

酸碱平衡体系的定量解析，绝大多数情况下与$[H^+]$(或者 pH)的计算有关②，这也是本章的重点之一。$[H^+]$计算不仅具有实用性，更重要的是为酸碱滴定分析提供理论指导，如研究酸碱滴定分析的可行性、分析结果的准确性等问题。

3.1.1 酸碱平衡体系的定量性质

酸碱平衡体系的定量性质包括基础概念和基本等量关系。在此基础上建立$[H^+]$的通用计算策略。

1. 基础概念

离解常数和水解常数

弱酸在溶液中发生离解(dissociation)，释放出H^+。弱酸的离解并不完全，在一定温度和压力下达到平衡，相关组分的浓度在宏观上不再发生变化，而且在数值上服从一个称为离解常数(dissociation constant)的量所描述的定量关系。弱酸的离解常数以K_a表示。下面通过一个多元酸(polyprotic acid)来解释离解常数。

磷酸(phosphoric acid) H_3PO_4是三元酸(triprotic acid)，在水溶液中发生逐级离解：

---

① 酚酞是第一种人工合成的酸碱指示剂，由E. Luck在1877年合成。G. Lunge在1878年合成甲基橙。1909年，S. P. L. Sørensen在一份研究报告中总结了大约一百种酸碱指示剂。

② pH概念由丹麦生物化学家S. P. L. Sørensen在1909年首先提出，他称其为hydrogen ion exponent。

$$H_3PO_4 \rightleftharpoons H^+ + H_2PO_4^- \qquad K_{a_1} = \frac{[H^+][H_2PO_4^-]}{[H_3PO_4]}$$

$$H_2PO_4^- \rightleftharpoons H^+ + HPO_4^{2-} \qquad K_{a_2} = \frac{[H^+][HPO_4^{2-}]}{[H_2PO_4^-]}$$

$$HPO_4^{2-} \rightleftharpoons H^+ + PO_4^{3-} \qquad K_{a_3} = \frac{[H^+][PO_4^{3-}]}{[HPO_4^{2-}]}$$

每级离解都是一个平衡，相应的平衡常数称一级、二级和三级离解常数。多元酸的离解逐级减弱，对于 H_3PO_4，逐级离解常数分别是$K_{a_1} = 7.6\times10^{-3}$，$K_{a_2} = 6.3\times10^{-8}$，$K_{a_3} = 4.4\times10^{-13}$，可见$HPO_4^{2-}$是非常弱的酸。

弱碱在溶液中发生水解(hydrolysis)，释放出OH^-。类似于弱酸的离解，弱碱的水解也是一个平衡，其平衡常数称为水解常数(hydrolysis constant)，以K_b表示。以常见弱碱 NH_3 为例，在水溶液中存在以下平衡：

$$NH_3 + H_2O \rightleftharpoons NH_4^+ + OH^- \qquad K_b = \frac{[NH_4^+][OH^-]}{[NH_3]}$$

多元弱碱发生逐级水解，相应的平衡常数称为一级水解常数、二级水解常数等，而且水解逐级减弱。

弱酸的离解平衡向反方向移动时，相当于酸根(即弱碱)的水解。以 Na_3PO_4 为例，在水溶液中存在以下平衡：

$$PO_4^{3-} + H_2O \rightleftharpoons HPO_4^{2-} + OH^- \qquad K_{b_1} = \frac{[HPO_4^{2-}][OH^-]}{[PO_4^{3-}]}$$

$$HPO_4^{2-} + H_2O \rightleftharpoons H_2PO_4^- + OH^- \qquad K_{b_2} = \frac{[H_2PO_4^-][OH^-]}{[HPO_4^{2-}]}$$

$$H_2PO_4^- + H_2O \rightleftharpoons H_3PO_4 + OH^- \qquad K_{b_3} = \frac{[H_3PO_4][OH^-]}{[H_2PO_4^-]}$$

弱碱的水解平衡向反方向移动时，是相应水解产物(即弱酸)的离解。实际上，弱酸的离解产物称为该弱酸的共轭碱(conjugate base)，弱碱的水解产物称为该弱碱的共轭酸(conjugate acid)。弱酸(碱)与其共轭碱(酸)称为共轭酸碱对(conjugate acid-base pair)。

通过上面介绍的 H_3PO_4 的离解和 Na_3PO_4 的水解，可以发现这样的等量关系：$K_{a_1}K_{b_3} = K_{a_2}K_{b_2} = K_{a_3}K_{b_1} = [H^+][OH^-]$。水溶液中，一定温度下，$[H^+][OH^-]$为常数，称为质子自递常数(autoprotolysis constant)，这是因为水分子之间存在质子自递反应：

$$H_2O + H_2O \rightleftharpoons H_3^+O + OH^-$$

水的质子自递常数以K_w表示，25℃时等于 10^{-14}。

上面介绍的离解常数和水解常数都通过浓度定义，称为浓度常数。浓度常数在分析化学计算中比较方便，然而只有将浓度改为活度，才能得到真正意义上的热力学常数(参见第 1 章 1.2.2 中“活度”条目)。尽管如此，浓度常数仍然广泛使用，而且在处理稀溶液时误差也不大。

不同化学书籍中的离解常数和水解常数有时存在差异，这是因为常数的测定条件甚至测定方法都有所不同。

▶▶分布分数

酸碱平衡体系中，弱酸(弱碱)由于离解(水解)会产生多个组分；平衡时，某组分的量占总量的分数称为该组分的分布分数(fraction)，以δ 表示。分布分数具有计算实用性的定义是

“某组分平衡浓度与相应弱酸(弱碱)分析浓度的比值”。关于平衡浓度和分析浓度的详细解释，参见第 1 章 1.2.2 中相应条目。

分布分数表示为关于$[H^+]$或者$[OH^-]$的代数式，分别称为酸式分布分数和碱式分布分数。下面以乙酸为例，介绍推导过程。

$$\delta_{HAc}=\frac{[HAc]}{c_{HAc}},\quad \delta_{Ac^-}=\frac{[Ac^-]}{c_{HAc}}$$ 分布分数定义

↓ $c_{HAc}=[HAc]+[Ac^-]$ 物料平衡式

$$\delta_{HAc}=\frac{[HAc]}{[HAc]+[Ac^-]},\quad \delta_{Ac^-}=\frac{[Ac^-]}{[HAc]+[Ac^-]}$$

离解常数 $K_a=\frac{[H^+][Ac^-]}{[HAc]}$　　　$K_b=\frac{[HAc][OH^-]}{[Ac^-]}$ 水解常数

$$\delta_{HAc}=\frac{[H^+]}{[H^+]+K_a},\quad \delta_{Ac^-}=\frac{K_a}{[H^+]+K_a}$$

酸式分布分数

$$\delta_{HAc}=\frac{K_b}{[OH^-]+K_b},\quad \delta_{Ac^-}=\frac{[OH^-]}{[OH^-]+K_b}$$

碱式分布分数

对于多元酸，通过类似步骤，也可以得到各组分的酸式和碱式分布分数。下面是草酸溶液的情况。可以发现，分布分数的形式比较规律，容易记忆。

$$\delta_{H_2C_2O_4}=\frac{[H^+]^2}{[H^+]^2+K_{a_1}[H^+]+K_{a_1}K_{a_2}}$$ 未离解组分

$$\delta_{H_2C_2O_4}=\frac{K_{b_1}K_{b_2}}{[OH^-]^2+K_{b_1}[OH^-]+K_{b_1}K_{b_2}}$$ 二级水解组分

$$\delta_{HC_2O_4^-}=\frac{K_{a_1}[H^+]}{[H^+]^2+K_{a_1}[H^+]+K_{a_1}K_{a_2}}$$ 一级离解组分

$$\delta_{HC_2O_4^-}=\frac{K_{b_1}[OH^-]}{[OH^-]^2+K_{b_1}[OH^-]+K_{b_1}K_{b_2}}$$ 一级水解组分

$$\delta_{C_2O_4^{2-}}=\frac{K_{a_1}K_{a_2}}{[H^+]^2+K_{a_1}[H^+]+K_{a_1}K_{a_2}}$$ 二级离解组分

$$\delta_{C_2O_4^{2-}}=\frac{[OH^-]^2}{[OH^-]^2+K_{b_1}[OH^-]+K_{b_1}K_{b_2}}$$ 未水解组分

式中，K_{a_1}和K_{a_2}分别为 $H_2C_2O_4$ 的一级和二级离解常数，K_{b_1}和K_{b_2}分别为$C_2O_4^{2-}$的一级和二级水解常数；$K_{a_1}K_{b_2}=K_w$，$K_{a_2}K_{b_1}=K_w$。

对于同一组分，其酸式分布分数和碱式分布分数相等。既然如此，是否有必要统一使用一种形式，以减轻记忆负担？答案为否；两种分布分数在理论上完全等价，但是计算时受数值运算误差的影响不同，尤其在$[H^+]$或者$[OH^-]$特别小的情况下，参见信息栏 3.2、例 3.13 和例 3.14。

酸碱组分的分布分数从平衡常数和物料平衡式导出，所以不是独立条件。那么，为什么还要引入这个概念？原因是分布分数能够显著简化酸碱平衡计算，值得记忆。

分布分数简化计算的功能来自其三个特点：①分布分数将平衡浓度和分析浓度联系在一起，而与这两个数值无关，只是关于$[H^+]$或者$[OH^-]$的代数式。②与组分来源无关。即使组分来自酸的离解，也可以选用其碱式分布分数；对于碱的水解组分，也可以选用其酸式分布分数，视具体计算问题而定。③规律性强，容易记住。

除了上述计算功能，分布分数还便于研究弱酸或者弱碱组分随 pH 的变化，最直观的方式就是绘制 pH-δ曲线，如图 3.1 所示草酸溶液的情况。从图 3.1 可以发现：低 pH 下 $H_2C_2O_4$ 占优势，高 pH 下$C_2O_4^{2-}$占优势；$[HC_2O_4^-]$有最大值，出现在$pH=-\lg\sqrt{K_{a_1}K_{a_2}}$，该结论可以通

过分布分数的一阶导数得到。

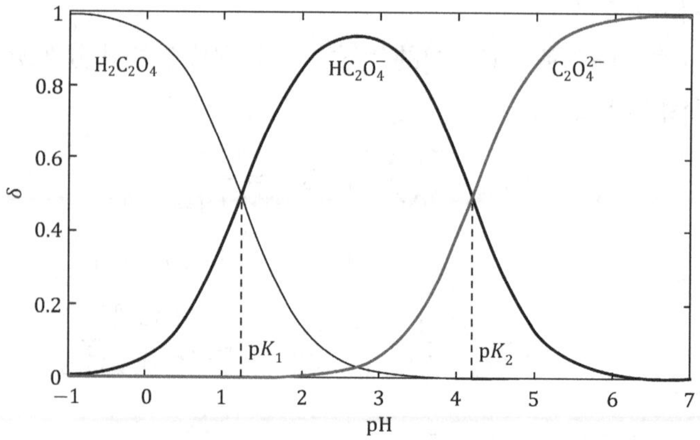

图 3.1　草酸 3 种组分的分布分数随 pH 的变化情况

2. 酸碱平衡体系的基本等量关系

物料平衡式 MBE 是化学平衡的独立等量关系(详细介绍和建立规则参见第 1 章 1.2.2 中相关条目)，自然可以用于酸碱平衡体系的定量解析。但是，电荷平衡式 CBE 更为方便和高效，尽管不独立于 MBE(CBE 可以由 MBE 导出的证明参见附录 3)。

绝大多数情况下，酸碱平衡定量解析需要获得关于$[H^+]$的方程。这个方程很容易从 CBE 推导出；从 MBE 推导则稍显麻烦，因为需要选择合适的 MBE (酸碱平衡体系有多个 MBE，有些不包含$[H^+]$)。此外，根据电中性原则，CBE 可以直接列出、不易出错，从例 1.2、1.3 和例 3.1 可以明显看出这一点。

很多分析化学教材将质子平衡式作为酸碱平衡体系的基本等量关系。本书不支持这一观点，详细说明参见信息栏 3.1。

综上所述，CBE 作为酸碱平衡体系的基本等量关系。CBE 与分布分数构成了酸碱平衡体系定量解析的基础。

例 3.1　　**酸碱平衡体系的等量关系；中等难度**

写出 NH_4HCO_3 溶液的物料平衡式 MBE，并推导电荷平衡式 CBE。

解　根据 NH_4HCO_3 的分子构成，得到 MBE：

$$[NH_4^+] + [NH_3] = [H_2CO_3] + [HCO_3^-] + [CO_3^{2-}]$$

根据 H_2O 的分子构成，可以写出另一个 MBE。H_2O 离解出等量的H^+和OH^-，但是溶液中的H^+还有其他来源和去向，所以 MBE 为：

$$[H^+] - [NH_3] - [CO_3^{2-}] + [H_2CO_3] = [OH^-]$$

等于NH_4^+离解释放出的H^+（$[NH_3]$）

等于HCO_3^-离解释放出的H^+（$[CO_3^{2-}]$）

等于HCO_3^-水解消耗的H^+（$[H_2CO_3]$）

两个 MBE 相加，得到：

$$[NH_4^+] + [H^+] = [HCO_3^-] + 2[CO_3^{2-}] + [OH^-]$$

容易发现，上式就是该溶液的 CBE，而基于电中性原则可以直接列出。

信息栏 3.1　　关于“质子平衡式”的观点

布朗斯特酸碱理论表明，酸碱反应的实质是质子转移，酸失去的质子数等于碱得到的质子数，因此，所有质子得失组分的浓度存在一个确定关系，这就是质子平衡式。

本书的酸碱平衡计算全部采用电荷平衡式，不使用质子平衡式，原因如下。

质子平衡式可以通过物料平衡式和电荷平衡式导出(证明参见附录 4)，因此不是一个独立条件，在酸碱平衡体系的定量计算中不是必须的。

质子平衡式的列出有一定难度，尤其对于复杂多组分酸碱体系。相比之下，电荷平衡式的列出要简单得多，而且不易出错。分析化学传统教材中常有列出质子平衡式的习题，而列出电荷平衡式的习题几乎没有，为什么？后者根本没有难度。

酸碱平衡体系的定量解析中，列出等量关系式只是中间步骤，应当尽量直观、方便且不易出错。在这些方面，质子平衡式逊色于电荷平衡式。

3.1.2　酸碱平衡体系[H$^+$]的计算策略

酸碱平衡体系的定量解析中，[H$^+$]计算是最重要的内容，而且有较完整的传统计算策略，目前为绝大多数分析化学教材所采用。传统策略将本质上相同的酸碱平衡体系划分为不同类型，如一元弱酸(弱碱)、多元弱酸(弱碱)、酸式盐、弱酸弱碱盐等。每种类型中，通过简化和近似，导出[H$^+$]计算公式。这些公式中最复杂的运算是开方，因此仅需要简单计算工具。传统策略包含数量众多、有适用范围的公式，其特点是“记忆换运算”和“近似换简化”。

本书采用“去公式化”策略计算[H$^+$]，不再需要各种传统算式，而且适用于复杂酸碱平衡体系，具体步骤见信息栏 3.2。这些步骤是“化学平衡定量解析的理论框架”在[H$^+$]计算中的体现(参见第 1 章 1.2.2 中相应条目)。

信息栏 3.2　　[H$^+$]的“去公式化”计算步骤

(1) 明确体系中所有酸碱组分。

(2) 列出 CBE。

(3) 将 CBE 中酸碱组分的平衡浓度替换为分布分数δ与分析浓度c的乘积。通常选用酸式分布分数，得到关于[H$^+$]的方程；如果碱性非常强，建议选用碱式分布分数，得到关于[OH$^-$]的方程。

(4) 求解上述方程，最终获得[H$^+$]。

从步骤(3)得到关于[H$^+$]或者[OH$^-$]的方程，两个方程在理论上完全等价，软件解出的[H$^+$]

数值解通常也非常接近。但是软件精度有限，所以数值解存在误差；根越小，误差越大。因此，对于酸性非常强的溶液([OH^-]极小)，应该求解关于[H^+]的方程；对于碱性非常强的溶液([H^+]极小)，应该求解关于[OH^-]的方程。

值得指出的是，专业计算软件的数值精度较高，如 Matlab 采用双精度。所以，上述误差通常可以忽略。只有当[H^+]极大或者极小时，从两个方程解出的[H^+]才会略有差异，pH 差异更小，参见例 3.13 和 3.14。

作者基于 Matlab 开发了方程求解软件，软件针对化学平衡体系的特点进行优化以提高效率。软件的介绍、下载和源代码参见附录 5。下载页面还提供软件的安卓版本，用户通过智能手机就可以求解分析化学中的复杂方程。

3.1.3 酸碱平衡体系[H^+]的计算示例

下面通过例题说明如何应用“去公式化”策略来计算酸碱平衡体系[H^+]。从中可以发现，这是一种通用策略，而传统策略中的类型划分，如一元弱酸、多元弱酸、酸式盐、弱酸弱碱盐等，甚至是某些传统解题技巧，都已变成更广泛背景下的特例。

1. 简单体系

例 3.2 **强酸溶液 pH；低难度**

当c_{HCl}分别为 0.10 mol·L^{-1}和 1.0×10^{-8} mol·L^{-1}时，计算相应盐酸溶液的 pH。

解 首先考虑c_{HCl} = 0.10 mol·L^{-1}的情况。溶液的 CBE 为：

$$[H^+] = [Cl^-] + [OH^-]$$

式中的[Cl^-]可以通过 MBE 得到，即：

$$[Cl^-] = c_{HCl} = 0.10\ mol·L^{-1}$$

结合以上两式，得到关于[H^+]的代数方程：

$$[H^+] - 0.10 - \frac{K_w}{[H^+]} = 0$$

解得[H^+] = 0.10 mol·L^{-1}，所以pH = 1.00。

当c_{HCl} = 1.0×10^{-8} mol·L^{-1}时，解题思路相同，从 CBE 推导出关于[H^+]的方程：

$$[H^+] - 1.0 \times 10^{-8} - \frac{K_w}{[H^+]} = 0$$

解得[H^+] = 1.1×10^{-7} mol·L^{-1}，所以pH = 6.96。

例 3.3 **强碱溶液 pH；低难度**

当c_{NaOH}分别为 0.10 mol·L^{-1}和 1.0×10^{-8} mol·L^{-1}时，计算相应溶液的 pH。

解 溶液的 CBE 为：

$$[H^+] + [Na^+] = [OH^-]$$

式中的[Na^+]可以通过 MBE 得到：

$$[Na^+] = c_{NaOH}$$

结合以上两式，得到关于[OH⁻]的方程：

$$\frac{K_w}{[OH^-]} + c_{NaOH} - [OH^-] = 0$$

当$c_{NaOH} = 0.10\ mol \cdot L^{-1}$时，解得$[OH^-] = 0.10\ mol \cdot L^{-1}$，所以$pH = 13.00$。

关于$[H^+]$的方程是$[H^+] + 0.10 - \frac{K_w}{[H^+]} = 0$，通过附录 5 软件在 $10^{-14} \sim 1$ 范围内求根，解得$[H^+] = 1.001\times10^{-13}\ mol \cdot L^{-1}$，与真实值 $1.00\times10^{-13}\ mol \cdot L^{-1}$ 相比，误差约为 0.1%，这是因为强碱溶液中$[H^+]$极小，受数值运算误差的影响相对较大。

当$c_{NaOH} = 1.0\times10^{-8}\ mol \cdot L^{-1}$时，通过同一方程解得$[OH^-] = 1.1\times10^{-7}\ mol \cdot L^{-1}$，所以$pH = 7.04$。

上述例题说明，当强酸或强碱的浓度极低时，溶液酸度主要由 H_2O 自身的离解所决定。实际中，极稀溶液的酸度主要由水中溶解的 CO_2 所决定。

例 3.4 **强酸溶液 pH；中等难度**

计算分析浓度为 $0.010\ mol \cdot L^{-1}\ H_2SO_4$ 溶液的 pH。($K_{a_2} = 1.0\times10^{-2}$)

解 H_2SO_4 的一级离解是完全的，二级离解则是一个平衡。溶液的 CBE 为：

$$[H^+] = [HSO_4^-] + 2[SO_4^{2-}] + [OH^-]$$

通过分布分数将$[HSO_4^-]$和$[SO_4^{2-}]$表示为关于$[H^+]$的代数式(HSO_4^-可视为未离解的一元弱酸，SO_4^{2-}可视为离解后的酸根)，整理后得到方程：

$$[H^+] - \frac{[H^+] + 2K_{a_2}}{[H^+] + K_{a_2}} 0.010 - \frac{K_w}{[H^+]} = 0$$

通过附录 5 软件解得$[H^+] = 1.4\times10^{-2}\ mol \cdot L^{-1}$，所以$pH = 1.85$。

例 3.5 **一元弱酸溶液 pH；低难度**

计算分析浓度为 $0.010\ mol \cdot L^{-1}$ HAc 溶液的 pH。($K_a = 1.8\times10^{-5}$)

解 溶液的 CBE 为：

$$[H^+] = [Ac^-] + [OH^-]$$

通过分布分数将$[Ac^-]$表示为关于$[H^+]$的代数式，整理后得到方程：

$$[H^+] - \frac{K_a}{[H^+] + K_a} 0.010 - \frac{K_w}{[H^+]} = 0$$

通过附录 5 软件解得$[H^+] = 4.2\times10^{-4}\ mol \cdot L^{-1}$，所以$pH = 3.38$。

例 3.6 **二元弱酸溶液 pH；低难度**

计算分析浓度为 $0.010\ mol \cdot L^{-1}\ H_2C_2O_4$ 溶液的 pH。($K_{a_1} = 5.9\times10^{-2}$，$K_{a_2} = 6.4\times10^{-5}$)

解 溶液的 CBE 为：

$$[H^+] = [HC_2O_4^-] + 2[C_2O_4^{2-}] + [OH^-]$$

通过分布分数将$[HC_2O_4^-]$和$[C_2O_4^{2-}]$表示为关于$[H^+]$的代数式，整理后得到方程：

$$[H^+] - \frac{K_{a_1}[H^+] + 2K_{a_1}K_{a_2}}{[H^+]^2 + K_{a_1}[H^+] + K_{a_1}K_{a_2}} 0.010 - \frac{K_w}{[H^+]} = 0$$

通过附录 5 软件解得$[H^+] = 8.8\times10^{-3}\ mol \cdot L^{-1}$，所以$pH = 2.06$。

例 3.7 **弱酸和强酸混合溶液 pH；低难度**

溶液中 HAc 和 HCl 的分析浓度分别为 0.010 mol·L⁻¹ 和 0.0010 mol·L⁻¹，计算 pH。($K_a = 1.8\times10^{-5}$)

解 溶液的 CBE 为：

$$[H^+] = [Ac^-] + [Cl^-] + [OH^-]$$

通过分布分数将$[Ac^-]$表示为关于$[H^+]$的代数式，整理后得到方程：

$$[H^+] - \frac{K_a}{[H^+] + K_a}0.010 - 0.0010 - \frac{K_w}{[H^+]} = 0$$

通过附录 5 软件解得$[H^+] = 1.2\times10^{-3}$ mol·L^{-1}，所以pH = 2.92。

HAc 提供的H^+的浓度等于$[Ac^-]$，通过分布分数计算出$[Ac^-] = 1.5\times10^{-4}$ mol·L^{-1}。例 3.5 是分析浓度相同的纯 HAc 溶液，$[H^+] = 4.2\times10^{-4}$ mol·L^{-1}。相比之下，混合酸中 HAc 的离解被 HCl 抑制了近 65%。弱酸和强酸混合溶液中，如果二者浓度相差不大，溶液酸度主要由强酸控制。

例 3.8 **弱酸混合溶液 pH；低难度**

溶液中 HAc 和 HF 的分析浓度分别为 0.10 mol·L^{-1} 和 0.010 mol·L^{-1}，计算 pH。(HAc：$K_{a,1} = 1.8\times10^{-5}$；HF：$K_{a,2} = 6.6\times10^{-4}$)

解 溶液的 CBE 为：

$$[H^+] = [Ac^-] + [F^-] + [OH^-]$$

通过分布分数将$[Ac^-]$和$[F^-]$表示为关于$[H^+]$的代数式，整理后得到方程：

$$[H^+] - \frac{K_{a,1}}{[H^+] + K_{a,1}}0.10 - \frac{K_{a,2}}{[H^+] + K_{a,2}}0.010 - \frac{K_w}{[H^+]} = 0$$

通过附录 5 软件解得$[H^+] = 2.7\times10^{-3}$ mol·L^{-1}，所以pH = 2.57。

HAc 和 HF 提供的H^+的浓度分别等于$[Ac^-]$和$[F^-]$。通过分布分数计算出$[Ac^-] = 6.6\times10^{-4}$ mol·L^{-1}、$[F^-] = 2.0\times10^{-3}$ mol·L^{-1}，所以 HAc 和 HF 对溶液酸度的贡献率分别是 25%和 75%。

例 3.9 **酸式盐溶液 pH；低难度**

计算分析浓度为 0.010 mol·L^{-1} $NaHC_2O_4$ 溶液的 pH。($K_{a_1} = 5.9\times10^{-2}$，$K_{a_2} = 6.4\times10^{-5}$)

解 溶液的 CBE 为：

$$[H^+] + [Na^+] = [HC_2O_4^-] + 2[C_2O_4^{2-}] + [OH^-]$$

通过分布分数将$[HC_2O_4^-]$和$[C_2O_4^{2-}]$表示为关于$[H^+]$的代数式，整理后得到方程：

$$[H^+] + 0.010 - \frac{K_{a_1}[H^+] + 2K_{a_1}K_{a_2}}{[H^+]^2 + K_{a_1}[H^+] + K_{a_1}K_{a_2}}0.010 - \frac{K_w}{[H^+]} = 0$$

通过附录 5 软件解得$[H^+] = 7.1\times10^{-4}$ mol·L^{-1}，所以pH = 3.15。

该解法和例 3.6 的解法非常相似，然而在传统课程体系中，这两类溶液的 pH 计算式差异很大。

例 3.10 **弱酸弱碱盐溶液 pH；低难度**

计算分析浓度为 0.010 mol·L^{-1} NH_4Ac 溶液的 pH。(NH_3：$K_b = 1.8\times10^{-5}$；HAc：$K_a = 1.8\times10^{-5}$)

解 溶液的 CBE 为：

$$[H^+]+[NH_4^+]=[Ac^-]+[OH^-]$$

通过分布分数将$[NH_4^+]$和$[Ac^-]$表示为关于$[H^+]$的代数式，整理后得到方程：

$$[H^+]+\frac{[H^+]}{[H^+]+K_{a,NH_4^+}}c_{NH_4^+}-\frac{K_a}{[H^+]+K_a}c_{Ac^-}-\frac{K_w}{[H^+]}=0$$

式中，$c_{NH_4^+}=c_{Ac^-}=0.010\ mol\cdot L^{-1}$，$K_{a,NH_4^+}=\frac{K_w}{K_b}$表示$NH_4^+$的离解常数。通过附录 5 软件解得$[H^+]=1.0\times10^{-7}\ mol\cdot L^{-1}$，所以$pH=7.00$。

该溶液酸度的影响因素包括NH_4^+的离解和Ac^-的水解。NH_4^+离解出的H^+的浓度等于$[NH_3]$，Ac^-水解出的OH^-的浓度等于$[HAc]$。通过分布分数计算出$[NH_3]=5.5\times10^{-5}\ mol\cdot L^{-1}$，$[HAc]=5.5\times10^{-5}\ mol\cdot L^{-1}$。这些数值表明，$NH_4Ac$在溶液中产生等量的$H^+$和$OH^-$，所以溶液呈中性。

例 3.11 **氨基酸溶液 pH；中等难度**

计算分析浓度为 $0.010\ mol\cdot L^{-1}$ 氨基乙酸(H_2NCH_2COOH)溶液的 pH。

解 H_2NCH_2COOH 在溶液中以双极离子(zwitterion) $H_3N^+CH_2COO^-$形式存在。COO^-在酸性溶液中可以结合一个H^+，所以氨基乙酸相当于二元酸，相应平衡如下：

$$H_3N^+CH_2COOH \rightleftharpoons H_3N^+CH_2COO^- + H^+ \qquad K_{a_1}=4.5\times10^{-3}$$

$$H_3N^+CH_2COO^- \rightleftharpoons H_2NCH_2COO^- + H^+ \qquad K_{a_2}=2.5\times10^{-10}$$

溶液的 CBE 为：

$$[H^+]+[H_3N^+CH_2COOH]=[H_2NCH_2COO^-]+[OH^-]$$

通过分布分数将$[H_3N^+CH_2COOH]$ (氨基乙酸阳离子相当于二元酸)和$[H_2NCH_2COO^-]$ (氨基乙酸阴离子相当于二级离解产物)表示为关于$[H^+]$的代数式，整理后得到方程：

$$[H^+]+\frac{[H^+]^2-K_{a_1}K_{a_2}}{[H^+]^2+K_{a_1}[H^+]+K_{a_1}K_{a_2}}0.010-\frac{K_w}{[H^+]}=0$$

通过附录 5 软件解得$[H^+]=8.8\times10^{-7}\ mol\cdot L^{-1}$，所以$pH=6.05$。

氨基乙酸相当于二元酸，但是相关组分所带电荷不同于普通二元酸，所以$[H^+]$的方程也不同，可与例 3.6 对比。

传统课程体系通过$[H^+]=\sqrt{\frac{K_{a_1}(K_{a_2}c+K_w)}{c}}$计算，结果相同。不能采用所谓的最简式$[H^+]=\sqrt{K_{a_1}K_{a_2}}$，误差超过 20%。

氨基酸是两性物质，在溶液中部分变为阳离子，部分变为阴离子，而且二者浓度与 pH 有关。在某一 pH 下，阳离子和阴离子浓度相等，那么氨基酸分子的净电荷为零，该 pH 称为氨基酸等电点 pI (isoelectric point)。在氨基乙酸的等电点，$[H_3N^+CH_2COOH]=[H_2NCH_2COO^-]$，通过两个离解常数得到$pI=\frac{\lg(K_{a_1}K_{a_2})}{2}$。所以，向氨基乙酸溶液加酸，使其 pH 从 6.05 降低到 5.97，那么氨基乙酸分子的净电荷为零。溶液 pH 等于氨基酸 pI 时，氨基酸溶解度最低。

例 3.12 **缓冲溶液 pH；低难度**

浓度较大的弱酸与其共轭碱组成的溶液称为缓冲溶液，能够在一定程度上抵抗外加酸碱的影响，维持 pH 稳定。分析浓度均为 $0.10\ mol\cdot L^{-1}$ 的 HAc 和 NaAc 混合溶液，计算 pH。($K_a=1.8\times10^{-5}$)

解　溶液的 CBE 为：

$$[H^+]+[Na^+]=[Ac^-]+[OH^-]$$

通过分布分数将$[Ac^-]$表示为关于$[H^+]$的代数式，整理后得到方程：

$$[H^+]+0.10-\frac{K_a}{[H^+]+K_a}c-\frac{K_w}{[H^+]}=0$$

式中，$c=c_{HAc}+c_{NaAc}=0.20\ mol\cdot L^{-1}$。通过附录 5 软件解得$[H^+]=1.8\times10^{-5}\ mol\cdot L^{-1}$，所以pH = 4.74。

例 3.13　**多元酸溶液 pH；数值运算误差；低难度**

分别使用酸式分布分数和碱式分布分数计算分析浓度为 0.10 $mol\cdot L^{-1}$ H_3PO_4 溶液的 pH。($K_{a_1}=7.6\times10^{-3}$，$K_{a_2}=6.3\times10^{-8}$，$K_{a_3}=4.4\times10^{-13}$)

解　溶液的 CBE 为：

$$[H^+]=[H_2PO_4^-]+2[HPO_4^{2-}]+3[PO_4^{3-}]+[OH^-]$$

通过酸式分布分数将$[H_2PO_4^-]$、$[HPO_4^{2-}]$和$[PO_4^{3-}]$表示为关于$[H^+]$的代数式，整理后得到方程：

$$[H^+]-\frac{K_{a_1}[H^+]^2+2K_{a_1}K_{a_2}[H^+]+3K_{a_1}K_{a_2}K_{a_3}}{[H^+]^3+K_{a_1}[H^+]^2+K_{a_1}K_{a_2}[H^+]+K_{a_1}K_{a_2}K_{a_3}}0.10-\frac{K_w}{[H^+]}=0$$

通过附录 5 软件在 $10^{-14}\sim1$ 范围内求根，解得$[H^+]=2.40288\times10^{-2}\ mol\cdot L^{-1}$ (取 5 位小数是为了比较，不反映有效数字，下同)。

如果使用碱式分布分数，从 CBE 整理出的方程为：

$$\frac{K_w}{[OH^-]}-\frac{K_{b_1}K_{b_2}[OH^-]+2K_{b_1}[OH^-]^2+3[OH^-]^3}{[OH^-]^3+K_{b_1}[OH^-]^2+K_{b_1}K_{b_2}[OH^-]+K_{b_1}K_{b_2}K_{b_3}}0.10-[OH^-]=0$$

通过附录 5 软件在 $10^{-14}\sim1$ 范围内求根，解得$[OH^-]=4.16300\times10^{-13}\ mol\cdot L^{-1}$，进而可以得到$[H^+]=2.40211\times10^{-2}\ mol\cdot L^{-1}$。

两个方程在理论上等价，但是由于$[H^+]$很大，第一个方程的数值解更准确(将$[H^+]$的两个数值解分别代入到第一个方程，得到-4.4×10^{-8} 和-1.4×10^{-5})。第二个方程的数值解的误差为-0.032%，这是由于软件数值精度的限制。

尽管从两个方程解出的$[H^+]$略有差异，然而 pH 均为 1.62，这是因为取对数后相对误差变小。可以通过 $pH=-\lg[H^+]$进行误差传递分析，不再赘述。

例 3.14　**多元碱溶液 pH；数值运算误差；低难度**

分别通过酸式分布分数和碱式分布分数计算分析浓度为 0.30 $mol\cdot L^{-1}$ Na_3PO_4 溶液的 pH。($K_{a_1}=7.6\times10^{-3}$，$K_{a_2}=6.3\times10^{-8}$，$K_{a_3}=4.4\times10^{-13}$)

解　溶液的 CBE 为：

$$[H^+]+[Na^+]=[H_2PO_4^-]+2[HPO_4^{2-}]+3[PO_4^{3-}]+[OH^-]$$

通过酸式分布分数将$[H_2PO_4^-]$、$[HPO_4^{2-}]$和$[PO_4^{3-}]$表示为关于$[H^+]$的代数式，整理后得到方程：

$$[H^+]+0.90-\frac{K_{a_1}[H^+]^2+2K_{a_1}K_{a_2}[H^+]+3K_{a_1}K_{a_2}K_{a_3}}{[H^+]^3+K_{a_1}[H^+]^2+K_{a_1}K_{a_2}[H^+]+K_{a_1}K_{a_2}K_{a_3}}0.30-\frac{K_w}{[H^+]}=0$$

通过附录 5 软件在 $10^{-14}\sim1$ 范围内求根，解得$[H^+]=1.38715\times10^{-13}\ mol\cdot L^{-1}$ (取 5 位小数是为了比较，不反映有效数字，下同)。

如果使用碱式分布分数，从 CBE 整理出的方程为：

$$\frac{K_w}{[OH^-]} + 0.90 - \frac{K_{b_1}K_{b_2}[OH^-] + 2K_{b_1}[OH^-]^2 + 3[OH^-]^3}{[OH^-]^3 + K_{b_1}[OH^-]^2 + K_{b_1}K_{b_2}[OH^-] + K_{b_1}K_{b_2}K_{b_3}} 0.30 - [OH^-] = 0$$

通过附录 5 软件在 $10^{-14} \sim 1$ 范围内求根，解得$[OH^-] = 7.19871\times10^{-2}\ mol\cdot L^{-1}$，进而可以得到$[H^+] = 1.38914\times10^{-13}\ mol\cdot L^{-1}$。

类似例 3.13 的分析，这种情况下，通过第二个方程得到的$[H^+]$数值解更准确，第一个方程的数值解的误差为−0.14%。

尽管从两个方程解出的$[H^+]$略有差异，然而 pH 均为 12.86，这是因为取对数后相对误差变小。可以通过$pH = -lg[H^+]$进行误差传递分析，不再赘述。

对于商品 Na_3PO_4，产品信息中的$pH = 12.1$是指 1% $Na_3PO_4\cdot 12H_2O$ 溶液的 pH，这是个测量值。1% $Na_3PO_4\cdot 12H_2O$ 溶液中，Na_3PO_4 的分析浓度约为 0.3 $mol\cdot L^{-1}$，本题计算结果为$pH = 12.9$。计算值异于测量值的原因是计算中没有考虑离子强度的影响，直接使用浓度而不是活度。

上述例题涵盖了不同类别酸碱平衡体系的$[H^+]$计算，解题思路则完全相同。在使用传统“公式化”策略的分析化学教材中，不同类别的$[H^+]$计算公式形态各异。

值得指出的是，公式可以快速估算某类酸碱平衡体系的$[H^+]$，具有一定的实用价值。表 3.1 列出一些常见计算公式。

表 3.1 常见酸碱平衡体系$[H^+]$的最简估算公式

酸碱平衡	$[H^+]$计算公式	适用条件*
一元弱酸	$[H^+] = \sqrt{K_a c}$	$K_a c > 10K_w$且$c/K_a > 100$
多元弱酸	近似为一元弱酸	$K_{a2}/\sqrt{K_{a1}c} < 0.05$
弱酸 HA 和 HB 的混合	$[H^+] = \sqrt{K_{HA}c_{HA} + K_{HB}c_{HB}}$	两种酸都比较弱
酸式盐 NaHB	$[H^+] = \sqrt{K_{a1}K_{a2}}$	$K_{a2}c > 10K_w$且$c > 10K_{a1}$
弱酸弱碱盐	$[H^+] = \sqrt{K_{a,1}K_{a,2}}$	$K_{a,2}c > 10K_w$且$c > 10K_{a,1}$
HB 与B^-组成的缓冲溶液	$[H^+] = K_a c_{HB}/c_{B^-}$	$c_{HB} \gg [OH^-] - [H^+]$ $c_{B^-} \gg [H^+] - [OH^-]$

*不同教材的适用条件不完全相同，这些条件来自文献：武汉大学. 2006. 分析化学(上册). 5 版. 北京：高等教育出版社

注：c表示有关组分的分析浓度，K_{a1}和K_{a2}分别表示多元酸的一级、二级离解常数，$K_{a,1}$和$K_{a,2}$分别表示两种弱酸/共轭酸的离解常数

2. 复杂体系

下面例题是关于复杂多组分酸碱平衡体系的$[H^+]$计算，解题思路与上面介绍的简单体系并无二致。所谓复杂，主要反映在关于$[H^+]$或者$[OH^-]$的方程。

例 3.15　　**复杂酸碱体系 pH；中等难度**

以 0.1000 mol·L^{-1} NaOH 溶液滴定同浓度二氯乙酸溶液，被测物溶液中还有 0.0100 mol·L^{-1} NH_4Cl。终点时滴定剂过量 0.1%，计算 pH。($Cl_2CHCOOH$：$K_a = 5.0\times10^{-2}$，NH_3：$K_b = 1.8\times10^{-5}$)

解　终点时溶液的 CBE 为：

$$[H^+] + [Na^+] + [NH_4^+] = [Cl_2CHCOO^-] + [Cl^-] + [OH^-]$$

现在考虑相关物质的分析浓度——比较简单，只是稀释效应。设被测物溶液体积是 1 单位，根据题中信息，终点时加入滴定剂的体积是 1.001 单位①，所以终点时溶液总体积是 2.001 单位。终点时相关物质的分析浓度为：$c_{Cl_2CHCOOH} = \frac{0.1000\times1}{2.001}$、$c_{NH_4Cl} = \frac{0.0100\times1}{2.001}$、$c_{NaOH} = \frac{0.1000\times1.001}{2.001}$。

通过分布分数将 CBE 中的$[NH_4^+]$和$[Cl_2CHCOO^-]$表示为关于$[H^+]$的代数式，整理后得到方程：

$$[H^+] + \frac{0.1001}{2.001} + \frac{[H^+]}{[H^+] + K_{a,1}}\frac{0.0100}{2.001} - \frac{K_{a,2}}{[H^+] + K_{a,2}}\frac{0.1000}{2.001} - \frac{0.0100}{2.001} - \frac{K_w}{[H^+]} = 0$$

式中，$K_{a,1}$和$K_{a,2}$分别表示NH_4^+和 $Cl_2CHCOOH$ 的离解常数。通过附录 5 软件解得$[H^+] = 5.5\times10^{-8}$ mol·L^{-1}，所以$pH = 7.26$。

例 3.16　　**复杂酸碱体系 pH；中等难度**

HAc、NaAc 和 $Na_2C_2O_4$ 混合溶液，分析浓度分别为 0.80 mol·L^{-1}、0.29 mol·L^{-1} 和 1.0×10^{-4} mol·L^{-1}。计算$[C_2O_4^{2-}]$。(HAc：$K_a = 1.8\times10^{-5}$；$H_2C_2O_4$：$K_{a_1} = 5.9\times10^{-2}$，$K_{a_2} = 6.4\times10^{-5}$)

解　溶液的 CBE 为：

$$[H^+] + [Na^+] = [HC_2O_4^-] + 2[C_2O_4^{2-}] + [Ac^-] + [OH^-]$$

通过分布分数将$[HC_2O_4^-]$、$[C_2O_4^{2-}]$和$[Ac^-]$表示为关于$[H^+]$的代数式，整理后得到方程：

$$[H^+] + 0.2902 - \frac{K_{a_1}[H^+] + 2K_{a_1}K_{a_2}}{[H^+]^2 + K_{a_1}[H^+] + K_{a_1}K_{a_2}}0.00010 - \frac{K_a}{[H^+] + K_a}1.09 - \frac{K_w}{[H^+]} = 0$$

通过附录 5 软件解得$[H^+] = 4.963\times10^{-5}$ mol·L^{-1}，代入到$[C_2O_4^{2-}]$的分布分数：

$$[C_2O_4^{2-}] = \frac{K_{a_1}K_{a_2}}{[H^+]^2 + K_{a_1}[H^+] + K_{a_1}K_{a_2}}0.00010$$

计算出$[C_2O_4^{2-}] = 5.6\times10^{-5}$ mol·L^{-1}。

该题的传统解法是忽略 $Na_2C_2O_4$ 对$[H^+]$的影响(合理，$Na_2C_2O_4$ 浓度太低)，然后根据 HAc-NaAc 缓冲体系来计算$[H^+]$(简单，使用表 3.1 中的最简式)。但是，如果 $Na_2C_2O_4$ 浓度较高，以至于无法忽略其对$[H^+]$的影响，结果又当如何？对于这种情形，传统解法无公式可用，而使用上述方法，只需要改动方程中的几个数值，即可完成计算。

将 $Na_2C_2O_4$ 的分析浓度改为 0.010 mol·L^{-1}，解相应方程得到$[H^+] = 4.865\times10^{-5}$ mol·L^{-1}，然后计算出$[C_2O_4^{2-}] = 5.7\times10^{-3}$ mol·L^{-1}。传统解法的结果是 5.6×10^{-3} mol·L^{-1}，误差−1.8%。如果将 $Na_2C_2O_4$ 的分析浓度改为 0.10 mol·L^{-1}，那么传统解法结果的误差高达−8.2%。

---

① 滴定剂过量 0.1%是指滴定剂实际加入体积是理想值的 1.001 倍。理想值意味着加入的 NaOH 与被测物 $Cl_2CHCOOH$ 恰好完全反应，不受 NH_4Cl 的干扰。由于 NaOH 与 $Cl_2CHCOOH$ 浓度相同、反应计量关系是 1∶1，所以滴定剂理想加入体积是 1 单位，(过量 0.1%的)实际加入体积就是 1.001 单位。

3.2 缓冲溶液

缓冲溶液(buffer)是一类特殊的酸碱平衡体系，一定程度上能够抵抗外界因素对其 pH 的影响，这些影响因素包括酸、碱和稀释。

为了有效抵抗外加酸或者碱对 pH 的影响，缓冲溶液中应该存在大量被称为缓冲组分的碱或者酸。既要抵抗外加酸又要抵抗外加碱，作为缓冲组分的碱和酸需要在溶液中共存，而共轭酸碱对能够满足这一要求。所以，缓冲溶液通常由较高浓度的共轭酸碱对组成，如 HAc-NaAc 缓冲体系、NH_4^+-NH_3缓冲体系等。

尽管缓冲组分的浓度较高，也不能有效抵抗过量的外加酸碱。所以，缓冲溶液都有一定的有效范围。在外加酸碱的影响下，如果缓冲溶液 pH 的变化不超过 1 个单位，那么认为 pH 仍然得到有效控制。所以，$pH_0 \pm 1$ 称为有效缓冲范围，其中 pH_0 是缓冲溶液的初始 pH。

高浓度的强酸或者强碱溶液也具有稳定 pH 的作用。这类溶液中存在大量的H^+或者OH^-，少量外加酸碱不会对其 pH 产生显著影响。强酸溶液可以视为共轭酸碱对H^+-H_2O 组成的缓冲溶液，强碱溶液可以视为共轭酸碱对 H_2O-OH^-组成的缓冲溶液。这类缓冲溶液一般用于 $pH < 2$ 或者 $pH > 12$ 的酸度控制，但是不能有效抵抗稀释的影响，这一点不同于共轭酸碱对组成的缓冲溶液。

3.2.1 缓冲作用

通过一个实例说明缓冲作用。25 mL HAc-NaAc 缓冲溶液，其中 HAc 和 NaAc 的分析浓度均为 0.10 mol·L-1。下面研究溶液 pH 随外加酸碱的变化情况。

向上述缓冲溶液加入n mmol HCl，忽略溶液体积的变化，那么$[Na^+] = 0.10$ mol·L-1、$[Cl^-] = \frac{n}{25}$ mol·L-1。平衡体系的 CBE 为：

$$[H^+] + [Na^+] = [Ac^-] + [Cl^-] + [OH^-]$$

通过分布分数将$[Ac^-]$表示为关于$[H^+]$的代数式，得到n与$[H^+]$的函数关系：

$$[H^+] + 0.10 = \frac{K_a}{[H^+] + K_a}0.20 + \frac{n}{25} + \frac{K_w}{[H^+]}$$

通过以上函数产生一系列(n, pH)数据点，具体步骤是“指定 pH → 计算$[H^+]$ → 代入到函数计算n”①；连接这些数据点，得到n-pH 曲线，见图 3.2 中的粗实线。图中$n = 0$对应 $pH = 4.74$，所以该缓冲溶液的有效缓冲范围是 3.74~5.74。

如果向该缓冲溶液加入n mmol 强碱 NaOH，通过上述方法，也容易绘制出相应的n-pH 曲线，结果见图 3.2 中的细实线。

① 也可以通过“指定n → 代入到函数计算$[H^+]$”这样的方式获得(n, pH)数据点，或许更自然一些。但是，这种方式需要解一元三次方程，不如反函数方式便捷。

基于 Matlab 的绘制程序参见附录程序 6.1。

为了比较，图 3.2 还绘制了非缓冲溶液 pH 随外加强酸和强碱的变化情况。此溶液的初始 pH 设定为 4.74，与缓冲溶液的初始 pH 相同。

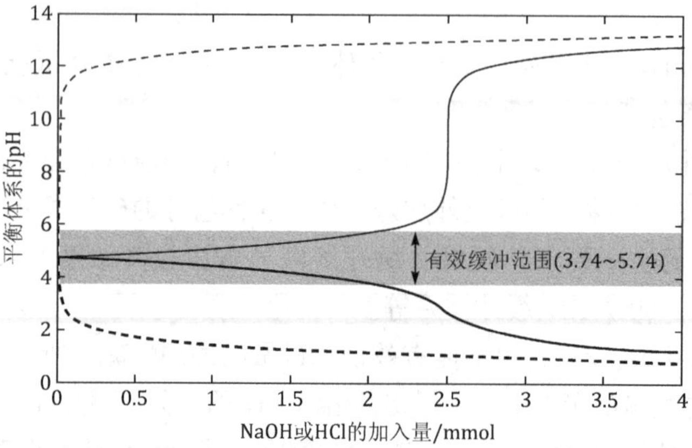

图 3.2　向 25 mL HAc-NaAc 缓冲溶液和一非缓冲溶液加入强酸和强碱后，平衡体系 pH 的变化情况

缓冲溶液以实线表示，非缓冲溶液以虚线表示；加入强酸后以粗线表示，加入强碱后以细线表示

图 3.2 直观地显示了缓冲溶液对 pH 的有效控制。例如，外加强酸 HCl 或强碱 NaOH 的浓度升高至$\frac{2}{25}=0.080$ mol·L^{-1}时，缓冲溶液 pH 的改变仍小于 1 个单位。而对于非缓冲溶液，极少量的强酸或者强碱即可显著改变其 pH。例如，外加强酸或者强碱的浓度仅为$\frac{0.1}{25}=0.0040$ mol·L^{-1}时，即可将其 pH 由 4.74 快速降低至 2 左右或升高到 12 左右。

图 3.2 还显示出，在有效缓冲范围内，缓冲溶液能够抵抗的强酸或者强碱的最高浓度均为$\frac{2}{25}=0.080$ mol·L^{-1} 左右。这说明该缓冲溶液对强酸和强碱的缓冲作用相同，原因是缓冲组分 NaAc(抵抗强酸)和 HAc(抵抗强碱)的量相等。

如果缓冲组分的量不同，那么对外加强碱和强酸的缓冲作用就有所差异，这一点从图 3.3 中可以清楚地看到。所以，考虑到缓冲溶液的使用效率，一般将共轭酸碱对的分析浓度设为相同。这种做法的另一个好处是提高了缓冲能力，详细分析参见 3.2.4。

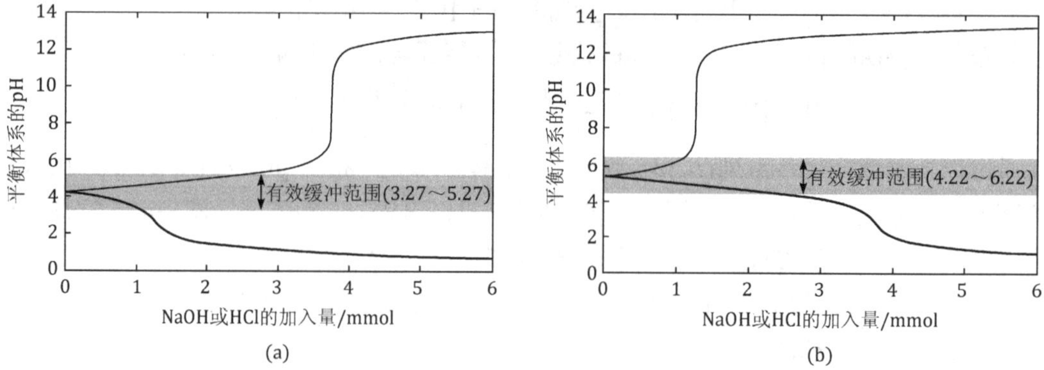

图 3.3　向 25 mL HAc-NaAc 缓冲溶液加入强酸和强碱后(分别以粗线和细线表示)，平衡体系 pH 的变化情况

(a)缓冲溶液组成：$c_{HAc}=0.15$ mol·L^{-1}，$c_{NaAc}=0.05$ mol·L^{-1}；(b)缓冲溶液组成：$c_{HAc}=0.05$ mol·L^{-1}，$c_{NaAc}=0.15$ mol·L^{-1}

由一元共轭酸碱对组成的缓冲溶液，如果二者的分析浓度相同，那么$pH_0 \approx pK_a$，有效缓冲范围就是$pK_a \pm 1$。

信息栏 3.3 **缓冲作用的数学分析**

可以通过数学方法研究缓冲作用。以 HAc-NaAc 缓冲溶液为例，从离解常数得到下式：

$$[H^+] = K_a \frac{[HAc]}{[Ac^-]}$$

少量外加酸碱改变了[HAc]和[Ac⁻]，[HAc]和[Ac⁻]的微小变化如何影响[H⁺]？显然，这是一个全微分问题。

通过上式写出[H⁺]的全微分：

$$d[H^+] = \frac{K_a}{[Ac^-]} d[HAc] - \frac{K_a[HAc]}{[Ac^-]^2} d[Ac^-]$$

式中，$\frac{K_a}{[Ac^-]}$和$\frac{K_a[HAc]}{[Ac^-]^2}$可以视为[HAc]和[Ac⁻]的变化对[H⁺]的影响权重。这两个权重都很小，因为[HAc]和[Ac⁻]都比较大(缓冲组分 HAc 和 NaAc 的分析浓度较高，而 HAc 的离解和 NaAc 的水解被对方显著抑制)。所以，即使加入少量强碱或者强酸，[HAc]和[Ac⁻]的改变对[H⁺]的影响仍然很小——这就是缓冲作用。

3.2.2 缓冲溶液的相关计算

就计算而言，缓冲溶液与 3.1.3 中各例题涉及的酸碱平衡体系并无二致，通过信息栏 3.2 介绍的方法很容易完成。此外，共轭酸碱对的浓度较大，所以表 3.1 中的近似计算式通常比较准确。下面试举几例。

例 3.17 **缓冲溶液 pH；低难度**

向 100.0 mL 0.10 mol·L⁻¹ 盐酸溶液加入 1.2 g NaAc。忽略溶液体积的变化，计算 pH。($K_a = 1.8\times10^{-5}$)

解 $n_{NaAc} = \frac{1.2}{82.03} = 1.5\times10^{-2}$(mol)，$n_{HCl} = 0.10\times100.0\times10^{-3} = 1.0\times10^{-2}$(mol)。所以，混合溶液在酸碱性质上相当于 1.0×10^{-2} mol HAc 与 0.5×10^{-2} mol NaAc 混合，是一个缓冲溶液。根据缓冲溶液的近似计算式，得到：

$$[H^+] = K_a \frac{c_{HAc}}{c_{Ac}} = 3.6\times10^{-5}\ mol\cdot L^{-1}$$

所以pH = 4.44。

缓冲溶液的传统解法经常使用等效转化技巧，以便套用公式。本题也可以通过 3.1.2 介绍的“去公式化”策略进行计算，比较简单，不再赘述。

例 3.18 **缓冲溶液 pH；低难度**

国家标准 GB/T 9724—2007 规定了磷酸盐标准缓冲溶液的配制方法：“称取 3.40 g 磷酸二氢钾(KH_2PO_4)和 3.55 g 磷酸氢二钠(Na_2HPO_4)，溶于无二氧化碳的水，稀释至 1000 mL。磷酸二氢钾和磷酸氢二钠须预先在(120±10)℃干燥 2 h。此溶液的浓度为$c_{KH_2PO_4}$为 0.025 mol·L⁻¹，$c_{Na_2HPO_4}$为 0.025 mol·L⁻¹”。

计算该缓冲溶液的 pH。($K_{a_1}=7.6\times10^{-3}$，$K_{a_2}=6.3\times10^{-8}$，$K_{a_3}=4.4\times10^{-13}$)

解　缓冲溶液的 CBE 为：

$$[H^+]+[Na^+]+[K^+]=[H_2PO_4^-]+2[HPO_4^{2-}]+3[PO_4^{3-}]+[OH^-]$$

通过分布分数将$[H_2PO_4^-]$、$[HPO_4^{2-}]$和$[PO_4^{3-}]$表示为关于$[H^+]$的代数式，整理后得到方程：

$$[H^+]+0.075-\frac{K_{a_1}[H^+]^2+2K_{a_1}K_{a_2}[H^+]+3K_{a_1}K_{a_2}K_{a_3}}{[H^+]^3+K_{a_1}[H^+]^2+K_{a_1}K_{a_2}[H^+]+K_{a_1}K_{a_2}K_{a_3}}0.050-\frac{K_w}{[H^+]}=0$$

通过附录 5 软件解得$[H^+]=6.3\times10^{-8}\ mol\cdot L^{-1}$，所以pH = 7.20。

根据 GB/T 9724—2007，该缓冲溶液在 25 ℃时的 pH 为 6.86。上述计算结果出现较大误差，原因是计算中没有考虑离子强度。如果考虑离子强度的影响，使用活度进行计算，结果为 6.86 (Harris，2007)。

例 3.19　　**缓冲溶液 pH；低难度**

将 25.0 mL 0.400 mol·L^{-1} H_3PO_4溶液与 30.0 mL 0.500 mol·L^{-1} Na_3PO_4溶液相混合，然后稀释至 100.0 mL。计算 pH。($K_{a_1}=7.6\times10^{-3}$，$K_{a_2}=6.3\times10^{-8}$，$K_{a_3}=4.4\times10^{-13}$)

解　溶液的 CBE 为：

$$[H^+]+[Na^+]=[H_2PO_4^-]+2[HPO_4^{2-}]+3[PO_4^{3-}]+[OH^-]$$

通过分布分数将$[H_2PO_4^-]$、$[HPO_4^{2-}]$和$[PO_4^{3-}]$表示为关于$[H^+]$的代数式，整理后得到方程：

$$[H^+]+0.45-\frac{K_{a_1}[H^+]^2+2K_{a_1}K_{a_2}[H^+]+3K_{a_1}K_{a_2}K_{a_3}}{[H^+]^3+K_{a_1}[H^+]^2+K_{a_1}K_{a_2}[H^+]+K_{a_1}K_{a_2}K_{a_3}}0.250-\frac{K_w}{[H^+]}=0$$

通过附录 5 软件解得$[H^+]=1.58\times10^{-8}\ mol\cdot L^{-1}$，所以pH = 7.801。

本题的传统解法是借助近似手段，将原缓冲体系转化为另一共轭酸碱对，然后套用公式。下面是分析过程(括号中的数值为分析浓度，单位 mol·L^{-1})。

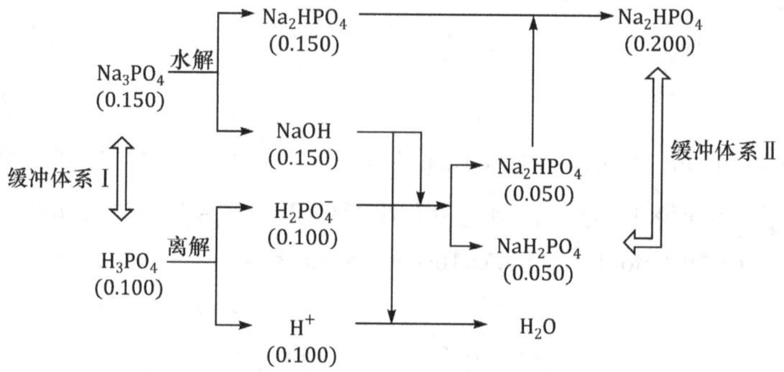

上述分析表明，原缓冲体系(缓冲体系Ⅰ)等价于“将 0.100 mol·L^{-1} NaH_2PO_4 与 0.400 mol·L^{-1} 的 Na_2HPO_4 等体积混合，组成缓冲体系(缓冲体系Ⅱ)”。这样就可以套用公式$[H^+]=K_a\frac{c_{HB}}{c_B}$，计算出$[H^+]=1.58\times10^{-8}\ mol\cdot L^{-1}$，所以pH = 7.801。

缓冲组分浓度很高，溶液离子强度较大。因此，计算时应该采用活度而非浓度，才能获得相对准确的结果。尽管如此，采用浓度计算比较简单，仍有实用价值，如配制缓冲溶液时估算所需缓冲组分的量。

3.2.3 缓冲溶液的配制

常见缓冲试剂，如邻苯二甲酸氢钾、磷酸盐、硼酸盐等，已经商品化；溶液配制方法已经标准化。所以，配制缓冲溶液最便捷的方法是根据实际需要，选择合适的商品试剂，按照使用说明进行配制。例如，某商品试剂的包装袋上印有这样的文字："将试剂倒入 250 mL 容量瓶中，以少量无 CO_2 蒸馏水冲洗塑料袋内壁多次，并将冲洗液转移到容量瓶中，最后稀释到刻度，摇匀备用"。商品试剂的使用说明还会提供不同温度下缓冲溶液的 pH。

如果没有合适的商品试剂，那么需要自行配制缓冲溶液。首先通过计算(不必考虑离子强度的影响)估计出所需缓冲组分的量，粗略配制。然后，用经过校准的酸度计监测溶液 pH①，滴加强酸或者强碱溶液进行微调，直至 pH 达到要求。值得指出的是，酸度计测量H^+活度。

H_3PO_4、CH_3COOH 和 H_3BO_3 按照一定比例配制成混合酸溶液，通过控制 NaOH 的加入量，可以得到 pH 在 2~12 的缓冲溶液，这就是 Britton-Robinson 广泛缓冲溶液。将柠檬酸和 NaH_2PO_4 按照不同比例混合，可以得到 pH 在 2~8 的广泛缓冲溶液。

3.2.4 缓冲容量

缓冲容量(buffer capacity)是缓冲能力的指标，以β表示，其定义式如下：

$$\beta=\frac{\mathrm{d}c_\mathrm{b}}{\mathrm{dpH}} \text{ 或者 } \beta=-\frac{\mathrm{d}c_\mathrm{a}}{\mathrm{dpH}}$$

式中，c_b和c_a分别表示向 1 L 缓冲溶液加入一元强碱或者强酸的物质的量。β越大，缓冲溶液越能够抵抗外加强碱或强酸对其 pH 的影响。

以 HB-NaB 缓冲溶液为例，介绍β表达式的推导。以c_HB和c_NaB分别表示缓冲组分的分析浓度，K_a表示弱酸 HB 的离解常数。向该缓冲溶液中加入一定量强碱 NaOH，其分析浓度表示为c_b，那么从平衡体系的 CBE 推导出如下等式：

$$[\mathrm{H}^+]+c_\mathrm{NaB}+c_\mathrm{b}=\frac{K_\mathrm{a}}{[\mathrm{H}^+]+K_\mathrm{a}}(c_\mathrm{HB}+c_\mathrm{NaB})+\frac{K_\mathrm{w}}{[\mathrm{H}^+]} \tag{3.1}$$

根据β定义，得到：

$$\beta=\frac{\mathrm{d}c_\mathrm{b}}{\mathrm{dpH}}=\frac{\mathrm{d}c_\mathrm{b}}{\mathrm{d}[\mathrm{H}^+]}\frac{\mathrm{d}[\mathrm{H}^+]}{\mathrm{dpH}}$$

通过(3.1)式得到$\frac{\mathrm{d}c_\mathrm{b}}{\mathrm{d}[\mathrm{H}^+]}$的表达式，通过 $\mathrm{pH}=-\lg[\mathrm{H}^+]$得到$\frac{\mathrm{d}[\mathrm{H}^+]}{\mathrm{dpH}}$的表达式，然后一同代入上式：

$$\beta=\ln10\cdot[\mathrm{H}^+]+\ln10\frac{[\mathrm{H}^+]K_\mathrm{a}}{([\mathrm{H}^+]+K_\mathrm{a})^2}(c_\mathrm{HB}+c_\mathrm{NaB})+\ln10\frac{K_\mathrm{w}}{[\mathrm{H}^+]}$$

上式第二项在$[\mathrm{H}^+]=K_\mathrm{a}$时有最大值，等于$\frac{\ln10}{4}(c_\mathrm{HB}+c_\mathrm{NaB})$。HB-NaB 缓冲溶液中，$[\mathrm{H}^+]$和$[\mathrm{OH}^-]$通常都较低，数值远小于$\frac{\ln10}{4}(c_\mathrm{HB}+c_\mathrm{NaB})$，所以$\beta_\mathrm{max}$主要由上式第二项决定，即：

$$\beta_\mathrm{max}\approx\frac{\ln10}{4}(c_\mathrm{HB}+c_\mathrm{NaB})$$

① 酸度计的校准需要一种或者两种标准缓冲溶液，其使用说明会给出具体校准方法和步骤。

β取最大值的条件是$[H^+] = K_a$，此条件等价于$[HB] = [B^-]$。HB 的离解和 NaB 的水解被对方显著抑制，所以$[HB] \approx c_{HB}$、$[NaB] \approx c_{NaB}$。这样，缓冲容量在$c_{HB} = c_{NaB}$时达到最大。这是将弱酸与其共轭碱的分析浓度设为相同的第二个好处(第一个好处在 3.2.1 中提及)。

上述结论是基于一元弱酸与其共轭碱这类缓冲体系得出的，严格地说不适用于复杂缓冲体系，如 KH_2PO_4-Na_2HPO_4，但是仍然具有参考价值。

实际应用中，我们不仅希望缓冲溶液具有较大缓冲容量，而且想知道在可能出现的极端状况下缓冲溶液是否还能发挥作用。换言之，在有效缓冲范围内($pH_0 \pm 1$)，缓冲溶液能够抵抗外加强碱和强酸的最大量是多少？这一问题可以通过缓冲容量β的定积分来解决：

$$c_{b,max} = \int_{pH_0}^{pH_0+1} \beta dpH \text{ 或者 } c_{a,max} = \int_{pH_0-1}^{pH_0} \beta dpH$$

式中$c_{b,max}$ ($c_{a,max}$)的含义是：向 1 L 缓冲溶液中加入的、使其 pH 增大(减小)1 个单位的强碱(强酸)的物质的量。对于具体缓冲溶液，通过$[H^+]$常规计算方法很容易得到$c_{b,max}$或者$c_{a,max}$，如(3.1)式，不必计算上述定积分。

有些教材将β称为缓冲指数，将下式称为缓冲容量：

$$\Delta c = \int_{pH_1}^{pH_2} \beta dpH$$

式中Δc的含义是：向 1 L 缓冲溶液加入的强碱或者强酸的物质的量，其使 pH 由 pH_1 变为 pH_2。

3.3 酸碱滴定曲线

滴定过程中平衡体系 pH 随滴定剂加入体积V的变化曲线，称为酸碱滴定曲线，即V-pH 曲线。

滴定曲线形象地显示滴定过程中平衡体系酸碱性质的变化，能够提供一些直观、丰富而且有趣的信息，有助于深入理解和探究滴定过程。

滴定曲线的系统介绍，包括定义、作用和绘制方法，参见第 1 章 1.2.2 中“滴定曲线”条目。滴定曲线定量计算功能的详细介绍，参见本章第 6 节。

3.3.1 绘制酸碱滴定曲线

下面以两个滴定体系为例，介绍V-pH 曲线的绘制方法。

1. 强碱对强酸的滴定曲线

以 0.10 mol·L^{-1} NaOH 溶液滴定 20.00 mL 同浓度 HCl 溶液，试绘制V-pH 曲线。

设加入V mL 滴定剂，此时平衡体系的体积为$(V + 20.00)$ mL，相关物质的分析浓度为：$c_{HCl} = \frac{2.0}{V+20.00}$、$c_{NaOH} = \frac{0.10V}{V+20.00}$。

绘制滴定曲线，需要建立$[H^+]$与V之间的函数关系。为此，列出平衡体系的 CBE：

$$[H^+]+[Na^+]=[Cl^-]+[OH^-]$$

代入相应浓度，得到：

$$[H^+]+\frac{0.10V}{V+20.00}=\frac{2.0}{V+20.00}+\frac{K_w}{[H^+]}$$

令$b=[H^+]-\frac{K_w}{[H^+]}$，将上式整理成关于$V$的代数式：

$$V=\frac{2.0-20.00b}{0.10+b}$$

通过以上反函数产生一系列(V, pH)数据点，具体步骤是“指定 pH → 计算$[H^+]$ → 代入到反函数计算V”；连接这些数据点，得到滴定曲线，如图 3.4 中实线所示。

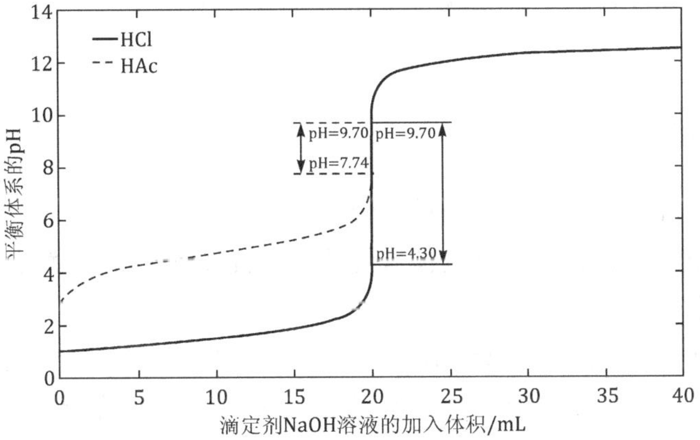

图 3.4 0.10 mol·L-1 NaOH 溶液分别滴定 20.00 mL 同浓度 HCl 和 HAc 溶液的滴定曲线以及滴定突跃

基于 Matlab 的绘制程序见附录程序 6.2，程序取了大量(V, pH)数据点，以提高曲线精度；通过查找$V=19.98$ mL 和$V=20.02$ mL 分别对应的 pH，获得滴定突跃，见图 3.4。

2. 强碱对弱酸的滴定曲线

滴定剂同上例，被测物是 20.00 mL 0.10 mol·L-1 HAc 溶液，试绘制V-pH 曲线。

设加入V mL 滴定剂，此时平衡体系的体积为$(V+20.00)$ mL，相关物质的分析浓度为：$c_{HAc}=\frac{2.0}{V+20.00}$、$c_{NaOH}=\frac{0.10V}{V+20.00}$。平衡体系的 CBE 如下：

$$[H^+]+[Na^+]=[Ac^-]+[OH^-]$$

通过分布分数将$[Ac^-]$表示为关于$[H^+]$的代数式，得到：

$$[H^+]+\frac{0.10V}{V+20.00}=\frac{K_a}{[H^+]+K_a}\frac{2.0}{V+20.00}+\frac{K_w}{[H^+]}$$

令$a=\frac{K_a}{[H^+]+K_a}$，$b=[H^+]-\frac{K_w}{[H^+]}$，将上式整理成关于$V$的代数式：

$$V=\frac{2.0a-20.00b}{0.10+b}$$

仍然通过“指定 pH → 计算$[H^+]$ → 代入到反函数计算V”的方式获得(V, pH)数据点，然后绘制滴定曲线，结果见图 3.4 中的虚线。基于 Matlab 的绘制程序见附录程序 6.2，通过查找$V=19.98$ mL 和$V=20.02$ mL 分别对应的 pH，获得滴定突跃，见图 3.4。

上述两例表明，反函数$V = g([H^+])$能够简单、快速地产生大量(V, pH)数据点，且易于编程，从而实现高精度滴定曲线的绘制。反函数绘制滴定曲线时，自变量V的取值无法预先设定，所以 pH 范围尽量大一些，然后在绘制程序中保留所需的V值即可，具体操作参见附录程序 6.2 或者本章第 6 节中的程序。

3.3.2　滴定曲线特征与体系酸碱性质的关系

滴定曲线是平衡体系酸碱性质的形象化表示，包含丰富信息，有的信息比较直观，有的不那么一目了然，需要进一步挖掘。挖掘不仅能够获得更多信息，过程也富于乐趣。滴定曲线的特征无论直观与否，都可以从平衡体系的酸碱性质得到解释。下面以图 3.4 为例进行说明。

1. 滴定曲线中的直观信息

图 3.4 中的两条滴定曲线从起点开始缓慢上升，后来突然跃升，最后又趋于平缓上升。这些变化是因为随着滴定的进行，平衡体系经历了酸性逐渐减弱，然后从酸性到中性，最后碱性逐渐增强的过程。

化学计量点之前，实线比虚线低，这是因为 HCl 溶液的酸度高于同浓度 HAc 溶液。化学计量点之后，两条滴定曲线几乎重合，因为此时平衡体系 pH 几乎完全由滴定剂 NaOH 控制①。

2. 滴定曲线中的非直观信息

检查图 3.4 中实线的特征，发现滴定初期，如滴定剂加入体积在 4 mL 以内，曲线相当平坦，随着滴定的继续，曲线变得陡峭。结合表 3.2 中的数据，可知化学计量点之前 pH 增幅的特征：滴定初期最小，后来逐渐加大。

表 3.2　NaOH 分别滴定 HCl 和 HAc 时平衡体系的 pH 以及变化情况

滴定剂加入体积/mL	平衡体系 pH 以及 pH 增量			
	滴定 HCl	pH 增量	滴定 HAc	pH 增量
0.00	1.00	—	2.88	—
2.00	1.09	0.09	3.80	0.92
4.00	1.18	0.09	4.15	0.35
6.00	1.27	0.09	4.38	0.23
8.00	1.37	0.10	4.57	0.19
10.00	1.48	0.11	4.75	0.18

① NaOH 滴定 HAc 时，化学计量点后的 pH 由 NaAc 和 NaOH 共同控制。因此，图 3.4 中化学计量点之后的虚线比实线略高一些。例如，加入滴定剂 20.02 mL 后，两个体系的 pH 分别是 9.7035 和 9.6988。但是弱碱 NaAc 对$[OH^-]$的贡献非常有限，尤其是在继续加入 NaOH 的情况下，如加入 20.30 mL 后，两个体系的 pH 已无区别，均为 10.8718。

续表

滴定剂加入体积/mL	平衡体系 pH 以及 pH 增量			
	滴定 HCl	pH 增量	滴定 HAc	pH 增量
12.00	1.60	0.12	4.92	0.17
14.00	1.75	0.15	5.11	0.19
16.00	1.95	0.20	5.35	0.24
18.00	2.28	0.33	5.70	0.35

检查图 3.4 中虚线的特征，发现滴定初期，如滴定剂加入体积在 2 mL 以内，曲线相对陡峭，随着滴定的继续，曲线趋于平坦。结合表 3.2 中的数据，可知化学计量点之前 pH 增幅的特征：滴定初期很大，然后变小，并且在滴定剂加入 10.00 mL 时达到最小，后来又逐渐加大。

上述曲线特征都可以从平衡体系的酸碱性质得到解释。

盐酸属于强酸，具有缓冲作用；浓度越大，缓冲作用越强。所以，体系在滴定前具有最大缓冲作用，pH 受外加强碱的影响最小，滴定曲线因而最为平坦。随着滴定的继续，强酸被消耗，浓度降低，缓冲作用逐渐减弱，外加强碱对 pH 的影响逐渐增大，滴定曲线因而变得陡峭。

HAc 属于弱酸，抵抗外加强碱的作用相对有限，所以滴定初期 pH 发生显著变化，滴定曲线因而显得陡峭。随着滴定的继续，NaAc 逐渐生成，与剩余 HAc 组成缓冲体系，有效降低了外加强碱对其 pH 的影响。加入 10.00 mL 滴定剂后，平衡体系中 NaAc 和 HAc 的分析浓度相等，缓冲作用达到最强，pH 变化因此最小(参考 3.2.4 中关于缓冲容量的介绍)。

无论是强酸缓冲溶液，还是弱酸-共轭碱缓冲溶液，在继续加入强碱的情况下，最终都会失去缓冲作用，导致 pH 发生显著改变，所以滴定曲线在化学计量点附近出现突跃。

化学计量点后，酸碱反应已经结束；继续滴定，相当于 NaOH 溶液的稀释，所以 pH 急剧增大。但是，pH 增幅很快变缓，如 23 mL 后的滴定曲线相当平坦，这仍然是由于缓冲作用，加入的大量强碱形成缓冲溶液。

滴定曲线在化学计量点附近急剧变化，变化最大的点是一阶导数最大(或者二阶导数为零)的点，此处曲线最为陡峭。这个最陡峭的点与化学计量点通常不重合，但是非常接近。对于通过仪器确定终点的滴定分析，如电势滴定或光度滴定，通常将滴定曲线上一阶导数最大(或者二阶导数为零)的点作为滴定终点。

3.3.3 V-[H$^+$]曲线

上面介绍的酸碱滴定曲线都是V-pH 曲线，读者也许有疑问：纵坐标为什么是 pH？酸碱滴定曲线能否是V-[H$^+$]曲线？

图 3.5 是上例中 NaOH 滴定 HCl 时的V-[H$^+$]曲线，其中的信息与图 3.4 中实线所包含的信息完全相同。但是，化学计量点前后平衡体系[H$^+$]的变化太大，可达几个数量级。线性坐标系不能清晰地显示出数量级差异，所以，酸碱滴定曲线是线性坐标系中的V-pH 曲线，或者对数坐标系(x-lg$y$)中的V-[H$^+$]曲线。

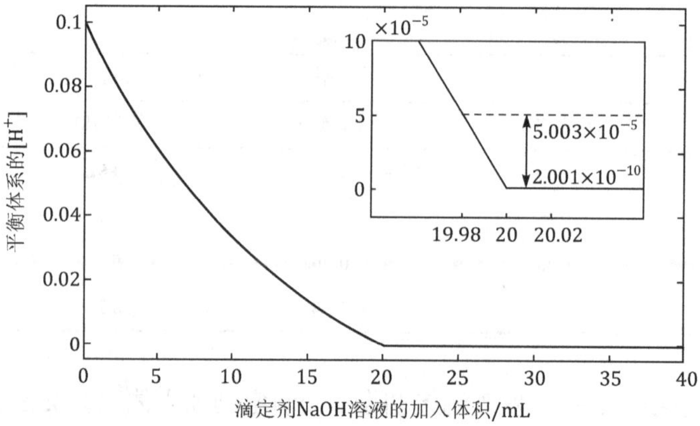

图 3.5　强碱 NaOH 滴定强酸 HCl 时，平衡体系$[H^+]$与滴定剂加入体积的关系

图中放大部分显示滴定突跃时平衡体系$[H^+]$

3.3.4　滴定突跃及其影响因素

酸碱滴定突跃是滴定剂加入体积分别为 $0.999V_{sp}$和 $1.001V_{sp}$时，平衡体系 pH 的改变。可见，确定滴定突跃端点就是计算 pH，通过信息栏 3.2 中的计算步骤即可完成。此外，通过程序绘制滴定曲线时，查找 $0.999V_{sp}$和 $1.001V_{sp}$分别对应的 pH，也可以方便地获得滴定突跃。这实际上是高精度滴定曲线的一个重要应用，具体操作参见本章第 6 节。

滴定突跃受酸碱组分浓度和离解(水解)平衡常数的影响。定性地看，浓度越高、平衡常数越大，滴定突跃就越大。定量研究并不困难，然而酸碱滴定类型众多，滴定突跃端点没有统一的计算式，下面介绍两个特例。

考虑一元强碱 NaOH(浓度c_1)滴定一元强酸(浓度c_0，体积V_0)的情形。易知，化学计量点时加入滴定剂的体积$V_{sp}=\frac{c_0V_0}{c_1}$。当滴定剂加入 $0.999V_{sp}$，即在滴定突跃的下端点，强酸有剩余，体系$[H^+]$近似等于：

$$[H^+]=\frac{c_0V_0-c_1 0.999V_{sp}}{0.999V_{sp}+V_0}=\frac{0.001c_0V_0}{0.999V_{sp}+V_0}\approx\frac{0.001c_0V_0}{V_{sp}+V_0}=0.001c_{0,sp}$$

式中，$c_{0,sp}$表示强酸在化学计量点的分析浓度。所以，滴定突跃下端点为$pH=3-\lg c_{0,sp}$。当滴定剂加入 $1.001V_{sp}$，即在滴定突跃的上端点，强碱过量，体系$[OH^-]$近似等于：

$$[OH^-]=\frac{c_1 1.001V_{sp}-c_0V_0}{1.001V_{sp}+V_0}=\frac{0.001c_0V_0}{1.001V_{sp}+V_0}\approx\frac{0.001c_0V_0}{V_{sp}+V_0}=0.001c_{0,sp}$$

所以，滴定突跃上端点为$pH=11+\lg c_{0,sp}$。

考虑一元强碱 NaOH(浓度c_1)滴定一元弱酸 HB(浓度c_0，体积V_0)的情形。易知，化学计量点时加入滴定剂的体积$V_{sp}=\frac{c_0V_0}{c_1}$。当滴定剂加入 $0.999V_{sp}$，即在滴定突跃的下端点，剩余的 HB 和生成的 NaB 组成缓冲体系，二者的分析浓度分别为：

$$c_{HB}=\frac{c_0V_0-c_1 0.999V_{sp}}{0.999V_{sp}+V_0}=\frac{0.001c_0V_0}{0.999V_{sp}+V_0},\quad c_{NaB}=\frac{c_1 0.999V_{sp}}{0.999V_{sp}+V_0}=\frac{0.999c_0V_0}{0.999V_{sp}+V_0}$$

通过缓冲溶液 pH 计算式得到$pH=pK_a+\lg\frac{c_{NaB}}{c_{HB}}\approx pK_a+3$，这是滴定突跃的下端点。当滴定剂加入$1.001V_{sp}$，即在滴定突跃的上端点，平衡体系是强碱(过量的 NaOH)和弱碱(生成的 NaB)

的混合，如果忽略 NaB，那么体系$[OH^-]$近似等于：

$$[OH^-]=\frac{c_1 1.001V_{sp}-c_0V_0}{1.001V_{sp}+V_0}=\frac{0.001c_0V_0}{1.001V_{sp}+V_0}\approx\frac{0.001c_0V_0}{V_{sp}+V_0}=0.001c_{0,sp}$$

式中，$c_{0,sp}$表示弱酸在化学计量点的分析浓度。所以，滴定突跃上端点为$pH=11+\lg c_{0,sp}$。

通过突跃端点的计算式，可以推测滴定曲线的大致形状。一元强碱滴定一元强酸时，化学计量点前后的滴定曲线都取决于强酸浓度，且随浓度增大分别向下、向上扩张。一元强碱滴定一元弱酸时，化学计量点前的滴定曲线主要取决于弱酸的离解常数，且随常数增大而向下扩张；化学计量点后的滴定曲线主要取决于弱酸浓度，且随浓度增大而向上扩张。

3.4 酸碱滴定终点误差

由于滴定终点 ep 与化学计量点 sp 不一致，滴定剂的实际加入体积(以V_{ep}表示)异于理想值(以V_{sp}表示)，由此导致的误差称为终点误差，以E_t表示，数值上等于V_{ep}对V_{sp}的相对误差。终点误差特指指示剂引入的误差。关于终点误差的系统介绍，参见第 1 章 1.2.2 中的“终点误差”条目。

3.4.1 酸碱指示剂

酸碱指示剂(acid-base indicator)是一类特殊物质，在不同 pH 下能够呈现不同颜色，因此用于滴定终点的目测判断。

酸碱指示剂通常为有机弱酸或者有机弱碱，其酸式型体与碱式型体由于结构相异而呈现不同颜色。以 HIn 和In^-分别表示酸式型体和碱式型体，那么溶液中存在如下平衡：

$$HIn \rightleftharpoons H^+ + In^- \qquad K_{HIn}=\frac{[H^+][In^-]}{[HIn]}$$

可见酸式型体与碱式型体的相对含量受 pH 影响，所以显示出与 pH 相关的颜色。例如，甲基橙的酸式型体和碱式型体分别为红色和黄色，因此，酸性溶液($pH<3$)中呈红色，中性或碱性溶液中呈黄色，弱酸性溶液($3<pH<5$)中呈橙色。

如果指示剂的两种型体都有颜色，称为双色指示剂，例如甲基橙(酸式红色，碱式黄色)。如果只有一种型体有颜色，则称为单色指示剂，例如酚酞(酸式无色，碱式红色)。

为了及时反映滴定中pH的改变，要求指示剂的酸式型体与碱式型体能够迅速达到平衡，即酸碱指示剂应该具有良好的可逆性。

1. 指示剂变色范围

对于双色指示剂，一般认为：当$[HIn]>10[In^-]$，溶液呈酸式型体的颜色；当$[In^-]>10[HIn]$，溶液呈碱式型体的颜色；当$0.1[In^-]<[HIn]<10[In^-]$ (即$0.1[HIn]<[In^-]<10[HIn]$)，溶液呈两种型体的混合色。

可见，人眼对双色指示剂的颜色感知取决于$\frac{[HIn]}{[In^-]}$。此外，人眼对颜色改变比对颜色深浅更加敏感，所以，只有在$0.1 < \frac{[HIn]}{[In^-]} < 10$范围内，双色指示剂的颜色变化才适合目测判断，相应的 pH 范围是$pK_{HIn} - 1 < pH < pK_{HIn} + 1$。$pK_{HIn} \pm 1$称为双色指示剂的理论变色范围。

双色指示剂的实际变色范围因人而异，而且受到人眼生物特性的影响。以甲基橙为例，$pK_{HIn} = 3.4$，但是人眼对红色比对黄色更加敏感，所以实际变色范围是 3.1~4.4。

对于单色指示剂，人眼感知的颜色变化取决于有色型体(HIn 或者In^-)的浓度，其变色范围与指示剂的K_{HIn}和浓度有关，通常根据经验确定。

各种酸碱指示剂的K_{HIn}、变色范围和配制方法可以参阅相关化学手册。

2. 指示剂使用注意事项

指示剂用量要适中，颜色过浅或者太深都不利于终点判断；过多的指示剂还要消耗滴定剂，增大分析误差 (参见例 3.24)。

双色指示剂的变色范围与指示剂浓度无关，至少理论上如此。单色指示剂却不是这样。

对于碱式型体有颜色的单色指示剂 HIn，$[In^-] = \frac{K_a}{[H^+]+K_a}c$表明：溶液 pH 低于其变色点时，$[H^+]$太大致使$[In^-]$低于能够显色的临界值；此时如果增加指示剂用量(即$c$增大)，那么$[In^-]$仍会增大，就可能显色。所以，对于碱式型体有颜色的单色指示剂，增加指示剂用量导致变色点移向低 pH。例如，在 50~100 mL 溶液中加入 2~3 滴酚酞(0.1%)，变色点为$pH \approx 9$；同样条件下加入 10~15 滴，变色点为$pH \approx 8$。

通过类似分析可以得出结论：对于酸式型体有颜色的单色指示剂，增加指示剂用量导致变色点移向高 pH。

酸碱指示剂的变色范围还受温度、溶剂和离子强度的影响，原因是这些因素会影响指示剂的离解平衡常数。

3. 混合指示剂

酸碱指示剂的实际变色范围一般都较宽，有些过渡色难以准确辨识。为了获得较窄的变色范围，提高变色的敏锐程度，人们制备了混合指示剂。

一类混合指示剂由两种离解常数比较接近的指示剂混合而成，而且使酸式型体的混合色与碱式型体的混合色互补。互补色的混合呈现灰色，颜色突变十分敏锐。

例如，溴甲酚绿($pK_{HIn} = 4.9$)与甲基红($pK_{HIn} = 5.2$)按照体积比 3:1 组成混合指示剂。二者酸式型体的混合色为橙色($黄色_{溴甲酚绿} + 红色_{甲基红}$)，碱式型体的混合色为绿色($蓝色_{溴甲酚绿} + 黄色_{甲基红}$)。在$pH = 5.1$，橙色与绿色互补，呈现灰色，变色相当敏锐。

另一类混合指示剂由一种酸碱指示剂与酸碱惰性染料混合而成，也是利用颜色互补原理，使颜色突变呈现灰色。

例如，甲基橙($pK_{HIn} = 3.4$)与靛蓝二磺酸钠(酸碱惰性)按照体积比 1:1 组成混合指示剂。酸式色为紫色($红色_{甲基橙} + 蓝色_{靛蓝二磺酸钠}$)，碱式色为绿色($黄色_{甲基橙} + 蓝色_{靛蓝二磺酸钠}$)。在$pH = 4.1$，紫色与绿色互补，呈现浅灰色，变色相当敏锐。

3.4.2 酸碱滴定终点误差的计算

酸碱滴定终点误差可以通过终点误差的体积定义式计算。这种方式具有明显的优点，包括公式通用、记忆负担轻、数值运算简单。定义式如下：

$$E_t = \frac{V_{ep} - V_{sp}}{V_{sp}} \times 100\%$$

式中，V_{ep}和V_{sp}分别表示终点和化学计量点时加入滴定剂的体积。体积定义式的系统性说明参见第 1 章 1.2.2 中的“终点误差”条目。

计算终点误差E_t时，滴定剂和被测物的浓度设为已知①，所以计算关键在于V_{ep}。V_{ep}是在指示剂变色点$[H^+]_{ep}$加入滴定剂的体积，从已知的$[H^+]_{ep}$计算V_{ep}时需要一个包含这两个量的等式，该等式从滴定体系的电荷平衡式导出。

以上是理论分析，具体计算步骤参见信息栏 3.4。这些步骤是“化学平衡定量解析的理论框架”在终点误差计算中的体现(参见第 1 章 1.2.2 中相应条目)。

信息栏 3.4 **酸碱滴定终点误差计算步骤**

(1) 分别用V_{ep}和V_{sp}表示滴定终点和化学计量点时加入滴定剂的体积，并令$R = \frac{V_{ep}}{V_{sp}}$。根据反应物浓度和滴定反应的计量关系，以$V_{sp}$表示出被测物溶液的体积。

(2) 以V_{ep}和V_{sp}表示出终点时溶液的总体积，并将相关物质的分析浓度表示为关于R的代数式。

(3) 列出终点时的 CBE，通过分布分数将之整理为包含$[H^+]_{ep}$和R的代数式。

(4) 将$[H^+]_{ep}$代入上式，计算出R。将R代入$E_t = (R-1) \times 100\%$，计算出终点误差。

方法实质：将终点时的 CBE 转化为含$[H^+]_{ep}$和R的等式，代入已知条件$[H^+]_{ep}$后计算R。

例 3.20 **滴定一元酸的终点误差；低难度**

以 0.010 $mol \cdot L^{-1}$ NaOH 溶液滴定同浓度一元弱酸 HB 溶液，$[H^+]_{ep} = 1.2 \times 10^{-7}\ mol \cdot L^{-1}$。计算终点误差。($K_a = 1.308 \times 10^{-5}$)

解 分别用V_{ep}和V_{sp}表示滴定终点和化学计量点时加入 NaOH 溶液的体积，并令$R = \frac{V_{ep}}{V_{sp}}$。根据反应物浓度和滴定反应的计量关系，易知被测物溶液的体积等于V_{sp}。

终点时溶液的总体积等于$(V_{ep} + V_{sp})$，相关物质的分析浓度为：$c_{HB,ep} = \frac{0.010V_{sp}}{V_{ep}+V_{sp}} = \frac{0.010}{R+1}$、$c_{NaOH,ep} = \frac{0.010V_{ep}}{V_{ep}+V_{sp}} = \frac{0.010R}{R+1}$。

终点时体系的 CBE 如下：

$$[H^+]_{ep} + [Na^+]_{ep} = [B^-]_{ep} + [OH^-]_{ep}$$

通过分布分数将$[B^-]_{ep}$表示为关于$[H^+]_{ep}$的代数式，得到：

① 读者也许有疑问：被测物的浓度既然已知，何必再计算终点误差？其实，这个浓度只是近似值，用于研究指示剂的适用性；如果相应的终点误差在允许范围内，那么该指示剂可用于滴定浓度相近的被测物。

$$[H^+]_{ep}+\frac{0.010R}{R+1}=\frac{K_a}{[H^+]_{ep}+K_a}\frac{0.010}{R+1}+[OH^-]_{ep}$$

令$a=\frac{K_a}{[H^+]_{ep}+K_a}$，$b=[H^+]_{ep}-\frac{K_w}{[H^+]_{ep}}$，那么容易推导出$R$的计算式：

$$R=\frac{0.010a-b}{b+0.010}$$

代入$[H^+]_{ep}=1.2\times10^{-7}\ mol\cdot L^{-1}$，计算出$R=0.990902$，最终得到$E_t=(R-1)\times100\%=-0.91\%$。

例 3.21　　**滴定多元酸的终点误差；与例 3.22 对比；低难度**

以 0.10 mol · L⁻¹ NaOH 溶液滴定同浓度 H_3PO_4 溶液，滴定 H_3PO_4 第一级离解的H^+，甲基橙为指示剂，$pH_{ep}=4.40$。计算终点误差。($K_{a_1}=7.6\times10^{-3}$，$K_{a_2}=6.3\times10^{-8}$，$K_{a_3}=4.4\times10^{-13}$)

解　分别用V_{ep}和V_{sp}表示滴定终点和化学计量点时加入 NaOH 溶液的体积，并令$R=\frac{V_{ep}}{V_{sp}}$。根据反应物浓度和滴定反应的计量关系，易知被测物溶液的体积等于V_{sp}。

终点时溶液的总体积等于$(V_{ep}+V_{sp})$，相关物质的分析浓度为：$c_{H_3PO_4,ep}=\frac{0.10V_{sp}}{V_{ep}+V_{sp}}=\frac{0.10}{R+1}$、$c_{NaOH,ep}=\frac{0.10V_{ep}}{V_{ep}+V_{sp}}=\frac{0.10R}{R+1}$。

终点时体系的 CBE 如下：

$$[H^+]_{ep}+[Na^+]_{ep}=[H_2PO_4^-]_{ep}+2[HPO_4^{2-}]_{ep}+3[PO_4^{3-}]_{ep}+[OH^-]_{ep}$$

通过分布分数将$[H_2PO_4^-]_{ep}$、$[HPO_4^{2-}]_{ep}$和$[PO_4^{3-}]_{ep}$表示为关于$[H^+]_{ep}$的代数式，得到：

$$[H^+]_{ep}+\frac{0.10R}{R+1}=\frac{K_{a_1}[H^+]_{ep}^2+2K_{a_1}K_{a_2}[H^+]_{ep}+3K_{a_1}K_{a_2}K_{a_3}}{[H^+]_{ep}^3+K_{a_1}[H^+]_{ep}^2+K_{a_1}K_{a_2}[H^+]_{ep}+K_{a_1}K_{a_2}K_{a_3}}\frac{0.10}{R+1}+[OH^-]_{ep}$$

令$a=\frac{K_{a_1}[H^+]_{ep}^2+2K_{a_1}K_{a_2}[H^+]_{ep}+3K_{a_1}K_{a_2}K_{a_3}}{[H^+]_{ep}^3+K_{a_1}[H^+]_{ep}^2+K_{a_1}K_{a_2}[H^+]_{ep}+K_{a_1}K_{a_2}K_{a_3}}$，$b=[H^+]_{ep}-\frac{K_w}{[H^+]_{ep}}$，那么容易推导出$R$的计算式：

$$R=\frac{0.10a-b}{b+0.10}$$

代入$[H^+]_{ep}=10^{-4.40}\ mol\cdot L^{-1}$，计算出$R=0.9956$，最终得到$E_t=(R-1)\times100\%=-0.44\%$。

例 3.22　　**滴定多元酸的终点误差；与例 3.21 对比；低难度**

滴定剂和被测物同例 3.21，欲滴定 H_3PO_4 前两级离解的H^+，百里酚酞为指示剂，$pH_{ep}=10.00$。计算终点误差。

解　分别用V_{ep}和V_{sp}表示滴定终点和化学计量点时加入 NaOH 溶液的体积，并令$R=\frac{V_{ep}}{V_{sp}}$。由于要滴定 H_3PO_4 前两级离解的H^+，根据反应物浓度和滴定反应的计量关系，易知被测物溶液的体积等于$0.5V_{sp}$。

终点时溶液的总体积等于$(V_{ep}+0.5V_{sp})$，相关物质的分析浓度为：$c_{H_3PO_4,ep}=\frac{0.10\times0.5V_{sp}}{V_{ep}+0.5V_{sp}}=\frac{0.050}{R+0.5}$、$c_{NaOH,ep}=\frac{0.10V_{ep}}{V_{ep}+0.5V_{sp}}=\frac{0.10R}{R+0.5}$。

与例 3.21 的求解相同，从 CBE 推导出下式：

$$[H^+]_{ep}+\frac{0.10R}{R+0.5}=\frac{K_{a_1}[H^+]_{ep}^2+2K_{a_1}K_{a_2}[H^+]_{ep}+3K_{a_1}K_{a_2}K_{a_3}}{[H^+]_{ep}^3+K_{a_1}[H^+]_{ep}^2+K_{a_1}K_{a_2}[H^+]_{ep}+K_{a_1}K_{a_2}K_{a_3}}\frac{0.050}{R+0.5}+[OH^-]_{ep}$$

令$a=\frac{K_{a_1}[H^+]_{ep}^2+2K_{a_1}K_{a_2}[H^+]_{ep}+3K_{a_1}K_{a_2}K_{a_3}}{[H^+]_{ep}^3+K_{a_1}[H^+]_{ep}^2+K_{a_1}K_{a_2}[H^+]_{ep}+K_{a_1}K_{a_2}K_{a_3}}$，$b=[H^+]_{ep}-\frac{K_w}{[H^+]_{ep}}$，那么容易推导出$R$的计算式：

$$R=\frac{0.050a-0.5b}{b+0.10}$$

代入$[H^+]_{ep}=10^{-10.00}\ mol\cdot L^{-1}$，计算出$R=1.0029$，最终得到$E_t=(R-1)\times100\%=0.29\%$。

例 3.21 和例 3.22 实质上相同，然而在传统的基于公式的终点误差计算中，各自的计算公式差别很大，而且形式复杂。

例 3.23 **置换滴定的终点误差；中等难度**

滴定剂为 0.10 mol·L^{-1} NaOH 溶液，被测物为 20.00 mL 同浓度 NH_4Cl 溶液。向待测溶液加入 20.00 mL 过量 HCHO，将NH_4^+转化为酸性更强的质子化六亚甲基四胺$(CH_2)_6N_4H^+$。$pH_{ep} = 8.00$，计算终点误差。[$(CH_2)_6N_4$：$K_b = 1.4\times10^{-9}$]

解 本题是置换滴定的终点误差，滴定前的置换反应为：

$$4NH_4Cl + 6HCHO = (CH_2)_6N_4HCl + 3HCl + 6H_2O$$

置换反应后，被测物溶液的体积为 40.00 mL，其中酸性物质$(CH_2)_6N_4HCl$和 HCl 的量分别为 0.50 mmol 和 1.5 mmol。根据滴定反应的计量关系，易知化学计量点时加入滴定剂的体积$V_{sp} = 20.00$ mL。

用V_{ep}表示终点时加入滴定剂的体积，那么终点时溶液的总体积等于$(V_{ep} + 40.00)$ mL，相关物质的分析浓度为：$c_{(CH_2)_6N_4HCl,ep} = \frac{0.50}{V_{ep}+40.00}$、$c_{Cl^-,ep} = \frac{2.0}{V_{ep}+40.00}$、$c_{NaOH,ep} = \frac{0.10V_{ep}}{V_{ep}+40.00}$。

终点时体系的 CBE 如下：

$$[H^+]_{ep} + [Na^+]_{ep} + [(CH_2)_6N_4H^+]_{ep} = [Cl^-]_{ep} + [OH^-]_{ep}$$

通过分布分数将$[(CH_2)_6N_4H^+]_{ep}$表示为关于$[H^+]_{ep}$的代数式，得到：

$$[H^+]_{ep} + \frac{0.10V_{ep}}{V_{ep}+40.00} + \frac{[H^+]_{ep}}{[H^+]_{ep}+K_a}\frac{0.50}{V_{ep}+40.00} = \frac{2.0}{V_{ep}+40.00} + [OH^-]_{ep}$$

式中，K_a表示$(CH_2)_6N_4H^+$的离解常数。令$a = \frac{[H^+]_{ep}}{[H^+]_{ep}+K_a}$，$b = [H^+]_{ep} - \frac{K_w}{[H^+]_{ep}}$，那么容易推导出$V_{ep}$的计算式：

$$V_{ep} = \frac{2.0 - 0.50a - 40.00b}{b + 0.10}$$

代入$[H^+]_{ep} = 1.0\times10^{-8}$ mol·L^{-1}，计算出$V_{ep} = 19.9936$ mL，最终得到$E_t = \frac{V_{ep}-20.00}{20.00}\times100\% = -0.032\%$。

例 3.24 **指示剂用量与终点误差；中等难度**

以 0.10 mol·L^{-1} NaOH 溶液滴定同浓度 HCl 溶液，溴百里酚蓝为指示剂，变色点$[H^+]_{ep} = 2.5\times10^{-8}$ mol·L^{-1}。考虑指示剂对滴定剂的消耗，如果控制终点误差在±0.1%内，那么滴定前指示剂的浓度不能超过多少？(溴百里酚蓝：$K_a = 5.0\times10^{-8}$)

解 分别用V_{ep}和V_{sp}表示滴定终点和化学计量点时加入 NaOH 溶液的体积，并令$R = \frac{V_{ep}}{V_{sp}}$。根据反应物浓度和滴定反应的计量关系，易知被测物溶液的体积等于V_{sp}。

终点时溶液的总体积等于$(V_{ep} + V_{sp})$，相关物质的分析浓度为：$c_{HCl,ep} = \frac{0.10V_{sp}}{V_{ep}+V_{sp}} = \frac{0.10}{R+1}$、$c_{NaOH,ep} = \frac{0.10V_{ep}}{V_{ep}+V_{sp}} = \frac{0.10R}{R+1}$、$c_{HIn,ep} = \frac{cV_{sp}}{V_{ep}+V_{sp}} = \frac{c}{R+1}$，其中$c$表示滴定前指示剂的浓度。

终点时体系的 CBE 如下：

$$[H^+]_{ep} + [Na^+]_{ep} = [Cl^-]_{ep} + [In^-]_{ep} + [OH^-]_{ep}$$

通过分布分数将$[In^-]_{ep}$表示为关于$[H^+]_{ep}$的代数式，得到：

$$[H^+]_{ep} + \frac{0.10R}{R+1} = \frac{0.10}{R+1} + \frac{K_a}{[H^+]_{ep} + K_a}\frac{c}{R+1} + [OH^-]_{ep}$$

令$a = \frac{K_a}{[H^+]_{ep}+K_a}$，$b = [H^+]_{ep} - \frac{K_w}{[H^+]_{ep}}$，那么容易推导出$R$的计算式：

$$R = \frac{ac + 0.10 - b}{b + 0.10}$$

欲控制终点误差在±0.1%内，那么$0.999 \leqslant R \leqslant 1.001$。将上式代入不等式，计算出$c$的范围为$-1.5\times10^{-4} \leqslant c \leqslant 1.5\times10^{-4}$ mol·L^{-1}。所以，滴定前溴百里酚蓝的浓度不能超过 1.5×10^{-4} mol·L^{-1}，否则指示剂会显著消耗滴定剂，致使终点误差超出允许范围。

本例从定量角度说明不可过量使用指示剂。当然，指示剂用量也不能太小，有研究表明：如果滴定前溴百里酚蓝的浓度低于 10^{-5} mol·L^{-1}，终点颜色变化难以观测(李莲云 等, 2015)。

3.5 准确滴定判别

目测颜色变化存在不确定性，因此，即使使用在化学计量点变色的理想指示剂，滴定终点也可能偏离化学计量点，判断相应误差是否在允许范围就是准确滴定判别。关于准确滴定判别的系统介绍，参见第 1 章 1.2.2 中的“准确滴定判别”条目。

酸碱滴定中，目测的不确定性导致pH_{ep}偏离pH_{sp} 0.2单位。计算$pH_{ep} = pH_{sp} \pm 0.2$对应的终点误差，然后判断是否超出允许范围±0.1%。这种方法称为“终点误差法”，计算流程如图 3.6(a)所示，步骤见信息栏 3.5。“终点误差法”容易理解，但是涉及两种不同的计算——计算pH_{sp}和V_{ep}(以计算终点误差)，效率低于下面的“滴定突跃法”。

准确滴定判别中的误差允许范围一般是±0.1%，对应的 pH 变化就是滴定突跃(参见第 1 章 1.2.2 中的“滴定突跃”条目)。如果滴定突跃大于 0.4 单位，那么$pH_{ep} = pH_{sp} \pm 0.2$对应的终点误差在±0.1%之内，即可以准确滴定。这种方法称为“滴定突跃法”，计算流程如图 3.6(b)所示，步骤见信息栏 3.6。“滴定突跃法”只涉及一种计算，所以效率更高。

从定性角度看，如果被测物的酸/碱性不够强，或者浓度不太高，就可能无法准确滴定。

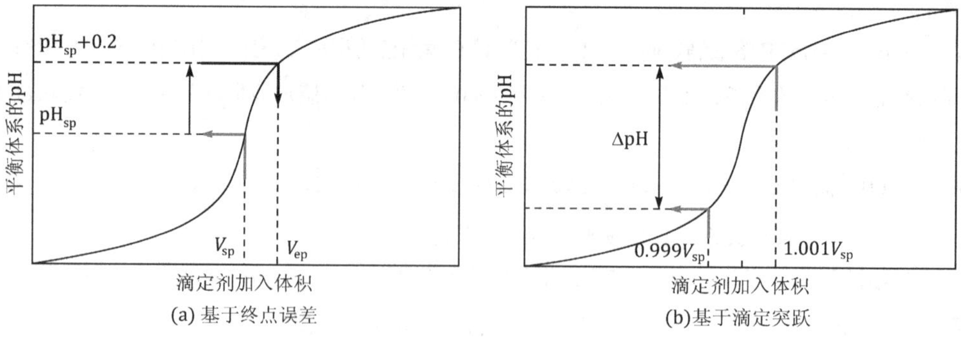

图 3.6 准确滴定判别流程

灰色粗线箭头表示从滴定体积计算 pH，黑色粗线箭头表示从 pH 计算滴定体积，黑色细线箭头表示简单加减运算；

V_{ep}和V_{sp}分别表示终点和化学计量点时加入滴定剂的体积

信息栏 3.5 **“终点误差法”的准确滴定判别步骤**

(1) 计算$[H^+]_{sp}$(使用信息栏 3.2 中的方法)。

(2) 计算$[H^+]_{ep} = [H^+]_{sp}10^{0.2}$(或者$[H^+]_{ep} = [H^+]_{sp}10^{-0.2}$)。

(3) 计算$[H^+]_{ep}$对应的终点误差(使用信息栏 3.4 中的方法)，并判断是否在允许范围±0.1%内。

信息栏 3.6 **“滴定突跃法”的准确滴定判别步骤**

(1) 分别用V和V_{sp}表示某一滴定时刻和化学计量点时加入滴定剂的体积，并令$R = \frac{V}{V_{sp}}$。根据反应物浓度和滴定反应的计量关系，以V_{sp}表示出被测物溶液的体积。

(2) 列出 CBE，通过分布分数将之整理为包含$[H^+]$和R的代数式。

(3) 将$R = 0.999$和$R = 1.001$分别代入上式，求解相应方程获得$[H^+]_{R=0.999}$和$[H^+]_{R=1.001}$，然后计算突跃$\Delta pH = |pH_{R=0.999} - pH_{R=1.001}|$，最后判断$\Delta pH$是否小于 0.4。

目测不确定性和允许误差是准确滴定判别的两个参数，通常取值 0.2 和±0.1%，有时也取其他值，例如目测不确定性 0.3、允许误差±0.2%。对于这种情况，信息栏 3.5 的步骤不变，将第(2)步中 $10^{0.2}$ 改为 $10^{0.3}$，第(3)步中±0.1%改为±0.2%即可；信息栏 3.6 的步骤也不变，将第(3)步中$R = 0.999$和$R = 1.001$分别改为$R = 0.998$和$R = 1.002$，0.4 改为 0.6 即可。

下面通过例题解释说明准确滴定判别过程，其中例 3.25 和例 3.26 采用“终点误差法”，其余例题采用“滴定突跃法”，以资对比。

3.5.1 一元酸的准确滴定判别

例 3.25 **一元酸准确滴定判别；终点误差法；低难度**

能否准确滴定 0.10 mol·L^{-1} 弱酸 HB？($K_a = 1.8\times10^{-4}$)

解 不妨设滴定剂为同浓度 NaOH 溶液，那么 sp 时的体系相当于分析浓度为 0.050 mol·L^{-1} NaB 溶液。通过信息栏 3.2 中的方法，计算出$[H^+]_{sp} = 5.989\times10^{-9}$ mol·L^{-1}。

不涉及指示剂，目测的不确定性导致pH_{ep}偏离pH_{sp} 0.2单位，所以$[H^+]_{ep} = [H^+]_{sp}10^{0.2} = 9.492\times10^{-9}$ mol·L^{-1}(也可以按照$[H^+]_{ep} = [H^+]_{sp}10^{-0.2}$考虑)。下面计算终点误差。

分别用V_{ep}和V_{sp}表示滴定终点和化学计量点时加入 NaOH 溶液的体积，并令$R = \frac{V_{ep}}{V_{sp}}$。根据反应物浓度和滴定反应的计量关系，易知被测物溶液的体积等于V_{sp}。

终点时溶液的总体积等于$(V_{ep} + V_{sp})$，相关物质的分析浓度为：$c_{HB,ep} = \frac{0.10V_{sp}}{V_{ep}+V_{sp}} = \frac{0.10}{R+1}$、$c_{NaOH,ep} = \frac{0.10V_{ep}}{V_{ep}+V_{sp}} = \frac{0.10R}{R+1}$。

终点时体系的 CBE 如下：

$$[H^+]_{ep} + [Na^+]_{ep} = [B^-]_{ep} + [OH^-]_{ep}$$

通过分布分数将$[B^-]_{ep}$表示为关于$[H^+]_{ep}$的代数式，得到：

$$[H^+]_{ep}+\frac{0.10R}{R+1}=\frac{K_a}{[H^+]_{ep}+K_a}\frac{0.10}{R+1}+[OH^-]_{ep}$$

代入$[H^+]_{ep}=9.492\times10^{-9}$ mol·L^{-1}，计算出$R=0.999968$，最终得到$E_t=(R-1)\times100\%=-0.0032\%$。终点误差在允许范围±0.1%内，因此可以准确滴定。

如果按照$[H^+]_{ep}=[H^+]_{sp}10^{-0.2}$计算，终点误差为 0.0032%。

做个数字实验，尝试降低被测物 HB 的浓度(滴定剂仍然是同浓度 NaOH 溶液)，看终点误差如何变化，是否仍然可以准确滴定。通过上述计算方法，得到如下结果：

c_{HB}/(mol·L^{-1})	$[H^+]_{sp}$/(mol·L^{-1})	$[H^+]_{ep}$/(mol·L^{-1})	E_t/%
0.01	1.864×10^{-8}	2.955×10^{-8}	−0.011
0.001	5.145×10^{-8}	8.155×10^{-8}	−0.037
0.0005	6.471×10^{-8}	1.026×10^{-7}	−0.059
0.0002	8.018×10^{-8}	1.271×10^{-7}	−0.12

可以发现，对于离解平衡常数不算小的弱酸，浓度过低时，终点误差会超出允许范围，不能准确滴定。

例 3.26 **一元酸准确滴定判别；终点误差法；低难度**

欲通过酸碱滴定法测定浓度约为 0.10 mol·L^{-1}的 H_3BO_3，判断可行性。($K_a=5.7\times10^{-10}$)

解 完全按照例 3.25 的解题思路。

设滴定剂为同浓度 NaOH 溶液，那么 sp 时的体系相当于分析浓度为 0.050 mol·L^{-1} $NaB(OH)_4$溶液。通过信息栏 3.2 中的方法，计算出$[H^+]_{sp}=1.078\times10^{-11}$ mol·L^{-1}。然后计算$[H^+]_{ep}=[H^+]_{sp}10^{0.2}=1.708\times10^{-11}$ mol·L^{-1}。最后通过信息栏 3.4 中的方法计算终点误差，得到$E_t=-1.8\%$，超出允许范围±0.1%，因此不能准确滴定。

H_3BO_3 的酸性非常弱，一般不能准确滴定。做个数字实验，尝试提高其浓度(滴定剂仍然是同浓度 NaOH 溶液)，看终点误差如何变化。通过上述计算方法，得到如下结果：

$c_{H_3BO_3}$/(mol·L^{-1})	$[H^+]_{sp}$/(mol·L^{-1})	$[H^+]_{ep}$/(mol·L^{-1})	E_t/%
1.0	3.386×10^{-12}	5.367×10^{-12}	−0.57
10	1.069×10^{-12}	1.694×10^{-12}	−0.18
20	7.555×10^{-13}	1.197×10^{-12}	−0.13
30	6.168×10^{-13}	9.775×10^{-13}	−0.11
35	5.710×10^{-13}	9.050×10^{-13}	−0.096

可以发现，对于离解常数较小的弱酸，提高浓度后就有可能准确滴定。现实中当然不可能将 H_3BO_3 浓度提高到 30 mol·L^{-1}以上。可以在乙二胺这种非水溶液中滴定 H_3BO_3；也可以向 H_3BO_3 水溶液加入大量甘油或者甘露醇，与硼酸根生成稳定配合物，准确滴定因此可行。

一元弱酸(弱碱)能否准确滴定取决于两个因素：离解(水解)常数和浓度。对于某些极弱的酸(碱)，可以通过特定化学反应将其转化为较强的酸(碱)，然后滴定。

3.5.2 多元酸的准确滴定判别

例 3.27 **多元酸准确滴定判别；滴定突跃法；低难度**

分析浓度为 0.10 mol·L^{-1} H_3PO_4 溶液，能否准确滴定第一级离解的H^+？($K_{a_1}=7.6\times10^{-3}$，$K_{a_2}=6.3\times10^{-8}$，$K_{a_3}=4.4\times10^{-13}$)

解 不妨设滴定剂为同浓度NaOH溶液。分别用V和V_{sp}表示某一滴定时刻和化学计量点时加入NaOH溶液的体积，并令$R=\frac{V}{V_{sp}}$。根据反应物浓度和滴定反应的计量关系，易知被测物溶液的体积等于V_{sp}。

加入V mL 滴定剂时，溶液总体积等于$(V+V_{sp})$，相关物质的分析浓度为：$c_{H_3PO_4}=\frac{0.10V_{sp}}{V+V_{sp}}=\frac{0.10}{R+1}$、$c_{NaOH}=\frac{0.10V}{V+V_{sp}}=\frac{0.10R}{R+1}$。

体系的 CBE 如下：

$$[H^+]+[Na^+]=[H_2PO_4^-]+2[HPO_4^{2-}]+3[PO_4^{3-}]+[OH^-]$$

通过分布分数将$[H_2PO_4^-]$、$[HPO_4^{2-}]$和$[PO_4^{3-}]$表示为关于$[H^+]$的代数式，整理后得到：

$$[H^+]+\frac{0.10R}{R+1}-\frac{K_{a_1}[H^+]^2+2K_{a_1}K_{a_2}[H^+]+3K_{a_1}K_{a_2}K_{a_3}}{[H^+]^3+K_{a_1}[H^+]^2+K_{a_1}K_{a_2}[H^+]+K_{a_1}K_{a_2}K_{a_3}}\frac{0.10}{R+1}-\frac{K_w}{[H^+]}=0$$

分别代入$R=0.999$和$R=1.001$，通过附录 5 软件解得$[H^+]_{R=0.999}=2.4\times10^{-5}$ mol·L^{-1} 和$[H^+]_{R=1.001}=1.7\times10^{-5}$ mol·L^{-1}。计算出滴定突跃$|pH_{R=0.999}-pH_{R=1.001}|=0.15$，滴定突跃小于 0.4，因此不能准确滴定第一级离解的H^+。

本例中 H_3PO_4 的浓度和K_{a_1}都不算小，如果是一元酸，无疑可以准确滴定(参见例 3.25 中小得令人惊讶的误差)，然而 H_3PO_4 是多元酸，第二级和第三级离解的H^+会影响第一级离解的H^+的滴定。H_3PO_4 的K_{a_3}足够小，影响可以忽略(上述计算中如果将K_{a_3}置零，滴定突跃不变)，K_{a_2}不够小，导致滴定突跃小于 0.4。

做个数字实验，将K_{a_2}减小为原来的$\frac{1}{9}$，再进行判别，发现可以准确滴定(滴定突跃 0.41)；如果K_{a_2}不变，即使将K_{a_1}增大到原来的 100000 倍，仍不能准确滴定(滴定突跃 0.38)。所以，仅增大K_{a_1}并不能减小第二级离解的H^+对滴定的影响，这类似于滴定强酸和弱酸混合溶液，终点误差取决于弱酸干扰的大小，而不取决于强酸(正如决定木桶容积的是最短木板)。在公式化的传统课程体系中，多元酸分步滴定的判别式为$\frac{K_{a_1}}{K_{a_2}}\geqslant10^6$，可以发现，这种方式其实不严谨。

那么，能否通过提高 H_3PO_4 浓度来实现对第一级离解H^+的准确滴定？为此，再做一个数字实验，为 H_3PO_4 设定不同浓度(滴定剂仍然是同浓度 NaOH 溶液)，然后计算滴定突跃，结果如下：

$c_{H_3PO_4}$/(mol·L^{-1})	滴定突跃
0.001	0.03
0.01	0.10
1	0.16
10	0.16

可见不能将滴定突跃提高到 0.4 单位以上。

综上所述，K_{a_2}不够小，所以无法准确滴定 H_3PO_4 第一级离解的H^+。

例 3.28 **多元酸准确滴定判别；滴定突跃法；低难度**

被分析物同例题 3.27，能否准确滴定 H_3PO_4 前两级离解的 H^+？

解 仍然按照例 3.27 的解题思路，设滴定剂为同浓度 NaOH 溶液。分别用 V 和 V_{sp} 表示某一滴定时刻和化学计量点时加入 NaOH 溶液的体积，并令 $R=\frac{V}{V_{sp}}$。根据反应物浓度和滴定反应的计量关系，易知被测物溶液的体积等于 $\frac{V_{sp}}{2}$。

加入 V mL 滴定剂时，溶液总体积等于 $\left(V+\frac{V_{sp}}{2}\right)$，相关物质的分析浓度为：$c_{H_3PO_4}=\frac{0.10V_{sp}/2}{V+V_{sp}/2}=\frac{0.10}{2R+1}$、$c_{NaOH}=\frac{0.10V}{V+V_{sp}/2}=\frac{0.20R}{2R+1}$。

体系的 CBE 如下：

$$[H^+]+[Na^+]=[H_2PO_4^-]+2[HPO_4^{2-}]+3[PO_4^{3-}]+[OH^-]$$

通过分布分数将 $[H_2PO_4^-]$、$[HPO_4^{2-}]$ 和 $[PO_4^{3-}]$ 表示为关于 $[H^+]$ 的代数式，整理后得到：

$$[H^+]+\frac{0.20R}{2R+1}-\frac{K_{a_1}[H^+]^2+2K_{a_1}K_{a_2}[H^+]+3K_{a_1}K_{a_2}K_{a_3}}{[H^+]^3+K_{a_1}[H^+]^2+K_{a_1}K_{a_2}[H^+]+K_{a_1}K_{a_2}K_{a_3}}\frac{0.10}{2R+1}-\frac{K_w}{[H^+]}=0$$

分别代入 $R=0.999$ 和 $R=1.001$，通过附录 5 软件解得 $[H^+]_{R=0.999}=2.9\times10^{-10}$ mol·L^{-1} 和 $[H^+]_{R=1.001}=1.6\times10^{-10}$ mol·L^{-1}。计算出滴定突跃 $|pH_{R=0.999}-pH_{R=1.001}|=0.26$，滴定突跃小于 0.4，因此不能准确滴定前两级离解的 H^+。

通过数字实验发现：如果将 K_{a_3} 置零，那么滴定突跃为 0.38，仍然小于 0.4；如果 K_{a_3} 不变，而将 K_{a_2} 增大为原来的 3 倍，那么滴定突跃为 0.42，可以准确滴定。

那么，能否通过提高 H_3PO_4 浓度来实现前两级离解 H^+ 的准确滴定？为此，再做一个数字实验，为 H_3PO_4 设定不同浓度(滴定剂仍然是同浓度 NaOH 溶液)，然后计算滴定突跃，结果如下：

$c_{H_3PO_4}$/(mol·L^{-1})	滴定突跃
0.001	0.06
0.01	0.12
1	0.32
10	0.32

可见不能将滴定突跃提高到 0.4 单位以上。

综上所述，K_{a_2} 不够大，所以无法准确滴定 H_3PO_4 前两级离解的 H^+。

例 3.29 **多元酸准确滴定判别；滴定突跃法；低难度**

被分析物同例题 3.27，能否准确滴定 H_3PO_4 前三级离解的 H^+？

解 仍然按照例 3.27 的解题思路，设滴定剂为同浓度 NaOH 溶液。分别用 V 和 V_{sp} 表示某一滴定时刻和化学计量点时加入 NaOH 溶液的体积，并令 $R=\frac{V}{V_{sp}}$。根据反应物浓度和滴定反应的计量关系，易知被测物溶液的体积等于 $\frac{V_{sp}}{3}$。

加入 V mL 滴定剂时，溶液总体积等于 $\left(V+\frac{V_{sp}}{3}\right)$，相关物质的分析浓度为：$c_{H_3PO_4}=\frac{0.10V_{sp}/3}{V+V_{sp}/3}=\frac{0.10}{3R+1}$、$c_{NaOH}=\frac{0.10V}{V+V_{sp}/3}=\frac{0.30R}{3R+1}$。

体系的 CBE 如下：

$$[H^+]+[Na^+]=[H_2PO_4^-]+2[HPO_4^{2-}]+3[PO_4^{3-}]+[OH^-]$$

通过碱式分布分数将$[H_2PO_4^-]$、$[HPO_4^{2-}]$和$[PO_4^{3-}]$表示为关于$[OH^-]$的代数式，整理后得到：

$$\frac{K_w}{[OH^-]}+\frac{0.30R}{3R+1}-\frac{K_{b_1}K_{b_2}[OH^-]+2K_{b_1}[OH^-]^2+3[OH^-]^3}{[OH^-]^3+K_{b_1}[OH^-]^2+K_{b_1}K_{b_2}[OH^-]+K_{b_1}K_{b_2}K_{b_3}}\frac{0.10}{3R+1}-[OH^-]=0$$

分别代入$R=0.999$和$R=1.001$，通过附录 5 软件解得$[OH^-]_{R=0.999}=1.5\times10^{-2}$ mol·L^{-1}和$[OH^-]_{R=1.001}=1.5\times10^{-2}$ mol·L^{-1}。计算出滴定突跃$|pH_{R=0.999}-pH_{R=1.001}|=0$，滴定突跃小于 0.4，因此不能准确滴定前三级离解的H^+。

滴定突跃如此小是因为K_{a_3}太小。由于同样原因，无法通过酸碱滴定法直接测定 Na_2HPO_4。这种情况下，向溶液加入钙盐，$Ca_3(PO_4)_2$沉淀的生成使原本难以离解的H^+释放出来，便可准确滴定。

能否在某化学计量点准确滴定多元酸取决于三个因素：浓度、该化学计量点对应的离解常数(应该足够大)、后级离解常数(应该足够小)。上述例题中的 H_3PO_4，浓度足够大，K_{a_1}足够大，K_{a_2}却不够小，所以在第一化学计量点不能准确滴定；在第二化学计量点，K_{a_3}足够小，K_{a_2}又不够大，所以也不能准确滴定(K_{a_2}该小时不小，该大时又不大，奇值如此，实属罕见)。

类似情况也出现在 Na_3PO_4 的滴定分析。Na_3PO_4 第一级水解趋势相当大($K_{b_1}=0.023$)，然而无法准确滴定，原因是第二级水解的趋势不够小($K_{b_2}=1.6\times10^{-7}$)，显著干扰了对第一级水解OH^-的滴定。

多元酸属于复杂体系，实际分析中可以适当放宽允许误差。如果允许误差放宽到±0.2%，在例 3.28 中，以$R=0.998$和$R=1.002$计算滴定突跃，结果为 0.5，那么 H_3PO_4 前两级离解的H^+可以被准确滴定，指示剂选用酚酞或者百里酚酞。如果允许误差进一步放宽到±0.3%，在例 3.27 中，以$R=0.997$和$R=1.003$计算滴定突跃，结果为 0.4，那么 H_3PO_4 第一级离解的H^+也可以被准确滴定，指示剂选用甲基橙或者甲基红。

实际分析中，无论是 NaOH 滴定 H_3PO_4，还是 HCl 滴定 Na_3PO_4：如果使用酚酞指示剂，认为滴定产物是 Na_2HPO_4；如果使用甲基橙指示剂，认为滴定产物是 NaH_2PO_4。

3.5.3 混合酸的准确滴定判别

例 3.30 **混合酸准确滴定判别；滴定突跃法；低难度**

HCl 与 HAc 混合溶液，二者分析浓度分别为 0.10 mol·L^{-1} 和 0.50 mol·L^{-1}，能否准确滴定其中的 HCl？($K_a=1.8\times10^{-5}$)

解 滴定对象是 0.10 mol·L^{-1} HCl，不妨设滴定剂为 0.10 mol·L^{-1} NaOH 溶液。分别用V和V_{sp}表示某一滴定时刻和化学计量点时加入 NaOH 溶液的体积，并令$R=\frac{V}{V_{sp}}$。根据反应物浓度和滴定反应的计量关系，易知被测物溶液的体积等于V_{sp}。

加入V mL 滴定剂时，溶液总体积等于$(V+V_{sp})$，相关物质的分析浓度为：$c_{HCl}=\frac{0.10V_{sp}}{V+V_{sp}}=\frac{0.10}{R+1}$、$c_{HAc}=\frac{0.50V_{sp}}{V+V_{sp}}=\frac{0.50}{R+1}$、$c_{NaOH}=\frac{0.10V}{V+V_{sp}}=\frac{0.10R}{R+1}$。

体系的 CBE 如下：

$$[H^+]+[Na^+]=[Cl^-]+[Ac^-]+[OH^-]$$

通过分布分数将$[Ac^-]$表示为关于$[H^+]$的代数式，整理后得到：

$$[H^+]+\frac{0.10R}{R+1}-\frac{0.10}{R+1}-\frac{K_a}{[H^+]+K_a}\frac{0.50}{R+1}-\frac{K_w}{[H^+]}=0$$

分别代入$R=0.999$和$R=1.001$，通过附录 5 软件解得$[H^+]_{R=0.999}=2.1\times10^{-3}$ mol·L^{-1} 和$[H^+]_{R=1.001}=2.1\times10^{-3}$ mol·L^{-1}。计算出滴定突跃$|pH_{R=0.999}-pH_{R=1.001}|=0$，滴定突跃小于 0.4，因此不能准确滴定混合酸中的 HCl。

容易想到：如果减小 HAc 的干扰，则有可能准确滴定 HCl。通过数字实验，将 HAc 分析浓度降低至 0.0004 mol·L^{-1}，发现可以准确滴定(滴定突跃 0.48)；将其离解常数减小为 9×10^{-9}(分析浓度不变)，也可以准确滴定(滴定突跃 0.44)。

本例表明，对于强酸和弱酸混合溶液，除非弱酸的离解常数或者浓度足够小，否则，弱酸离解出的H^+将显著消耗滴定剂，致使无法准确滴定强酸。这种情况下，反而有可能准确滴定两种酸的总量，见例 3.31。

例 3.31　　**混合酸准确滴定判别；滴定突跃法；低难度**

对于例 3.30 中的混合溶液，能否准确滴定 HCl 和 HAc 的总量？

解　滴定对象是酸的总量，所以设滴定剂为 0.60 mol·L^{-1} NaOH 溶液。分别用V和V_{sp}表示某一滴定时刻和化学计量点时加入 NaOH 溶液的体积，并令$R=\frac{V}{V_{sp}}$。根据反应物浓度和滴定反应的计量关系，易知被测物溶液的体积等于V_{sp}。

加入V mL 滴定剂时，溶液总体积等于$(V+V_{sp})$，相关物质的分析浓度为：$c_{HCl}=\frac{0.10V_{sp}}{V+V_{sp}}=\frac{0.10}{R+1}$、$c_{HAc}=\frac{0.50V_{sp}}{V+V_{sp}}=\frac{0.50}{R+1}$、$c_{NaOH}=\frac{0.60V}{V+V_{sp}}=\frac{0.60R}{R+1}$。

体系的 CBE 如下：

$$[H^+]+[Na^+]=[Cl^-]+[Ac^-]+[OH^-]$$

通过分布分数将$[Ac^-]$表示为关于$[H^+]$的代数式，整理后得到：

$$[H^+]+\frac{0.60R}{R+1}-\frac{0.10}{R+1}-\frac{K_a}{[H^+]+K_a}\frac{0.50}{R+1}-\frac{K_w}{[H^+]}=0$$

分别代入$R=0.999$和$R=1.001$，通过附录 5 软件解得$[H^+]_{R=0.999}=2.2\times10^{-8}$ mol·L^{-1} 和$[H^+]_{R=1.001}=3.3\times10^{-11}$ mol·L^{-1}。计算出滴定突跃$|pH_{R=0.999}-pH_{R=1.001}|=2.82$，滴定突跃大于 0.4，因此可以准确滴定混合酸的总量。

传统课程体系中，准确滴定判别通过判别式完成，常见判别式见信息栏 3.7。判别式比较简洁，原因是推导过程中使用了近似手段。然而，近似手段导致某些结论不够严谨，例如第 2 条，有两种情况都满足判别式$\frac{K_{a_1}}{K_{a_2}}\geqslant10^6$，一是$K_{a_1}$足够大且$K_{a_2}$足够小，二是$K_{a_2}$不足够小但$K_{a_1}$非常大。多元酸如果属于第一种情况，那么第一级离解$H^+$可以被准确滴定；如果属于第二种情况，那么第二级离解H^+的量可能较大，会显著干扰第一级离解H^+的滴定。判别式不能排除第二种情况，因此不够严谨，参见上面例 3.27 的讨论。

信息栏 3.7 中第 1 条也不严谨，详细讨论参见本书配套题解《分析化学题解——基于去公式化计算策略》(邵利民，科学出版社，2019)第 3 章例 3.26。

信息栏 3.7 **传统准确滴定判别式**

(1) 一元弱酸：如果$K_a c_{sp} \geqslant 10^{-8}$，那么可以准确滴定。$c_{sp}$表示弱酸在化学计量点的分析浓度。

(2) 多元弱酸：如果$\frac{K_{a_1}}{K_{a_2}} \geqslant 10^6$且$K_{a_1} c_{sp} \geqslant 10^{-8}$，那么可以准确滴定第一级离解$H^+$，第二级离解$H^+$不干扰。

(3) 弱酸 1 和弱酸 2 混合：如果$\frac{K_{a,1}c_{1,sp}}{K_{a,2}c_{2,sp}} \geqslant 10^6$且$K_{a,1}c_{1,sp} \geqslant 10^{-8}$，那么可以准确滴定弱酸 1，弱酸 2 不干扰。

注意：判别式中的数值是在目测不确定性 $\Delta pH = 0.2$ 和允许误差$\pm 0.1\%$这两个条件下得到的。如果这两个参数取其他值，那么判别式中的数值有所改变。

3.6 滴定曲线用于终点误差计算和准确滴定判别

本章第 3 节介绍了酸碱滴定曲线，即V-pH 曲线。滴定曲线包含丰富信息，不仅形象地揭示滴定体系的酸碱性质，而且具有定量功能，能够高效地计算终点误差和进行准确滴定判别(参见第 1 章 1.2.2 中图 1.1)。

实现上述定量功能需要高精度滴定曲线。绘制高精度滴定曲线所需的大量(V, pH)数据点可以通过反函数$V = g([H^+])$获得。反函数的推导和编程都比较容易。

下面通过实例说明滴定曲线的定量功能，并提供简单 Matlab 程序以便参考。程序中，linspace(a, b, n)在$[a, b]$范围内生成 n 个均匀间隔的数据点，min 返回一个数组中的最小值及其位置，其他命令容易理解。

3.6.1 计算终点误差

通过滴定曲线求解例 3.20。不妨设被测物溶液体积为 20.00 mL。设加入V mL 滴定剂，此时溶液的总体积等于$(V + 20.00)$ mL，相关物质的分析浓度为：$c_{HB} = \frac{0.20}{V+20.00}$、$c_{NaOH} = \frac{0.010V}{V+20.00}$。

平衡体系的 CBE 为：

$$[H^+] + [Na^+] = [B^-] + [OH^-]$$

通过分布分数将$[B^-]$表示为关于$[H^+]$的代数式，得到：

$$[H^+] + \frac{0.010V}{V + 20.00} = \frac{K_a}{[H^+] + K_a}\frac{0.20}{V + 20.00} + \frac{K_w}{[H^+]}$$

令$a = \frac{K_a}{[H^+] + K_a}$、$b = [H^+] - \frac{K_w}{[H^+]}$，将上式整理成关于$V$的代数式：

$$V = \frac{0.20a - 20.00b}{0.010 + b}$$

基于上述反函数，容易通过程序绘制V-pH 曲线(图略)，以下是 Matlab 程序，其中保留了 0~40 之间的V值。

```
Ka = 1.308e-5;
pH = linspace(0.1, 14, 100000);
H = 10 .^ -pH;
```

```
a = Ka ./ (H + Ka);
b = H - 1e-14 ./ H;
V = (0.20 * a - 20.00 * b) ./ (0.010 + b);
Filter = find((V > 0) & (V < 40));
figure; plot(V(Filter), pH(Filter));
```

为了计算终点误差，需要在滴定曲线上获得$[H^+]_{ep} = 1.2\times10^{-7}$对应的$V_{ep}$，为此在程序后中添加以下语句：

```
pHep = -log10(1.2e-7);
[Minimum, Position] = min(abs(pH - pHep));
Vep = V(Position);
```

程序运行后得到$V_{ep} = 19.82\ \text{mL}$，由此计算出终点误差$E_t = \frac{19.82-20.00}{20.00} \times 100\% = -0.90\%$。

3.6.2 多元酸的准确滴定判别

通过滴定曲线求解例 3.27~例 3.29。不妨设被测物溶液体积为 20.00 mL，滴定剂为同浓度 NaOH 溶液。设加入V mL 滴定剂，此时溶液的总体积等于$(V + 20.00)$ mL，相关物质的分析浓度为：$c_{H_3PO_4} = \frac{2.0}{V+20.00}$、$c_{NaOH} = \frac{0.10V}{V+20.00}$。

平衡体系的 CBE 为：

$$[H^+] + [Na^+] = [H_2PO_4^-] + 2[HPO_4^{2-}] + 3[PO_4^{3-}] + [OH^-]$$

通过分布分数将$[H_2PO_4^-]$、$[HPO_4^{2-}]$和$[PO_4^{3-}]$表示为关于$[H^+]$的代数式，得到：

$$[H^+] + \frac{0.10V}{V+20.00} = \frac{K_{a_1}[H^+]^2 + 2K_{a_1}K_{a_2}[H^+] + 3K_{a_1}K_{a_2}K_{a_3}}{[H^+]^3 + K_{a_1}[H^+]^2 + K_{a_1}K_{a_2}[H^+] + K_{a_1}K_{a_2}K_{a_3}} \frac{2.0}{V+20.00} + \frac{K_w}{[H^+]}$$

令$a = \frac{K_{a_1}[H^+]^2+2K_{a_1}K_{a_2}[H^+]+3K_{a_1}K_{a_2}K_{a_3}}{[H^+]^3+K_{a_1}[H^+]^2+K_{a_1}K_{a_2}[H^+]+K_{a_1}K_{a_2}K_{a_3}}$、$b = [H^+] - \frac{K_w}{[H^+]}$，将上式整理成关于$V$的代数式：

$$V = \frac{2.0a - 20.00b}{0.10 + b}$$

基于上述反函数绘制滴定曲线，结果见图 3.7。以下是 Matlab 程序，其中保留了 0~80 之间的V值。程序使用辅助变量 aux 使代码简洁。

```
Ka1 = 7.6e-3; Ka2 = 6.3e-8; Ka3 = 4.4e-13;
pH = linspace(0.1, 14, 100000);
H = 10 .^ -pH;
aux = H.^3 + Ka1*H.^2 + Ka1*Ka2*H + Ka1*Ka2*Ka3;
a = (Ka1*H.^2 + 2*Ka1*Ka2*H + 3*Ka1*Ka2*Ka3) ./ aux;
b = H - 1e-14 ./ H;
V = (2.0 * a - 20.00 * b) ./ (0.10 + b);
Filter = find((V > 0) & (V < 80));
figure; plot(V(Filter), pH(Filter));
```

准确滴定判别需要 3 个化学计量点处的滴定突跃。对于该滴定体系，3 个化学计量点处加入滴定剂的体积分别是 20.00 mL、40.00 mL 和 60.00 mL，所以 3 个滴定突跃下端点对应的体积分别是 19.98 mL、39.96 mL 和 59.94 mL，上端点对应的体积分别是 20.02 mL、40.04 mL 和 60.06 mL。根据这些数值，在程序后添加以下语句即可获得滴定突跃。

```
[Minimum, Position] = min(abs(V - 19.98)); pHJump1_Lower = pH(Position);
[Minimum, Position] = min(abs(V - 20.02)); pHJump1_Upper = pH(Position);
[Minimum, Position] = min(abs(V - 39.96)); pHJump2_Lower = pH(Position);
[Minimum, Position] = min(abs(V - 40.04)); pHJump2_Upper = pH(Position);
[Minimum, Position] = min(abs(V - 59.94)); pHJump3_Lower = pH(Position);
[Minimum, Position] = min(abs(V - 60.06)); pHJump3_Upper = pH(Position);
```

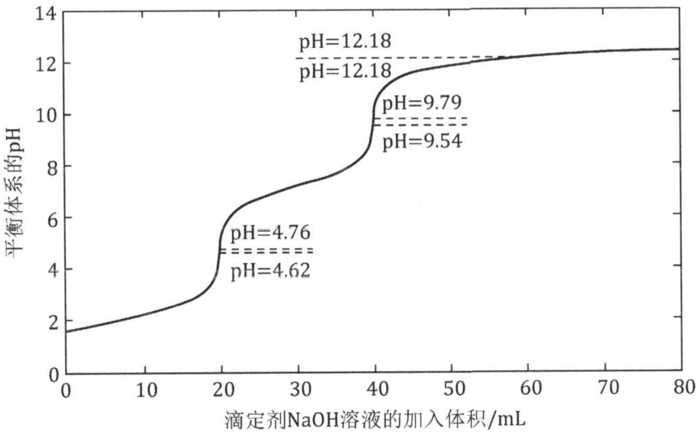

图 3.7　0.10 mol·L^{-1} NaOH 溶液对 20.00 mL 同浓度 H_3PO_4 溶液的滴定曲线

图中标识了 3 个化学计量点处的滴定突跃

图 3.7 中，3 个滴定突跃分别是 0.14、0.25 和 0.00，与例 3.27~例 3.29 的计算结果一致。得益于反函数的便捷推导和编程，通过滴定曲线进行准确滴定判别比直接计算更加高效。

将允许误差放宽到±0.2%，再次进行准确滴定判别。上述分析过程仍然成立，绘制程序不变，仅需修改获取滴定突跃的语句中的参数①。运行程序后得到 3 个滴定突跃 0.28、0.49 和 0.01，所以可以准确滴定前两级离解的H^+；第 2 个滴定突跃的范围是为 9.42~9.91，可以使用酚酞指示剂(变色点pH = 9.6)。

3.6.3　混合酸的准确滴定判别

通过滴定曲线求解例 3.30~例 3.31。不妨设被测物溶液体积为 20.00 mL，滴定剂为 0.10 mol·L^{-1} NaOH 溶液。设加入V mL 滴定剂，此时溶液的总体积等于$(V+20.00)$ mL，相关物质的分析浓度为：$c_{\mathrm{HCl}}=\frac{2.0}{V+20.00}$、$c_{\mathrm{HAc}}=\frac{10}{V+20.00}$、$c_{\mathrm{NaOH}}=\frac{0.10V}{V+20.00}$。

平衡体系的 CBE 为：

① 允许误差为±0.2%时，易知 3 个滴定突跃下端点对应的体积分别是 19.96 mL、39.92 mL 和 59.88 mL，上端点对应的体积分别是 20.04 mL、40.08 mL 和 60.12 mL。

$$[H^+]+[Na^+]=[Cl^-]+[Ac^-]+[OH^-]$$

通过分布分数将$[Ac^-]$表示为关于$[H^+]$的代数式，得到：

$$[H^+]+\frac{0.10V}{V+20.00}=\frac{2.0}{V+20.00}+\frac{K_a}{[H^+]+K_a}\frac{10}{V+20.00}+\frac{K_w}{[H^+]}$$

令$a=\frac{K_a}{[H^+]+K_a}$、$b=[H^+]-\frac{K_w}{[H^+]}$，将上式整理成关于$V$的代数式：

$$V=\frac{10a+2.0-20.00b}{0.10+b}$$

基于上述反函数绘制滴定曲线，结果见图 3.8。以下是 Matlab 程序，其中保留了 0~140 之间的V值。

```
Ka = 1.8e-5;
pH = linspace(0.1, 14, 100000);
H = 10 .^ -pH;
a = Ka ./ (H + Ka);
b = H - 1e-14 ./ H;
V = (10 * a + 2.0 - 20.00 * b) ./ (0.10 + b);
Filter = find((V > 0) & (V < 140));
figure; plot(V(Filter), pH(Filter));
```

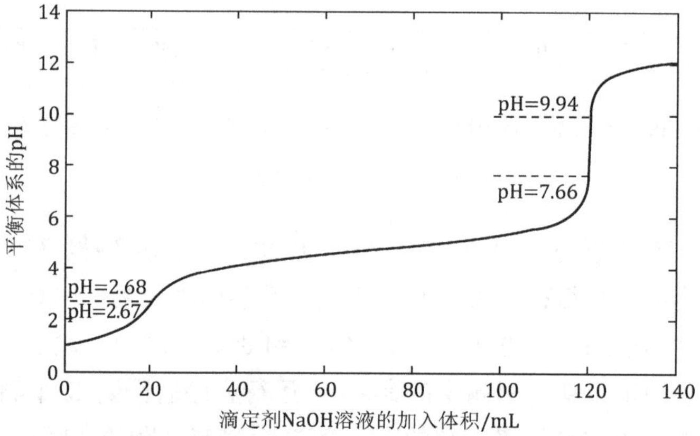

图 3.8 0.10 mol·L⁻¹ NaOH 溶液对 20.00 mL HCl、HAc 混合溶液的滴定曲线

HCl 和 HAc 的分析浓度分别是 0.10 mol·L⁻¹、0.50 mol·L⁻¹；图中标识了 2 个化学计量点处的滴定突跃

准确滴定判别需要 2 个化学计量点处的滴定突跃。对于该滴定体系，2 个化学计量点处加入滴定剂的体积分别是 20.00 mL 和 120.00 mL，所以 2 个滴定突跃下端点对应的体积分别是 19.98 mL 和 119.88 mL，上端点对应的体积分别是 20.02 mL 和 120.12 mL。根据这些数值，在程序后添加以下语句即可获得滴定突跃。

```
[Minimum, Position] = min(abs(V - 19.98)); pHJump1_Lower = pH(Position);
[Minimum, Position] = min(abs(V - 20.02)); pHJump1_Upper = pH(Position);
[Minimum, Position] = min(abs(V - 119.88)); pHJump2_Lower = pH(Position);
[Minimum, Position] = min(abs(V - 120.12)); pHJump2_Upper = pH(Position);
```

图 3.8 中，第一个突跃发生在 HCl 的H^+消耗殆尽时，突跃非常小，原因是 HAc 离解出相当量的H^+，严重干扰了对 HCl 的滴定，与例 3.30 结论一致。第二个突跃发生在 HCl 和 HAc 的H^+消耗殆尽时，突跃大于 0.4，表明可以准确滴定两种酸的总量，与例 3.31 结论一致。

图 3.8 中第二个滴定突跃的上端点是 9.94，而例 3.31 的结果是 10.48，导致差异的原因是绘制滴定曲线时的滴定剂浓度与例 3.31 不同。如果将例 3.31 中的滴定剂浓度设为 0.10 $mol \cdot L^{-1}$，那么计算出的滴定突跃上端点为 9.94。

3.7 常见酸碱滴定法

酸碱滴定法常用的酸标准溶液是盐酸，首先粗略配制，然后通过基准物质如 Na_2CO_3 进行标定。常用的碱标准溶液是 NaOH 溶液，也是先粗略配制，然后通过基准物质如邻苯二甲酸氢钾进行标定。

下面介绍酸碱滴定分析的一些典型应用。

3.7.1 烧碱的测定

烧碱主要成分是 NaOH，容易吸收空气中的 CO_2，部分生成 Na_2CO_3。可以通过酸碱滴定法测定其中碱性成分的含量，有两种具体测定方法，分别是氯化钡法和双指示剂法。

氯化钡法分别测定总碱量和 NaOH。以甲基橙为指示剂，通过酸标准溶液滴定，直至黄色变为橙色(其中 Na_2CO_3 被滴定到 H_2CO_3)，由此测得样品中 NaOH 和 Na_2CO_3 总量。向另一份试液加入过量 $BaCl_2$ 以沉淀 Na_2CO_3，然后以酚酞为指示剂(在酚酞变色点，$BaCO_3$ 不影响滴定)，通过酸标准溶液滴定，直至红色变为无色，由此测得样品中 NaOH 含量。

双指示剂法分别测定总碱量和 Na_2CO_3。首先以酚酞为指示剂，通过酸标准溶液滴定，直至红色变为近无色(其中 Na_2CO_3 被滴定到 $NaHCO_3$)，由此测得样品中 NaOH 和 Na_2CO_3 总量。然后加入甲基橙，继续滴定，直至黄色变为橙色($NaHCO_3$ 被滴定到 H_2CO_3)，由此测得样品中 Na_2CO_3 含量。

双指示剂法操作简单，然而不如氯化钡法准确，原因是酚酞由红色变为近无色的目测判断(滴定到第一化学计量点)较为困难，导致误差增大，约 1%。

3.7.2 纯碱的测定

纯碱主要成分是 Na_2CO_3，含有少量 $NaHCO_3$。碱性成分的测定也可以使用氯化钡法和双指示剂法。

氯化钡法测定总碱量比较简单。以甲基橙为指示剂，通过酸标准溶液滴定，直至黄色变为橙色(Na_2CO_3 和 $NaHCO_3$ 均被滴定到 H_2CO_3)，由此测得样品中 Na_2CO_3 和 $NaHCO_3$ 总量。

氯化钡法测定 $NaHCO_3$ 稍微复杂。首先向试液加入一定量过量的 NaOH 标准溶液，将

$NaHCO_3$全部转化为 Na_2CO_3。然后，加入过量 $BaCl_2$ 以沉淀 Na_2CO_3。最后，以酚酞为指示剂(在酚酞变色点，$BaCO_3$ 不影响滴定)，通过酸标准溶液滴定，直至红色变为无色。由此测得剩余 NaOH，进而得知与 $NaHCO_3$ 反应的 NaOH 的量，该量即等于样品中 $NaHCO_3$ 的量。

双指示剂法分别测定 Na_2CO_3 和总碱量。首先以酚酞为指示剂，通过酸标准溶液滴定，直至红色变为无色(Na_2CO_3 被滴定到 $NaHCO_3$)，由此测得样品中 Na_2CO_3 的含量。然后加入甲基橙，继续滴定，直至黄色变为橙色($NaHCO_3$ 被滴定到 H_2CO_3)，由此测得样品中 Na_2CO_3 和 $NaHCO_3$ 总量。

溶液中 $NaHCO_3$ 会缓慢分解，释放出 CO_2，生成碱性更强的 Na_2CO_3。因此，对于使用酚酞指示剂的纯碱滴定分析，终点后的溶液如果久置，将从无色变为红色。

3.7.3　硅的测定

硅酸盐中的 SiO_2 可以通过硅氟酸钾滴定法测定其含量。

使用 KOH 熔融，试样中 SiO_2 转化为可溶性硅酸盐 K_2SiO_3。K_2SiO_3 在强酸性介质中与 KF 生成硅氟酸钾沉淀：

$$K_2SiO_3 + 6HF = K_2SiF_6\downarrow + 3H_2O$$

加入 KCl 使沉淀更完全。沉淀经过滤和氯化钾-乙醇溶液洗涤后，转入氯化钾-乙醇溶液。以酚酞为指示剂，用 NaOH 中和被沉淀吸附的游离酸，直至无色变为红色。然后，向溶液中加入沸水，使 K_2SiF_6 水解：

$$K_2SiF_6 + 3H_2O = H_2SiO_3 + 2KF + 4HF$$

通过碱标准溶液滴定 HF，直至无色变为红色，由此测得样品中 SiO_2 含量。

HF 对玻璃有腐蚀作用，测定中应该使用塑料器皿。

3.7.4　磷的测定

酸碱滴定法可以测定钢铁或矿石等试样中的磷。经过溶样，试样中的磷转化为 H_3PO_4，然后在硝酸介质中加入钼酸铵，生成黄色的磷钼酸铵沉淀：

$$PO_4^{3-} + 12MoO_4^{2-} + 2NH_4^+ + 25H^+ = (NH_4)_2H[PMo_{12}O_{40}]\cdot H_2O\downarrow + 11H_2O$$

沉淀经过滤和蒸馏水洗涤(不可使用盐溶液，沉淀组成会发生变化)后，将其溶于一定量过量的 NaOH 标准溶液，发生如下反应：

$$(NH_4)_2H[PMo_{12}O_{40}]\cdot H_2O + 27OH^- = PO_4^{3-} + 12MoO_4^{2-} + 2NH_3 + 16H_2O$$

以酚酞为指示剂，通过 HNO_3 标准溶液滴定上述溶液，直至红色变为无色，滴定产物是 HPO_4^{2-}、NH_4^+和 H_2O(来自剩余的 NaOH)。

以n_P表示试样中磷的物质的量，以n_{NaOH}表示加入 NaOH 的总量，以n_{HNO_3}表示滴定加入 HNO_3 的量，那么测定过程中的定量关系如下：

与$(NH_4)_2H[PMo_{12}O_{40}]\cdot H_2O$反应的 NaOH：$27n_P$

滴定剩余 NaOH 至 H_2O 所消耗 HNO_3：$n_{NaOH} - 27n_P$

滴定PO_4^{3-}至HPO_4^{2-}所消耗 HNO_3：n_P

滴定 NH_3 至NH_4^+所消耗 HNO_3：$2n_P$

因此，$n_{NaOH} - 27n_p + n_p + 2n_p = n_{HNO_3}$，整理后得到$n_p = \frac{n_{NaOH} - n_{HNO_3}}{24}$。

3.7.5 铵盐的测定

酸碱滴定法可以测定铵盐，有两种具体测定方法，分别是蒸馏法和甲醛法。

蒸馏法向试样溶液加入浓 NaOH 溶液，然后加热蒸馏出 NH_3 并用过量 H_3BO_3 吸收：

$$NH_3 + H_3BO_3 + H_2O = NH_4B(OH)_4$$

使用甲基红和溴甲酚绿混合指示剂，通过 H_2SO_4 标准溶液滴定，直至绿色变为灰色。溶液中多余的 H_3BO_3 不干扰滴定。也可以用一定量标准 HCl 或者 H_2SO_4 溶液吸收 NH_3，过量的酸通过 NaOH 标准溶液滴定。

甲醛法向溶液加入甲醛，将NH_4^+转化为酸性更强的$(CH_2)_6N_4H^+$：

$$4NH_4Cl + 6HCHO = (CH_2)_6N_4HCl + 3HCl + 6H_2O$$

以酚酞为指示剂，通过 NaOH 标准溶液滴定。

3.7.6 凯氏定氮法

凯氏定氮法(Kjeldahl nitrogen analysis)是测定含氮量最准确的方法之一，广泛应用于蛋白质、牛奶、面粉等样品含氮量的测定。在长颈凯氏烧瓶通过硫酸和硫酸钾消化样品，样品中的有机氮转化为NH_4^+，铜离子对消化有催化作用。消化完成后，加入浓 NaOH 溶液，用蒸汽蒸馏出 NH_3 并通入一定量 HCl 标准溶液中，未反应的 HCl 通过 NaOH 标准溶液滴定。

不同蛋白质的含氮量基本相同，约为 16%。通过凯氏定氮法测定蛋白质含量时，使用该数值将氮含量转化为蛋白质含量。

3.7.7 醛酮的测定

酸碱滴定法也可以测定醛酮等有机物。有机反应偏慢，故一般采用返滴定法。有两种具体测定方法，分别是盐酸羟胺法和亚硫酸钠法。

盐酸羟胺法向醛酮溶液加入过量盐酸羟胺，使之充分反应：

$$R - CHO + NH_2OH \cdot HCl = R - CHNOH + HCl + H_2O$$

$$R - CO - R' + NH_2OH \cdot HCl = R - CNOH - R' + HCl + H_2O$$

以溴酚蓝为指示剂，通过碱标准溶液滴定生成的 HCl，直至黄色变为紫色。

亚硫酸钠法向醛酮溶液加入过量 Na_2SO_3，使之充分反应：

$$R - CHO + Na_2SO_3 + H_2O = R - CH(OH)SO_3Na + NaOH$$

$$R - CO - R' + Na_2SO_3 + H_2O = R - CR'(OH)SO_3Na + NaOH$$

以百里酚酞为指示剂，通过酸标准溶液滴定生成的 NaOH，直至蓝色变为无色。

习 题

1. 二元弱酸 H_2B 溶液，当$pH = 1.80$，$\delta_{H_2B} = \delta_{HB^-}$；当$pH = 6.63$，$\delta_{HB^-} = \delta_{B^{2-}}$。求该弱酸的离解平衡常数。($1.6\times10^{-2}$；$2.3\times10^{-7}$)
2. 计算以下溶液的 pH。

(1) 0.010 $mol\cdot L^{-1}$ H_3BO_3　　(2) 1.0×10^{-8} $mol\cdot L^{-1}$ HCl

(3) 0.010 $mol\cdot L^{-1}$ NH_4F　　(4) 0.010 $mol\cdot L^{-1}$ NaH_2PO_4

(5) 0.010 $mol\cdot L^{-1}$ NH_4Cl　　(6) 0.010 $mol\cdot L^{-1}$ Na_2SO_4

3. 分析浓度 0.10 $mol\cdot L^{-1}$ Na_2S 溶液，计算 pH。如果是 NaHS 溶液，pH 又是多少？(12.97；9.93)
4. $H_2C_2O_4$ 和 Na_2CO_3 混合溶液，分析浓度均为 0.10 $mol\cdot L^{-1}$，计算 pH。(5.29)
5. HAc 和 NH_3 混合溶液，分析浓度均为 0.10 $mol\cdot L^{-1}$，计算[HAc]和[NH_3]。(5.5×10^{-4} $mol\cdot L^{-1}$；5.5×10^{-4} $mol\cdot L^{-1}$)
6. 二元弱酸 H_2B 的离解平衡常数：$K_{a_1} = 5.0\times10^{-5}$，$K_{a_2} = 1.5\times10^{-10}$。现有分析浓度为 0.10 $mol\cdot L^{-1}$ H_2B 溶液，以同浓度 NaOH 溶液滴定，计算第一化学计量点时溶液的 pH。(7.06)
7. 向 100 mL 0.10 $mol\cdot L^{-1}$ HCl 溶液加入固体 NaAc，完全溶解后达到平衡。当加入量分别是 0.41 g、0.82 g 和 1.23 g 时，忽略溶液体积变化，计算相应平衡体系的 pH。(1.30；2.87；4.44)
8. 将 50.00 mL 0.100 $mol\cdot L^{-1}$ 弱酸 HB 溶液与 20.00 mL 0.100 $mol\cdot L^{-1}$ NaOH 溶液混合，然后稀释至 100.00 mL，测得 pH 为 5.25，计算 HB 的离解平衡常数。(3.75×10^{-6})
9. CO_2 饱和溶液的浓度为 0.033 $mol\cdot L^{-1}$，向 1.0 L CO_2 饱和溶液加入 Na_2CO_3，能否获得中性溶液？如果能，需要加入多少克 Na_2CO_3？通过计算说明是否有 CO_2 逸出。(2.4 g；无)
10. 以 NaOH 标准溶液滴定一元弱酸 HB，加入滴定剂 13.12 mL 时，$pH = 4.80$；化学计量点时，加入滴定剂 25.60 mL。计算 HB 的离解平衡常数。(1.67×10^{-5})
11. 使用 200.0 mL 0.20 $mol\cdot L^{-1}$ $CH_2ClCOOH$ 溶液配制$pH = 3.00$的缓冲溶液，忽略溶液体积变化，应该加入多少克 NaOH？(0.93 g)
12. 配制$pH = 5.44$六亚甲基四胺缓冲溶液 100.0 mL，缓冲组分的总浓度为 1.40 $mol\cdot L^{-1}$。应该称取多少克六亚甲基四胺？量取多少毫升浓盐酸(12 $mol\cdot L^{-1}$)？(19.6 g；4.0 mL)
13. $NaHCO_3$ 和 Na_2CO_3 配制的缓冲溶液，分析浓度分别为 0.045 $mol\cdot L^{-1}$ 和 0.025 $mol\cdot L^{-1}$。计算该缓冲溶液的 pH。将HCO_3^-视为一元弱酸，计算缓冲容量。在有效缓冲范围内，该缓冲溶液能抵抗外加 NaOH 和 HCl 的最高浓度分别是多少？(9.99；0.037；0.035 $mol\cdot L^{-1}$，0.021 $mol\cdot L^{-1}$)
14. HB-NaB 缓冲溶液 100.0 mL，其中 HB 的分析浓度为 0.25 $mol\cdot L^{-1}$。向缓冲溶液加入 0.20 g NaOH 后，$pH = 5.60$ (忽略溶液体积变化)。计算原缓冲溶液 NaB 的分析浓度和 pH。弱酸 HB 的离解平衡常数为 5.0×10^{-6}。(0.35 $mol\cdot L^{-1}$；5.44)
15. 以 0.100 $mol\cdot L^{-1}$ HCl 溶液滴定 20.00 mL 同浓度 Na_2CO_3 溶液，$pH_{ep} = 5.00$。求终点时加入滴定剂的体积V_{ep}，并计算此时未反应的 Na_2CO_3 的浓度(设滴定过程中没有 CO_2 逸出)。(39.20 mL；7.63×10^{-9} $mol\cdot L^{-1}$)
16. 以c $mol\cdot L^{-1}$ HCl 溶液滴定同浓度 NaOH 溶液，滴定突跃为 5.40 单位，c是多少？(0.10 $mol\cdot L^{-1}$)
17. 以 0.10 $mol\cdot L^{-1}$ HCl 溶液滴定同浓度 Na_3PO_4 溶液，试绘制滴定曲线，并求滴定突跃。
18. H_2SO_4 和 H_3PO_4 混合溶液 20 mL，分析浓度均为 0.10 $mol\cdot L^{-1}$，以同浓度 NaOH 溶液滴定。试绘制滴定曲

线并求滴定突跃。

19. 以 0.10 mol·L^{-1} HCl 溶液滴定同浓度 Na_2CO_3 溶液，$pH_{ep} = 4.00$，计算终点误差。(−0.059%)

20. 以 0.10 mol·L^{-1} NaOH 溶液滴定同浓度 HAc 溶液，$pH_{ep} = 7.00$，计算终点误差。欲将终点误差控制在±0.1%内，pH_{ep} 应该在什么范围？(−0.55%；7.74~9.70)

21. HCl 和 $H_2C_2O_4$ 混合溶液 20.00 mL，分析浓度分别是 0.20 mol·L^{-1} 和 0.10 mol·L^{-1}。分别通过滴定突跃和滴定曲线两种方法判断能否准确滴定其中的 HCl。

22. HCl 和 H_3BO_3 混合溶液，分析浓度均为 0.10 mol·L^{-1}。以同浓度 NaOH 溶液滴定其中的 HCl，$pH_{ep} = 5.20$，计算终点误差。当 H_3BO_3 的分析浓度超过多少时，终点误差会超出 0.1%？(−0.0034%；1.23 mol·L^{-1})

23. NH_4Cl 和 $CHCl_2COOH$ 混合溶液，分析浓度分别为 0.20 mol·L^{-1} 和 0.10 mol·L^{-1}。以 0.10 mol·L^{-1} NaOH 溶液滴定其中的 $CHCl_2COOH$，$pH_{ep} = 5.00$，计算终点误差。(−0.029%)

24. 二元弱酸 H_2B 的离解平衡常数：$K_{a_1} = 1.4\times10^{-2}$，$K_{a_2} = 5.4\times10^{-7}$。以 0.10 mol·L^{-1} NaOH 溶液滴定同浓度 H_2B 溶液，①能否准确滴定第一级离解H^+？②能否准确滴定两级离解H^+的总量？(不能；能)

25. 某试样含有 NaOH、Na_2CO_3 和其他酸碱惰性成分。称取 0.6750 g 试样，溶于蒸馏水，酚酞为指示剂，以 0.2000 mol·L^{-1} HCl 标准溶液滴定至终点，用去 26.80 mL；加入甲基橙指示剂，继续滴定至终点，又用去 23.00 mL。计算 NaOH 和 Na_2CO_3 的质量分数。(4.504%；72.23%)

26. 某试样可能含有 NaOH、Na_2CO_3 和 $NaHCO_3$ 中的两种。称取 3.2560 g 试样，溶解后转入 250 mL 容量瓶中定容。移取 25.00 mL 试液，酚酞为指示剂，以 0.1000 mol·L^{-1} HCl 标准溶液滴定至终点，用去 20.15 mL；另外移取 25.00 mL，甲基橙为指示剂，用去 42.57 mL。分析该试样可能的组成。(Na_2CO_3：65.59%，$NaHCO_3$：5.86%)

27. 牛奶蛋白的含氮量约为 15.6%。取 2.50 mL 样品奶，通过凯氏定氮法测量蛋白质含量。蒸馏出的 NH_3 通入 50.00 mL 0.02140 mol·L^{-1} 盐酸溶液中。反应剩余的 HCl 通过 0.0198 mol·L^{-1} NaOH 溶液滴定，终点时消耗 15.26 mL。计算该牛奶的蛋白质含量。(27.6 g·L^{-1})

28. 某试样含有 Na_3PO_4、Na_2HPO_4 和酸碱惰性成分。称取 1.1250 g 试样，溶于蒸馏水，酚酞为指示剂，以 0.1000 mol·L^{-1} HCl 标准溶液滴定至终点，用去 20.37 mL；加入甲基橙指示剂，继续滴定至终点，又用去 35.82 mL。计算 Na_3PO_4 和 Na_2HPO_4 的质量分数。(29.68%；19.50%)

29. 将 10.0 mL 0.100 mol·L^{-1} H_3PO_4 溶液与 15.0 mL 0.100 mol·L^{-1} Na_3PO_4 溶液混合。计算该溶液主要成分的浓度。酚酞为指示剂，以 0.0200 mol·L^{-1} NaOH 标准溶液滴定至终点，消耗多少滴定剂？($H_2PO_4^-$：0.0200 mol·L^{-1}，HPO_4^{2-}：0.0800 mol·L^{-1}；25.0 mL)

第4章 配位滴定

配位滴定(complexometry)是基于金属离子与配体(ligand)之间的配位反应，通过滴定方式进行的一种经典定量分析方法。

配位反应数量众多，但是能用于滴定分析的却很少，主要原因是大多数配位反应的完成程度没有达到要求。早期实用的配位滴定只有两类：汞量法和氰量法。汞量法基于Hg^{2+}与Cl^-或者SCN^-的配位反应(均为二配位)。氰量法基于CN^-与Ag^+(二配位)或者Ni^{2+}(四配位)的反应。

汞量法和氰量法的应用范围有限，而且也很危险，能够有舍勒先生(K. W. Scheele)那样勇气的化学家毕竟很少(当然也不应该效仿)。事实上，在氨羧类配体出现之前，配位滴定法并没有得到广泛应用。

氨羧类配体分子提供多个配位原子，生成的配合物非常稳定。从配合物分子结构来看，多个配位键像龙虾的螯足一样紧紧地抓住金属离子。所以，这类配合物也称作螯合物(chelate)，配体也称作螯合剂(chelator)。

配位滴定法中应用最广泛的螯合剂是乙二胺四乙酸(ethylenediaminetetraacetic acid)，简写为 EDTA，表示为 H_4Y。EDTA 与大多数金属离子能够在室温下快速反应，生成 1:1 螯合物，反应方程式如下：

$$M^{n+} + H_4Y == MY^{(n-4)+} + 4H^+$$

反应平衡常数非常大，对于三价和四价金属离子，平衡常数的数量级高达 20；对于二价金属离子，平衡常数的数量级在 15~19；即使是较难生成配合物的碱土金属离子，平衡常数的数量级也大于 8。

EDTA 的结构式如下：

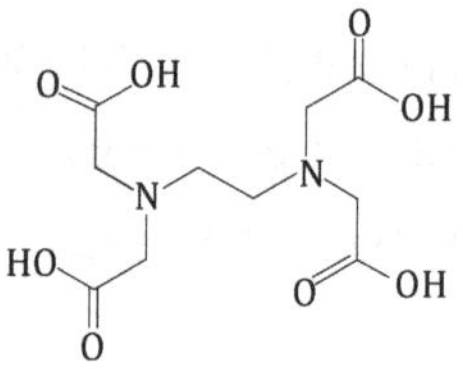

分子中有 4 个氧原子和 2 个氮原子可以与金属离子配位，所以能够生成非常稳定的配合物。EDTA 配合物中，6 个配位原子与金属离子形成 5 个五元环，其立体结构如下：

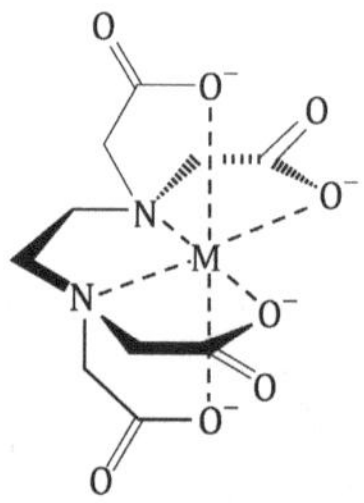

EDTA 分子含有四个羧基，羧基上的H^+可以通过质子自递作用结合到 N 原子上，形成双偶极离子；失去质子的两个羧基在强酸性溶液中还可以结合两个H^+。所以，EDTA 是个六元酸(hexaprotic acid)，H_6Y^{2+}，各级离解常数分别是 0.13、2.5×10^{-2}、1.0×10^{-2}、2.1×10^{-3}、6.9×10^{-7}、5.5×10^{-11}。

EDTA 水溶性稍差，常温下溶解度约为 0.2 $g\cdot L^{-1}$。所以，滴定分析中使用 EDTA 二钠盐 Na_2H_2Y，常温下溶解度可达 110 $g\cdot L^{-1}$。

EDTA 与金属离子的配位反应生成H^+。如果不加控制，逐渐增多的H^+会降低反应的完成程度。所以，EDTA 配位滴定分析中，必须加入缓冲溶液以控制体系酸度。

EDTA 能够与绝大多数金属离子生成稳定螯合物。这一特点使 EDTA 滴定的应用范围很广，但是也降低了选择性。事实上，EDTA 滴定分析的研究重点之一是消除共存离子的干扰。

EDTA 与无色金属离子生成无色的螯合物，如PbY^{2-}、ZnY^{2-}等；与有色金属离子生成颜色更深的螯合物，如CuY^{2-}(深蓝)、NiY^{2-}(蓝绿)、CoY^{2-}(深红)。

4.1 配位平衡体系

氨羧螯合剂出现后，配位滴定才得以广泛应用，而最常用的氨羧螯合剂是 EDTA。所以，EDTA 滴定几乎是配位滴定的全部内容，尽管逻辑上它只是其中一种类型。同样原因，对配位滴定法的系统研究也集中于 EDTA。本节主要介绍金属离子-EDTA 配位平衡体系的定量解析。

原理上，物料平衡式和平衡常数完全满足定量解析要求。但是实际中，还引入“表观浓度”“副反应系数”“条件稳定常数”这些概念，以提高解析效率。这种处理与金属离子- EDTA 配位平衡体系的特性有关。

金属离子与 EDTA 的反应足够简单，计量关系是 1∶1。然而，金属离子与干扰配体生成多种配合物；EDTA 除了与干扰离子生成配合物，还有 6 种水解产物。过多的组分致使物料平衡式非常复杂，严重影响计算效率。如果使用上述三个概念，物料平衡式就变得相当简洁①，通过本章的学习，读者会有深刻体会。

4.1.1 配位平衡体系的定量性质

金属离子-EDTA 配位平衡体系的定量性质包括基础概念和基本等量关系。基础概念既包括常规的平衡常数，也包括该体系特有的表观浓度、副反应系数和条件稳定常数。基本等量关系则比较简单，就是物料平衡式(附录 3 证明电荷平衡式不独立于物料平衡式，不是一个必要条件；其应用仅限于酸碱平衡体系)。

以下介绍中，M 表示作为被测物或者基准物的金属离子，N 表示其他金属离子；H_2Y 表示 EDTA，L 表示其他配体。为了书写方便和表述简洁，省略离子电荷，这样做不影响配位平

① “表观浓度”“副反应系数”和“条件稳定常数”是针对金属离子-EDTA 配位平衡特点而设计的优化措施，但是这种“量身定制”难以在酸碱平衡、氧化还原平衡和沉淀平衡的定量解析中发挥同样效用。

衡的定量解析，因为不会用到电荷平衡式。

1. 基础概念

稳定常数

稳定常数(stability constant)本质上是配位反应的平衡常数。考虑如下配位平衡：

$$\mathrm{M + L \rightleftharpoons ML}$$

平衡常数为：

$$K = \frac{[\mathrm{ML}]}{[\mathrm{M}][\mathrm{L}]}$$

K称为配合物 ML 的稳定常数。显然，K越大，ML 越稳定、越容易形成。所以，配合物的稳定常数也称形成常数(formation constant)。

如果金属离子能够与多个同类配体配位，那么配体会逐级结合到金属离子上，每一级都有一个平衡，相应的稳定常数称为逐级稳定常数(stepwise stability constant)。配合物ML_n的逐级稳定常数如下：

$$\mathrm{M + L \rightleftharpoons ML} \qquad K_1 = \frac{[\mathrm{ML}]}{[\mathrm{M}][\mathrm{L}]}$$

$$\mathrm{ML + L \rightleftharpoons ML_2} \qquad K_2 = \frac{[\mathrm{ML_2}]}{[\mathrm{ML}][\mathrm{L}]}$$

$$\vdots$$

$$\mathrm{ML}_{n-1} + \mathrm{L} \rightleftharpoons \mathrm{ML}_n \qquad K_n = \frac{[\mathrm{ML}_n]}{[\mathrm{ML}_{n-1}][\mathrm{L}]}$$

通过配合物的逐级稳定常数，可以得到另一类稳定常数，用于描述金属离子与多个同类配体相结合的情况，称为累积稳定常数(cumulative stability constant)。配合物ML_n的累积稳定常数如下：

$$\mathrm{M + L \rightleftharpoons ML} \qquad \beta_1 = \frac{[\mathrm{ML}]}{[\mathrm{M}][\mathrm{L}]}$$

$$\mathrm{M + 2L \rightleftharpoons ML_2} \qquad \beta_2 = \frac{[\mathrm{ML_2}]}{[\mathrm{M}][\mathrm{L}]^2}$$

$$\vdots$$

$$\mathrm{M} + n\mathrm{L} \rightleftharpoons \mathrm{ML}_n \qquad \beta_n = \frac{[\mathrm{ML}_n]}{[\mathrm{M}][\mathrm{L}]^n}$$

显然，$\beta_i = K_1 K_2 \cdots K_i$。

主反应和副反应

主反应是发生在 EDTA 和(作为被测物或者基准物的)金属离子 M 之间的反应，也就是滴定反应。

副反应(side reaction)是干扰主反应的化学反应。副反应分为两类：一类是金属离子 M 与干扰配体或者沉淀剂之间的反应，另一类是 EDTA 与干扰金属离子之间的反应。即使没有干扰离子或者干扰配体，有一个副反应永远存在，就是 EDTA 的水解。

表观浓度

表观浓度(apparent concentration)是一个为了简化计算而设计出的概念，针对参加主反应(即滴定反应)的 EDTA 和金属离子 M。

EDTA 或金属离子 M 的表观浓度定义为：1 L 溶液中未参加主反应的 EDTA 或 M 的物质的量。表观浓度也可以这样理解：1 L 溶液中参加了副反应和处于游离状态的 EDTA 或 M 的物质的量。表观浓度表示为[Y′]和[M′]，以区别于平衡浓度[Y]和[M]。

例 4.1 **表观浓度概念；低难度**

通过 EDTA 滴定Zn^{2+}，控制$pH = 5.0$。写出该体系中 EDTA 和 Zn 的表观浓度。

解 主反应，即滴定反应如下：

$$\mathrm{Zn + Y == ZnY}$$

除了参加主反应，EDTA 还发生水解——属于副反应，生成HY^{3-}、H_2Y^{2-}、H_3Y^-、H_4Y、H_5Y^+和H_6Y^{2+}。根据表观浓度定义，得到(省略离子电荷)：

$$[Y'] = [Y] + [HY] + [H_2Y] + [H_3Y] + [H_4Y] + [H_5Y] + [H_6Y]$$

除了参加主反应，Zn^{2+}还与OH^-配位——也属于副反应，生成$Zn(OH)^+$、$Zn(OH)_2$、$Zn(OH)_3^-$和$Zn(OH)_4^{2-}$。所以，Zn 的表观浓度为(省略离子电荷)：

$$[Zn'] = [Zn] + [Zn(OH)] + [Zn(OH)_2] + [Zn(OH)_3] + [Zn(OH)_4]$$

表观浓度是一个主观性概念，并没有具体的客观对应物。引入这个概念是为了简化计算，它使我们能够以一种“非此即彼”的二元方式考虑任何复杂的金属离子-EDTA 配位体系。

金属离子 M 只有两个去向：一部分参加了滴定反应，浓度为[MY]；另一部分没有参加滴定反应，浓度为[M′]。对 EDTA 的考虑也是如此。例 4.1 中，关于 Zn 的物料平衡式为：

$$[ZnY] + [Zn] + [ZnOH] + [Zn(OH)_2] + [Zn(OH)_3] + [Zn(OH)_4] = c_{Zn} \quad (1)$$

借助表观浓度，上式就变得相当简洁：

$$[ZnY] + [Zn'] = c_{Zn}$$

如果溶液中还有其他配体与Zn^{2+}反应，如 NH_3，那么上式仍然成立；而通过所有含 Zn 组分列出的物料平衡式，可以想象有多复杂！

信息栏 4.1 **背景知识**

表观浓度这一概念最初由施瓦岑巴赫提出(Schwarzenbach，1957)，后经林邦(A. Ringbom)扩展并应用于配位滴定的计算。在此基础上，林邦提出条件稳定常数的概念，与表观浓度一同在配位平衡计算中被广泛接受。

其实，表观浓度也不是神秘不可企及的概念。以上面(1)式为例，做过大量推导练习题的你可能大笔一挥，就改写成下面的式子：

$$c_{Zn} = [ZnY] + \overbrace{[Zn] + [ZnOH] + [Zn(OH)_2] + [Zn(OH)_3] + [Zn(OH)_4]}^{=[Zn']}$$

最后，通过归纳和提炼，你也有可能像施瓦岑巴赫一样，发展出这一重要概念。

表观浓度的优越性还体现在数值计算中，尤其是复杂的数值计算。[M]或者[Y]通常都非常小，受数值运算误差的影响就比较显著。使用表观浓度能够有效降低这种误差，因为 $[\mathrm{M}'] \gg [\mathrm{M}]$，$[\mathrm{Y}'] \gg [\mathrm{Y}]$，参考例 4.4 以获得感性认识。

副反应系数

与表观浓度类似，副反应系数(side-reaction coefficient)也是为参加主反应的 EDTA 和金属离子 M 而设计的概念，分别表示为α_{Y}和α_{M}，其定义式如下：

$$\alpha_{\mathrm{Y}} = \frac{[\mathrm{Y}']}{[\mathrm{Y}]} \text{ 和 } \alpha_{\mathrm{M}} = \frac{[\mathrm{M}']}{[\mathrm{M}]}$$

其中，[Y′]和[M′]分别表示 EDTA 和离子 M 的表观浓度，[Y]和[M]表示各自的平衡浓度。副反应系数越大，说明越多的 EDTA 或者离子 M 没有参加主反应、副反应干扰就越严重。如果不存在副反应，那么副反应系数等于 1。

EDTA 的副反应包括其与H^+和与干扰离子 N 的反应。根据定义，EDTA 的副反应系数写为：

$$\alpha_{\mathrm{Y}} = \frac{[\mathrm{Y}']}{[\mathrm{Y}]} = \frac{[\mathrm{Y}] + [\mathrm{HY}] + \cdots + [\mathrm{H_6Y}] + [\mathrm{NY}]}{[\mathrm{Y}]}$$

以$\alpha_{\mathrm{Y(H)}}$表示 EDTA 与H^+的副反应系数，那么$\alpha_{\mathrm{Y(H)}} = \frac{[\mathrm{Y}]+[\mathrm{HY}]+\cdots+[\mathrm{H_6Y}]}{[\mathrm{Y}]}$；以$\alpha_{\mathrm{Y(N)}}$表示 EDTA 与离子 N 的副反应系数，那么$\alpha_{\mathrm{Y(N)}} = \frac{[\mathrm{Y}]+[\mathrm{NY}]}{[\mathrm{Y}]}$。然后得到：

$$\alpha_{\mathrm{Y}} = \alpha_{\mathrm{Y(H)}} + \alpha_{\mathrm{Y(N)}} - 1$$

上式可以推广到同时存在x个干扰离子$\mathrm{N_1}$、$\mathrm{N_2}$、…、N_x的情形：

$$\alpha_{\mathrm{Y}} = \alpha_{\mathrm{Y(H)}} + \alpha_{\mathrm{Y(N_1)}} + \cdots + \alpha_{\mathrm{Y(N}_x)} - x$$

其中，$\alpha_{\mathrm{Y(H)}}$是关于$[\mathrm{H}^+]$的函数，也称 EDTA 酸效应系数，通常做成列表数据供使用(参见附表 7.8)。$\alpha_{\mathrm{Y(N}_i)}$的计算式为$\alpha_{\mathrm{Y(N}_i)} = 1 + K_{\mathrm{N}_i\mathrm{Y}}[\mathrm{N}_i]$。

金属离子 M 的副反应是其与干扰配体的反应。以 L 表示干扰配体，与金属离子 M 的最大配位数为n，根据定义，M 的副反应系数写为：

$$\alpha_{\mathrm{M}} = \frac{[\mathrm{M}']}{[\mathrm{M}]} = \frac{[\mathrm{M}] + [\mathrm{ML}] + \cdots + [\mathrm{ML}_n]}{[\mathrm{M}]}$$

通过累积稳定常数，得到α_{M}的计算式$\alpha_{\mathrm{M}} = 1 + \beta_1[\mathrm{L}] + \beta_2[\mathrm{L}]^2 + \cdots + \beta_n[\mathrm{L}]^n$。

上式也可以推广到同时存在x个干扰配体$\mathrm{L_1}$、$\mathrm{L_2}$、…、L_x的情形：

$$\alpha_{\mathrm{M}} = \alpha_{\mathrm{M(L_1)}} + \cdots + \alpha_{\mathrm{M(L}_x)} - (x - 1)$$

其中，$\alpha_{\mathrm{M(L}_i)}$表示金属离子 M 与干扰配体L_i的副反应系数，如果最大配位数为n，那么计算式为$\alpha_{\mathrm{M(L}_i)} = 1 + \beta_1[\mathrm{L}_i] + \beta_2[\mathrm{L}_i]^2 + \cdots + \beta_n[\mathrm{L}_i]^n$。

从上述介绍可以发现，副反应系数的定义和计算都比较简单。然而，这样一个简单概念在配位平衡中发挥重要作用，这归功于副反应系数的两个特点：①与 EDTA 或者金属离子 M 的浓度无关；②将 EDTA 或者金属离子 M 的平衡浓度和表观浓度联系在一起。特点一使得副反应系数容易计算得到；副反应系数一旦确定，根据特点二，平衡浓度和表观浓度之间的关系也就确定了。所以，通过副反应系数，能够在需要平衡浓度的场合使用表观浓度，从而利用后者在计算中的优越性。

例 4.2 **副反应系数概念；低难度**

以 EDTA 滴定Zn^{2+}。向Zn^{2+}溶液加入 NH_3，平衡后$[NH_3] = 0.10\ mol·L^{-1}$、pH = 11.00。计算$\alpha_{Zn}$。($Zn^{2+}$-$NH_3$配离子：$\beta_1 = 2.34×10^2$，$\beta_2 = 6.46×10^4$，$\beta_3 = 2.04×10^7$，$\beta_4 = 2.88×10^9$；$Zn^{2+}$-$OH^-$配离子：$\beta_1 = 2.51×10^4$，$\beta_2 = 1.26×10^{10}$，$\beta_3 = 1.58×10^{14}$，$\beta_4 = 3.16×10^{15}$)

解 Zn^{2+}有两个副反应，分别是与 NH_3 和OH^-发生的配位反应，都是四配位，所以相应的副反应系数分别为：

$$\alpha_{Zn(NH_3)} = 1 + \beta_1[NH_3] + \beta_2[NH_3]^2 + \beta_3[NH_3]^3 + \beta_4[NH_3]^4$$

$$\alpha_{Zn(OH)} = 1 + \beta_1[OH^-] + \beta_2[OH^-]^2 + \beta_3[OH^-]^3 + \beta_4[OH^-]^4$$

Zn 的总副反应系数为：

$$\alpha_{Zn} = \alpha_{Zn(NH_3)} + \alpha_{Zn(OH)} - 1$$

代入相应数值计算出$\alpha_{Zn} = 4.83×10^5$。

条件稳定常数

金属离子 M 与 EDTA 的稳定常数通过平衡浓度定义，即：

$$K_{MY} = \frac{[MY]}{[M][Y]}$$

前面已经强调过：①表观浓度能够比平衡浓度更有效地简化配位平衡的定量解析；②通过副反应系数能够将平衡浓度替换为表观浓度。基于这种考虑，将$\alpha_M = \frac{[M']}{[M]}$和$\alpha_Y = \frac{[Y']}{[Y]}$代入上式是相当自然的做法，整理后得到：

$$\frac{K_{MY}}{\alpha_M \alpha_Y} = \frac{[MY]}{[M'][Y']}$$

令$K'_{MY} = \frac{K_{MY}}{\alpha_M \alpha_Y}$，那么得到：

$$K'_{MY} = \frac{[MY]}{[M'][Y']}$$

K'_{MY}称为螯合物 MY 的条件稳定常数(conditional stability constant)。K'_{MY}具有平衡常数的形式，但严格意义上并不是常数，因为受溶液环境影响：只有在具体滴定体系中，α_M和α_Y确定后才可以视为常数。

类似于表观浓度和平衡浓度之间的关系，条件稳定常数不独立于稳定常数，引入它的意义在于有效简化配位平衡的定量解析。此外，条件稳定常数可以更好地描述配位反应的实际情况。例如，副反应会降低滴定反应的完成程度，这种情况下，稳定常数不变，而条件稳定常数却随副反应的加剧(表现为α_M或者α_Y增大)而减小，符合实际情况。

分布分数

类似于酸碱平衡，配位平衡中也存在分布分数这一概念，是针对参加滴定反应的金属离子 M 和 M-EDTA 配合物，且以[Y′]表示的代数式：

$$\delta_{M'}=\frac{[M']}{c_M}=\frac{[M']}{[M']+[MY]}=\frac{1}{K'_{MY}[Y']+1}$$

$$\delta_{MY}=\frac{[MY]}{c_M}=\frac{[MY]}{[M']+[MY]}=\frac{K'_{MY}[Y']}{K'_{MY}[Y']+1}$$

如果 M 没有副反应，那么分布分数表示为δ_M和δ_{MY}，分别等于$\frac{1}{K_{MY}[Y]+1}$和$\frac{K_{MY}[Y]}{K_{MY}[Y]+1}$。实际计算中采取哪种形式，视具体情况而定，参考例 4.4。

$\delta_{M'}$和δ_{MY}不是物料平衡式和条件稳定常数之外的独立等量关系，其目的仍然是简化计算。

2. 配位平衡体系的基本等量关系

金属离子-EDTA 配位平衡体系的基本等量关系是物料平衡式，具体而言是以下两个等式：

$$[MY]+[M']=c_M$$

$$[MY]+[Y']=c_Y$$

得益于表观浓度这一概念，以及 M 与 EDTA 通常生成 1:1 螯合物这一事实，上述两式适用于各种金属离子-EDTA 配位体系。

从以上两式可以得出：$[M']_{sp}=[Y']_{sp}$，无论副反应有多复杂，该等量关系始终成立——又一次体现了表观浓度的优越性。

4.1.2 配位平衡体系的定量解析

金属离子 M 与 EDTA 的配位反应足够简单，但是干扰相当复杂。为了提高定量解析效率，以表观浓度代替平衡浓度，以条件稳定常数代替常规稳定常数。这种代替相当于把实际平衡体系转化为一虚拟体系，虚拟体系中只有金属离子 M 和 EDTA，M 的所有实际干扰被包括到[M′]，EDTA 的所有实际干扰被包括到[Y′]。

只要思想上适应这种转化，计算中通过副反应系数完成这种转化，定量解析就比较简单，无论是从基本等量关系式进行推导，还是直接使用导出公式。

很多情况下，尤其是复杂平衡体系，副反应系数的计算需要近似处理，这也是传统课程的常用手段，参见例 4.4 解法三。近似手段方便计算，但有时会导致显著误差。

精确求解不再使用传统的表观浓度、副反应系数和条件稳定常数，而是以$K''_{MY}=\frac{K_{MY}}{\alpha_{Y(H)}}$代替$K_{MY}$、以$[Y'']=[Y]\alpha_{Y(H)}$代替[Y](加双撇号以区别于$K'_{MY}$和[Y′])①。这种做法的好处是表达式仍然比较简洁，而且K''_{MY}不至于太大、[Y″]不至于太小，可以降低数值运算误差的影响，参见例 4.4 解法二。

例 4.3 **定量计算；基础概念；低难度**

以 0.0200 mol·L⁻¹ EDTA 溶液滴定同浓度Cu^{2+}溶液，控制$pH=5.0$。计算 sp 时游离的和未参加滴定反应的Cu^{2+}的浓度、游离的和未参加滴定反应的Y^{4-}的浓度。($K_{CuY}=6.3\times10^{18}$；$\alpha_{Y(H)}|_{pH=5.0}=2.8\times10^{6}$)

解 EDTA 与Cu^{2+}浓度相等，所以 sp 时加入等体积 EDTA 溶液，Cu^{2+}分析浓度为：$c_{Cu,sp}=0.0100\ mol\cdot L^{-1}$。

① EDTA 配位滴定通过缓冲溶液控制酸度，[H⁺]是定值，因此$\alpha_{Y(H)}$值是准确的。

sp 时，关于 Cu 的 MBE 如下：

$$[CuY]_{sp} + [Cu']_{sp} = c_{Cu,sp} = 0.0100$$

将K'_{CuY}的表达式代入上式，得到：

$$K'_{CuY}[Cu']_{sp}[Y']_{sp} + [Cu']_{sp} = 0.0100$$

将$[Cu']_{sp} = [Y']_{sp}$代入上式，得到关于$[Cu']_{sp}$的方程：

$$K'_{CuY}[Cu']^2_{sp} + [Cu']_{sp} = 0.0100$$

该体系中只有一个副反应，是 EDTA 的水解，所以$K'_{CuY} = \frac{K_{CuY}}{\alpha_{Cu}\alpha_Y} = \frac{K_{CuY}}{\alpha_{Y(H)}}$。现在，上述方程已经可解，得到$[Cu']_{sp} = 6.67\times10^{-8}$ mol·L^{-1}。根据表观浓度定义，这就是"未参加滴定反应的Cu^{2+}的浓度"；Cu^{2+}没有副反应，所以这也是"游离Cu^{2+}的浓度"。$[Cu']_{sp} = [Y']_{sp}$，所以未参加滴定反应的Y^{4-}的浓度为6.67×10^{-8} mol·L^{-1}；$\alpha_Y = 2.8\times10^6$，所以游离Y^{4-}的浓度为 2.38×10^{-14} mol·L^{-1}。

例 4.4 **精确解法；近似解法；中等难度**

对于例 4.3，如果滴定前被测物溶液中还有 0.0200 mol·L^{-1} Ca^{2+}，计算化学计量点(滴定对象是Cu^{2+})时$[CaY]_{sp}$。($K_{CaY} = 4.9\times10^{10}$；其他常数见例 4.3)

解法一 $[CaY]_{sp}$通过 CaY 的分布分数求得，所以解题关键是化学计量点时 EDTA 的浓度$[Y]_{sp}$。

Cu^{2+}是滴定对象，且浓度与 EDTA 相等，所以 sp 时加入等体积 EDTA 溶液，相关物质的分析浓度为：$c_{Cu,sp} = 0.0100$ mol·L^{-1}、$c_{Ca,sp} = 0.0100$ mol·L^{-1}、$c_{EDTA,sp} = 0.0100$ mol·L^{-1}。

sp 时关于 EDTA 的 MBE 如下：

$$[CuY]_{sp} + [CaY]_{sp} + [Y]_{sp}\alpha_{Y(H)} = c_{EDTA,sp}$$

通过 CuY 和 CaY 的分布分数，分别消去上式中的$[CuY]_{sp}$和$[CaY]_{sp}$，整理后得到关于$[Y]_{sp}$的方程：

$$\frac{K_{CuY}[Y]_{sp}}{K_{CuY}[Y]_{sp}+1}c_{Cu,sp} + \frac{K_{CaY}[Y]_{sp}}{K_{CaY}[Y]_{sp}+1}c_{Ca,sp} + [Y]_{sp}\alpha_{Y(H)} - c_{EDTA,sp} = 0$$

通过附录 5 软件在 $10^{-16}\sim10^{-14}$ 范围内求根，解得$[Y]_{sp} = 2.001\times10^{-15}$ mol·L^{-1}。将$[Y]_{sp}$代入$[CaY]_{sp} = \frac{K_{CaY}[Y]_{sp}}{K_{CaY}[Y]_{sp}+1}c_{Ca,sp}$，计算出$[CaY]_{ep} = 9.80\times10^{-7}$ mol·L^{-1}。

且慢！

$[Y]_{sp}$非常小，求解时易受数值运算误差的影响。所以，应该以数值相对较大的$[Y']_{sp}$为未知量列出方程(表观浓度的优越性)，解出后通过$[Y]_{sp} = \frac{[Y']_{sp}}{\alpha_Y}$得到$[Y]_{sp}$，最后通过分布分数计算出$[CaY]_{sp}$。

上述思路正确，却无法实施，因为无法得到α_Y。本例中$\alpha_Y = \alpha_{Y(H)} + \alpha_{Y(Ca)} - 1 = \alpha_{Y(H)} + K_{CaY}[Ca]_{sp}$，而$[Ca]_{sp}$未知。

解法二 令$[Y'']_{sp} = [Y]_{sp}\alpha_{Y(H)}$，以$[Y'']_{sp}$为求解目标(加双撇号以区别于传统表观浓度)。$[Y'']_{sp}$远大于$[Y]_{sp}$，能够比后者更有效地克服数值运算误差的影响。这样，解法一中的方程变为：

$$\frac{K''_{CuY}[Y'']_{sp}}{K''_{CuY}[Y'']_{sp}+1}c_{Cu,sp} + \frac{K''_{CaY}[Y'']_{sp}}{K''_{CaY}[Y'']_{sp}+1}c_{Ca,sp} + [Y'']_{sp} - c_{EDTA,sp} = 0$$

式中，$K''_{CuY} = \frac{K_{CuY}}{\alpha_{Y(H)}}$、$K''_{CaY} = \frac{K_{CaY}}{\alpha_{Y(H)}}$(加双撇号以区别于传统条件稳定常数)。

通过附录 5 软件解得$[Y'']_{sp} = 5.025\times10^{-9}$ mol·L^{-1}，代入$[CaY]_{sp} = \frac{K''_{CaY}[Y'']_{sp}}{K''_{CaY}[Y'']_{sp}+1}c_{Ca,sp}$中，计算出$[CaY]_{ep} = 8.79\times10^{-7}$ mol·L^{-1}。可见，解法一结果的误差高达 11%。

且慢！

该解法是精确求解，而且没有使用传统表观浓度和条件稳定常数。下面解法更“传统”一些，其中表观浓度和条件稳定常数严格符合其定义，但是需要一些近似处理。近似处理是传统解法常用的手段。

解法三　sp 时关于 EDTA 的 MBE 如下：

$$[\mathrm{CuY}]_{\mathrm{sp}} + [\mathrm{Y}']_{\mathrm{sp}} = c_{\mathrm{EDTA,sp}}$$

式中$[\mathrm{Y}']_{\mathrm{sp}}$包含$[\mathrm{CaY}]_{\mathrm{sp}}$，所以此 MBE 与解法一中的 MBE 完全相同。通过 CuY 的分布分数，消去上式中的$[\mathrm{CuY}]_{\mathrm{sp}}$，整理后得到方程：

$$\frac{K'_{\mathrm{CuY}}[\mathrm{Y}']_{\mathrm{sp}}}{K'_{\mathrm{CuY}}[\mathrm{Y}']_{\mathrm{sp}}+1}c_{\mathrm{Cu,sp}} + [\mathrm{Y}']_{\mathrm{sp}} - c_{\mathrm{EDTA,sp}} = 0$$

已经掌握表观浓度和条件稳定常数的你，不难理解上述过程，可能还会有一种不谋而合的喜悦感。方程中，$K'_{\mathrm{CuY}} = \frac{K_{\mathrm{CuY}}}{\alpha_{\mathrm{Cu}}\alpha_{\mathrm{Y}}} = \frac{K_{\mathrm{CuY}}}{\alpha_{\mathrm{Y(H)}}+\alpha_{\mathrm{Y(Ca)}}-1} = \frac{K_{\mathrm{CuY}}}{\alpha_{\mathrm{Y(H)}}+K_{\mathrm{CaY}}[\mathrm{Ca}]_{\mathrm{sp}}}$，所以只剩下最后一个障碍$[\mathrm{Ca}]_{\mathrm{sp}}$，通过以下近似手段得到。

$K_{\mathrm{CuY}} \gg K_{\mathrm{CaY}}$，所以 EDTA 优先与$\mathrm{Cu^{2+}}$反应；滴定对象是$\mathrm{Cu^{2+}}$，所以 sp 时加入与之等量的 EDTA。基于这些事实，可以近似认为 sp 时 EDTA 全部与$\mathrm{Cu^{2+}}$反应、不与$\mathrm{Ca^{2+}}$反应，这样$[\mathrm{Ca}]_{\mathrm{sp}} \approx c_{\mathrm{Ca,sp}} = 0.0100\ \mathrm{mol\cdot L^{-1}}$。

已经得到所需数值，然后通过附录 5 软件解得$[\mathrm{Y}']_{\mathrm{sp}} = 8.844\times10^{-7}\ \mathrm{mol\cdot L^{-1}}$。$[\mathrm{Y}]_{\mathrm{sp}} = \frac{[\mathrm{Y}']_{\mathrm{sp}}}{\alpha_{\mathrm{Y}}} = 1.795\times10^{-15}\ \mathrm{mol\cdot L^{-1}}$，代入到$[\mathrm{CaY}]_{\mathrm{sp}} = \frac{K_{\mathrm{CaY}}[\mathrm{Y}]_{\mathrm{sp}}}{K_{\mathrm{CaY}}[\mathrm{Y}]_{\mathrm{sp}}+1}c_{\mathrm{Ca,sp}}$①，计算出$[\mathrm{CaY}]_{\mathrm{ep}} = 8.79\times10^{-7}\ \mathrm{mol\cdot L^{-1}}$，与解法二结果相同。

且慢！

还有一种近似解法原理上与解法三相似，然而更加简洁，见例 4.6。

(思路过山车到此为止，希望读者有愉快的体验)

例 4.5　　**精确解法；近似解法；高难度**

20.00 mL $\mathrm{Pb^{2+}}$和$\mathrm{Ca^{2+}}$混合溶液，浓度均为 0.0200 mol·L⁻¹。控制$\mathrm{pH} = 5.0$，以同浓度 EDTA 滴定其中的$\mathrm{Pb^{2+}}$，$[\mathrm{Pb^{2+}}]_{\mathrm{ep}} = 1.00\times10^{-7}\ \mathrm{mol\cdot L^{-1}}$。计算$[\mathrm{CaY}]_{\mathrm{ep}}$。($K_{\mathrm{PbY}} = 1.1\times10^{18}$；$K_{\mathrm{CaY}} = 4.9\times10^{10}$；$\alpha_{\mathrm{Y(H)}}|_{\mathrm{pH=5.0}} = 2.8\times10^{6}$)

解法一　$[\mathrm{CaY}]_{\mathrm{ep}}$通过 CaY 的分布分数求得，所以解题关键是终点时 EDTA 的浓度$[\mathrm{Y}]_{\mathrm{ep}}$。

设终点时加入滴定剂的体积为V_{ep}，那么相关物质的分析浓度为：$c_{\mathrm{Pb,ep}} = \frac{0.400}{V_{\mathrm{ep}}+20.00}$、$c_{\mathrm{Ca,ep}} = \frac{0.400}{V_{\mathrm{ep}}+20.00}$、$c_{\mathrm{EDTA,ep}} = \frac{0.0200V_{\mathrm{ep}}}{V_{\mathrm{ep}}+20.00}$。

ep 时关于 EDTA 的 MBE 如下：

$$[\mathrm{PbY}]_{\mathrm{ep}} + [\mathrm{CaY}]_{\mathrm{ep}} + [\mathrm{Y}]_{\mathrm{ep}}\alpha_{\mathrm{Y(H)}} = c_{\mathrm{EDTA,ep}}$$

通过 PbY 和 CaY 的分布分数，分别消去上式中的$[\mathrm{PbY}]_{\mathrm{ep}}$和$[\mathrm{CaY}]_{\mathrm{ep}}$，得到：

$$\left(\frac{K''_1[\mathrm{Y}'']_{\mathrm{ep}}}{K''_1[\mathrm{Y}'']_{\mathrm{ep}}+1} + \frac{K''_2[\mathrm{Y}'']_{\mathrm{ep}}}{K''_2[\mathrm{Y}'']_{\mathrm{ep}}+1}\right)\frac{0.400}{V_{\mathrm{ep}}+20.00} + [\mathrm{Y}'']_{\mathrm{ep}} = \frac{0.0200V_{\mathrm{ep}}}{V_{\mathrm{ep}}+20.00} \qquad (1)$$

① 注意：这里 CaY 的分布分数不能写成$\frac{K'_{\mathrm{CaY}}[\mathrm{Y}']_{\mathrm{sp}}}{K'_{\mathrm{CaY}}[\mathrm{Y}']_{\mathrm{sp}}+1}c_{\mathrm{Ca,sp}}$，其中$K'_{\mathrm{CaY}}$容易被认为是 CaY 的条件稳定常数，而这又暗示着$\mathrm{Ca^{2+}}$与 EDTA 的反应是主反应，$\mathrm{Cu^{2+}}$与 EDTA 的反应是副反应——与实际情况不符。

式中，$[Y'']_{ep}=[Y]_{ep}\alpha_{Y(H)}$、$K_1''=\frac{K_{PbY}}{\alpha_{Y(H)}}$、$K_2''=\frac{K_{CaY}}{\alpha_{Y(H)}}$(加双撇号以区别于传统表观浓度和传统条件稳定常数；以$[Y'']_{ep}$替代$[Y]_{ep}$是为了减小数值运算误差，因为$[Y'']_{ep}\gg[Y]_{ep}$)。

为了使用已知条件$[Pb^{2+}]_{ep}=1.00\times10^{-7}$ mol·L-1，写出 Pb 的分布分数：

$$[Pb]_{ep}=\frac{1}{K_1''[Y'']_{ep}+1}c_{Pb,ep}=\frac{1}{K_1''[Y'']_{ep}+1}\frac{0.400}{V_{ep}+20.00} \tag{2}$$

将(2)式代入(1)式以消去V_{ep}，简单整理后得到关于$[Y'']_{ep}$的方程：

$$\left(\frac{K_1''[Y'']_{ep}}{K_1''[Y'']_{ep}+1}+\frac{K_2''[Y'']_{ep}}{K_2''[Y'']_{ep}+1}+1\right)[Pb'']_{ep}\left(K_1''[Y'']_{ep}+1\right)+[Y'']_{ep}-0.0200=0$$

通过附录 5 软件解得$[Y'']_{ep}=2.540\times10^{-7}$ mol·L-1，代入到(2)式计算出$V_{ep}=20.09$ mL。将$[Y'']_{ep}$和V_{ep}代入$[CaY]_{ep}=\frac{K_2''[Y'']_{ep}}{K_2''[Y'']_{ep}+1}c_{Ca,ep}$，计算出$[CaY]_{ep}=4.42\times10^{-5}$ mol·L-1。

解法二 使用传统表观浓度和条件稳定常数。思路仍然是通过分布分数计算$[CaY]_{ep}$，所需的$[Y]_{ep}$从 Pb 的分布分数入手：

$$[Pb]_{ep}=\frac{1}{K'_{PbY}[Y']_{ep}+1}c_{Pb,ep}$$

对上式进行近似处理，才能得到$[Y']_{ep}$。近似认为 ep 与 sp 足够接近，所以$c_{Pb,ep}\approx c_{Pb,sp}=0.0100$ mol·L-1。$K'_{PbY}=\frac{K_{PbY}}{\alpha_{Pb}\alpha_Y}=\frac{K_{PbY}}{\alpha_{Y(H)}+\alpha_{Y(Ca)}-1}=\frac{K_{PbY}}{\alpha_{Y(H)}+K_{CaY}[Ca]_{ep}}$，近似认为 ep 时 EDTA 全部与$Pb^{2+}$反应、不与$Ca^{2+}$反应，这样$[Ca]_{ep}\approx c_{Ca,ep}\approx c_{Ca,sp}=0.0100$ mol·L-1。

通过上述近似手段，从 Pb 的分布分数计算出$[Y']_{ep}=4.480\times10^{-5}$ mol·L-1。$[Y]_{ep}=\frac{[Y']_{ep}}{\alpha_Y}=9.091\times10^{-14}$ mol·L-1，代入到$[CaY]_{ep}=\frac{K_{CaY}[Y]_{ep}}{K_{CaY}[Y]_{ep}+1}c_{Ca,ep}$，计算出$[CaY]_{ep}=4.43\times10^{-5}$ mol·L-1，误差 0.2%。

解法三 根据稳定常数，得到：

$$\frac{[PbY]_{ep}}{[Pb]_{ep}[Y]_{ep}}=K_{PbY},\quad \frac{[CaY]_{ep}}{[Ca]_{ep}[Y]_{ep}}=K_{CaY}$$

两式相比：

$$\frac{[PbY]_{ep}[Ca]_{ep}}{[Pb]_{ep}[CaY]_{ep}}=\frac{K_{PbY}}{K_{CaY}}$$

近似认为 ep 时 EDTA 全部与Pb^{2+}反应、不与Ca^{2+}反应，这样$[Ca]_{ep}\approx c_{Ca,ep}$、$[PbY]_{ep}\approx c_{Pb,ep}$。再近似认为 ep 和 sp 足够接近，这样$c_{Ca,ep}\approx c_{Ca,sp}=0.0100$ mol·L-1、$c_{Pb,ep}\approx c_{Pb,sp}=0.0100$ mol·L-1。将这些数值代入上式，计算出$[CaY]_{ep}=4.45\times10^{-5}$ mol·L-1，误差 0.7%。

总结上文，可以发现传统解析策略的特点：①引入表观浓度、副反应系数和条件稳定常数以简化思路；②复杂体系中使用近似手段以简化计算，但是近似手段有时导致显著误差。

精确求解时，以$K''_{MY}=\frac{K_{MY}}{\alpha_{Y(H)}}$代替$K_{MY}$、以$[Y'']=[Y]\alpha_{Y(H)}$代替[Y]，以 EDTA 的 MBE 为主进行推导(金属离子的 MBE 通过分布分数被间接使用)，完成计算，参见例 4.4 和 4.5。

4.2 配位滴定曲线

滴定过程中平衡体系pM'($pM'=-\lg[M']$)随滴定剂加入体积V的变化曲线，称为配位滴定曲线，即V-pM'曲线。滴定曲线也可以是V-pM 曲线，相当于V-pM'曲线向上平移 $\lg\alpha_M$单位。

对数值作为纵坐标，目的是清晰显示金属离子浓度在化学计量点前后的数量级变化。这一点与酸碱滴定曲线相同，参见第 3 章 3.3.3。

滴定曲线形象地显示滴定过程中(作为被测物或者滴定剂的)金属离子的量的变化，对于选择指示剂和深入理解滴定体系具有重要作用。

滴定曲线的系统介绍包括定义、作用和绘制方法，参见第 1 章 1.2.2 中的“滴定曲线”条目。

4.2.1　绘制配位滴定曲线

下面以一个简单滴定体系为例，介绍V-pM′曲线的绘制方法。

以 0.10 mol·L^{-1} EDTA 溶液滴定 20.00 mL 同浓度Ca^{2+}溶液，在$pH = 10.00$和$pH = 8.00$两种情况下，试绘制V-pCa′曲线。

设加入V mL 滴定剂，此时平衡体系的体积为$(V + 20.00)$ mL，相关物质的分析浓度为：$c_{Ca} = \frac{2.0}{V+20.00}$、$c_{EDTA} = \frac{0.10V}{V+20.00}$。

绘制滴定曲线，需要建立[Ca′]与V之间的函数关系。为此，列出关于 Ca 和 EDTA 的 MBE：

$$[CaY] + [Ca'] = c_{Ca} = \frac{2.0}{V + 20.00}$$

$$[CaY] + [Y'] = c_{EDTA} = \frac{0.10V}{V + 20.00}$$

将K'_{CaY}的表达式分别代入以上两式，得到：

$$K'_{CaY}[Ca'][Y'] + [Ca'] = \frac{2.0}{V + 20.00}$$

$$K'_{CaY}[Ca'][Y'] + [Y'] = \frac{0.10V}{V + 20.00}$$

通过以上两式消去[Y′]，得到：

$$\frac{K'_{CaY}[Ca']}{K'_{CaY}[Ca'] + 1} = \frac{2.0 - [Ca'](V + 20.00)}{0.10V}$$

令$a = \frac{K'_{CaY}[Ca']}{K'_{CaY}[Ca']+1}$，将上式整理成关于$V$的代数式：

$$V = \frac{2.0 - 20.00[Ca']}{0.10a + [Ca']}$$

通过以上反函数产生一系列(V，pCa′)数据点，具体步骤是“指定pCa′ → 计算[Ca′] → 代入到反函数计算V”；连接这些数据点，得到滴定曲线，如图 4.1 所示。

基于 Matlab 的绘制程序见附录程序 6.3。程序取了大量(V，pCa′)数据点，以提高曲线精度；通过查找$V = 19.98$ mL 和$V = 20.02$ mL 分别对应的pCa′，获得滴定突跃，见图 4.1。

图 4.1 显示了滴定曲线的典型特征：pCa′在滴定初期缓慢变化，接近化学计量点时发生突跃，化学计量点之后的变化又趋于平缓。从图中还可以看出，不同体系的滴定曲线具有相似外形，因为绝大多数金属离子-EDTA 配位平衡体系具有相似的定量性质。这一点不同于酸碱滴定中的复杂情况(参见第 3 章 3.3.2)。

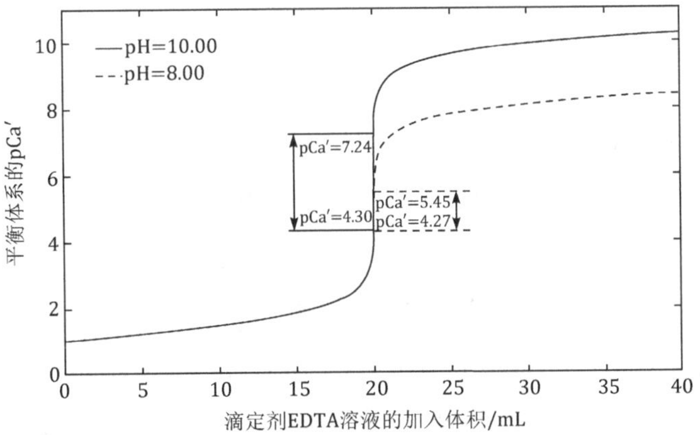

图 4.1 0.10 mol·L-1 EDTA 溶液在不同 pH 下对 20.00 mL 同浓度Ca^{2+}溶液的滴定曲线以及滴定突跃

这两个滴定体系的化学计量点均出现在$V = 20.00$ mL 处，在附录程序 6.3 后添加以下语句，即可得到相应的$\mathrm{pCa}'_{\mathrm{sp}}$，分别是 5.77 和 4.86。

```
[Minimum, Position] = min(abs(V1 - 20.00)); pCasp1 = pCa(Position);
[Minimum, Position] = min(abs(V2 - 20.00)); pCasp2 = pCa(Position);
```

实际上，$\mathrm{pM}'_{\mathrm{sp}}$的计算有一个方便而且通用的公式，下面进行介绍。

4.2.2 $[\mathrm{M}']_{\mathrm{sp}}$ 的计算

通过公式可以计算金属离子 M 在化学计量点的表观浓度$[\mathrm{M}']_{\mathrm{sp}}$。下面是该公式的推导过程。

$$K'_{\mathrm{MY}} = \frac{[\mathrm{MY}]_{\mathrm{sp}}}{[\mathrm{M}']_{\mathrm{sp}}[\mathrm{Y}']_{\mathrm{sp}}}$$

↓ $[\mathrm{M}']_{\mathrm{sp}} = [\mathrm{Y}']_{\mathrm{sp}}$　　只要金属离子 M 和 EDTA 生成 1:1 的螯合物，那么这一等量关系严格成立，与具体副反应无关

$$K'_{\mathrm{MY}} = \frac{[\mathrm{MY}]_{\mathrm{sp}}}{[\mathrm{M}']^2_{\mathrm{sp}}}$$

↓ $[\mathrm{MY}]_{\mathrm{sp}} + [\mathrm{M}']_{\mathrm{sp}} = c_{\mathrm{M,sp}}$　　关于金属离子 M 的物料平衡式

$$K'_{\mathrm{MY}} = \frac{c_{\mathrm{M,sp}} - [\mathrm{M}']_{\mathrm{sp}}}{[\mathrm{M}']^2_{\mathrm{sp}}}$$

↓ $c_{\mathrm{M,sp}} - [\mathrm{M}']_{\mathrm{sp}} \approx c_{\mathrm{M,sp}}$　　金属离子 M 与 EDTA 的反应通常比较完全，所以$[\mathrm{M}']_{\mathrm{sp}}$极小，$c_{\mathrm{M,sp}} \gg [\mathrm{M}']_{\mathrm{sp}}$

$$[\mathrm{M}']_{\mathrm{sp}} = \sqrt{\frac{c_{\mathrm{M,sp}}}{K'_{\mathrm{MY}}}} \quad \text{或者} \quad \mathrm{pM}'_{\mathrm{sp}} = \frac{1}{2}\left(\lg K'_{\mathrm{MY}} - \lg c_{\mathrm{M,sp}}\right) \tag{4.1}$$

上式也可以用于计算$[\mathrm{Y}']_{\mathrm{sp}}$，因为$[\mathrm{Y}']_{\mathrm{sp}} = [\mathrm{M}']_{\mathrm{sp}}$。

(4.1)式是一个方便而且通用的公式。方便性显然，$c_{\mathrm{M,sp}}$和K'_{MY}都容易计算。通用性是指该式的两个限制条件实际上较宽松：①M 与 EDTA 生成 1:1 的螯合物；②K'_{MY}足够大。

例 4.6　　$[Y']_{sp}$**计算式的应用；低难度**

通过公式(4.1)计算例 4.4。

解　基本思路仍然是通过分布分数计算$[CaY]_{sp}$，所需的$[Y]_{sp}$通过$[Y]_{sp} = \frac{[Y']_{sp}}{\alpha_Y}$得到。所以，计算关键是$[Y']_{sp}$。由(4.1)式得到：

$$[Y']_{sp} = [Cu']_{sp} = \sqrt{\frac{c_{Cu,sp}}{K'_{CuY}}}$$

式中，$c_{Cu,sp} = 0.0100\ mol \cdot L^{-1}$ (滴定对象是Cu^{2+}，所以 sp 时加入等体积的 EDTA 溶液)；$K'_{CuY} = \frac{K_{CuY}}{\alpha_{Cu}\alpha_Y} = \frac{K_{CuY}}{\alpha_{Y(H)}+\alpha_{Y(Ca)}-1} = \frac{K_{CuY}}{\alpha_{Y(H)}+K_{CaY}[Ca]_{sp}}$。通过例 4.4 解法三的近似手段，得到$[Ca]_{sp} \approx c_{Ca,sp} = 0.0100\ mol \cdot L^{-1}$。

至此，计算所需的数值已经全部获得，代入到上式计算得出$[Y']_{sp} = 8.844 \times 10^{-7}\ mol \cdot L^{-1}$。$[Y]_{sp} = \frac{[Y']_{sp}}{\alpha_Y} = 1.795 \times 10^{-15}\ mol \cdot L^{-1}$，代入到$[CaY]_{sp} = \frac{K_{CaY}[Y]_{sp}}{K_{CaY}[Y]_{sp}+1} c_{Ca,sp}$，计算出$[CaY]_{ep} = 8.79 \times 10^{-7}\ mol \cdot L^{-1}$。

本解法在原理上与例 4.4 解法三相似，然而更加简洁，原因是公式计算代替了方程求解。两种解法的近似程度不同，本解法在$[Y']_{sp}$和α_Y的计算中使用近似，而例 4.4 解法三只在α_Y的计算中使用近似。例 4.4 解法一没有使用任何近似，然而由于运算精度的限制，误差反而最大。

4.2.3　滴定突跃及其影响因素

配位滴定突跃是滴定剂加入体积分别为 $0.999V_{sp}$和 $1.001V_{sp}$时，平衡体系pM'的改变。滴定突跃端点有比较简单的近似计算式，下面介绍算式的推导。

考虑 EDTA(浓度c_Y)滴定金属离子 M(浓度c_M，体积V_0)的情形。易知，化学计量点时加入滴定剂的体积$V_{sp} = \frac{c_M V_0}{c_Y}$。

当滴定剂加入 $0.999V_{sp}$，即在滴定突跃的下端点，金属离子有剩余，浓度近似等于：

$$[M'] = \frac{c_M V_0 - c_Y 0.999V_{sp}}{0.999V_{sp} + V_0} = \frac{0.001 c_M V_0}{0.999V_{sp} + V_0} \approx \frac{0.001 c_M V_0}{V_{sp} + V_0} = 0.001 c_{M,sp}$$

式中，$c_{M,sp}$表示金属离子在化学计量点的分析浓度。所以，滴定突跃下端点为$pM' = 3 - \lg c_{M,sp}$。

当滴定剂加入 $1.001V_{sp}$，即在滴定突跃的上端点，EDTA 过量，浓度等于：

$$[Y'] = \frac{c_Y 1.001V_{sp} - c_M V_0}{1.001V_{sp} + V_0} = \frac{0.001 c_M V_0}{1.001V_{sp} + V_0}$$

生成物 MY 的浓度近似等于：

$$[MY] = \frac{c_M V_0}{1.001V_{sp} + V_0} - [M'] \approx \frac{c_M V_0}{1.001V_{sp} + V_0}$$

将两式代入K'_{MY}的表达式，整理后得到：

$$[M'] = \frac{1000}{K'_{MY}}$$

所以，滴定突跃上端点为$pM' = \lg K'_{MY} - 3$。

上述算式的适用范围较广，原因是绝大多数金属离子-EDTA 的化学反应计量关系为 1:1。

配位滴定不同于酸碱滴定和氧化还原滴定，后者的化学反应计量关系随具体滴定反应而异，难以推导出简单、统一的突跃端点计算式，具体说明参见第 3 章 3.3.4 和第 5 章 5.2.3。

通过突跃端点的计算式，可以推测滴定曲线的大致形状。如 EDTA 滴定金属离子，化学计量点前的滴定曲线主要取决于金属离子浓度，且随浓度增大而向下扩张；化学计量点后的滴定曲线主要取决于条件稳定常数，且随常数增大而向上扩张。

由于推导过程中的近似手段，上述端点计算式仅在反应足够完全(即K'_{MY}足够大)时才比较准确。如果需要准确的滴定突跃端点，那么基于物料平衡式进行推导计算。此外通过程序绘制V-pM′滴定曲线时，查找 0.999V_{sp}和 1.001V_{sp}分别对应的pM′值，也能够获得准确的滴定突跃端点，参考附录程序 6.3。

4.3 配位滴定终点误差

由于滴定终点 ep 与化学计量点 sp 不一致，滴定剂的实际加入体积(以V_{ep}表示)异于理想值(以V_{sp}表示)，由此导致的误差称为终点误差，以E_t表示，数值上等于V_{ep}对V_{sp}的相对误差。终点误差特指指示剂引入的误差。关于终点误差的系统介绍，参见第 1 章 1.2.2 中的“终点误差”条目。

4.3.1 金属指示剂

配位滴定终点通常由指示剂确定。指示剂是某种配体，与金属离子生成的配合物具有与自身不同的颜色，所以称为金属离子指示剂(metallochromic indicator)，简称金属指示剂。金属指示剂一般还具有酸碱活性，因此以 HIn 表示。

1. 金属指示剂的作用原理

金属指示剂 HIn 起效的基础是：①配体 In 与配合物 MIn 具有不同的颜色；②$K_{MIn} < K_{MY}$。终点时，MIn 开始形成(金属离子 M 滴定 EDTA 的情形)，或者被破坏(EDTA 滴定金属离子 M 的情形)，致使溶液颜色发生变化，从而指示终点。

例如，使用二甲酚橙指示剂(xylenol orange，XO)，在$pH = 6$以Pb^{2+}滴定 EDTA。终点前溶液呈现 XO 的黄色(PbY 无色)；EDTA 消耗殆尽后继续滴定，稍过量的Pb^{2+}即与 XO 生成红色配合物，指示终点。再如，使用钙指示剂，在$pH = 12$以 EDTA 滴定Ca^{2+}。钙指示剂与Ca^{2+}生成红色配合物；Ca^{2+}耗尽后继续滴定，稍过量的 EDTA 即破坏红色配合物，释放出蓝色的钙指示剂，指示终点。

EDTA 滴定金属离子 M 时，临近终点如果 MIn 不能被 EDTA 迅速破坏，颜色变化就不能及时出现，无法正确指示终点，这种情况称为金属离子对指示剂的封闭作用(blockage)。一个典型例子是Al^{3+}对指示剂 XO 的封闭。因此，配位滴定法测铝时采用返滴定方式：向Al^{3+}溶液加入一定量过量的 EDTA，待Al^{3+}和 EDTA 反应完全后，再加入 XO，用Pb^{2+}滴定剩余 EDTA。

Fe^{3+}对指示剂铬黑 T(eriochrome black T, EBT)有封闭作用。与 EDTA 相比，EBT 和Fe^{3+}生成更稳定的配合物，导致终点时没有颜色变化。因此，EBT 不能用于配位滴定法测定Fe^{3+}。测定其他金属离子时，如果试样中存在Fe^{3+}，需要加入三乙醇胺或酒石酸等强配体消除其干扰。

惰性颜料可以增强终点变色的灵敏度。例如，EDTA 滴定Mg^{2+}，EBT 作为指示剂，终点时由酒红色变为浅蓝，颜色变化不是特别敏锐。这种情况下，可以加入黄色惰性颜料，如甲基红，那么终点的颜色变化是橙色到绿色，更容易判断。

2. 金属指示剂的变色点

金属指示剂 HIn 通常具有酸碱活性，溶液中存在 HIn 和In^-，这两种型体对颜色都有贡献。下面示意图表明，无论是 EDTA 滴定金属离子 M，还是 M 滴定 EDTA，终点时都呈现 MIn、HIn 和In^-的混合色①。

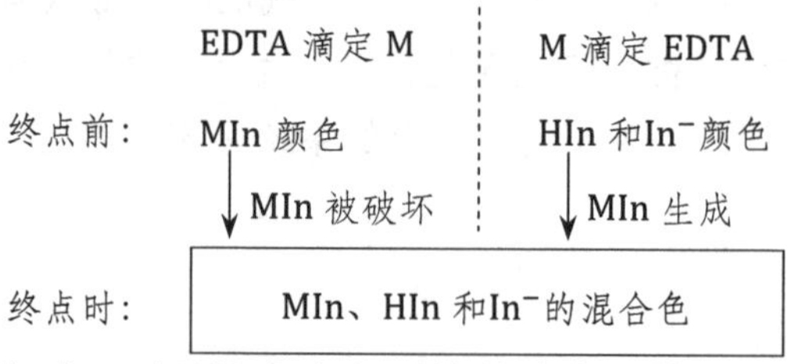

混合色出现指示终点时，可以认为有色型体的浓度相等，即：

$$[MIn]_{ep} = [HIn]_{ep} + [In^-]_{ep}$$

将稳定常数$K_{MIn} = \frac{[MIn]_{ep}}{[M]_{ep}[In^-]_{ep}}$代入上式以消去$[MIn]_{ep}$，得到：

$$K_{MIn}[M]_{ep}[In^-]_{ep} = [HIn]_{ep} + [In^-]_{ep}$$

将离解常数$K_a = \frac{[In^-]_{ep}[H^+]_{ep}}{[HIn]_{ep}}$代入上式以消去$[HIn]_{ep}$，整理后得到：

$$[M]_{ep} = \frac{[H^+]_{ep} + K_a}{K_{MIn}K_a}$$

上式表明：对于一个具体滴定体系——指示剂已确定而且 pH 受缓冲溶液控制，$[M]_{ep}$为定值。当金属离子 M 的浓度降低到$[M]_{ep}$(EDTA 滴定 M)或者升高到$[M]_{ep}$(M 滴定 EDTA)，溶液呈现混合色，指示终点。所以$[M]_{ep}$就是指示剂的变色点(transition point)，表示为$[M]_t$，通常做成列表数据，参见附表 7.9②。

考虑金属离子 M 的表观浓度，那么可以得到：

$$[M']_{ep} = [M]_t\alpha_M \quad 或者 \quad pM'_{ep} = pM_t - \lg\alpha_M \tag{4.2}$$

与上述结论相同，当 M 的表观浓度等于上式所确定的$[M']_{ep}$时，指示剂变色。反之，当指示剂变色时，M 的表观浓度等于$[M']_{ep}$。

① 这是滴定产物 MY 无色的情况。少数情况下 MY 即使有色，也相当于背景色，不影响对颜色变化的分析。

② 附表 7.9 中的数据是$[M]_t$的负对数值，即 pM_t，这是为了和传统课程体系保持一致，传统体系使用 pM_t以方便计算。

信息栏 4.2 **关于金属指示剂理论变色点的再分析**

指示剂变色点表达式$[M]_{ep}=\frac{[H^+]_{ep}+K_a}{K_{MIn}K_a}$中，$\frac{[H^+]_{ep}+K_a}{K_a}$形如 EDTA 的酸效应系数，可以借用副反应系数概念表示为$\alpha_{In(H)}$；再借用条件稳定常数概念，得到$K'_{MIn}=\frac{K_{MIn}}{\alpha_{In(H)}}$。这样，变色点表达式变为$[M]_{ep}=\frac{1}{K'_{MIn}}$，形式更加简洁。这一表达式被很多分析化学教材采用，然而可能导致误解。

条件稳定常数K'_{MIn}似乎表明：指示剂 In 与金属离子 M 的反应是主反应，其他反应，如 In 与H^+、M 与 EDTA 等，则都属于副反应。这种理解与本章 4.1.1 中主反应和副反应的定义相矛盾，难道“主反应”和“副反应”的涵义随场景不同而改变？

以上是误解，原因在于K'_{MIn}。K'_{MIn}的出现只是让表达式简洁(其实如果令$a=\frac{[H^+]_{ep}+K_a}{K_a}$，那么$[M]_{ep}=\frac{a}{K_{MIn}}$，同样简洁)，却无意中被赋予本不应有的“主反应”内涵，从而导致误解。

如 4.1.1 中所述，表观浓度、副反应系数和条件稳定常数是为了简化计算而设计出的概念，并没有简单明确的客观对应物，因此理解上有一定难度，也容易产生误解。为了避免这些问题，切记表观浓度仅用于 M 和 EDTA、条件稳定常数仅用于滴定反应。通俗地说，撇号只应该加在[M]、[Y]和K_{MY}上。

配位滴定除了使用金属指示剂，还可以通过监测体系 pH 变化来确定终点。化学计量点之前，金属离子与 EDTA 的反应不断产生H^+，而且$[H^+]$的增量超过溶液体积增大导致的稀释作用，因此滴定体系 pH 不断降低。化学计量点之后，H^+不再生成，滴定体系的体积则继续增大，致使 pH 缓慢升高。通过氢电极监测滴定过程中 pH 的变化，就可以确定终点。显然，这种终点确定方式要求不能使用缓冲溶液。

有研究表明，一定量HgY^{2-}存在时，汞电极会响应 EDTA 浓度的变化，可以用于配位滴定终点的确定(Reilley et al., 1958)。

4.3.2 配位滴定终点误差的计算

与酸碱滴定相同，配位滴定终点误差也通过终点误差的体积定义式计算。定义式如下：

$$E_t=\frac{V_{ep}-V_{sp}}{V_{sp}}\times 100\%$$

式中，V_{ep}和V_{sp}分别表示终点和化学计量点时加入滴定剂的体积。体积定义式的系统性说明参见第 1 章 1.2.2 中的“终点误差”条目。

计算终点误差E_t时，滴定剂和被测物的浓度设为已知，所以计算关键在于V_{ep}。V_{ep}是在指示剂变色点$[M]_{ep}$(或者$[M']_{ep}$)加入滴定剂的体积；从已知的$[M]_{ep}$(或者$[M']_{ep}$)计算V_{ep}需要一个包含这两个量的等式，该等式从滴定体系的物料平衡式导出。

以上是理论分析，具体计算步骤参见信息栏 4.3。这些步骤是“化学平衡定量解析的理论框架”在终点误差计算中的体现(参见第 1 章 1.2.2 中相应条目)。

信息栏 4.3 **配位滴定终点误差计算步骤**

(1) 分别用V_{ep}和V_{sp}表示滴定终点和化学计量点时加入滴定剂的体积，并令$R=\frac{V_{ep}}{V_{sp}}$。根据反应物浓度和滴定反应的计量关系，以V_{sp}表示出被测物溶液的体积。

(2) 以V_{ep}和V_{sp}表示出终点时溶液的总体积，并将相关物质的分析浓度表示为关于R的代数式。

(3) 列出终点时关于金属离子 M 和 EDTA 的 MBE，消去其中的$[Y']_{ep}$，得到包含$[M']_{ep}$和R的代数式。

(4) 将$[M']_{ep}$代入上式，计算出R。将R代入$E_t = (R-1)\times 100\%$，计算出终点误差。

方法实质：将终点时的 MBE 转化为包含$[M']_{ep}$和R的等式，代入已知条件$[M']_{ep}$后计算R。

配位滴定终点误差还可以通过林邦公式来计算，其形式如下：

$$E_t = \frac{10^{\Delta pM'} - 10^{-\Delta pM'}}{\sqrt{c_{M,sp}K'_{MY}}} \times 100\%$$

式中，K'_{MY}为条件稳定常数；$c_{M,sp}$为金属离子在化学计量点的分析浓度；$\Delta pM' = pM'_{ep} - pM'_{sp}$，$pM'_{sp} = \frac{\lg K'_{MY} - \lg c_{M,sp}}{2}$ [4.2.2 中(4.1)式]、$pM'_{ep} = pM_t - \lg\alpha_M$ [4.3.1 中(4.2)式]。

下面例题分别采用体积定义式和林邦公式计算终点误差，以资对比。两种计算方法的进一步讨论和总结参见信息栏 4.4。

例 4.7 **终点误差；两种算法结果不同；低难度**

以 0.0020 mol·L⁻¹ EDTA 溶液滴定同浓度Pb^{2+}溶液，控制$pH = 5.00$，XO 为指示剂，Pb^{2+}溶液含有$S_2O_3^{2-}$，$[S_2O_3^{2-}]_{ep} = 0.010$ mol·L⁻¹。计算终点误差。($K_{PbY} = 1.1\times 10^{18}$；$\alpha_{Y(H)}|_{pH=5.00} = 2.82\times 10^6$；$pPb_t|_{XO,pH=5.00} = 7.0$；$Pb^{2+}$-$S_2O_3^{2-}$配离子：$\beta_1 = 1.3\times 10^5$，$\beta_3 = 2.5\times 10^6$)

解法一 分别用V_{ep}和V_{sp}表示滴定终点和化学计量点时加入 EDTA 溶液的体积，并令$R = \frac{V_{ep}}{V_{sp}}$。根据反应物浓度和滴定反应的计量关系，易知被测物溶液的体积等于V_{sp}。

终点时溶液的总体积等于$(V_{ep}+V_{sp})$，相关物质的分析浓度为：$c_{Pb,ep} = \frac{0.0020V_{sp}}{V_{ep}+V_{sp}} = \frac{0.0020}{R+1}$、$c_{EDTA,ep} = \frac{0.0020V_{ep}}{V_{ep}+V_{sp}} = \frac{0.0020R}{R+1}$。

终点时体系的 MBE 如下：

$$[PbY]_{ep} + [Pb']_{ep} = c_{Pb,ep} = \frac{0.0020}{R+1}$$

$$[PbY]_{ep} + [Y']_{ep} = c_{EDTA,ep} = \frac{0.0020R}{R+1}$$

将K'_{PbY}的表达式分别代入以上两式，得到：

$$K'_{PbY}[Pb']_{ep}[Y']_{ep} + [Pb']_{ep} = \frac{0.0020}{R+1}$$

$$K'_{PbY}[Pb']_{ep}[Y']_{ep} + [Y']_{ep} = \frac{0.0020R}{R+1}$$

通过以上两式消去$[Y']_{ep}$，得到：

$$\frac{K'_{PbY}[Pb']_{ep}}{K'_{PbY}[Pb']_{ep}+1} = \frac{0.0020 - [Pb']_{ep}(R+1)}{0.0020R}$$

令$a = \frac{K'_{PbY}[Pb']_{ep}}{K'_{PbY}[Pb']_{ep}+1}$，从上式推导出$R$的计算式：

$$R = \frac{0.0020 - [Pb']_{ep}}{0.0020a + [Pb']_{ep}}$$

上式中各参数的计算式为：$K'_{PbY} = \frac{K_{PbY}}{\alpha_{Pb}\alpha_Y}$、$\alpha_{Pb} = \alpha_{Pb(S_2O_3^{2-})}$、$\alpha_Y = \alpha_{Y(H)}$、$[Pb']_{ep} = 10^{-7.0}\cdot\alpha_{Pb}$。代入

相应数值，计算出$R = 0.878$，最终得到$E_t = (R - 1) \times 100\% = -12.2\%$。

解法二 使用林邦公式，所需参数的计算式和结果如下：

$$c_{Pb,sp} = 0.0010\ mol \cdot L^{-1}$$

$$\alpha_{Pb} = \alpha_{Pb(S_2O_3^{2-})} = 1 + \beta_1[S_2O_3^{2-}] + \beta_3[S_2O_3^{2-}]^3 = 1.304 \times 10^3$$

$$\alpha_Y = \alpha_{Y(H)} = 2.347 \times 10^6$$

$$K'_{PbY} = \frac{K_{PbY}}{\alpha_{Pb}\alpha_Y} = 2.993 \times 10^8$$

$$pPb'_{sp} = \frac{\lg K'_{PbY} - \lg c_{Pb,sp}}{2} = 5.738$$

$$pPb'_{ep} = pPb_t - \lg\alpha_{Pb} = 3.885$$

$$\Delta pPb' = pPb'_{ep} - pPb'_{sp} = -1.853$$

将相应数值代入林邦公式，计算得到$E_t = -13.0\%$。

解法一中，如果令$\alpha_{Pb} = 1$，其他参数不变，那么终点误差为-0.0074%。说明Pb^{2+}与$S_2O_3^{2-}$的副反应导致了较大的终点误差。如果将Pb^{2+}浓度提高到 0.20 mol·L^{-1}（滴定剂 EDTA 浓度也是 0.20 mol·L^{-1}），其他参数不变，那么终点误差为-0.13%。说明被测物浓度足够高时，即使存在副反应，滴定分析仍有可能获得准确结果。

例 4.8 **终点误差；两种算法结果相同；低难度**

以 0.020 mol·L^{-1} EDTA 溶液滴定同浓度Zn^{2+}溶液，通过氨缓冲溶液控制$pH = 10.00$，EBT 为指示剂，$[NH_3]_{ep} = 0.20$ mol·L^{-1}。计算终点误差。($K_{ZnY} = 3.16 \times 10^{16}$；$\alpha_{Y(H)}|_{pH=10.00} = 2.82$；$pZn_t|_{EBT,pH=10.00} = 12.2$；$Zn^{2+}$-$NH_3$配离子：$\beta_1 = 2.34 \times 10^2$，$\beta_2 = 6.46 \times 10^4$，$\beta_3 = 2.04 \times 10^7$，$\beta_4 = 2.88 \times 10^9$；$Zn^{2+}$-$OH^-$配离子：$\beta_1 = 2.51 \times 10^4$，$\beta_2 = 1.26 \times 10^{10}$，$\beta_3 = 1.58 \times 10^{14}$，$\beta_4 = 3.16 \times 10^{15}$)

解法一 分别用V_{ep}和V_{sp}表示滴定终点和化学计量点时加入 EDTA 溶液的体积，并令$R = \frac{V_{ep}}{V_{sp}}$。根据反应物浓度和滴定反应的计量关系，易知被测物溶液的体积等于V_{sp}。

终点时溶液的总体积等于$(V_{ep} + V_{sp})$，相关物质的分析浓度为：$c_{Zn,ep} = \frac{0.020V_{sp}}{V_{ep}+V_{sp}} = \frac{0.020}{R+1}$、$c_{EDTA,ep} = \frac{0.020V_{ep}}{V_{ep}+V_{sp}} = \frac{0.020R}{R+1}$。

终点时体系的 MBE 如下：

$$[ZnY]_{ep} + [Zn']_{ep} = c_{Zn,ep} = \frac{0.020}{R+1}$$

$$[ZnY]_{ep} + [Y']_{ep} = c_{EDTA,ep} = \frac{0.020R}{R+1}$$

将K'_{ZnY}的表达式分别代入以上两式，得到：

$$K'_{ZnY}[Zn']_{ep}[Y']_{ep} + [Zn']_{ep} = \frac{0.020}{R+1}$$

$$K'_{ZnY}[Zn']_{ep}[Y']_{ep} + [Y']_{ep} = \frac{0.020R}{R+1}$$

通过以上两式消去$[Y']_{ep}$，得到：

$$\frac{K'_{ZnY}[Zn']_{ep}}{K'_{ZnY}[Zn']_{ep} + 1} = \frac{0.020 - [Zn']_{ep}(R+1)}{0.020R}$$

令$a = \frac{K'_{ZnY}[Zn']_{ep}}{K'_{ZnY}[Zn']_{ep}+1}$，从上式推导出$R$的计算式：

$$R = \frac{0.020 - [Zn']_{ep}}{0.020a + [Zn']_{ep}}$$

上式中各参数的计算式为：$K'_{ZnY}=\frac{K_{ZnY}}{\alpha_{Zn}\alpha_Y}$、$\alpha_{Zn}=\alpha_{Zn(NH_3)}+\alpha_{Zn(OH)}-1$、$\alpha_Y=\alpha_{Y(H)}$、$[Zn']_{ep}=10^{-12.2}\cdot\alpha_{Zn}$。代入相应数值，计算出$R=0.99984$，最终得到$E_t=(R-1)\times100\%=-0.016\%$。

解法二 使用林邦公式，所需参数的计算式和结果如下：

$$c_{Zn,sp}=0.010\ mol\cdot L^{-1}$$

$$\alpha_{Zn}=\alpha_{Zn(NH_3)}+\alpha_{Zn(OH)}-1=1+\sum\beta_i[NH_3]^i_{ep}+\sum\beta_i[OH]^i_{ep}=4.774\times10^6$$

$$\alpha_Y=\alpha_{Y(H)}=2.82$$

$$K'_{ZnY}=\frac{K_{ZnY}}{\alpha_{Zn}\alpha_Y}=2.347\times10^9$$

$$pZn'_{sp}=\frac{\lg K'_{ZnY}-\lg c_{Zn,sp}}{2}=5.685$$

$$pZn'_{ep}=pZn_t-\lg\alpha_{Zn}=5.521$$

$$\Delta pZn'=pZn'_{ep}-pZn'_{sp}=-0.164$$

将相应数值代入林邦公式，计算得到$E_t=-0.016\%$，与解法一结果相同。

例 4.9 **终点误差；近似解法；精确解法；中等难度**

25.0 mL Ca^{2+}和Ba^{2+}混合溶液，分析浓度均为 0.020 mol·L^{-1}。以同浓度 EDTA 溶液滴定其中的Ca^{2+}，加入 10.0 mL 缓冲溶液控制$pH=10.00$，EBT 为指示剂。计算终点误差。($K_{CaY}=4.90\times10^{10}$；$K_{BaY}=7.24\times10^7$；$\alpha_{Y(H)}|_{pH=10.00}=2.82$；$pCa_t|_{EBT,pH=10.00}=3.8$)

解法一 用V_{ep}表示滴定终点时加入 EDTA 溶液的体积。终点时溶液的总体积等于$(V_{ep}+35.0)$，相关物质的分析浓度为：$c_{Ca,ep}=\frac{0.50}{V_{ep}+35.0}$、$c_{EDTA,ep}=\frac{0.020V_{ep}}{V_{ep}+35.0}$。

终点时体系的 MBE 如下：

$$[CaY]_{ep}+[Ca']_{ep}=c_{Ca,ep}=\frac{0.50}{V_{ep}+35.0}$$

$$[CaY]_{ep}+[Y']_{ep}=c_{EDTA,ep}=\frac{0.020V_{ep}}{V_{ep}+35.0}$$

将K'_{CaY}的表达式分别代入以上两式，得到：

$$K'_{CaY}[Ca']_{ep}[Y']_{ep}+[Ca']_{ep}=\frac{0.50}{V_{ep}+35.0}$$

$$K'_{CaY}[Ca']_{ep}[Y']_{ep}+[Y']_{ep}=\frac{0.020V_{ep}}{V_{ep}+35.0}$$

通过以上两式消去$[Y']_{ep}$，得到：

$$\frac{K'_{CaY}[Ca']_{ep}}{K'_{CaY}[Ca']_{ep}+1}=\frac{0.50-[Ca']_{ep}(V_{ep}+35.0)}{0.020V_{ep}}$$

令$a=\frac{K'_{CaY}[Ca']_{ep}}{K'_{CaY}[Ca']_{ep}+1}$，从上式推导出$V_{ep}$的计算式：

$$V_{ep}=\frac{0.50-35.0[Ca']_{ep}}{0.020a+[Ca']_{ep}}$$

上式中各参数的计算式为：$K'_{CaY}=\frac{K_{CaY}}{\alpha_{Ca}\alpha_Y}$、$\alpha_{Ca}=1$、$\alpha_Y=\alpha_{Y(H)}+\alpha_{Y(Ba)}-1=\alpha_{Y(H)}+K_{BaY}[Ba]_{ep}$、$[Ca']_{ep}=10^{-3.8}\cdot\alpha_{Ca}$。目前唯一障碍是$[Ba]_{ep}$，可以借助近似手段得到。$K_{CaY}\gg K_{BaY}$，因此近似认为 ep 时 EDTA 全部与$Ca^{2+}$反应、不与$Ba^{2+}$反应，这样$[Ba]_{ep}\approx c_{Ba,ep}$。再近似认为 ep 和 sp 足够接近，那么$c_{Ba,ep}\approx c_{Ba,sp}=\frac{0.50}{60.0}$ mol·L^{-1}。

已经得到所需数值，然后计算出$V_{ep}=26.42$ mL，最终得到$E_t=\frac{V_{ep}-25.0}{25.0}\times100\%=5.68\%$。

解法二 使用林邦公式，所需参数的计算式和结果如下：

$$c_{Ca,sp}=\frac{0.50}{60.0}\ \text{mol·L}^{-1}$$

$$\alpha_{Ca}=1$$

$$\alpha_Y=\alpha_{Y(H)}+\alpha_{Y(Ba)}-1=\alpha_{Y(H)}+K_{BaY}[Ba]_{ep}=6.033\times10^5$$

$$K'_{CaY}=\frac{K_{CaY}}{\alpha_{Ca}\alpha_Y}=8.122\times10^4$$

$$pCa'_{sp}=\frac{\lg K'_{CaY}-\lg c_{Ca,sp}}{2}=3.494$$

$$pCa'_{ep}=pCa_t-\lg\alpha_{Ca}=3.8$$

$$\Delta pCa'=pCa'_{ep}-pCa'_{sp}=0.306$$

其中，$[Ba]_{ep}$通过解法一中的近似手段得到，为$\frac{0.50}{60.0}$ mol·L^{-1}。将相应数值代入林邦公式，计算出$E_t=5.87\%$。

解法三 用V_{ep}表示滴定终点时加入 EDTA 溶液的体积。终点时溶液的总体积等于$(V_{ep}+35.0)$，相关物质的分析浓度为：$c_{Ca,ep}=\frac{0.50}{V_{ep}+35.0}$、$c_{Ba,ep}=\frac{0.50}{V_{ep}+35.0}$、$c_{EDTA,ep}=\frac{0.020V_{ep}}{V_{ep}+35.0}$。

终点时体系的 MBE 如下：

$$[CaY]_{ep}+[Ca]_{ep}=c_{Ca,ep}=\frac{0.50}{V_{ep}+35.0}\Longrightarrow[CaY]_{ep}=\frac{K''_1[Y'']_{ep}}{K''_1[Y'']_{ep}+1}\frac{0.50}{V_{ep}+35.0}$$

$$[BaY]_{ep}+[Ba]_{ep}=c_{Ba,ep}=\frac{0.50}{V_{ep}+35.0}\Longrightarrow[BaY]_{ep}=\frac{K''_2[Y'']_{ep}}{K''_2[Y'']_{ep}+1}\frac{0.50}{V_{ep}+35.0}$$

$$[CaY]_{ep}+[BaY]_{ep}+[Y'']_{ep}=c_{EDTA,ep}=\frac{0.020V_{ep}}{V_{ep}+35.0}$$

式中，$[Y'']_{ep}=[Y]_{ep}\alpha_{Y(H)}$、$K''_1=\frac{K_{CaY}}{\alpha_{Y(H)}}$、$K''_2=\frac{K_{BaY}}{\alpha_{Y(H)}}$(加双撇号以区别于传统表观浓度和传统条件稳定常数；以$[Y'']_{ep}$替代$[Y]_{ep}$是为了减小数值运算误差，因为$[Y'']_{ep}\gg[Y]_{ep}$)。

本题比较复杂(存在干扰离子Ba^{2+})，难以直接建立$[Ca]_{ep}$与V_{ep}之间的函数关系。可行的思路是以$[Y'']_{ep}$为中间变量，间接建立函数关系。分析以上 3 式，可以先建立V_{ep}与$[Y'']_{ep}$之间的函数关系：不必直接使用 Ca 和 Ba 的 MBE (上文以灰色背景标记)，而是通过各自的分布分数发挥作用。这样，EDTA 的 MBE 变为：

$$\left(\frac{K''_1[Y'']_{ep}}{K''_1[Y'']_{ep}+1}+\frac{K''_2[Y'']_{ep}}{K''_2[Y'']_{ep}+1}\right)\frac{0.50}{V_{ep}+35.0}+[Y'']_{ep}=\frac{0.020V_{ep}}{V_{ep}+35.0}\tag{1}$$

V_{ep}与$[Y'']_{ep}$之间的函数关系已经建立。再建立$[Y'']_{ep}$与$[Ca]_{ep}$之间的函数关系，这比较简单，借助 Ca 的分布分数即可：

$$[Ca]_{ep}=\frac{1}{K''_1[Y'']_{ep}+1}\frac{0.50}{V_{ep}+35.0}\tag{2}$$

至此，解题所需要的函数关系已经获得。将(2)式代入(1)式以消去$[Y'']_{ep}$，得到关于V_{ep}的方程。使用附录 5 软件求解时，不必费力写出这个方程，以$[Y'']_{ep}$为中间变量，即可快速完成输入。方程表达式的 Matlab 代码如下，其中第 2 行语句就是从(2)式得出的$[Y'']_{ep}$表达式。

```
K1 = 4.9e10 / 2.82; K2 = 7.24e7 / 2.82; Ca = 10^-3.8;
EDTA = (0.50 ./ (x + 35.0) / Ca - 1) / K1;
y = (K1*EDTA ./ (K1*EDTA + 1) + K2*EDTA ./ (K2*EDTA + 1)) * 0.50 ./ (x + 35.0) + EDTA - 0.020
    * x ./ (x + 35.0);
```

软件在 25 附近求根，解得$V_{ep}=26.25$ mL，最终得到$E_t=\frac{V_{ep}-25.0}{25.0}\times100\%=5.00\%$。

解法三是精确求解，过程中没有使用传统的表观浓度$[Ca']$、$[Y']$和条件稳定常数K'，原因是$[Ba]_{ep}$未知，无法得到 EDTA 总副反应系数，也就无法得到K'。解题中使用的$[Y'']$和K''，只是为了减小数值运算误差，并不具有表观浓度和条件稳定常数的含义。林邦公式必须使用表观浓度和条件稳定常数，而获得条件稳定常数所需的$[Ba]_{ep}$，则通过近似得到(传统方法的必要手段)。

例 4.10 **终点误差；精确解法；传统算法无效；高难度**

14 种镧系离子混合溶液，浓度均为 0.0020 mol·L-1。以 0.028 mol·L-1 EGTA 溶液滴定总量，控制 pH = 6.00，XO 为指示剂，设终点仅由 LaIn 确定。计算终点误差。(按照周期表顺序，14 种镧系离子的K_{MY}分别为 3.55×10^{15}、5.01×10^{15}、1.12×10^{16}、1.91×10^{16}、7.59×10^{16}、1.26×10^{17}、8.71×10^{16}、1.86×10^{17}、2.63×10^{17}、2.40×10^{17}、2.51×10^{17}、3.02×10^{17}、6.02×10^{17}、6.46×10^{17}；$\alpha_{Y(H)}|_{pH=6.00} = 4.47\times10^4$；$pLa_t|_{XO,pH=6.00} = 5.6$)

解 分别用V_{ep}和V_{sp}表示滴定终点和化学计量点时加入 EGTA 溶液的体积，并令$R = \frac{V_{ep}}{V_{sp}}$。根据反应物浓度和滴定反应的计量关系，易知被测物溶液的体积等于V_{sp}。

终点时溶液的总体积等于$(V_{ep} + V_{sp})$，相关物质的分析浓度为$c_{M,ep} = \frac{0.0020V_{sp}}{V_{ep}+V_{sp}} = \frac{0.0020}{R+1}$(M 表示镧系离子)、$c_{EGTA,ep} = \frac{0.028V_{ep}}{V_{ep}+V_{sp}} = \frac{0.028R}{R+1}$。

终点时关于 EGTA 的 MBE 如下：

$$[LaY]_{ep} + \cdots + [LuY]_{ep} + [Y'']_{ep} = c_{EGTA,ep} = \frac{0.028R}{R+1}$$

式中，$[Y'']_{ep} = [Y]_{ep}\alpha_{Y(H)}$ (加双撇号以区别于传统表观浓度；以$[Y'']_{ep}$替代$[Y]_{ep}$是为了减小数值运算误差，因为$[Y'']_{ep} \gg [Y]_{ep}$)。通过分布分数，消去 MBE 中的各螯合物浓度，得到：

$$\left(\frac{K''_{LaY}[Y'']_{ep}}{K''_{LaY}[Y'']_{ep}+1} + \cdots + \frac{K''_{LuY}[Y'']_{ep}}{K''_{LuY}[Y'']_{ep}+1}\right)\frac{0.0020}{R+1} + [Y'']_{ep} = \frac{0.028R}{R+1} \tag{1}$$

式中，$K''_{MY} = \frac{K_{MY}}{\alpha_{Y(H)}}$(加双撇号以区别于传统条件稳定常数)。

R与$[Y'']_{ep}$之间的函数关系已经建立。再建立$[Y'']_{ep}$与$[La]_{ep}$之间的函数关系，这比较简单，借助 La 的分布分数即可：

$$[La]_{ep} = \frac{1}{K''_{LaY}[Y'']_{ep}+1}\frac{0.0020}{R+1} \tag{2}$$

将(2)式代入(1)式以消去$[Y'']_{ep}$，得到关于R的方程。使用附录 5 软件求解时，不必费力写出这个方程，以$[Y'']_{ep}$为中间变量，即可快速完成输入。方程表达式的 Matlab 代码如下，其中第 6 行语句就是从(2)式得出的$[Y'']_{ep}$表达式。

```
K1 = 3.55e15 / 4.47e4; K2 = 5.01e15 / 4.47e4; K3 = 1.12e16 / 4.47e4; K4 = 1.91e16 / 4.47e4;
K5 = 7.59e16 / 4.47e4; K6 = 1.26e17 / 4.47e4; K7 = 8.71e16 / 4.47e4; K8 = 1.86e17 / 4.47e4;
K9 = 2.63e17 / 4.47e4; K10 = 2.40e17 / 4.47e4; K11 = 2.51e17 / 4.47e4; K12 = 3.02e17 / 4.47e4;
K13 = 6.02e17 / 4.47e4; K14 = 6.46e17 / 4.47e4;
La = 10^-5.6;
EGTA = (0.0020 ./ (x + 1) / La - 1) / K1;
y = (K1*EGTA ./ (K1*EGTA + 1) + K2*EGTA ./ (K2*EGTA + 1) + K3*EGTA ./ (K3*EGTA + 1) +
    K4*EGTA ./ (K4*EGTA + 1) + K5*EGTA ./ (K5*EGTA + 1) + K6*EGTA ./ (K6*EGTA + 1) +
```

K7*EGTA ./ (K7*EGTA + 1) + K8*EGTA ./ (K8*EGTA + 1) + K9*EGTA ./ (K9*EGTA + 1) + K10*EGTA ./ (K10*EGTA + 1) + K11*EGTA ./ (K11*EGTA + 1) + K12*EGTA ./ (K12*EGTA + 1) + K13*EGTA ./ (K13*EGTA + 1) + K14*EGTA ./ (K14*EGTA + 1)) * 0.0020 ./ (x + 1) + EGTA - 0.028 * x ./ (x + 1);

解得$R = 0.99957$，最终得到$E_t = (R - 1) \times 100\% = -0.043\%$。

信息栏 4.4　配位滴定终点误差计算的总结

(1) 林邦公式要求滴定反应的计量关系是 1∶1，而绝大多数金属离子与 EDTA 的反应满足这一要求。这也说明为什么林邦公式不太适合另外三大滴定的终点误差计算。

(2) 林邦公式是一个近似公式，$\Delta pM'$较小时，结果才比较准确①，参见例 4.7~4.9。

(3) 副反应系数有时需要近似手段才能得到，参见例 4.9。对于使用传统表观浓度、副反应系数和条件稳定常数的林邦公式而言，这会进一步引入误差。

(4) 对于复杂滴定体系，林邦公式可能无效，如例 4.10。

(5) 信息栏 4.3 介绍的计算方法具有原理明确、步骤清晰、功能强大等优点。如果使用传统的表观浓度、副反应系数和条件稳定常数，再结合近似手段，该方法的计算效率与林邦公式相近，参见例 4.9 解法一和解法二。如果不使用任何近似手段，该方法可以获得终点误差的准确值，参见例 4.9 解法三。

(6) 对于特定问题，如准确滴定判别，林邦公式更加方便。

4.4 准确滴定判别

目测颜色变化存在不确定性，因此，即使使用在化学计量点变色的理想指示剂，滴定终点也可能偏离化学计量点，判断相应误差是否在允许范围就是准确滴定判别。关于准确滴定判别的系统介绍，参见第 1 章 1.2.2 中的“准确滴定判别”条目。

配位滴定中，目测的不确定性导致pM'_{ep}偏离 pM'_{sp} 0.2单位。计算$pM'_{ep} = pM'_{sp} \pm 0.2$对应的终点误差，然后判断是否超出允许范围±0.1%。这种方法称为“终点误差法”，计算流程是：计算$[M']_{sp}$ [使用 4.2.2 中(4.1)式] → 计算$[M']_{ep} = [M']_{sp}10^{0.2}$ (或者$[M']_{ep} = [M']_{sp}10^{-0.2}$) → 计算终点误差(使用信息栏 4.3 中的方法)，并判断是否在允许范围±0.1%内。

“终点误差法”比较直观，但是计算效率低于“滴定突跃法”；两种方法的对比可以参考第 3 章 3.5 节图 3.6。“滴定突跃法”的计算步骤见信息栏 4.5。

信息栏 4.5　“滴定突跃法”的准确滴定判别步骤

(1) 分别用V和V_{sp}表示某一滴定时刻和化学计量点时加入滴定剂的体积，并令$R = \frac{V}{V_{sp}}$。根据反应物浓度

① 从实用角度看，这不算什么问题。$\Delta pM'$较大时，终点误差就很大，可能已经超出允许范围(±0.1%)，那么相应的滴定体系已经不能用于分析。这种情况下，尽管林邦公式不再适用，但是准确求得这个较大的终点误差似乎没有太大实际价值。

和滴定反应的计量关系，以V_{sp}表示出被测物溶液的体积。

(2) 列出 MBE，消去其中的[Y′]，得到包含[M′]和R的代数式。

(3) 将$R = 0.999$和$R = 1.001$分别代入上式，求解相应方程获得$[M']_{R=0.999}$和$[M']_{R=1.001}$，然后计算突跃$\Delta pM' = |pM'_{R=0.999} - pM'_{R=1.001}|$，最后判断$\Delta pM'$是否小于 0.4。

林邦公式也可以用于准确滴定判别：计算$\Delta pM' = \pm 0.2$对应的终点误差，然后判断是否超出允许范围±0.1%。基于林邦公式，通过一些近似手段，可以得到方便易用的判别式，参见信息栏 4.6，这也是传统课程体系常采用的方式。

需要注意：这些判别式是在目测不确定性$\Delta pM' = \pm 0.2$和允许误差±0.1%这两个条件下得到的。如果这两个参数取其他值，那么判别式中的数值有所改变，具体值可以通过林邦公式得出。另外，还需要注意这些判别式的适用条件：①忽略$\alpha_{Y(H)}$；②$K_{MY} \gg K_{NY}$。

信息栏 4.6 **传统准确滴定判别式**

(1) 单一金属离子 M：如果$\lg(K'_{MY}c_{M,sp}) \geqslant 6$，那么可以准确滴定。

(2) 混合离子 M 和 N：如果$\lg(K_{MY}c_{M,sp}) - \lg(K_{NY}c_{N,sp}) \geqslant 6$且$\lg(K_{MY}c_{M,sp}) \geqslant 6$且$\lg(K_{NY}c_{N,sp}) \geqslant 6$，那么可以分步准确滴定 M 和 N，或者说可以连续准确滴定 M 和 N。

(3) 混合离子 M 和 N：如果$\lg(K_{MY}c_{M,sp}) - \lg(K_{NY}c_{N,sp}) \geqslant 6$且$\lg(K_{MY}c_{M,sp}) \geqslant 6$且$\lg(K_{NY}c_{N,sp}) < 6$，那么可以准确滴定 M，不能准确滴定 N，但是 N 不干扰。

(4) 混合离子 M 和 N：如果$\lg(K_{MY}c_{M,sp}) - \lg(K_{NY}c_{N,sp}) < 6$且$\lg(K_{MY}c_{M,sp}) \geqslant 6$且$\lg(K_{NY}c_{N,sp}) \geqslant 6$，那么可以准确滴定 M 和 N 的总量，不能分别滴定。

配位滴定中，准确滴定判别主要用于研究副反应的影响程度，具体是研究三类问题：酸度的影响、干扰离子的影响(即研究滴定的选择性)、掩蔽方法的应用。下面分别进行介绍。

4.4.1 酸度的影响和酸度允许范围

酸度对配位滴定的影响显而易见：$[H^+]$升高导致$\alpha_{Y(H)}$增大，K'_{MY}因此减小，终点误差即增大。通过判断相应的终点误差是否超出允许范围(或者滴定突跃是否大于 0.4 单位)，可以定量研究酸度的影响以及确定最高允许酸度。

例 4.11 **准确滴定判别；方法对比；低难度**

以 0.10 mol·L⁻¹ EDTA 溶液滴定同浓度Ca^{2+}溶液，控制$pH = 6.00$，能否准确滴定？($K_{CaY} = 4.90 \times 10^{10}$；$\alpha_{Y(H)}|_{pH=6.00} = 4.47 \times 10^4$)

解法一 分别用V和V_{sp}表示某一滴定时刻和化学计量点时加入 EDTA 溶液的体积，并令$R = \frac{V}{V_{sp}}$。根据反应物浓度和滴定反应的计量关系，易知被测物溶液的体积等于V_{sp}。

加入V mL 滴定剂时，溶液总体积等于$(V + V_{sp})$，相关物质的分析浓度为：$c_{Ca} = \frac{0.10V_{sp}}{V+V_{sp}} = \frac{0.10}{R+1}$、

$c_{EDTA} = \frac{0.10V}{V+V_{sp}} = \frac{0.10R}{R+1}$。

体系的 MBE 如下：

$$[CaY] + [Ca'] = c_{Ca} = \frac{0.10}{R+1}$$

$$[CaY] + [Y'] = c_{EDTA} = \frac{0.10R}{R+1}$$

将K'_{CaY}的表达式分别代入以上两式，得到：

$$K'_{CaY}[Ca'][Y'] + [Ca'] = \frac{0.10}{R+1}$$

$$K'_{CaY}[Ca'][Y'] + [Y'] = \frac{0.10R}{R+1}$$

通过以上两式消去[Y′]，得到：

$$\frac{K'_{CaY}[Ca']}{K'_{CaY}[Ca']+1} = \frac{0.10-[Ca'](R+1)}{0.10R}$$

式中，$K'_{CaY} = \frac{K_{CaY}}{\alpha_{Y(H)}}$。分别代入$R = 0.999$和$R = 1.001$，通过附录 5 软件解得$[Ca']_{R=0.999} = 2.4\times10^{-4}\ mol\cdot L^{-1}$和$[Ca']_{R=1.001} = 1.9\times10^{-4}\ mol\cdot L^{-1}$。计算出滴定突跃$|pCa'_{R=0.999} - pCa'_{R=1.001}| = 0.10$，滴定突跃小于 0.4，因此不能准确滴定。

解法二 使用林邦公式，所需参数的计算式和结果如下：

$$c_{Ca,sp} = 0.050\ mol\cdot L^{-1}$$

$$\alpha_{Ca} = 1$$

$$\alpha_Y = \alpha_{Y(H)} = 4.47\times10^4$$

$$K'_{CaY} = \frac{K_{CaY}}{\alpha_{Ca}\alpha_Y} = 1.096\times10^6$$

$$\Delta pCa' = 0.2$$

将相应数值代入林邦公式，计算出$E_t = 0.41\%$，超出误差允许范围±0.1%，因此不能准确滴定。

解法三 使用信息栏 4.6 中的判别式：

$$K'_{CaY}c_{Ca,sp} = 5.5\times10^4 < 10^6$$

因此不能准确滴定。判别式来自林邦公式，但是更加简便。

从另一个角度看，上例中滴定体系的条件如此苛刻，以至于目测颜色变化时的微小波动就足以使终点误差超出允许范围。不必苛责自己的眼睛，不能准确滴定的根本原因是酸度过高导致条件稳定常数不够大。

例 4.12 **配位滴定的最高允许酸度；低难度**

对于例 4.11 中的滴定体系，准确滴定的最高允许酸度是多少？

解 准确滴定要求$\Delta pCa' = 0.2$时的终点误差小于 0.1%，根据林邦公式得到：

$$E_t = \frac{10^{0.2}-10^{-0.2}}{\sqrt{0.050K'_{CaY}}}\times100\% < 0.1\%$$

将$K'_{CaY} = \frac{K_{CaY}}{\alpha_{Y(H)}}$代入上式，整理后得到：

$$\alpha_{Y(H)} < 2.6\times10^3$$

由附表 7.8 可知$\alpha_{Y(H)}|_{pH=7.0} = 2.09\times10^3$。因此，该滴定体系的最高允许酸度为$pH = 7.0$。

结果表明，例 4.11 中的滴定体系，pH 只要增加 1，准确滴定就由不可能变为可能。目测的不确定性仍然会导致误差，但是已经不能使滴定方案失效。

配位滴定体系的最高允许酸度取决于 EDTA 酸效应。降低酸度能够增大K'_{MY}，有利于滴定分析，然而不应低至使金属离子 M 生成氢氧化物沉淀，这个临界值是最低允许酸度。最低允许酸度通过沉淀溶度积常数计算得到。对于例 4.11 中的滴定体系，当$Ca(OH)_2$沉淀生成时，$[OH^-]=\sqrt{\frac{K_{sp,Ca(OH)_2}}{[Ca^{2+}]}}=8.06\times10^{-4}\ mol\cdot L^{-1}$，所以最低允许酸度为$pH=11.9$。

例 4.13 **准确滴定判别；酸度影响；中等难度**

以 0.020 mol·L^{-1} EDTA 二钠盐溶液滴定 25.0 mL 同浓度Zn^{2+}溶液，用六亚甲基四胺缓冲溶液控制 pH。该缓冲溶液的配制方法是：43.4 g 六亚甲基四胺 + 15.8 mL 6 mol·L^{-1} 盐酸，稀释至 500 mL。加入 10 mL 缓冲溶液，能否准确滴定？($K_{ZnY}=3.16\times10^{16}$；$K_b=1.4\times10^{-9}$)

解 通过林邦公式进行判别：

$$E_t=\frac{10^{0.2}-10^{-0.2}}{\sqrt{0.00833\times K'_{ZnY}}}\times100\%<0.1\%$$

将$K'_{ZnY}=\frac{K_{ZnY}}{\alpha_{Y(H)}}$代入上式，整理后得到：

$$\alpha_{Y(H)}<2.8\times10^{8}$$

如果 10 mL 缓冲溶液使上述不等式成立，那么可以准确滴定。所以，求解关键在于 sp 时滴定体系 pH。

滴定前，六亚甲基四胺与其共轭酸的量分别是 0.0043 mol 和 0.0019 mol。sp 时，滴定反应生成 0.0010 mol H^+，因此，六亚甲基四胺与其共轭酸的量变为 0.0033 mol 和 0.0029 mol，代入到$pH=pK_a+\lg\frac{c_{B^-}}{c_{HB}}$，计算出$pH_{sp}=5.2$。由附表 7.8 可知$\alpha_{Y(H)}|_{pH=5.2}=1.17\times10^{6}$，满足上述不等式，因此可以准确滴定。

4.4.2 混合离子的选择性滴定

实际样品溶液通常是一个混合体系，既含有被测离子 M，也有干扰离子 N。尽管干扰离子 N 会增大分析误差，但是并不意味着一定要将 N 从溶液中分离出去①。事实上，只要干扰离子 N 的浓度足够低，或者通过某种手段将 N 的浓度降到足够低，使其导致的误差在允许范围之内，那么，被测离子 M 的滴定分析结果依然可靠。这就是混合离子的选择性滴定。

从定量的角度看，选择性滴定是在干扰离子 N 存在的情况下进行准确滴定判别，下面通过例题进行说明。

例 4.14 **混合离子滴定；林邦公式优越性；近似手段；中等难度**

Bi^{3+}和Pb^{2+}混合溶液，分析浓度均为 0.020 mol·L^{-1}，以同浓度 EDTA 溶液滴定，能否连续滴定？($K_{BiY}=8.7\times10^{27}$；$K_{PbY}=1.1\times10^{18}$)

① 从分析角度看，分离并不是最佳选择，过程烦琐，引入误差的机会显著增加。

解 $K_{BiY} \gg K_{PbY}$，所以加入的 EDTA 优先与Bi^{3+}反应，需要判断Pb^{2+}是否干扰滴定。如果不干扰，那么在滴定Bi^{3+}之后，再判断能否继续准确滴定Pb^{2+}。

通过林邦公式判别能否准确滴定Bi^{3+}：

$$E_t = \frac{10^{0.2} - 10^{-0.2}}{\sqrt{0.010K'_{BiY}}} \times 100\% < 0.1\%$$

$K'_{BiY} = \frac{K_{BiY}}{\alpha_{Bi}\alpha_Y} = \frac{K_{BiY}}{\alpha_{Y(H)}+\alpha_{Y(Pb)}-1} = \frac{K_{BiY}}{\alpha_{Y(H)}+K_{PbY}[Pb]}$，代入到上式，整理后得到：

$$\alpha_{Y(H)} + K_{PbY}[Pb] < 9.5\times10^{19}$$

当$\Delta pBi = 0.2$，ep 与 sp 比较接近，因此认为上式中的[Pb]近似等于$[Pb]_{sp}$。$K_{BiY} \gg K_{PbY}$，因此近似认为 sp 时 EDTA 全部与Bi^{3+}反应、不与Pb^{2+}反应，这样$[Pb]_{sp} \approx c_{Pb,sp} = 0.010\ mol\cdot L^{-1}$，代入到上式：

$$\alpha_{Y(H)} < 9.5\times10^{19}$$

由附表 7.8 可知$\alpha_{Y(H)}|_{pH=0.7} = 4.17\times10^{19}$，表明在 $pH > 0.7$ 可以准确滴定Bi^{3+}，共存离子Pb^{2+}不干扰。

滴定Bi^{3+}后，溶液中还有 $0.010\ mol\cdot L^{-1}$ 的Pb^{2+}。欲准确滴定Pb^{2+}，终点误差E_t应该满足如下条件：

$$E_t = \frac{10^{0.2} - 10^{-0.2}}{\sqrt{0.00667K'_{PbY}}} \times 100\% < 0.1\%$$

$K'_{PbY} = \frac{K_{PbY}}{\alpha_{Pb}\alpha_Y} = \frac{K_{PbY}}{\alpha_{Y(H)}}$ (Bi^{3+}已经与 EDTA 完全反应，不再影响滴定)，代入到上式，整理后得到：

$$\alpha_{Y(H)} < 8.0\times10^{9}$$

由附表 7.8 可知$\alpha_{Y(H)}|_{pH=3.4} = 5.01\times10^{9}$。因此，控制 $pH > 3.4$，可以准确滴定Pb^{2+}。

例 4.15 **混合离子滴定；近似解法；精确解法；中等难度**

Mn^{2+}和Ag^+混合溶液，分析浓度分别为 $0.0020\ mol\cdot L^{-1}$ 和 $0.050\ mol\cdot L^{-1}$。控制$pH = 6.00$，以 $0.0020\ mol\cdot L^{-1}$ EDTA 溶液滴定其中的Mn^{2+}，能否准确滴定？($K_{MnY} = 7.4\times10^{13}$；$K_{AgY} = 2.1\times10^{7}$；$\alpha_{Y(H)}|_{pH=6.00} = 4.47\times10^{4}$)

解法一 分别用V和V_{sp}表示某一滴定时刻和化学计量点时加入 EDTA 溶液的体积，并令$R = \frac{V}{V_{sp}}$。根据反应物浓度和滴定反应的计量关系，易知被测物溶液的体积等于V_{sp}。

加入V mL 滴定剂时，溶液总体积等于$(V + V_{sp})$，相关物质的分析浓度为：$c_{Mn} = \frac{0.0020V_{sp}}{V+V_{sp}} = \frac{0.0020}{R+1}$、$c_{EDTA} = \frac{0.0020V}{V+V_{sp}} = \frac{0.0020R}{R+1}$。

体系的 MBE 如下：

$$[MnY] + [Mn'] = c_{Mn} = \frac{0.0020}{R+1}$$

$$[MnY] + [Y'] = c_{EDTA} = \frac{0.0020R}{R+1}$$

将K'_{MnY}的表达式分别代入以上两式，得到：

$$K'_{MnY}[Mn'][Y'] + [Mn'] = \frac{0.0020}{R+1}$$

$$K'_{MnY}[Mn'][Y'] + [Y'] = \frac{0.0020R}{R+1}$$

通过以上两式消去$[Y']_{ep}$，得到：

$$\frac{K'_{MnY}[Mn']}{K'_{MnY}[Mn'] + 1} = \frac{0.0020 - [Mn'](R+1)}{0.0020R}$$

上式中，$K'_{MnY} = \frac{K_{MnY}}{\alpha_{Mn}\alpha_Y} = \frac{K_{MnY}}{\alpha_{Y(H)}+\alpha_{Y(Ag)}-1} = \frac{K_{MnY}}{\alpha_{Y(H)}+K_{AgY}[Ag]}$。计算滴定突跃时$R$分别等于 0.999 和 1.001，与化学计量点$(R = 1)$比较接近，因此K'_{MnY}算式中的[Ag]近似等于$[Ag]_{sp}$。$K_{MnY} \gg K_{AgY}$，因此近似认为

sp 时 EDTA 全部与Mn^{2+}反应、不与Ag^{+}反应，这样$[Ag]_{sp} \approx c_{Ag,sp} = 0.025$ mol·L-1。已经可以计算K'_{MnY}。

将$R = 0.999$和$R = 1.001$分别代入上式，通过附录 5 软件解得$[Mn']_{R=0.999} = 3.3\times10^{-6}$ mol·L-1 和$[Mn']_{R=1.001} = 2.3\times10^{-6}$ mol·L-1。计算出滴定突跃$|pMn'_{R=0.999} - pMn'_{R=1.001}| = 0.15$，滴定突跃小于 0.4，因此不能准确滴定。

解法二　使用林邦公式，所需参数的计算式和结果如下：

$$c_{Mn,sp} = 0.0010 \text{ mol·L}^{-1}$$

$$\alpha_{Mn} = 1$$

$$\alpha_{Y} = \alpha_{Y(H)} + \alpha_{Y(Ag)} - 1 = \alpha_{Y(H)} + K_{AgY}[Ag] = 5.697\times10^{5}$$

$$K'_{MnY} = \frac{K_{MnY}}{\alpha_{Mn}\alpha_{Y}} = 1.299\times10^{8}$$

$$\Delta pMn' = 0.2$$

将相应数值代入林邦公式，计算出$E_t = 0.26\%$，超出误差允许范围±0.1%，因此不能准确滴定。

解法三　以上解法都使用近似手段。本题可以精确求解。分别用V和V_{sp}表示某一滴定时刻和化学计量点时加入 EDTA 溶液的体积，并令$R = \frac{V}{V_{sp}}$。根据反应物浓度和滴定反应的计量关系，易知被测物溶液的体积等于V_{sp}。

加入V mL 滴定剂时，溶液总体积等于$(V + V_{sp})$，相关物质的分析浓度为：$c_{Mn} = \frac{0.0020V_{sp}}{V+V_{sp}} = \frac{0.0020}{R+1}$、$c_{Ag} = \frac{0.050V_{sp}}{V+V_{sp}} = \frac{0.050}{R+1}$、$c_{EDTA} = \frac{0.0020V}{V+V_{sp}} = \frac{0.0020R}{R+1}$。

体系的 MBE 如下：

$$[MnY] + [Mn] = c_{Mn} = \frac{0.0020}{R+1} \Longrightarrow [MnY] = \frac{K''_1[Y'']}{K''_1[Y''] + 1}\frac{0.0020}{R+1}$$

$$[AgY] + [Ag] = c_{Ag} = \frac{0.050}{R+1} \Longrightarrow [AgY] = \frac{K''_2[Y'']}{K''_2[Y''] + 1}\frac{0.050}{R+1}$$

$$[MnY] + [AgY] + [Y''] = c_{EDTA} = \frac{0.0020R}{R+1}$$

式中，$[Y''] = [Y]\alpha_{Y(H)}$、$K''_1 = \frac{K_{MnY}}{\alpha_{Y(H)}}$、$K''_2 = \frac{K_{AgY}}{\alpha_{Y(H)}}$(加双撇号以区别于传统表观浓度和传统条件稳定常数；以$[Y'']$替代$[Y]$是为了减小数值运算误差，因为$[Y''] \gg [Y]$)。

本题比较复杂(存在干扰离子Ag^{+})，难以直接建立[Mn]与R之间的函数关系。可行的思路是以$[Y'']$为中间变量，间接建立函数关系。分析以上 3 式，可以先建立R与$[Y'']$之间的函数关系：不必直接使用 Mn 和 Ag 的 MBE (上文以灰色背景标记)，而是通过各自的分布分数发挥作用。这样，EDTA 的 MBE 变为：

$$\frac{K''_1[Y'']}{K''_1[Y''] + 1}\frac{0.0020}{R+1} + \frac{K''_2[Y'']}{K''_2[Y''] + 1}\frac{0.050}{R+1} + [Y''] = \frac{0.0020R}{R+1} \tag{1}$$

R与$[Y'']$之间的函数关系已经建立。再建立$[Y'']$与[Mn]之间的函数关系，这比较简单，借助 Mn 的分布分数即可：

$$[Mn] = \frac{1}{K''_1[Y''] + 1}\frac{0.0020}{R+1} \tag{2}$$

至此，解题所需要的函数关系已经获得。将(2)式代入(1)式以消去$[Y'']$，得到包含[Mn]和R的方程，然后求解$R = 0.999$和$R = 1.001$分别对应的[Mn]，从而获得滴定突跃。使用附录 5 软件求解时，不必费力写出这个方程，以$[Y'']$为中间变量，即可快速完成输入。方程表达式的 Matlab 代码如下，其中第 3 行语句就是从(2)式得出的$[Y'']$表达式，为了使代码简洁，使用辅助变量 aux1 和 aux2。计算滴定突跃上端点时，将第 2 行语句改为 R = 1.001。

```
K1 = 7.4e13 / 4.47e4; K2 = 2.1e7 / 4.47e4;
R = 0.999;
EDTA = (0.0020 / (R + 1) ./ x - 1) / K1;
aux1 = K1*EDTA ./ (K1*EDTA + 1) * 0.0020 / (R + 1);
aux2 = K2*EDTA ./ (K2*EDTA + 1) * 0.050 / (R + 1);
y = aux1 + aux2 + EDTA - 0.0020 * R / (R + 1);
```

解得$[Mn]_{R=0.999} = 3.3\times10^{-6}$ mol·L-1 和$[Mn]_{R=1.001} = 2.3\times10^{-6}$ mol·L-1。计算出滴定突跃$|pMn_{R=0.999} - pMn_{R=1.001}| = 0.15$，滴定突跃小于 0.4，因此不能准确滴定。

进一步思考例 4.15：如何改变条件才能使准确滴定成为可能？由林邦公式可知：欲使$E_t < 0.1\%$，须满足以下条件

$$\alpha_{Y(H)} + K_{AgY}[Ag] < 8.132\times10^4$$

由解法二可知$K_{AgY}[Ag] = 5.25\times10^5$，所以，仅通过升高 pH 的手段(以减小$\alpha_{Y(H)}$)无法使上述条件成立。另外，增大 pH 有可能使$Ag^+$沉淀，影响滴定。事实上，唯一可行手段是降低[Ag]。

为了降低[Ag]，同时又不干扰Mn^{2+}的滴定反应，可以加入 NH_3 或CN^-等配体。这种降低干扰离子浓度的措施在分析化学中常用，称为掩蔽。下面介绍掩蔽以及相关计算。

4.4.3 掩蔽

掩蔽(masking)是提高滴定选择性的有效手段。具体而言，向样品溶液加入某种仅与干扰离子反应的试剂——掩蔽剂，通过降低干扰离子的浓度来消除其对滴定的影响。掩蔽多基于配位反应，下面是一些常见实例。

对于Cu^{2+}、Zn^{2+}和Pb^{2+}混合溶液，在氨性溶液中用 KCN 掩蔽Cu^{2+}和Zn^{2+}，从而测定Pb^{2+}，然后加入甲醛破坏$Zn(CN)_4^{2-}$，进而测定Zn^{2+}。对于Al^{3+}和Ti^{4+}混合溶液，加入过量 EDTA 后，用Pb^{2+}标准溶液滴定剩余 EDTA，然后加入 NH_4F 或者 NaF 破坏 AlY 和 TiY，通过滴定释放出的 EDTA 来测定两种离子的总量。另取一份溶液，同样预处理后，加入苦杏仁酸破坏 TiY，通过滴定释放出的 EDTA 以测定Ti^{4+}的量。

表 4.1 列出了一些常见配位掩蔽剂及其适用离子。

表 4.1 常见配位掩蔽剂及其适用离子

名称	适用 pH 范围	被掩蔽离子
硫脲	弱酸性	Ag^+、Bi^{3+}、Cu^{2+}、Hg^{2+}、Tl^+
酒石酸 (在抗坏血酸存在下)	1.5~2	Sb^{3+}、Sn(Ⅳ)
	5.5	Al^{3+}、Ca^{2+}、Fe^{3+}、Sn(Ⅳ)
	6~7.5	Al^{3+}、Cu^{2+}、Fe^{3+}、Mg^{2+}、Mo^{4+}
	10	Al^{3+}、Fe^{3+}、Sn(Ⅳ)

续表

名称	适用 pH 范围	被掩蔽离子
乙酰丙酮	5~6	Al^{3+}、Fe^{3+}
氟化铵	4~6	Al^{3+}、Sn(Ⅳ)、Ti(Ⅳ)、W(Ⅳ)、Zn^{2+}
	10	Al^{3+}、Ba^{2+}、Ca^{2+}、Mg^{2+}、Sr^{2+}、稀土元素
邻二氮杂菲	5~6	Cd^{2+}、Co^{2+}、Cu^{2+}、Mn^{2+}、Ni^{2+}、Zn^{2+}
氰化物	>8	Ag^{+}、Cd^{2+}、Co^{2+}、Cu^{2+}、Hg^{2+}、Ni^{2+}、Tl^{+}、Zn^{2+}、铂系元素
柠檬酸	~7	Al^{3+}、Bi^{3+}、Cr^{3+}、Fe^{3+}、Sb^{3+}、Sn^{4+}、Th^{4+}、Ti(Ⅳ)、Zr^{4+}
三乙醇胺	10	Al^{3+}、Fe^{3+}、Sn(Ⅳ)、Ti(Ⅳ)
二巯基丙醇	10	Ag^{+}、As^{3+}、Bi^{3+}、Cd^{2+}、Hg^{2+}、Pb^{2+}、Sn(Ⅳ)、Zn^{2+}

氧化还原反应可以用于掩蔽，例如使用抗坏血酸将干扰离子Fe^{3+}还原为Fe^{2+} ($K_{FeY^{2-}} = 2.09\times10^{14}$，$K_{FeY^{-}} = 1.26\times10^{25}$)。沉淀反应也可用于掩蔽，如$I^-$能有效掩蔽$Cu^{2+}$ ($K_{sp,CuI} = 10^{-12}$)。沉淀掩蔽法有副作用，因为沉淀造成的悬浊液会影响终点时的颜色观察，更严重的是沉淀会吸附金属离子，影响滴定。

掩蔽在概念上容易理解，而相关计算包括掩蔽剂浓度的确定、掩蔽效果的评价等，则稍显复杂。与掩蔽相关的计算实质上就是准确滴定判别，只要掌握基本原理，通过林邦公式不难完成。下面通过一些例题说明。

例 4.16　　**掩蔽；林邦公式；近似手段；中等难度**

例 4.15 滴定体系中，浓度较大的Ag^+致使无法准确滴定Mn^{2+}。尝试加入掩蔽剂CN^-以降低Ag^+的干扰。如果$[CN^-]_{ep} = 0.010\ mol·L^{-1}$，能否准确滴定$Mn^{2+}$?($Ag^+$-$CN^-$配离子：$\beta_2 = 1.3\times10^{21}$，$\beta_3 = 5.0\times10^{21}$，$\beta_4 = 4.0\times10^{20}$；其他常数见例 4.15)

解　通过林邦公式进行判别，关键在于条件稳定常数：

$$K'_{MnY} = \frac{K_{MnY}}{\alpha_{Mn}\alpha_Y} = \frac{K_{MnY}}{\alpha_{Y(H)} + \alpha_{Y(Ag)} - 1} = \frac{K_{MnY}}{\alpha_{Y(H)} + K_{AgY}[Ag]_{ep}}$$

为了获得$[Ag]_{ep}$，列出关于 Ag 的 MBE (省略离子电荷)：

$$[Ag]_{ep} + [Ag(CN)_2]_{ep} + [Ag(CN)_3]_{ep} + [Ag(CN)_4]_{ep} + [AgY]_{ep} = c_{Ag,ep}$$

整理后得到：

$$[Ag]_{ep}\left(1 + \beta_2[CN]_{ep}^2 + \beta_3[CN]_{ep}^3 + \beta_4[CN]_{ep}^4\right) + [AgY]_{ep} = c_{Ag,ep}$$

式中，$[CN]_{ep}$已知，用$c_{Ag,sp}$ ($= 0.025\ mol·L^{-1}$)代替$c_{Ag,ep}$似乎没有太大问题。现在唯一障碍是$[AgY]_{ep}$，可以借助近似手段去掉。

一方面，溶液中掩蔽剂CN^-是大量的，而滴定剂 EDTA 逐滴加入、量很少，且优先与Mn^{2+}反应；另一方面，Ag^+-CN^-配离子远比Ag^+-EDTA 配离子稳定。所以，Ag^+与 EDTA 的反应程度非常低，致使$[AgY]_{ep}$极小，在上式中可以忽略，于是得到：

$$[Ag]_{ep}\left(1 + \beta_2[CN]_{ep}^2 + \beta_3[CN]_{ep}^3 + \beta_4[CN]_{ep}^4\right) = c_{Ag,sp} = 0.025$$

通过上式计算出$[Ag]_{ep} = 1.852\times10^{-19}\ mol·L^{-1}$，然后得到$K'_{MY} = 1.655\times10^9$，代入到林邦公式$E_t =$

$\frac{10^{0.2}-10^{-0.2}}{\sqrt{0.0010K'_{MnY}}}\times 100\% = 0.074\%$，在误差允许范围±0.1%内，因此可以准确滴定。

本题精确求解可参考例 4.15 解法三。

例 4.17　　**掩蔽；林邦公式；近似手段；中等难度**

以 0.020 mol·L^{-1} EDTA 溶液滴定 25.00 mL 同浓度Ca^{2+}溶液，溶液中还有 0.020 mol·L^{-1} Zn^{2+}。控制 pH = 10.00，通过CN^-掩蔽Zn^{2+}，至少需要加入多少克 KCN 才能准确滴定Ca^{2+}？碱性溶液中忽略CN^-水解。($K_{CaY} = 4.9\times10^{10}$；$K_{ZnY} = 3.16\times10^{16}$；$\alpha_{Y(H)}|_{pH=10.00} = 2.82$；$Zn^{2+}$-$CN^-$配离子：$\beta_4 = 5.0\times10^{16}$)

解　通过林邦公式进行判别，关键在于条件稳定常数：

$$K'_{CaY} = \frac{K_{CaY}}{\alpha_{Ca}\alpha_Y} = \frac{K_{CaY}}{\alpha_{Y(H)} + \alpha_{Y(Zn)} - 1} = \frac{K_{CaY}}{\alpha_{Y(H)} + K_{ZnY}[Zn]_{ep}}$$

为了获得$[Zn]_{ep}$，列出关于 Zn 的 MBE (省略离子电荷)：

$$[Zn]_{ep} + [Zn(CN)_4]_{ep} + [ZnY]_{ep} = c_{Zn,ep}$$

借助例 4.16 中的近似手段：忽略上式中的$[ZnY]_{ep}$，并且认为$c_{Zn,ep} \approx c_{Zn,sp} = 0.010$ mol·L^{-1}，然后得到$[Zn]_{ep} = \frac{0.010}{1+\beta_4[CN]_{ep}^4}$，将之代入$K'_{CaY}$的表达式，得到：

$$K'_{CaY} = \frac{K_{CaY}}{\alpha_{Y(H)} + \frac{0.010K_{ZnY}}{1+\beta_4[CN]_{ep}^4}}$$

由林邦公式得知：欲准确滴定Ca^{2+}(终点误差小于 0.1%)，须满足$K'_{CaY} > 9.1\times10^7$，代入到上式计算出$[CN]_{ep} > 0.059$ mol·L^{-1}。Zn^{2+}几乎完全被掩蔽，所以$[Zn(CN)_4]_{ep} \approx 0.010$ mol·L^{-1}。这样，ep 时 CN 的分析浓度应该大于 0.099 mol·L^{-1}，此时溶液体积约为 50 mL，所以 CN 的量应该大于 0.0050 mol，即至少加入 0.33 g KCN 才能够掩蔽Zn^{2+}，从而准确滴定Ca^{2+}。

4.5　滴定曲线用于终点误差计算和准确滴定判别

与酸碱滴定类似，配位滴定曲线也可以用于终点误差计算和准确滴定判别。绘制一条数据点足够多的高精度滴定曲线，然后，在绘制程序中通过查找语句获得计算所需的V或者 pM′值即可。

与酸碱滴定不同，大多数配位滴定的终点误差计算和准确滴定判别可以通过林邦公式高效地完成，计算也比较简单。当体系比较复杂，林邦公式误差较大时，滴定曲线是一个高效的解决方法，下面试举一例。

20.0 mL Ca^{2+}和Mg^{2+}混合溶液，二者的分析浓度均为 0.010 mol·L^{-1}。控制溶液 pH=10.00①，以同浓度 EDTA 溶液滴定，绘制滴定曲线。($K_{CaY} = 4.9\times10^{10}$；$K_{MgY} = 5.0\times10^8$；$\alpha_{Y(H)}|_{pH=10.00} = 2.82$)

设加入V mL 滴定剂，此时溶液总体积等于$(V + 20.0)$，相关物质的分析浓度为：$c_{Ca} = \frac{0.20}{V+20.0}$，$c_{Mg} = \frac{0.20}{V+20.0}$，$c_{EDTA} = \frac{0.010V}{V+20.0}$。

① 滴定前$[Mg^{2+}][OH^-]^2 = 1.0\times10^{-10}$，略大于 $Mg(OH)_2$ 的溶度积常数 1.8×10^{-11}，所以可能生成少量沉淀。但是，随着滴定的进行，$[Mg^{2+}]$逐渐降低，沉淀会在终点前消失，不影响滴定。

先绘制V-pCa 曲线。为了建立[Ca]与V之间的函数关系，列出关于 Ca、Mg 和 EDTA 的 MBE：

$$[\mathrm{CaY}]+[\mathrm{Ca}]=c_{\mathrm{Ca}}=\frac{0.20}{V+20.0} \Longrightarrow [\mathrm{CaY}]=\frac{K_1''[\mathrm{Y}'']}{K_1''[\mathrm{Y}'']+1}\frac{0.20}{V+20.0}$$

$$[\mathrm{MgY}]+[\mathrm{Mg}]=c_{\mathrm{Mg}}=\frac{0.20}{V+20.0} \Longrightarrow [\mathrm{MgY}]=\frac{K_2''[\mathrm{Y}'']}{K_2''[\mathrm{Y}'']+1}\frac{0.20}{V+20.0}$$

$$[\mathrm{CaY}]+[\mathrm{MgY}]+[\mathrm{Y}'']=c_{\mathrm{EDTA}}=\frac{0.010V}{V+20.0}$$

式中，$[\mathrm{Y}'']=[\mathrm{Y}]\alpha_{\mathrm{Y(H)}}$、$K_1''=\frac{K_{\mathrm{CaY}}}{\alpha_{\mathrm{Y(H)}}}$、$K_2''=\frac{K_{\mathrm{MgY}}}{\alpha_{\mathrm{Y(H)}}}$(加双撇号以区别于传统表观浓度和传统条件稳定常数；以[Y″]替代[Y]是为了减小数值运算误差，因为$[\mathrm{Y}'']\gg[\mathrm{Y}]$)。

该滴定体系包含两种金属离子，比较复杂，难以直接建立[Ca]与V之间的函数关系。可行的思路是以[Y″]为中间变量，间接建立函数关系。分析以上 3 式，可以先建立V与[Y″]之间的函数关系；不必直接使用 Ca 和 Mg 的 MBE(上文以灰色背景标记)，而是通过各自的分布分数发挥作用。这样，关于 EDTA 的 MBE 可以变为：

$$\left(\frac{K_1''[\mathrm{Y}'']}{K_1''[\mathrm{Y}'']+1}+\frac{K_2''[\mathrm{Y}'']}{K_2''[\mathrm{Y}'']+1}\right)\frac{0.20}{V+20.0}+[\mathrm{Y}'']=\frac{0.010V}{V+20.0} \tag{1}$$

V与[Y″]之间的函数关系已经建立。再考虑建立[Y″]与[Ca]之间的函数关系，这比较简单，借助 Ca 的分布分数即可：

$$[\mathrm{Ca}]=\frac{1}{K_1''[\mathrm{Y}'']+1}\frac{0.20}{V+20.0} \tag{2}$$

将(2)式代入(1)式以消去[Y″]，即可得到包含V和[Ca]的等式。然而，这是一个隐函数，无论是“先指定[Ca]再求V”，还是“先指定V再求 Ca”，都涉及高次方程的求解。实际上，不必推导隐函数，以[Y″]为中间变量，通过(1)(2)两式可以高效获得(V, pCa)数据点，具体步骤是“指定[Y″] → 通过(1)式计算出V (不需要解高次方程) → 将V和[Y″]代入到(2)式计算出[Ca](也不需要解高次方程) → 获得(V, pCa)数据点”。

基于 Matlab 的绘制程序见附录程序 6.4，程序取了大量(V, pH)数据点，以提高曲线精度；为了使(V, pCa)数据点疏密得当，作为中间变量的[Y″]分段取值。滴定曲线是图 4.2(a)中实线。

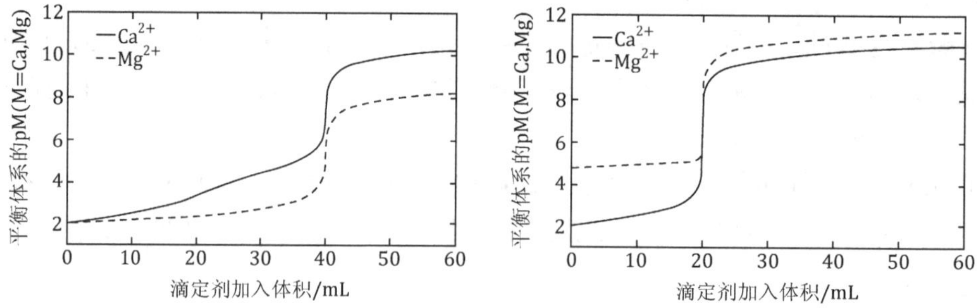

(a) c_{Ca}=0.010 mol·L^{-1}，c_{Mg}=0.010 mol·L^{-1}　　(b) c_{Ca}=0.010 mol·L^{-1}，c_{Mg}=2.0×10^{-5} mol·L^{-1}

图 4.2　0.010 mol·L^{-1} EDTA 对 20.0 mL Ca^{2+}和Mg^{2+}混合溶液的滴定曲线

上述方法也可以绘制V-pMg 曲线，仅需将(2)式换为 Mg 的分布分数$[\mathrm{Mg}]=\frac{1}{K_2''[\mathrm{Y}'']+1}\frac{0.20}{V+20.0}$。

相应滴定曲线是图 4.2(a)中虚线。

图 4.2(a)中，V-pCa 曲线高于V-pMg 曲线，这是因为$K_{CaY} > K_{MgY}$，加入的 EDTA 优先与Ca^{2+}反应，导致$[Ca^{2+}] < [Mg^{2+}]$。两条曲线在 20 mL 附近都没有突跃，说明不能分别滴定Ca^{2+}或者Mg^{2+}。两条曲线在 40 mL 附近均有明显突跃，通过查找$V = 39.96$ mL 和$V = 40.04$ mL 对应的 pCa 和 pMg，获得滴定突跃；两个突跃均大于 0.4 单位，说明可以准确滴定Ca^{2+}和Mg^{2+}的总量。

由于滴定Ca^{2+}和Mg^{2+}的总量，所以图 4.2(a)中两条曲线的突跃总是出现在相同位置。例如，当Ca^{2+}和Mg^{2+}的分析浓度分别是 0.015 mol·L^{-1}和 0.010 mol·L^{-1}时，那么两条滴定曲线均在 50 mL 附近出现突跃。

将混合溶液中Mg^{2+}的浓度降低至 2.0×10^{-5} mol·L^{-1}，其他条件不变，绘制滴定曲线，结果见图 4.2(b)。从图中可以发现，V-pCa 曲线在 20 mL 附近发生突跃。通过查找$V = 19.98$ mL 和$V = 20.02$ mL 对应的 pCa，获得滴定突跃为 0.48，大于 0.4 单位，说明可以准确滴定Ca^{2+}。

通过 $Mg(OH)_2$ 沉淀的溶度积常数($K_{sp,Mg(OH)_2} = 1.8\times10^{-11}$)可以计算出，pH > 11可以使$Mg^{2+}$浓度降低至 2.0×10^{-5} mol·L^{-1}，不再影响Ca^{2+}的滴定分析。所以，在配位滴定法测定Ca^{2+}和Mg^{2+}的实验中，取一份试液，控制溶液 pH=12 以测定Ca^{2+}量；另取一份试液，控制溶液 pH=10 以测定Ca^{2+}和Mg^{2+}总量。

图 4.2(b)中的虚线在 20 mL 附近出现明显突跃，但这是个“假”突跃，不表明可以准确滴定浓度低至 2.0×10^{-5} mol·L^{-1} 的Mg^{2+}。化学计量点之前加入的 EDTA 优先与大量Ca^{2+}反应，与Mg^{2+}的反应程度很低，所以$[Mg^{2+}]$能维持在较高水平①，相应曲线较低。如果没有大量Ca^{2+}对 EDTA 的“分担”，V-pMg 曲线的滴定突跃为 0。

配位滴定法测定Ca^{2+}和Mg^{2+}总量的实验中，控制pH = 10.00，铬黑 T (EBT)为指示剂。通过滴定曲线，可以研究该复杂滴定体系的指示剂变色情况，并计算终点误差。Ca^{2+}和Mg^{2+}都能够与 EBT 生成红色配合物，变色点分别是$pCa_t = 3.8$和$pMg_t = 5.4$，将变色点信息添加到图 4.2(a)，得到图 4.3。

图 4.3 中，$pCa_t = 3.8$在V-pCa 曲线上对应 23.74 mL，这两个数值确定了区域Ⅰ的上边界和右边界。在区域Ⅰ，$[Ca^{2+}]$高于临界值 $10^{-3.8}$，说明大部分Ca^{2+}-EBT 配离子仍然存在。$pMg_t = 5.4$在V-pMg 曲线上对应 40.00 mL，这两个数值确定了区域Ⅱ的上边界和右边界。在区域Ⅱ，$[Mg^{2+}]$高于临界值 $10^{-5.4}$，说明大部分Mg^{2+}-EBT 配离子仍然存在。

在区域Ⅰ，大部分Ca^{2+}-EBT 和Mg^{2+}-EBT 配离子都存在，对红色都有贡献。

在区域Ⅱ，$[Ca^{2+}]$低于临界值 $10^{-3.8}$，说明Ca^{2+}-EBT 配离子被显著破坏，释放出 EBT。但是$[Mg^{2+}]$仍然高于临界值 $10^{-5.4}$，能够与释放出的 EBT 生成配离子。可以认为Ca^{2+}-EBT 转化成Mg^{2+}-EBT，因此红色物质的总量近似不变，但是由于稀释作用，溶液红色可能稍浅。

当滴定剂加入体积超过 40.00 mL，$[Ca^{2+}]$和$[Mg^{2+}]$均低于相应的临界值，Ca^{2+}-EBT 和Mg^{2+}-EBT 配离子被显著破坏，不再贡献红色。溶液呈现游离 EBT 的蓝色。$V = 40.00$ mL 和$pMg_t = 5.4$分别确定了图 4.3 中区域Ⅲ的左边界和下边界。

① 实际上，化学计量点前$[Mg^{2+}]$的变化主要是由溶液体积增大导致的稀释。

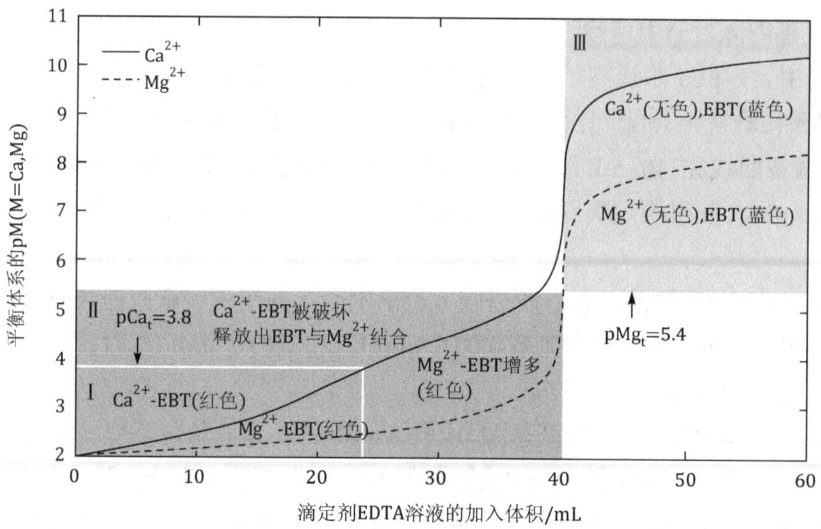

图 4.3 0.010 mol·L-1 EDTA 对 20.0 mL Ca^{2+}和Mg^{2+}混合溶液的滴定曲线

Ca^{2+}和Mg^{2+}的分析浓度均为 0.010 mol·L-1；pCa_t和pMg_t分别表示 EBT 指示剂在pH = 10.00的变色点

综上所述，配位滴定法测定Ca^{2+}和Mg^{2+}总量时，尽管两种离子都与 EBT 显色，终点却是由Mg^{2+}决定的。$pMg_t = 5.4$在图 4.3 虚线上对应的体积就是V_{ep}，在附录程序 6.4 后添加下列语句即可得到$V_{ep} = 40.0039$ mL，所以终点误差$E_t = 0.0098\%$。

```
[Minimum, Position] = min(abs(pMg - 5.4));
Vep = V(Position);
```

通过信息栏 4.3 中的方法可以计算该滴定体系的终点误差，详细过程参见本书配套题解《分析化学题解——基于去公式化计算策略》(邵利民，科学出版社，2019)第 4 章例 4.21。

4.6 常见配位滴定法

本节介绍配位滴定分析的一些典型应用。配位滴定法的标准溶液包括金属离子标准溶液和 EDTA 标准溶液。常用的金属离子标准溶液有Ca^{2+}、Pb^{2+}和Zn^{2+}溶液，可以通过基准物$CaCO_3$、$Pb(NO_3)_2$和 ZnO 配制。对于 EDTA 标准溶液，先粗略配制，然后通过金属离子标准溶液标定。

4.6.1 多数金属离子的直接测定

多数金属离子与 EDTA 生成相当稳定的螯合物，反应能够迅速完成。所以，配位滴定法可以直接测定这些金属离子。例如，pH = 1时测定Bi^{3+}，pH = 1.5~2.5 时测定Fe^{3+}，pH = 2.5~3.5 时测定Th^{4+}，pH = 5.0~6.0 时测定Zn^{2+}、Pb^{2+}、Cd^{2+}和稀土离子，pH = 9.0~10.0 时测定Zn^{2+}、Mn^{2+}、Cd^{2+}和稀土离子，pH = 10.0时测定Mg^{2+}，pH = 12.0~13.0 时测定Ca^{2+}。

有些金属离子-EDTA 螯合物的稳定常数相差较大，利用这种差异可以选择性滴定混合离子。例如Bi^{3+}和Pb^{2+}溶液，二甲酚橙作为指示剂，在pH = 1时滴定Bi^{3+}，Pb^{2+}不干扰，且不与二甲酚橙显色。Bi^{3+}滴定结束后，通过六亚甲基四胺调整 pH 为 5~6，继续滴定Pb^{2+}。

测定Ca^{2+}和Mg^{2+}是配位滴定的典型应用。取一份试液调节$pH = 10.0$，以铬黑 T 为指示剂，通过 EDTA 标准溶液滴定，直至酒红色变为蓝色，由此测得Ca^{2+}和Mg^{2+}总量。另取一份试液，调节$pH = 12.0$，将Mg^{2+}沉淀为 $Mg(OH)_2$，使用钙指示剂，通过 EDTA 标准溶液滴定，直至紫红色变为蓝色，由此测得Ca^{2+}含量。如果溶液中存在Fe^{3+}或者Al^{3+}，可以通过三乙醇胺掩蔽；如果存在Cu^{2+}、Zn^{2+}、Pb^{2+}，可以通过 Na_2S 或者 KCN 掩蔽。测定Ca^{2+}含量时，$Mg(OH)_2$沉淀容易吸附Ca^{2+}，可以加入糊精消除吸附。

4.6.2 返滴定法测铝

Al^{3+}与 EDTA 生成稳定的螯合物，$K_{AlY} = 2.00\times10^{16}$。但是，不能直接滴定$Al^{3+}$，原因包括：配位反应缓慢；$Al^{3+}$对指示剂二甲酚橙有封闭作用；酸度不高时$Al^{3+}$发生较严重的副反应(生成一系列多核羟基配合物)。所以，通常采用返滴定法测铝。

向试样溶液加入一定量过量 EDTA 标准溶液，一滴二甲酚橙(用于指示酸度，$pH < 6.3$时呈黄色，$pH > 6.3$时呈紫红色)。滴加 $NH_3\cdot H_2O$ 直至溶液呈紫红色，然后滴加 HNO_3 使溶液变为黄色(此时溶液$pH \approx 6.3$)，再过量几滴使溶液 pH 约为 3.5①。将溶液加热至沸，并保持一段时间使Al^{3+}与 EDTA 反应完全；在$pH \approx 3.5$，Al^{3+}与OH^-的副反应可以忽略。冷却后，调节溶液 pH 至 5~6，通过Zn^{2+}或者Pb^{2+}标准溶液滴定剩余 EDTA，最终测得Al^{3+}含量。

4.6.3 置换滴定法测银

Ag^+与 EDTA 生成的螯合物不够稳定，$K_{AgY} = 2.1\times10^7$，因此不能直接滴定Ag^+，而是采用置换法。

向Ag^+试液加入过量$Ni(CN)_4^{2-}$，Ag^+定量置换出Ni^{2+}：

$$2Ag^+ + Ni(CN)_4^{2-} = 2Ag(CN)_2^- + Ni^{2+}$$

然后，调节$pH = 10$，以紫脲酸铵为指示剂，通过 EDTA 标准溶液滴定，直至黄色变为深蓝色，由此测得被置换出的Ni^{2+}的量，进而求得Ag^+量。

4.6.4 置换滴定法测锡

Sn^{4+}与 EDTA 生成相当稳定的螯合物，$K_{SnY} = 3.16\times10^{34}$，可以直接滴定。但是，当试样是混合物(如锡合金)、干扰离子较多而又难以掩蔽时，可以使用置换滴定法。

向试样溶液加入过量 EDTA，EDTA 与Sn^{4+}以及干扰离子如Bi^{3+}、Cd^{2+}、Pb^{2+}、Zn^{2+}等都生成稳定的螯合物。然后通过Zn^{2+}标准溶液滴定，定量除去剩余 EDTA。之后加入 NH_4F，选择性地与 SnY 螯合物反应，释放出与Sn^{4+}等量的 EDTA：

$$SnY + 6F^- = SnF_6^{2-} + Y^{4-}$$

① 这种经验方法尽管不如 pH 试纸准确，但是简化了操作，也避免了使用 pH 试纸可能导致的溶液损失。

最后，通过Zn^{2+}标准溶液滴定 EDTA，进而求得试样中的Sn^{4+}含量。

基于同样原理，置换滴定法也可以测定铝合金中的铝(以 NH_4F 破坏AlY^-，PAN 为指示剂)，测定镍合金中的镍(以邻菲咯啉破坏NiY^{2-}，二甲酚橙为指示剂)，测定铜合金中的铜(以抗坏血酸和硫脲破坏CuY^{2-}，二甲酚橙为指示剂)。

置换滴定法具有选择性好、步骤简单、结果准确等优点。

习题

1. 向Zn^{2+}溶液加入过量氨水，平衡后$[NH_3] = 0.010\ mol·L^{-1}$，计算各级配合物的分布分数。(0.040；0.11；0.35；0.50)
2. 有一道传统习题：已知 EDTA 的$pK_1 \sim pK_6$分别是 0.9、1.6、2.0、2.67、6.16、10.26，计算其二钠盐水溶液的 pH。从题目看，溶液的 pH 似乎与浓度无关，请验证。(提示：近似解法是使用表 3.1 中酸式盐的 pH 计算公式)
3. 向分析浓度为 0.10 mol·L⁻¹ Al^{3+}溶液加入 NaF，平衡后，$[F^-] = 0.010\ mol·L^{-1}$，计算$[Al^{3+}]$。($1.1\times10^{-11}$ mol·L⁻¹)
4. 分析浓度为 0.020 mol·L⁻¹ Zn^{2+}溶液，控制$pH = 12.00$，通入 NH_3 直至$[NH_3] = 0.10\ mol·L^{-1}$(设溶液体积不变)，浓度最高和最低的配离子分别是什么？浓度各是多少？计算α_{Zn}。[$Zn(OH)_3^-$：0.017 mol·L⁻¹，$Zn(NH_3)^{2+}$：2.4×10^{-9} mol·L⁻¹；1.9×10^{8}]
5. 设溶液含有Ba^{2+}、EDTA 和SO_4^{2-}，分析浓度分别是 0.10 mol·L⁻¹、0.11 mol·L⁻¹和 1.0×10^{-4} mol·L⁻¹。能否通过调节 pH 阻止生成 $BaSO_4$？忽略SO_4^{2-}水解。
6. Fe^{3+}和 H_3PO_4混合溶液，二者的分析浓度分别为 0.10 mol·L⁻¹和 0.15 mol·L⁻¹，通过缓冲溶液控制$pH = 2.00$，计算$[HPO_4^{2-}]$。[1.37×10^{-7} mol·L⁻¹；如果假设$[Fe(HPO_4)^+] = 0.10\ mol·L^{-1}$，结果为 1.36×10^{-7}]
7. 将 1.434 g AgCl 置于 100 mL 氨水中，沉淀恰好完全溶解。计算氨水的初始浓度。忽略Ag^+-Cl^-配合物。(2.43 mol·L⁻¹)
8. 现有 100 mL 分析浓度为 0.050 mol·L⁻¹的 EDTA 溶液，控制$pH = 10.00$。向该溶液加入 1 g AgCl，忽略 AgY 对 EDTA 浓度的影响，计算沉淀的溶解分数。如果考虑 AgY 对 EDTA 浓度的影响，结果又是多少？两种情况均忽略Ag^+-Cl^-配合物。(11.7%；10.8%)
9. NH_4Cl-NH_3 缓冲溶液，二者的分析浓度均为 0.10 mol·L⁻¹，计算 CaY 在该溶液中的条件稳定常数K'_{CaY}。(4.80×10^{9})
10. Zn^{2+}、Mg^{2+}和Al^{3+}混合溶液，分析浓度均为 0.020 mol·L⁻¹，控制$pH = 6.0$，以同浓度 EDTA 溶液滴定其中的Zn^{2+}。加入 NaF 使$[F^-]_{ep} = 0.010\ mol·L^{-1}$，计算终点时的$K'_{ZnY}$。($3.16\times10^{11}$)
11. 以金属离子 M 滴定 EDTA，化学反应计量关系是 1:1，推导滴定突跃端点的表达式。
12. 以 0.020 mol·L⁻¹ EDTA 溶液滴定同浓度Zn^{2+}溶液，控制$pH = 5.50$。计算$[Y]_{sp}$。(9.9×10^{-13} mol·L⁻¹)
13. NH_4Cl-NH_3 缓冲溶液中，ZnY 的分析浓度为 0.10 mol·L⁻¹，$[NH_3] = 0.10\ mol·L^{-1}$，$pH = 9.00$。计算$[Zn^{2+}]$。($1.4\times10^{-11}$ mol·L⁻¹)
14. 将 0.022 mol·L⁻¹ EDTA 溶液和 0.020 mol·L⁻¹ Mg^{2+}溶液(均为分析浓度)等体积混合，控制$pH = 10.0$，计算$[Mg^{2+}]$。(5.6×10^{-8} mol·L⁻¹)
15. 以 0.020 mol·L⁻¹ EDTA 溶液滴定同浓度Zn^{2+}溶液，控制$pH = 10.0$，PAN 为指示剂。计算滴定突跃范围和pZn'_{ep}。(5.00~10.59；9.84)

16. Cd^{2+}与二甲酚橙 XO 生成有色配合物。现有 25.00 mL 0.020 mol·L^{-1} Cd^{2+}溶液，控制$pH = 5.00$，$[I^-]$多大时，Cd^{2+}恰好不与 XO 显色？需加入多少克 KI？(提示：Cd^{2+}恰好不与 XO 显色可以理解为Cd^{2+}与 XO 刚开始显色)(0.19 mol·L^{-1}；1.08 g)

17. 以 0.0020 mol·L^{-1} EDTA 溶液滴定同浓度Pb^{2+}溶液，二甲酚橙为指示剂，通过六亚甲基四胺缓冲溶液控制$pH = 5.00$。忽略Pb^{2+}-OH^-配离子，计算终点误差。如果使用 HAc-NaAc 缓冲溶液，终点误差会如何变化？(−0.0074%；增大)

18. 以 0.020 mol·L^{-1} EDTA 溶液滴定同浓度Fe^{3+}溶液，计算该滴定体系的最低允许 pH。(1.2)

19. 以 0.020 mol·L^{-1} EDTA 溶液滴定同浓度Mg^{2+}溶液，EBT 为指示剂，控制$pH = 10.00$，计算终点误差。(0.10%)

20. Ca^{2+}和Mg^{2+}混合溶液，分析浓度均为 0.020 mol·L^{-1}，控制溶液$pH = 12.00$以沉淀大部分Mg^{2+}，然后以同浓度 EDTA 滴定其中的Ca^{2+}。目测终点不确定性导致$\Delta pCa = 0.2$，计算终点误差。(0.041%)

21. Zn^{2+}和Ca^{2+}混合溶液，分析浓度均为 0.020 mol·L^{-1}。以同浓度 EDTA 溶液滴定其中的Zn^{2+}，控制$pH = 6.00$，PAN 为指示剂。忽略Zn^{2+}-OH^-配离子，计算终点误差。(精确解：1.51%；林邦公式：1.54%)

22. 以 0.010 mol·L^{-1} EDTA 溶液滴定同浓度 M 离子溶液(化学反应计量关系 1:1)。滴定剂加入体积为$0.999V_{sp}\sim1.001V_{sp}$时，pM′改变了 1 个单位，计算$K'_{MY}$。($1.62\times10^9$)

23. Zn^{2+}和Cd^{2+}混合溶液，二者的分析浓度均为 0.020 mol·L^{-1}。以同浓度 EDTA 溶液滴定其中的Zn^{2+}，控制$pH = 5.00$，二甲酚橙为指示剂，加入 KI 掩蔽Cd^{2+}，$[I^-]_{ep} = 1.0$ mol·L^{-1}。忽略Zn^{2+}-OH^-配离子，计算终点误差。(0.039%)

24. 以 0.020 mol·L^{-1} EDTA 滴定同浓度Mg^{2+}溶液，控制$pH = 10.00$，能否准确滴定？(能)

25. Pb^{2+}和Ca^{2+}混合溶液，二者的分析浓度均为 0.020 mol·L^{-1}。控制$pH = 3.00$，以同浓度 EDTA 溶液滴定其中的Pb^{2+}，能否准确滴定？如果控制$pH = 4.00$，结果又如何？(不能；能)

26. 称取 0.2185 g 铅锡合金，以盐酸溶样，然后加入 50.00 mL 0.03049 mol·L^{-1} EDTA 溶液，煮沸 2 min 使反应完全。冷却后，二甲酚橙为指示剂，以 0.02763 mol·L^{-1} Pb^{2+}标准溶液滴定至终点，消耗 7.80 mL。向溶液中加入足量 NH_4F，加热至 40℃，再以上述Pb^{2+}标准溶液滴定至终点，消耗 30.28 mL，计算试样中 Pb 和 Sn 的质量分数。(44.79%；45.45%)

27. 称取 1.7663 g 基准物 $Pb(NO_3)_2$，溶样后转入 250 mL 容量瓶中定容，以此溶液滴定 25.00 mL EDTA 溶液至终点，消耗 26.58 mL。称取 0.2533 g 明矾试样，溶解后加入 50.00 mL 上述 EDTA 溶液，在$pH = 3.5$使反应完全，然后调节$pH = 6$，用上述Pb^{2+}标准溶液滴定至终点，消耗 27.85 mL。计算 EDTA 浓度和 Al 的质量分数。(0.02268 mol·L^{-1}；5.75%)

28. 称取 1.0523 g 含 Bi、Zn 的合金试样，溶样后转入 250 mL 容量瓶中定容。移取 25.00 mL 试液，控制 $pH = 1$，以 0.01924 mol·L^{-1} EDTA 标准溶液滴定至终点，消耗 13.85 mL；然后调节$pH = 5$继续滴定，终点时消耗 28.46 mL。计算试样中 Bi 和 Zn 的质量分数。(52.92%；34.04%)

29. 称取 0.4625 g 含 Cu、Zn 和 Pb 的合金试样，溶样后转入 100 mL 容量瓶中定容。移取 25.00 mL 试液，加入NH_4^+-NH_3缓冲溶液控制 pH，加入 KCN 掩蔽Cu^{2+}和Zn^{2+}，以 0.02016 mol·L^{-1} EDTA 标准溶液滴定至终点，消耗 18.16 mL。加入甲醛以破坏$Zn(CN)_4^{2-}$，继续滴定至终点，消耗 12.80 mL。计算试样中 Pb 和 Zn 的质量分数。(65.61%；14.60%)

第 5 章　氧化还原滴定

氧化还原滴定法(oxidation-reduction titration, redox titration)是基于氧化还原反应，通过滴定方式进行的一种经典定量分析方法。在滴定分析的早期发展阶段，人们就对氧化还原滴定进行了广泛研究，并取得丰富成果。

5.1　氧化还原平衡体系

氧化还原反应的特征是反应物之间发生电子转移。氧化剂得到电子，化合价降低，生成还原产物；还原剂失去电子，化合价升高，生成氧化产物。氧化剂得到电子的倾向与还原剂失去电子的倾向相同时，反应达到平衡。

物质得失电子的倾向的大小通过电势(potential)来描述。电势与相关物质的浓度存在确定关系，这就是能斯特方程(Nernst equation)。

5.1.1　氧化还原平衡体系的定量性质

氧化还原平衡体系的定量性质包括基础概念和基本等量关系。等量关系既有普适的物料平衡式，也有氧化还原平衡特有的能斯特方程。

▶▶电对与氧化还原半反应

氧化还原反应中，物质与其得/失电子后的产物合称电对(couple)。所以，氧化剂与还原产物是一个电对，氧化产物与还原剂也是一个电对。无论是氧化剂还是还原剂，电对统一表示为 Ox/Red，其中 Ox 表示氧化态，Red 表示还原态。

电对的氧化态得到电子，生成还原态，过程可以表示为：

$$\mathrm{Ox} + ne \rightleftharpoons \mathrm{Red}$$

上式称为氧化还原半反应。氧化剂的半反应与还原剂的半反应合在一起，就得到完整的氧化还原反应。例如，电对Cu^{2+}/Cu 和Fe^{3+}/Fe 的半反应分别如下：

$$\mathrm{Cu^{2+}} + 2\mathrm{e} \rightleftharpoons \mathrm{Cu}$$

$$\mathrm{Fe^{3+}} + 3\mathrm{e} \rightleftharpoons \mathrm{Fe}$$

那么，Cu^{2+}与 Fe 的氧化还原反应就是$3Cu^{2+} + 2Fe \rightleftharpoons 3Cu + 2Fe^{3+}$。

如果半反应中的物质均处于标准状态(物质活度为 1 或气体分压为 100 kPa)，此时的电势称为标准电势，表示为$E^{\ominus}_{\mathrm{Ox/Red}}$。$E^{\ominus}_{\mathrm{Ox/Red}}$反映电对 Ox/Red 的氧化还原性质：数值越大，Ox 的氧化性越强；数值越小，Red 的还原性越强。

通过标准电势$E^{\ominus}_{\mathrm{Ox/Red}}$，可以判断氧化还原反应的进行方向。以电对 Ox_1/Red_1 和 Ox_2/Red_2

为例，如果$E^{\ominus}_{Ox_1/Red_1} > E^{\ominus}_{Ox_2/Red_2}$，那么氧化还原反应发生在 Ox_1 和 Red_2 之间；否则，反应发生在 Ox_2 和 Red_1 之间。

Ox_1 与 Red_2 的氧化还原反应过程中，反应物 Ox_1 和 Red_2 的浓度逐渐降低，生成物 Red_1 和 Ox_2 的浓度逐渐升高，最后达到平衡。从电势角度看，电对 Ox_1/Red_1 的电势不断降低，电对 Ox_2/Red_2 的电势不断升高，二者相等时，反应达到平衡。所以，电对电势与其氧化态和还原态的量有关，这种定量关系体现在能斯特方程中。

能斯特方程

对于半反应$Ox + ne \rightleftharpoons Red$，电对 Ox/Red 的能斯特方程如下：

$$E = E^{\ominus}_{Ox/Red} + \frac{RT}{nF}\ln\frac{a_{Ox}}{a_{Red}}$$

式中，$E^{\ominus}_{Ox/Red}$表示标准电势，T表示温度(K)，R和F分别表示摩尔气体常量和法拉第常量；a_{Ox}和a_{Red}分别表示电对氧化态和还原态的活度。如果还有其他物质参与半反应，其活度包含在方程的分式中。

分析化学中通常使用能斯特方程的简化形式，以方便计算。令$T = 298.15$ K(常温)，且以浓度代替活度，那么得到：

$$E = E^{\ominus}_{Ox/Red} + \frac{0.059}{n}\lg\frac{[Ox]}{[Red]}$$

有多种因素影响能斯特方程的准确性，其中之一是电对半反应的可逆性。事实上，在处理可逆性较差的电对时，能斯特方程的误差较大。

可逆电对与不可逆电对

如果电对的氧化态和还原态能够迅速相互转化，半反应在外加氧化剂或者还原剂的作用下迅速达到平衡，那么该电对属于可逆电对，例如Ce^{4+}/Ce^{3+}、Fe^{3+}/Fe^{2+}。可逆电对的氧化态和还原态一般比较简单。

如果半反应的可逆性不好，那么该电对属于不可逆电对，例如$Cr_2O_7^{2-}/Cr^{3+}$、MnO_4^-/Mn^{2+}。不可逆电对的特性是明显的，以$Cr_2O_7^{2-}/Cr^{3+}$为例，还原剂可以迅速将$Cr_2O_7^{2-}$还原为Cr^{3+}，但是强氧化剂却很难将Cr^{3+}快速氧化为$Cr_2O_7^{2-}$。不可逆电对的氧化态或者还原态通常比较复杂。

对于可逆电对，其电势与组分浓度的关系比较符合能斯特方程；对于不可逆电对，能斯特方程的误差较大。电对无论可逆与否，其能斯特方程的准确性都可通过条件电势来提高。

条件电势

在一定介质条件下，当电对氧化态和还原态的分析浓度均为 1 mol·L^{-1}，体系的电势称为条件电势，表示为$E^{\ominus'}_{Ox/Red}$。使用条件电势，能斯特方程变为：

$$E = E^{\ominus'}_{Ox/Red} + \frac{0.059}{n}\lg\frac{[Ox]}{[Red]}$$

关于条件电势及其使用，需要注意以下几点：

(1) 条件电势必须在指定介质中使用。

以电对$Cr_2O_7^{2-}/Cr^{3+}$为例，3 mol·L-1 盐酸介质中的条件电势为 1.08 V，那么该条件电势只适用于计算相同介质中$Cr_2O_7^{2-}/Cr^{3+}$的电势。

(2) 使用条件电势的能斯特方程只包含电对氧化态和还原态的浓度。

仍以电对$Cr_2O_7^{2-}/Cr^{3+}$为例，如果使用条件电势，那么能斯特方程为：

$$E = E^{\ominus'}_{Cr_2O_7^{2-}/Cr^{3+}} + \frac{0.059}{6}\lg\frac{[Cr_2O_7^{2-}]}{[Cr^{3+}]^2}$$

注意，式中不再包含$[H^+]$。

(3) 条件电势的作用是提高能斯特方程的准确度，尤其适用不可逆电对。

电对电势有多种影响因素，能斯特方程的准确度因此降低。修正能斯特方程固然是一个解决办法，然而从实用角度看，不如只考虑分析化学所关心的氧化态和还原态的浓度，而将其他影响因素通过指定介质条件的方式固定下来，以消除相应的不确定性。被固定下来的影响因素全部归于一个量，这就是条件电势。这种做法的优点是实际有效性，代价是通用性降低。

(4) 条件电势在指定介质中通过测量获得，而且只能如此。

这一点显而易见。然而，有一类习题是计算电对在特定介质中的条件电势。这类习题有助于练习氧化还原计算，作为考试题也无可厚非，但是容易导致误解，使人误以为条件电势可以通过标准电势计算得到。

例 5.1　　**条件电势；基础概念；低难度**

pH = 3.00 溶液中，Fe^{3+}-F^-配离子之外的F^-的总浓度为 0.100 mol·L-1，计算电对Fe^{3+}/Fe^{2+}的条件电势。($E^{\ominus}_{Fe^{3+}/Fe^{2+}} = 0.771$ V；Fe^{3+}-F^-配离子：$\beta_1 = 1.9\times10^5$，$\beta_2 = 2.0\times10^9$，$\beta_3 = 1.1\times10^{12}$，$\beta_5 = 5.9\times10^{15}$；HF：$K_a = 6.6\times10^{-4}$)

解　根据条件电势的定义，得到：

$$E^{\ominus'}_{Fe^{3+}/Fe^{2+}} = E|_{c_{Fe^{3+}}=1\ mol\cdot L^{-1},c_{Fe^{2+}}=1\ mol\cdot L^{-1}} = E^{\ominus}_{Fe^{3+}/Fe^{2+}} + 0.059\lg[Fe^{3+}]\Big|_{c_{Fe^{3+}}=1\ mol\cdot L^{-1}}$$

上式表明，计算关键是$[Fe^{3+}]$，可以从其 MBE 入手：

$$[Fe^{3+}] + [FeF^{2+}] + [FeF_2^+] + [FeF_3] + [FeF_5^{2-}] = 1$$

通过累积稳定常数，上式变为：

$$[Fe^{3+}](1 + \beta_1[F^-] + \beta_2[F^-]^2 + \beta_3[F^-]^3 + \beta_5[F^-]^5) = 1$$

式中唯一的未知量是$[F^-]$，可以通过其分布分数求得：

$$[F^-] = \frac{K_a}{[H^+] + K_a}c_{F^-}$$

式中$c_{F^-} = 0.100$ mol·L-1。至此，计算所需的浓度全部获得，代入到能斯特方程计算出$E^{\ominus'}_{Fe^{3+}/Fe^{2+}} = 0.251$ V。

上例题目特别声明“Fe^{3+}-F^-配离子之外的F^-的总浓度为 0.100 mol·L-1”，尽管有些拗口，却保证了(简单)解法的严密性。特别声明将Fe^{3+}-F^-配离子中的F^-排除在F^-的总浓度之外，因此$[HF] + [F^-] = c_{F^-} = 0.100$ mol·L-1，这样通过分布分数很容易计算出$[F^-]$。

如果没有这一声明，而是直接说“F^-的总浓度为 0.100 mol·L-1”，那么等量关系变为$[HF] + [F^-] + [FeF^{2+}] + 2[FeF_2^+] + 3[FeF_3] + 5[FeF_5^{2-}] = c_{F^-} = 0.100$ mol·L-1。这种情况下，算式$[F^-] = \frac{K_a}{[H^+]+K_a}0.100$不再成立，具体计算稍显复杂，参见例 5.2。

例 5.2 **条件电势；基础概念；中等难度**

pH = 3.00 溶液中，$c_{F^-} = 0.100$ mol·L-1，计算电对Fe^{3+}/Fe^{2+}的条件电势。(常数见例 5.1)

解 本题与例 5.1 唯一的不同是$c_{F^-} = 0.100$ mol·L-1 指平衡体系中所有含 F 组分的总浓度。所以，解题思路相似，但是无法使用分布分数获得$[F^-]$。

从 Fe 的 MBE 得到：

$$[Fe^{3+}](1 + \beta_1[F^-] + \beta_2[F^-]^2 + \beta_3[F^-]^3 + \beta_5[F^-]^5) = 1 \tag{1}$$

上式包含未知量$[Fe^{3+}]$和$[F^-]$，还需要一个独立等式才能求解，为此，列出关于 F 的 MBE：

$$[HF] + [F^-] + [FeF^{2+}] + 2[FeF_2^+] + 3[FeF_3] + 5[FeF_5^{2-}] = 0.100$$

通过累积稳定常数，上式变为：

$$[Fe^{3+}](\beta_1[F^-] + 2\beta_2[F^-]^2 + 3\beta_3[F^-]^3 + 5\beta_5[F^-]^5) = 0.100 - [HF] - [F^-] \tag{2}$$

将(1)式代入(2)式以消去$[Fe^{3+}]$，得到关于$[F^-]$的方程：

$$\frac{\beta_1[F^-] + 2\beta_2[F^-]^2 + 3\beta_3[F^-]^3 + 5\beta_5[F^-]^5}{1 + \beta_1[F^-] + \beta_2[F^-]^2 + \beta_3[F^-]^3 + \beta_5[F^-]^5} = 0.100 - \frac{[H^+][F^-]}{K_a} - [F^-]$$

通过附录 5 软件解得$[F^-] = 5.774\times10^{-7}$ mol·L-1，代入到(1)式或者(2)式计算出$[Fe^{3+}] = 0.9006$ mol·L-1。最后，将$[Fe^{3+}] = 0.9006$ mol·L-1 和$[Fe^{2+}] = 1$ mol·L-1 代入能斯特方程，计算出$E^{\ominus'}_{Fe^{3+}/Fe^{2+}} = 0.768$ V。

例 5.3 **条件电势；基础概念；低难度**

计算电对Fe^{3+}/Fe^{2+}在 EDTA 溶液中的条件电势，溶液pH = 3.00，未配位的 EDTA 的分析浓度为 0.10 mol·L-1。($E^{\ominus}_{Fe^{3+}/Fe^{2+}} = 0.771$ V；Fe^{3+}-EDTA 稳定常数：$K_1 = 1.26\times10^{25}$；Fe^{2+}-EDTA 稳定常数：$K_2 = 2.09\times10^{14}$；$\alpha_{Y(H)}|_{pH=3.00} = 3.98\times10^{10}$)

解 根据条件电势定义，得到：

$$E^{\ominus'}_{Fe^{3+}/Fe^{2+}} = E^{\ominus}_{Fe^{3+}/Fe^{2+}} + 0.059\lg\frac{[Fe^{3+}]}{[Fe^{2+}]}\bigg|_{c_{Fe^{3+}}=1\ mol\cdot L^{-1},c_{Fe^{2+}}=1\ mol\cdot L^{-1}}$$

考虑金属离子与 EDTA 的配位反应，通过分布分数得到$[Fe^{3+}]$和$[Fe^{2+}]$：

$$[Fe^{3+}] = \frac{1}{K_1''[Y''] + 1}c_{Fe^{3+}}, \quad [Fe^{2+}] = \frac{1}{K_2''[Y''] + 1}c_{Fe^{2+}}$$

式中，$[Y''] = [Y]\alpha_{Y(H)}$、$K_1'' = \frac{K_1}{\alpha_{Y(H)}}$、$K_2'' = \frac{K_2}{\alpha_{Y(H)}}$。将以上两式代入能斯特方程后得到：

$$E^{\ominus'}_{Fe^{3+}/Fe^{2+}} = E^{\ominus}_{Fe^{3+}/Fe^{2+}} + 0.059\lg\frac{K_2''[Y''] + 1}{K_1''[Y''] + 1}$$

$[Y'']$就是“未配位的 EDTA 的分析浓度”，代入相关数值后计算出$E^{\ominus'}_{Fe^{3+}/Fe^{2+}} = 0.14$ V。

对称电对与不对称电对

如果半反应中氧化态和还原态的系数相同，且没有其他反应物和生成物，那么该电对属于对称电对，例如Ce^{4+}/Ce^{3+}、Fe^{3+}/Fe^{2+}；否则，属于不对称电对，例如$Cr_2O_7^{2-}/Cr^{3+}$、MnO_4^-/Mn^{2+}。

对于半反应中氧化态和还原态系数相同的不对称电对，如MnO_4^-/Mn^{2+}，如果使用条件电势，那么也视为对称电对，因为其他反应物或者生成物的浓度被包含到条件电势，没有出现在能斯特方程中。

对称电对的能斯特方程只包含氧化态和还原态的浓度，而且浓度量的指数相同，因此有关计算和推导比较简单；不对称电对的能斯特方程相对复杂。引入这两个概念，只是为了在一些计算中区别使用二者的能斯特方程，如绘制滴定曲线(5.2.1)、计算化学计量点电势(5.2.2)和计算滴定突跃(5.2.3)。

氧化还原反应平衡常数

电对 Ox_1/Red_1 和 Ox_2/Red_2 的半反应如下：

$$Ox_1 + n_1e \rightleftharpoons Red_1$$

$$Ox_2 + n_2e \rightleftharpoons Red_2$$

如果$E^{\ominus}_{Ox_1/Red_1} > E^{\ominus}_{Ox_2/Red_2}$，那么发生以下氧化还原反应：

$$\frac{n}{n_1}Ox_1 + \frac{n}{n_2}Red_2 \rightleftharpoons \frac{n}{n_1}Red_1 + \frac{n}{n_2}Ox_2$$

式中，n表示n_1和n_2的最小公倍数。

上述反应的平衡常数K与标准电势的关系为：

$$\lg K = \frac{n\left(E^{\ominus}_{Ox_1/Red_1} - E^{\ominus}_{Ox_2/Red_2}\right)}{0.059}$$

根据此关系，定量分析要求两电对标准电势之差为 0.3~0.4 V。

氧化还原平衡的定量解析既可以使用能斯特方程，也可以使用平衡常数(涉及电势计算的问题除外)。后者有时更直观一些，因为这是我们在其他化学平衡中已经熟悉的处理方式，另外可以减小数值运算误差的影响。

能斯特方程计算值的误差

使用能斯特方程，从浓度计算电势时，电势计算值受到浓度误差的影响；从电势计算浓度时，浓度计算值受到电势误差的影响。这两种影响的程度不同，可以通过误差传递进行研究。

考虑电对$Ox + ne \rightleftharpoons Red$的能斯特方程：

$$E = E^{\ominus} + \frac{0.059}{n}\lg\frac{[Ox]}{[Red]}$$

求E关于[Ox]的微分，得到：

$$dE = \frac{0.059}{n\ln 10}\frac{d[Ox]}{[Ox]}$$

等号两侧同时除以E，得到：

$$\frac{dE}{E} = \frac{0.059}{nE\ln 10}\frac{d[Ox]}{[Ox]}$$

分别以$\frac{\Delta E}{E}$和$\frac{\Delta[\mathrm{Ox}]}{[\mathrm{Ox}]}$表示电势和浓度的相对误差，那么从上式得到误差传递式：

$$\frac{\Delta E}{E}=\frac{0.059}{nE\ln 10}\frac{\Delta[\mathrm{Ox}]}{[\mathrm{Ox}]}$$

通常$\left|\frac{0.059}{nE\ln 10}\right|<1$，所以$\left|\frac{\Delta E}{E}\right|<\left|\frac{\Delta[\mathrm{Ox}]}{[\mathrm{Ox}]}\right|$。该结果表明：电势和浓度通过能斯特方程相互计算时，前者的相对误差小于后者。简单地说，对数运算缩小误差，指数运算放大误差。这种现象在电子转移数较多、电势较大时更加显著。

根据上述结论，如果使用能斯特方程计算浓度，电势值应该有足够精度；或者不使用能斯特方程，而是通过平衡常数得出最终表达式，一步完成计算①，参见例 5.4、5.7 和 5.8。电势计算值受浓度误差的影响虽然小，但是也应该使用电子转移数较大的电对的能斯特方程。

例 5.4 **能斯特方程计算值的误差；低难度**

将纯铜片置于 0.10 mol·L-1 $AgNO_3$溶液，计算平衡时体系的电势和$[Ag^+]$。(电对Ag^+/Ag和Cu^{2+}/Cu的标准电势$E_1^\ominus$和$E_2^\ominus$分别为 0.7996 V 和 0.3419 V)

解法一 $E_1^\ominus$和$E_2^\ominus$相差很大，而且 Cu 又过量太多，所以反应比较完全，可以认为平衡时$[Cu^{2+}]=0.050$ mol·L-1，将之代入电对Cu^{2+}/Cu的能斯特方程：

$$E=E_2^\ominus+\frac{0.059}{2}\lg[Cu^{2+}]$$

计算出$E=0.304$ V。将E代入电对Ag^+/Ag的能斯特方程：

$$E=E_1^\ominus+0.059\lg[Ag^+]$$

计算出$[Ag^+]=4.0\times10^{-9}$ mol·L-1。

解法二 反应方程式为$2Ag^++Cu \rightleftharpoons 2Ag+Cu^{2+}$，平衡常数如下：

$$\frac{[Cu^{2+}]}{[Ag^+]^2}=10^{2\frac{E_1^\ominus-E_2^\ominus}{0.059}}$$

代入$[Cu^{2+}]=0.050$ mol·L-1，计算出$[Ag^+]=3.9\times10^{-9}$ mol·L-1。将$[Ag^+]$代入电对Ag^+/Ag的能斯特方程，计算出$E=0.303$ V。

解法一的E值比较准确(E更精确的值为 0.30352 V)，误差 0.16%，原因是电势计算值受浓度误差的影响小。做个数字实验，将$[Cu^{2+}]$设为 0.047 mol·L-1 (误差高达−6%)，代入到能斯特方程计算出$E=0.303$ V，误差也只有−0.17%。

解法一的$[Ag^+]$值不太准确($[Ag^+]$更精确的值为 3.907×10^{-9} mol·L-1)，误差 2.4%，原因是浓度计算值受电势误差的影响大，尽管电势误差只有 0.16%。将E值精度提高为 0.3035 V，代入到能斯特方程计算出$[Ag^+]=3.9\times10^{-9}$ mol·L-1，误差降为−0.18%。

解法二推导出$[Ag^+]$的直接计算式，一步计算即得到较为准确的结果，不必考虑误差影响。然后再计算E，浓度误差的影响也不必多虑。

例 5.5 **近似计算；误差分析；低难度**

0.050 mol·L-1 I_2溶液(含 1.0 mol·L-1 KI)作为滴定剂，滴定 0.10 mol·L-1 $Na_2S_2O_3$溶液。淀粉为指示剂，

① 科学计算器或者计算软件的内部运算精度都很高。

当$[I_3^-]_{ep} = 5.0\times10^{-6}$ mol·L^{-1}，溶液变为蓝色指示终点，计算终点电势E_{ep}。(电对I_3^-/I^-和$S_4O_6^{2-}/S_2O_3^{2-}$的条件电势$E_1^{\ominus'}$和$E_2^{\ominus'}$分别为 0.545 V 和 0.080 V)

解　$[I_3^-]_{ep}$非常小，因此认为加入的 I_2 全部转化为I^-。再认为 ep 和 sp 足够接近，那么加入滴定剂的体积等于 $Na_2S_2O_3$ 溶液的体积。根据这两条近似，得到$[I^-]_{ep} = 0.050 + 0.50 = 0.55$(mol·L^{-1})(分别来自 I_2 的反应产物和滴定剂中的 KI)，代入到电对I_3^-/I^-的能斯特方程：

$$E_{ep} = E_1^{\ominus'} + \frac{0.059}{2}\lg\frac{[I_3^-]_{ep}}{[I^-]_{ep}^3}$$

计算出$E = 0.41$ V。

本题的精确求解非常复杂(可参考例 5.14)，然而使用近似手段得到$[I^-]_{ep}$后，解题变得简单。由于近似，$[I^-]_{ep} = 0.55$ mol·L^{-1}存在误差，但是浓度误差对电势计算值的影响较小。对上述能斯特方程求微分，得到$dE = -0.0384\frac{d[I^-]}{[I^-]}$，可以发现：即使$[I^-]$的估算误差高达 100%，也最多只能影响电势计算值小数点后第二位。所以，该近似解法的E值比较准确。

5.1.2　氧化还原平衡体系的定量解析

氧化还原平衡体系的定量解析中，能斯特方程和物料平衡式作为基本等量关系。为了便于处理浓度，可将能斯特方程转化为指数形式，或者使用平衡常数(相当于间接使用能斯特方程)。此外，熟练掌握并自如运用一些辅助等量关系可以提高计算效率。

下面通过反应$a\mathrm{Ox_1} + b\mathrm{Red_2} \rightleftharpoons c\mathrm{Red_1} + d\mathrm{Ox_2}$介绍辅助等量关系，其中$n$表示物质的量。

(1) **关于生成物**。在任何滴定时刻，包括滴定起点、终点和化学计量点，$\frac{n_{\mathrm{Red_1}}}{n_{\mathrm{Ox_2}}} = \frac{c}{d}$成立。

(2) **关于反应物**。在化学计量点，$\frac{n_{\mathrm{Ox_1,sp}}}{n_{\mathrm{Red_2,sp}}} = \frac{a}{b}$成立。

(3) **估算终点时生成物的量**。以不足的反应物进行估算。设 $\mathrm{Red_2}$ 不足，滴定前的量表示为$n_{\mathrm{Red_2,0}}$，那么终点时，$n_{\mathrm{Red_1,ep}} \approx \frac{c}{b}n_{\mathrm{Red_2,0}}$、$n_{\mathrm{Ox_2,ep}} \approx \frac{d}{b}n_{\mathrm{Red_2,0}}$。

(4) **估算终点时反应物的量**。对于过量的反应物，以不足的反应物估算其反应消耗，进而得其剩余。设 $\mathrm{Ox_1}$ 过量，那么终点时以(不足的)$\mathrm{Red_2}$ 估算其反应消耗，等于$\frac{a}{b}n_{\mathrm{Red_2,0}}$，然后得到$n_{\mathrm{Ox_1,ep}} \approx n_{\mathrm{Ox_1,0}} - \frac{a}{b}n_{\mathrm{Red_2,0}}$ (下标 0 表示滴定前)。对于不足的反应物，终点时的量极小，估算误差太大，需要通过能斯特方程计算得到。设 $\mathrm{Red_2}$ 不足，那么通过其能斯特方程来计算$[\mathrm{Red_2}]_{ep}$，所需数据是$[\mathrm{Ox_2}]_{ep}$和E_{ep}。$[\mathrm{Ox_2}]_{ep}$通过估算得到(见第 3 条)；E_{ep}通过电对 $\mathrm{Ox_1/Red_1}$ 的能斯特方程计算得到，所需的$[\mathrm{Red_1}]_{ep}$和$[\mathrm{Ox_1}]_{ep}$都可以估算出(分别见第 3 条和本条)。

图 5.1 的图解有助于更好地理解上述辅助等量关系。

对于(3)(4)两条，需要注意浓度估算导致的误差，反应不够完全时(即标准电势相差较小)，误差更为显著，参见例 5.8。这种情况需要精确求解。精确求解基于物料平衡式和平衡常数，为了便于推导不再使用能斯特方程，参见例 5.7 和 5.8。

浓度误差对电势计算值的影响小，所以(3)(4)两条用于计算电势时，通常能够得到相对准确的结果。

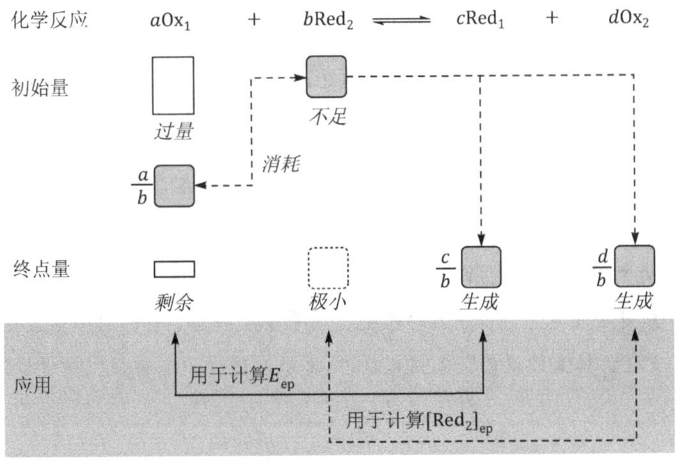

图 5.1 氧化还原平衡计算要点的图解

矩形代表物质的量

例 5.6 **定量计算；低难度**

以下电池放电至电流为零时，计算电势E。(电对Ag^+/Ag和Cd^{2+}/Cd的标准电势$E_1^{\ominus}$和$E_2^{\ominus}$分别为 0.7996 V 和−0.4030 V)

$$Ag\,|Ag^+(0.500\ mol\cdot L^{-1})\,||\,Cd^{2+}(1.00\times10^{-4}\ mol\cdot L^{-1})\,|\,Cd$$

解 电池中发生的氧化还原反应如下：

$$2Ag^+ + Cd \rightleftharpoons 2Ag + Cd^{2+}$$

放电电流为零时，反应达到平衡。平衡后，Cd 过量，Ag^+不足，根据辅助等量关系第 3 条，通过Ag^+估算生成物Cd^{2+}的浓度，结果为 0.250 mol·L⁻¹，那么Cd^{2+}总浓度是 0.2501 mol·L⁻¹。将之代入能斯特方程：

$$E = E_2^{\ominus} + \frac{0.059}{2}\lg[Cd^{2+}]$$

计算出$E = -0.421$ V。

$[Cd^{2+}]$通过估算得到，尽管存在误差，但是浓度误差对电势计算值的影响很小(参见 5.1.1 中的“能斯特方程计算值的误差”条目)，所以结果仍然比较准确。

例 5.7 **定量计算；中等难度**

溶液含有H^+和Fe^{3+}，浓度分别为 0.250 mol·L⁻¹和 0.100 mol·L⁻¹。向溶液中不断通入 H_2S 气体直至平衡，计算$[Fe^{3+}]$。H_2S 饱和溶液的浓度为 0.100 mol·L⁻¹。(电对Fe^{3+}/Fe^{2+}和 S/H_2S 的标准电势$E_1^{\ominus}$和$E_2^{\ominus}$分别为 0.771 V 和 0.142 V；H_2S：$K_{a_1} = 1.3\times10^{-7}$，$K_{a_2} = 7.1\times10^{-15}$；FeS：$K_{sp} = 8\times10^{-19}$)

解 氧化还原反应如下：

$$H_2S + 2Fe^{3+} \rightleftharpoons S\downarrow + 2Fe^{2+} + 2H^+$$

反应平衡常数为：

$$\frac{[Fe^{2+}]^2[H^+]^2}{[Fe^{3+}]^2[H_2S]} = 10^{2\frac{E_1^{\ominus}-E_2^{\ominus}}{0.059}}$$

$E_1^{\ominus}$和$E_2^{\ominus}$相差很大，反应物 H_2S 持续通入，所以反应比较完全。H_2S 过量，Fe^{3+}不足，根据辅助等量关系第 3 条，通过Fe^{3+}估算生成物Fe^{2+}和H^+的浓度，结果均为 0.100 mol·L-1。H^+的总浓度是 0.350 mol·L-1。

计算$[Fe^{3+}]$所需的浓度值已经获得，但是还要考虑Fe^{2+}与S^{2-}之间的沉淀反应。通过下式计算$[S^{2-}]$：

$$[S^{2-}] = \frac{K_{a_1}K_{a_2}[H_2S]}{[H^+]^2}$$

$[S^{2-}] = 7.53\times10^{-22}$ mol·L-1，$[Fe^{2+}][S^{2-}] < K_{sp}$，可见没有生成 FeS 沉淀，所以$[Fe^{2+}] = 0.100$ mol·L-1。将相关浓度值代入平衡常数，计算出$[Fe^{3+}] = 2.42\times10^{-12}$ mol·L-1。

本题也可以通过电对 S/H_2S 的能斯特方程计算出电势E，然后代入到电对Fe^{3+}/Fe^{2+}的能斯特方程计算出$[Fe^{3+}]$。分步计算需要注意中间结果E的精度，如果精度不够，$[Fe^{3+}]$计算值就会出现较大误差(参见 5.1.1 中“能斯特方程计算值的误差”条目)。相比之下，通过平衡常数，一步计算即可得到结果，不必考虑数值精度问题。

例 5.8 **近似解法；精确解法；误差分析；中等难度**

0.0400 mol·L-1 Hg^{2+}溶液与 0.100 mol·L-1 Fe^{2+}溶液等体积混合，计算平衡体系的$[Fe^{3+}]$和电势。(电对Hg^{2+}/Hg和Fe^{3+}/Fe^{2+}的标准电势$E_1^{\ominus}$和$E_2^{\ominus}$分别为 0.851 V 和 0.771 V)

解法一 近似求解。氧化还原反应如下：

$$Hg^{2+} + 2Fe^{2+} \rightleftharpoons Hg + 2Fe^{3+}$$

反应前，混合溶液中Hg^{2+}和Fe^{2+}的分析浓度分别为 0.0200 mol·L-1 和 0.0500 mol·L-1，Fe^{2+}过量，Hg^{2+}不足。根据辅助等量关系第 3 条，通过Hg^{2+}估算生成物Fe^{3+}的浓度，为$[Fe^{3+}] = 0.0400$ mol·L-1；根据第 4 条，估算反应剩余Fe^{2+}的浓度为 0.0100 mol·L-1。将两个浓度代入电对Fe^{3+}/Fe^{2+}的能斯特方程，计算出$E = 0.807$ V。

使用近似求解，这道题简单得有些过分。但是，近似结果的误差到底有多大？精确求解可以回答这个问题。

解法二 精确求解。反应平衡常数$K = 10^{2\frac{E_1^{\ominus}-E_2^{\ominus}}{0.059}}$，表达式如下：

$$\frac{[Fe^{3+}]^2}{[Hg^{2+}][Fe^{2+}]^2} = K$$

列出关于 Fe 和 Hg 的 MBE：

$$[Fe^{3+}] + [Fe^{2+}] = 0.0500$$

$$[Hg^{2+}] + [Hg] = 0.0200$$

其中[Hg]表示生成物 Hg 的假想浓度，只是为了建立 MBE。应该通过 MBE 消去平衡常数中的反应物浓度，因为生成物浓度之间存在确定计量关系$2[Hg] = [Fe^{3+}]$(辅助等量关系第 1 条)，得到：

$$\frac{[Fe^{3+}]^2}{(0.0200 - [Hg])(0.0500 - [Fe^{3+}])^2} = K$$

将$2[Hg] = [Fe^{3+}]$代入上式以消去[Hg]，得到关于$[Fe^{3+}]$的方程：

$$\frac{[Fe^{3+}]^2}{(0.0200 - 0.5[Fe^{3+}])(0.0500 - [Fe^{3+}])^2} = K$$

通过附录 5 软件解得$[Fe^{3+}] = 0.0305$ mol·L-1。将之代入 Fe 的 MBE 后得到$[Fe^{2+}] = 0.0195$ mol·L-1。通过能斯特方程计算出$E = 0.783$ V。对比发现，近似结果$[Fe^{3+}]$的误差为 31%，电势的误差为 3.1%。

近似结果的误差很大,原因在于两电对的标准电势相差甚小,反应完成程度不高。近似解法假设Hg^{2+}被完全消耗，以此估算[Fe^{3+}]，所以估算误差较大。受浓度误差的影响，电势计算值也出现误差，但是小于浓度误差，原因参见 5.1.1 中“能斯特方程计算值的误差”条目。

容易想到：如果两电对的标准电势相差很大，反应因此比较完全，那么近似结果会比较准确。本章习题 8 属于这种情况。

5.2 氧化还原滴定曲线

滴定过程中平衡体系电势E随滴定剂加入体积V的变化曲线，称为氧化还原滴定曲线，即V-E曲线。

滴定曲线形象地显示滴定过程中平衡体系电势的变化，对于选择指示剂和深入理解滴定体系具有重要作用。

滴定曲线的系统介绍包括定义、作用以及绘制方法，参见第 1 章 1.2.2 中的“滴定曲线”条目。

5.2.1 绘制氧化还原滴定曲线

下面以一个简单滴定体系为例，介绍V-E曲线的绘制，滴定剂和被测物均为对称电对。如果有不对称电对参加反应，绘制过程复杂一些，参见 5.4 节。

以 0.10 mol·L^{-1} Ce^{4+}溶液滴定 20.00 mL 同浓度Fe^{2+}溶液，试绘制V-E曲线。电对Ce^{4+}/Ce^{3+}和Fe^{3+}/Fe^{2+}的条件电势$E_1^{\ominus\prime}$和$E_2^{\ominus\prime}$分别为 1.44 V 和 0.68 V。

设加入V mL 滴定剂，此时平衡体系的体积为$(V+20.00)$ mL，相关物质的分析浓度为：$c_{Fe^{2+}}=\frac{2.0}{V+20.00}$、$c_{Ce^{4+}}=\frac{0.10V}{V+20.00}$。

绘制滴定曲线，需要建立E与V之间的函数关系。为此，列出能斯特方程并转化为指数形式以方便推导：

$$E=E_1^{\ominus\prime}+0.059\lg\frac{[Ce^{4+}]}{[Ce^{3+}]}\Longrightarrow a=\frac{[Ce^{4+}]}{[Ce^{3+}]} \tag{1}$$

$$E=E_2^{\ominus\prime}+0.059\lg\frac{[Fe^{3+}]}{[Fe^{2+}]}\Longrightarrow b=\frac{[Fe^{3+}]}{[Fe^{2+}]} \tag{2}$$

式中，$a=10^{\frac{E-E_1^{\ominus\prime}}{0.059}}$，$b=10^{\frac{E-E_2^{\ominus\prime}}{0.059}}$。

为了处理(1)(2)两式中的浓度，列出关于 Ce 和 Fe 的 MBE：

$$[Ce^{4+}]+[Ce^{3+}]=c_{Ce^{4+}}=\frac{0.10V}{V+20.00}$$

$$[Fe^{2+}]+[Fe^{3+}]=c_{Fe^{2+}}=\frac{2.0}{V+20.00}$$

应该通过 MBE 消去(1)(2)两式中反应物浓度，保留生成物浓度，因为生成物浓度之间存在确定计量关系$[Ce^{3+}] = [Fe^{3+}]$(5.1.2 中辅助等量关系第 1 条)。将 MBE 分别代入(1)(2)两式，简单整理后得到：

$$a = \frac{0.10V}{V + 20.00}\frac{1}{[Ce^{3+}]} - 1 \Longrightarrow a + 1 = \frac{0.10V}{V + 20.00}\frac{1}{[Ce^{3+}]} \tag{3}$$

$$\frac{1}{b} = \frac{2.0}{V + 20.00}\frac{1}{[Fe^{3+}]} - 1 \Longrightarrow \frac{b + 1}{b} = \frac{2.0}{V + 20.00}\frac{1}{[Fe^{3+}]} \tag{4}$$

因为$[Ce^{3+}] = [Fe^{3+}]$，所以(3)(4)两式相除，得到：

$$b\frac{a + 1}{b + 1} = 0.050V$$

通过以上反函数产生一系列$(V,\ E)$数据点，具体步骤是“指定E → 计算a和b → 代入到反函数计算V”；连接这些数据点，得到滴定曲线，如图 5.2 所示。

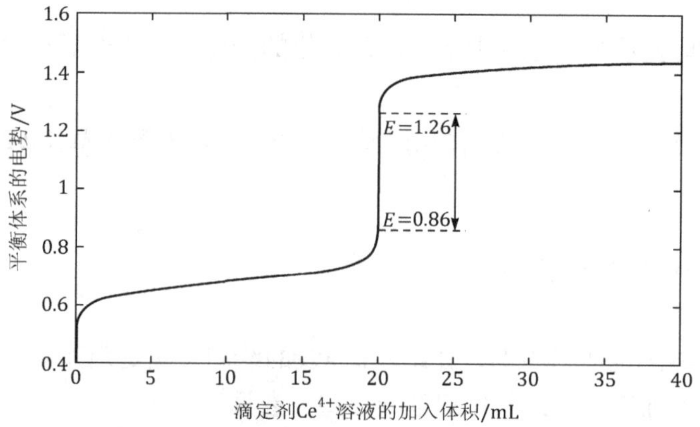

图 5.2　0.10 mol·L-1 Ce^{4+}溶液滴定 20.00 mL 同浓度Fe^{2+}溶液的滴定曲线以及滴定突跃

基于 Matlab 的绘制程序见附录程序 6.5。程序取了大量$(V,\ E)$数据点，以提高曲线精度；通过查找$V = 19.98$ mL 和$V = 20.02$ mL 分别对应的电势，获得滴定突跃，见图 5.2。

图 5.2 显示了滴定曲线的典型特征：电势E在滴定初期缓慢变化，接近化学计量点时发生突跃，化学计量点之后的变化又趋于平缓。对于滴定剂和被测物均为对称电对的滴定体系，滴定曲线具有相似的外形，因为曲线仅与两电对的标准电势(或者条件电势)有关。但是，如果有不对称电对参加反应，滴定曲线还与组分浓度有关，具体分析参见 5.4 节。

需要指出的是，上述绘制方法不能得到$V = 0$时的电势。滴定开始前，溶液中$[Fe^{3+}]$并不为零，否则电势将是负无穷大。事实上，由于试剂纯度以及空气氧化等因素，滴定前溶液中已经存在微量Fe^{3+}。微量Fe^{3+}的浓度未知，但是一定不会低至足以使Fe^{2+}还原 H_2O 的程度($2H_2O + 2e \rightleftharpoons H_2 + 2OH^-$，$E^\ominus = -0.8277$ V)。

氧化还原滴定曲线的纵坐标也可以是相关离子浓度的负对数值，如同酸碱滴定和配位滴定。这样的滴定曲线与V-E曲线本质上相同，因为电势E即是离子浓度的对数信息(能斯特方程)，能够清晰反映化学计量点前后离子浓度的数量级变化。

5.2.2 化学计量点电势的计算

化学计量点电势E_{sp}是氧化还原滴定的一个有用参数，在选择指示剂、设计滴定方案等方面具有重要作用。

通过滴定曲线绘制程序容易获得E_{sp}，查找V_{sp}对应的电势即可。以 5.2.1 中的滴定体系为例，在附录程序 6.5 后添加下列语句，得到$E_{sp} = 1.06$ V。

```
[Minimum, Position] = min(abs(V – 20.00));
Esp = E(Position);
```

只要程序产生足够多$(V,\ E)$数据点，所得E_{sp}值相当准确。

如果两个电对均为对称电对，那么E_{sp}有一个简洁高效的计算公式：

$$E_{sp} = \frac{n_1 E_1^{\ominus} + n_2 E_2^{\ominus}}{n_1 + n_2} \tag{5.1}$$

E_{sp}相当于标准电势的加权平均，权重是电子转移数。对于氧化态和还原态系数相同的不对称电对，如MnO_4^-/Mn^{2+}，如果使用条件电势，那么上式也适用。

能斯特方程结合 5.1.2 中的辅助等量关系式，可以用于计算E_{sp}，具体步骤见信息栏 5.1。这是一个通用高效的方法，适用于对称电对和不对称电对。

信息栏 5.1 **E_{sp}通用计算方法**

(1) 写出化学计量点时两电对的能斯特方程。

(2) 通过两个能斯特方程，消去(已是微量组分的)反应物的浓度(5.1.2 中辅助等量关系第 2 条)。

(3) 估算出(已是常量组分的)生成物的浓度(5.1.2 中辅助等量关系第 3 条)。

(4) 计算E_{sp}。

方法唯一的近似手段出现在步骤(3)。然而生成物是常量组分，浓度估算值的相对误差不大。另外，浓度误差对电势计算值的影响小(参见 5.1.1 中“能斯特方程计算值的误差”条目)。所以，E_{sp}计算值通常比较准确。

例 5.9 **E_{sp}通用计算方法；低难度**

0.0500 mol·L^{-1} I_2溶液(含 1.00 mol·L^{-1} KI)作为滴定剂，滴定 0.100 mol·L^{-1} $Na_2S_2O_3$溶液，计算E_{sp}。(电对I_3^-/I^-和$S_4O_6^{2-}/S_2O_3^{2-}$的条件电势$E_1^{\ominus\prime}$和$E_2^{\ominus\prime}$分别为 0.545 V 和 0.080 V)

解 sp 时两个能斯特方程：

$$E_{sp} = E_1^{\ominus\prime} + \frac{0.059}{2}\lg\frac{[I_3^-]_{sp}}{[I^-]_{sp}^3}$$

$$E_{sp} = E_2^{\ominus\prime} + \frac{0.059}{2}\lg\frac{[S_4O_6^{2-}]_{sp}}{[S_2O_3^{2-}]_{sp}^2}$$

sp 时反应物I_3^-和$S_2O_3^{2-}$已经成为微量组分，其浓度估算会有很大误差，所以应该借助化学反应计量关系$[S_2O_3^{2-}]_{sp} = 2[I_3^-]_{sp}$消去：

$$3E_{sp} = 2E_1^{\ominus'} + E_2^{\ominus'} + \frac{0.059}{2}\lg\frac{[I_3^-]_{sp}^2[S_4O_6^{2-}]_{sp}}{[I^-]_{sp}^6[S_2O_3^{2-}]_{sp}^2} = 2E_1^{\ominus'} + E_2^{\ominus'} + \frac{0.059}{2}\lg\frac{1}{4}\frac{[S_4O_6^{2-}]_{sp}}{[I^-]_{sp}^6}$$

式中，$S_4O_6^{2-}$和I^-为常量组分，可以对其浓度进行估算；由于反应比较完全(标准电势相差较大)，误差相当小。$[S_4O_6^{2-}]_{sp} \approx 0.0250$ mol·L⁻¹、$[I_3^-]_{sp} \approx 0.0500 + 0.500 = 0.550$ (mol·L⁻¹) (分别来自 I_2 的反应产物和滴定剂中的 KI)。将这些数值代入上式，计算出$E_{sp} = 0.384$ V。

计算E_{sp}时，需要注意化学计量点时组分浓度的比例关系和溶液体积的变化，难度虽然不大，但是容易出现失误。

5.2.3　滴定突跃及其影响因素

氧化还原滴定突跃是滴定剂加入体积分别为 $0.999V_{sp}$和 $1.001V_{sp}$时，平衡体系电势的改变。通过程序绘制V-E滴定曲线时(参见附录程序 6.5)，查找 $0.999V_{sp}$和 $1.001V_{sp}$分别对应的电势值，就能够获得滴定突跃端点。这种方式在 5.2.1 中作过介绍。

滴定突跃端点也可以通过能斯特方程、借助 5.1.2 中辅助等量关系计算得到。如果两电对均为对称电对，那么滴定突跃端点有比较简单的近似计算式，下面介绍算式的推导。

设滴定剂为 Ox_1(浓度c_1，条件电势$E_1^{\ominus'}$)，被测物为 Red_2(浓度c_0，体积V_0，条件电势$E_2^{\ominus'}$)，半反应分别是 $Ox_1 + n_1e \rightleftharpoons Red_1$和 $Ox_2 + n_2e \rightleftharpoons Red_2$。滴定反应方程式可以表示为：

$$n_2Ox_1 + n_1Red_2 \rightleftharpoons n_2Red_1 + n_1Ox_2$$

易知，化学计量点时加入滴定剂的体积$V_{sp} = \frac{n_2c_0V_0}{n_1c_1}$。

当滴定剂加入 $0.999V_{sp}$，即在滴定突跃的下端点，滴定剂 Ox_1 不足，以其估算被测物 Red_2 的消耗量和 Ox_2 的生成量，均为$\frac{c_1 0.999V_{sp}n_1}{n_2} = 0.999c_0V_0$ mol (5.1.2 中辅助等量关系第 3、4 条)。据此得到以下浓度：

$$[Red_2] = \frac{0.001c_0V_0}{0.999V_{sp} + V_0},\quad [Ox_2] = \frac{0.999c_0V_0}{0.999V_{sp} + V_0}$$

将上述浓度代入能斯特方程，得到$E = E_2^{\ominus'} + \frac{0.059}{n_2}\lg999 \approx E_2^{\ominus'} + 3\frac{0.059}{n_2}$。所以，滴定突跃下端点为$E_2^{\ominus'} + 3\frac{0.059}{n_2}$。

当滴定剂加入 $1.001V_{sp}$，即在滴定突跃的上端点，被测物 Red_2 不足，以其估算滴定剂 Ox_1 的消耗量和 Red_1 的生成量，均为$\frac{c_0V_0n_2}{n_1} = c_1V_{sp}$ mol (5.1.2 中辅助等量关系第 3、4 条)。据此得到以下浓度：

$$[Ox_1] = \frac{0.001c_1V_{sp}}{1.001V_{sp} + V_0},\quad [Red_1] = \frac{c_1V_{sp}}{1.001V_{sp} + V_0}$$

将上述浓度代入能斯特方程，得到$E = E_1^{\ominus'} + \frac{0.059}{n_1}\lg0.001 = E_1^{\ominus'} - 3\frac{0.059}{n_1}$。所以，滴定突跃上端点为$E_1^{\ominus'} - 3\frac{0.059}{n_1}$。

如果以还原剂 Red_2($Ox_2 + n_2e \rightleftharpoons Red_2$，条件电势$E_2^{\ominus'}$)滴定氧化剂 Ox_1($Ox_1 + n_1e \rightleftharpoons Red_1$，条件电势$E_1^{\ominus'}$)，类似推导可得出滴定突跃上端点$E_1^{\ominus'} - 3\frac{0.059}{n_1}$、下端点$E_2^{\ominus'} + 3\frac{0.059}{n_2}$。需要注意，这种滴定曲线逐渐下降，而前面介绍的氧化剂滴定还原剂的曲线则是逐渐上升。

通过突跃端点的计算式，可以推测均为对称电对的滴定曲线的大致形状。滴定曲线上部主要取决于氧化剂的标准电势(或者条件电势)，且随电势值的增大而向上扩张；滴定曲线下部主要取决于还原剂的标准电势(或者条件电势)，且随电势值的减小而向下扩张。

5.3 氧化还原滴定终点误差

由于滴定终点 ep 与化学计量点 sp 不一致，滴定剂的实际加入体积(以V_{ep}表示)异于理想值(以V_{sp}表示)，由此导致的误差称为终点误差，以E_t表示，数值上等于V_{ep}对V_{sp}的相对误差。终点误差特指指示剂引入的误差。关于终点误差的系统介绍，参见第 1 章 1.2.2 中的“终点误差”条目。

5.3.1 氧化还原指示剂

氧化还原指示剂通常是具有氧化还原活性的物质,而且其氧化态和还原态具有不同颜色。终点前后，指示剂氧化态和还原态浓度的大小关系发生变化，从而指示终点。例如，$K_2Cr_2O_7$滴定Fe^{2+}，以二苯胺磺酸钠为指示剂，终点前二苯胺磺酸钠无色的还原态占优势，终点时紫红色的氧化态显著增多，溶液颜色发生变化，指示终点。

下面介绍氧化还原指示剂的定量性质。

以 Ox_{In} 和 Red_{In} 分别表示指示剂的氧化态和还原态，电对半反应如下：

$$Ox_{In} + ne \rightleftharpoons Red_{In}$$

能斯特方程为：

$$E = E^{\ominus}_{Ox_{In}/Red_{In}} + \frac{0.059}{n}\lg\frac{[Ox_{In}]}{[Red_{In}]}$$

对于双色指示剂，一般认为：当$[Ox_{In}] > 10[Red_{In}]$时，溶液呈 Ox_{In} 的颜色；当$[Red_{In}] > 10[Ox_{In}]$时，溶液呈 Red_{In} 的颜色；当 $0.1[Red_{In}] < [Ox_{In}] < 10[Red_{In}]$(即 $0.1[Ox_{In}] < [Red_{In}] < 10[Ox_{In}]$)时，溶液呈 Ox_{In} 和 Red_{In} 的混合色。所以，双色指示剂的理论变色范围是$E^{\ominus}_{Ox_{In}/Red_{In}} \pm \frac{0.059}{n}$。

表 5.1 是一些常见的氧化还原指示剂。

表 5.1 常见氧化还原指示剂的条件电势以及颜色变化

名称	$E^{\ominus\prime}$(pH = 0)	氧化态/还原态颜色	名称	$E^{\ominus\prime}$(pH = 0)	氧化态/还原态颜色
酚藏花红	0.28	红色/无色	磺酸二苯基联苯胺	0.87	紫色/无色
四磺酸基靛蓝	0.36	蓝色/无色	嘧啶合铁	1.15	浅蓝色/红色
亚甲基蓝	0.53	蓝色/无色	邻二氮菲-亚铁	1.06	浅蓝色/红色
二苯胺	0.75	紫色/无色	硝基邻二氮菲-亚铁	1.25	浅蓝色/紫红色
乙氧基苯胺	0.76	黄色/红色	嘧啶合钌	1.29	浅蓝色/黄色
二苯胺磺酸钠	0.84	紫红色/无色			

少数指示剂没有氧化还原活性，但是可以选择性地与滴定剂或者被测物反应，在终点出现颜色变化。最常见的例子是淀粉，与 I_2 生成蓝黑色化合物，是碘滴定分析(碘量法)的专属指示剂。再如 KSCN，与Fe^{3+}生成红色配合物，是Fe^{3+}滴定Sn^{2+}的专属指示剂。

5.3.2　氧化还原滴定终点误差的计算

与其他类型滴定相同，氧化还原滴定终点误差也可以通过终点误差的体积定义式计算。定义式如下：

$$E_t = \frac{V_{ep} - V_{sp}}{V_{sp}} \times 100\%$$

式中，V_{ep}和V_{sp}分别表示终点和化学计量点时加入滴定剂的体积。体积定义式的系统性说明参见第 1 章 1.2.2 中的"终点误差"条目。

计算终点误差E_t时，滴定剂和被测物的浓度设为已知，所以计算关键在于V_{ep}。V_{ep}是在指示剂变色点E_{ep}加入滴定剂的体积。从已知的E_{ep}计算V_{ep}需要一个包含这两个量的等式，该等式就是能斯特方程。

使用终点时过量反应物的能斯特方程进行计算，此时氧化态和还原态均为常量组分，其浓度估算误差较小(5.1.2 中辅助等量关系式第 3、4 条)。

以上是理论分析，具体计算步骤参见信息栏 5.2。这些步骤是"化学平衡定量解析的理论框架"在终点误差计算中的体现(参见第 1 章 1.2.2 相应条目)。

信息栏 5.2　　氧化还原滴定终点误差计算步骤

(1) 判断过量反应物。反应物均为对称电对时，计算$E_{sp} = \frac{n_1 E_1^{\ominus} + n_2 E_2^{\ominus}}{n_1 + n_2}$，如果$E_{ep} > E_{sp}$，氧化剂过量；如果$E_{ep} < E_{sp}$，还原剂过量。不对称电对参加反应时，首先假设完全反应以估算出生成物浓度，然后将其与E_{ep}代入能斯特方程，计算出终点时两个反应物的浓度①，浓度较大者过量。

(2) 分别用V_{ep}和V_{sp}表示滴定终点和化学计量点时加入滴定剂的体积，并令$R = \frac{V_{ep}}{V_{sp}}$。根据反应物浓度和滴定反应的计量关系，以$V_{sp}$表示出被测物溶液的体积。

(3) 对于过量反应物，剩余量和相应生成物的量通过不足的反应物估算出(5.1.2 中辅助等量关系式第 3、4 条)，再代入到能斯特方程，获得包含E_{ep}和R的代数式。

(4) 将E_{ep}代入上式，计算出R。将R代入$E_t = (R-1) \times 100\%$，计算出终点误差。

方法实质：将终点时过量反应物的能斯特方程转化为包含E_{ep}和R的等式，代入已知条件E_{ep}后计算R。

例 5.10　　终点误差；对称电对；低难度

盐酸介质中，以 0.10 mol·L^{-1} Sn^{2+}溶液滴定 0.20 mol·L^{-1} Fe^{3+}溶液，$E_{ep} = 0.23$ V，计算终点误差。(电对Fe^{3+}/Fe^{2+}和Sn^{4+}/Sn^{2+}的条件电势$E_1^{\ominus'}$和$E_2^{\ominus'}$分别为 0.68 V 和 0.14 V)

① 这种计算方法比较粗略。但是，粗略计算出的浓度并不参与计算终点误差，而是互相对比以确定过量的反应物。对于这一任务，该估算方法足够了，同时非常简便。

解 滴定剂和被测物均为对称电对，所以$E_{sp}=\frac{0.68+2\times0.14}{3}=0.32\ (\mathrm{V})$。$E_{ep}<E_{sp}$，所以终点时还原剂$Sn^{2+}$过量，以电对$Sn^{4+}/Sn^{2+}$的能斯特方程计算终点误差。

分别用V_{ep}和V_{sp}表示滴定终点和化学计量点时加入Sn^{2+}溶液的体积，并令$R=\frac{V_{ep}}{V_{sp}}$。根据反应物浓度和滴定反应的计量关系，易知被测物溶液的体积等于V_{sp}，因此终点时溶液的体积等于$V_{ep}+V_{sp}$。

以不足的反应物Fe^{3+}估算$[Sn^{4+}]_{ep}$和$[Sn^{2+}]_{ep}$，化学反应计量关系如下：

$$2Fe^{3+}+Sn^{2+}\rightleftharpoons 2Fe^{2+}+Sn^{4+}$$

根据 5.1.2 中辅助等量关系第 3、4 条，得到：

$$[Sn^{4+}]_{ep}=\frac{0.5n_{Fe^{3+},消耗}}{V_{ep}+V_{sp}}=\frac{0.5\times0.20V_{sp}}{V_{ep}+V_{sp}}=\frac{0.10}{R+1}$$

$$[Sn^{2+}]_{ep}=\frac{n_{Sn^{2+},总量}-n_{Sn^{2+},消耗}}{V_{ep}+V_{sp}}=\frac{0.10V_{ep}-0.5\times0.20V_{sp}}{V_{ep}+V_{sp}}=\frac{0.10(R-1)}{R+1}$$

将以上两式代入电对Sn^{4+}/Sn^{2+}的能斯特方程，得到：

$$E_{ep}=E_2^{\ominus\prime}+\frac{0.059}{2}\lg\frac{[Sn^{4+}]_{ep}}{[Sn^{2+}]_{ep}}=E_2^{\ominus\prime}+\frac{0.059}{2}\lg\frac{1}{R-1}$$

代入$E_{ep}=0.23\ \mathrm{V}$，计算出$R=1.00089$，最终得到$E_t=(R-1)\times100\%=0.089\%$。

例 5.11 **终点误差；不对称电对；低难度**

以 0.020 mol·L^{-1} $K_2Cr_2O_7$溶液滴定 0.12 mol·L^{-1} Fe^{2+}溶液，$E_{ep}=0.84\ \mathrm{V}$，计算终点误差。(电对$Cr_2O_7^{2-}/Cr^{3+}$和Fe^{3+}/Fe^{2+}的条件电势$E_1^{\ominus\prime}$和$E_2^{\ominus\prime}$分别为 1.00 V 和 0.68 V)

解 将E_{ep}分别代入两个电对的能斯特方程，计算出$\frac{[Cr_2O_7^{2-}]_{ep}}{[Cr^{3+}]_{ep}^2}=5.36\times10^{-17}$、$\frac{[Fe^{3+}]_{ep}}{[Fe^{2+}]_{ep}}=515$。假设反应完全，那么$[Cr^{3+}]_{ep}\approx0.02$ mol·L^{-1}、$[Fe^{3+}]_{ep}\approx0.06$ mol·L^{-1}，然后计算出$[Cr_2O_7^{2-}]_{ep}\approx2\times10^{-20}$ mol·L^{-1}、$[Fe^{2+}]_{ep}\approx1\times10^{-4}$ mol·L^{-1}。所以终点时Fe^{2+}过量，以电对Fe^{3+}/Fe^{2+}的能斯特方程计算终点误差。

分别用V_{ep}和V_{sp}表示滴定终点和化学计量点时加入$K_2Cr_2O_7$溶液的体积，并令$R=\frac{V_{ep}}{V_{sp}}$。根据反应物浓度和滴定反应的计量关系，易知被测物溶液的体积等于V_{sp}，因此终点时溶液的体积等于$V_{ep}+V_{sp}$。

以不足的反应物$Cr_2O_7^{2-}$估算$[Fe^{3+}]_{ep}$和$[Fe^{2+}]_{ep}$，化学反应计量关系如下：

$$Cr_2O_7^{2-}+6Fe^{2+}+14H^+\rightleftharpoons 2Cr^{3+}+6Fe^{3+}+7H_2O$$

根据 5.1.2 中辅助等量关系第 3、4 条，得到：

$$[Fe^{3+}]_{ep}=\frac{6n_{Cr_2O_7^{2-},消耗}}{V_{ep}+V_{sp}}=\frac{6\times0.020V_{ep}}{V_{ep}+V_{sp}}=\frac{0.12R}{R+1}$$

$$[Fe^{2+}]_{ep}=\frac{n_{Fe^{2+},总量}-n_{Fe^{2+},消耗}}{V_{ep}+V_{sp}}=\frac{0.12V_{sp}-6\times0.020V_{ep}}{V_{ep}+V_{sp}}=\frac{0.12(1-R)}{R+1}$$

将以上两式代入电对Fe^{3+}/Fe^{2+}的能斯特方程，得到：

$$E_{ep}=E_2^{\ominus\prime}+0.059\lg\frac{[Fe^{3+}]_{ep}}{[Fe^{2+}]_{ep}}=E_2^{\ominus\prime}+0.059\lg\frac{R}{1-R}$$

代入$E_{ep}=0.84\ \mathrm{V}$，计算出$R=0.9981$，最终得到$E_t=(R-1)\times100\%=-0.19\%$。

例 5.12 **终点误差；不对称电对；低难度**

以 0.10 mol·L^{-1} $Na_2S_2O_3$溶液滴定 0.050 mol·L^{-1} I_3^-溶液，$E_{ep}=0.33\ \mathrm{V}$，计算终点误差。(电对I_3^-/I^-和$S_4O_6^{2-}/S_2O_3^{2-}$的条件电势$E_1^{\ominus\prime}$和$E_2^{\ominus\prime}$分别为 0.545 V 和 0.080 V)

解 将E_{ep}分别代入两个电对的能斯特方程，计算出$\frac{[I_3^-]_{ep}}{[I^-]_{ep}^3} = 5.15\times10^{-8}$、$\frac{[S_4O_6^{2-}]_{ep}}{[S_2O_3^{2-}]_{ep}^2} = 2.98\times10^{8}$。假设反应完全，那么$[I^-]_{ep} \approx 0.075\ mol\cdot L^{-1}$、$[S_4O_6^{2-}]_{ep} \approx 0.025\ mol\cdot L^{-1}$，然后计算出$[I_3^-]_{ep} \approx 2\times10^{-11}\ mol\cdot L^{-1}$、$[S_2O_3^{2-}]_{ep} \approx 9\times10^{-6}\ mol\cdot L^{-1}$。所以终点时$S_2O_3^{2-}$过量，以电对$S_4O_6^{2-}/S_2O_3^{2-}$的能斯特方程计算终点误差。

分别用V_{ep}和V_{sp}表示滴定终点和化学计量点时加入$Na_2S_2O_3$溶液的体积，并令$R = \frac{V_{ep}}{V_{sp}}$。根据反应物浓度和滴定反应的计量关系，易知被测物溶液的体积等于V_{sp}，因此终点时溶液的体积等于$V_{ep} + V_{sp}$。

以不足的反应物I_3^-估算$[S_4O_6^{2-}]_{ep}$和$[S_2O_3^{2-}]_{ep}$，化学反应计量关系如下：

$$I_3^- + 2S_2O_3^{2-} \rightleftharpoons 3I^- + S_4O_6^{2-}$$

根据 5.1.2 中辅助等量关系第 3、4 条，得到：

$$[S_4O_6^{2-}]_{ep} = \frac{n_{I_3^-,消耗}}{V_{ep} + V_{sp}} = \frac{0.050V_{sp}}{V_{ep} + V_{sp}} = \frac{0.050}{R+1}$$

$$[S_2O_3^{2-}]_{ep} = \frac{n_{S_2O_3^{2-},总量} - n_{S_2O_3^{2-},消耗}}{V_{ep} + V_{sp}} = \frac{0.10V_{ep} - 2\times0.050V_{sp}}{V_{ep} + V_{sp}} = \frac{0.10(R-1)}{R+1}$$

将以上两式代入电对$S_4O_6^{2-}/S_2O_3^{2-}$的能斯特方程，得到：

$$E_{ep} = E_2^{\ominus\prime} + \frac{0.059}{2}\lg\frac{[S_4O_6^{2-}]_{ep}}{[S_2O_3^{2-}]_{ep}^2} = E_2^{\ominus\prime} + \frac{0.059}{2}\lg\frac{5(R+1)}{(R-1)^2}$$

代入$E_{ep} = 0.33\ V$，解得$R = 0.99982$和$R = 1.00018$。滴定剂$S_2O_3^{2-}$过量，因此$R > 1$，最终得到$E_t = (R-1)\times100\% = 0.018\%$。

例 5.13 **终点误差；近似解法；中等难度**

以 $0.050\ mol\cdot L^{-1}$ I_2溶液(含 $1.0\ mol\cdot L^{-1}$ KI)滴定 $0.10\ mol\cdot L^{-1}$ $Na_2S_2O_3$溶液。淀粉为指示剂，当$[I_3^-]_{ep} = 5.0\times10^{-6}\ mol\cdot L^{-1}$，溶液由无色变为蓝色，计算终点误差。(电对$I_3^-/I^-$和$S_4O_6^{2-}/S_2O_3^{2-}$的条件电势$E_1^{\ominus\prime}$和$E_2^{\ominus\prime}$分别为 0.545 V 和 0.080 V)

解 按照信息栏 5.2 中的步骤计算终点误差，本题看起来相当困难，因为E_{ep}未知。实际上，如果突破必须使用能斯特方程的思维定势，求解其实很容易。

分别用V_{ep}和V_{sp}表示滴定终点和化学计量点时加入I_2溶液的体积，并令$R = \frac{V_{ep}}{V_{sp}}$。根据反应物浓度和滴定反应的计量关系，易知被测物溶液的体积等于V_{sp}，因此终点时溶液的体积等于$V_{ep} + V_{sp}$。

滴定反应完成后，需要继续加入I_2与淀粉反应指示终点，所以I_2过量。以不足的反应物$S_2O_3^{2-}$估算$[I_3^-]_{ep}$，得到：

$$[I_3^-]_{ep} = \frac{n_{I_3^-,总量} - n_{I_3^-,消耗}}{V_{ep} + V_{sp}} = \frac{0.050V_{ep} - 0.5\times0.10V_{sp}}{V_{ep} + V_{sp}} = \frac{0.050(R-1)}{R+1}$$

代入$[I_3^-]_{ep} = 5.0\times10^{-6}\ mol\cdot L^{-1}$，计算出$R = 1.00020$，最终得到$E_t = (R-1)\times100\% = 0.020\%$。

上述解法没有使用能斯特方程，而且借助近似手段变得相当简单。无论是心存疑虑还是心有不甘，总想知道能否精确求解？答案是肯定的，见例 5.14。

例 5.14 **例 5.13 的精确求解；超高难度**

解 根据反应物浓度和滴定反应的计量关系，终点时各组分的量(mmol)计算如下，其中V_{ep}、V_{sp}和R的含义同例 5.13。

加入的I_3^-：$0.050V_{ep}$

剩余的I_3^-：$5.0\times10^{-6}(V_{ep} + V_{sp})$

消耗的I_3^-：$0.050V_{ep} - 5.0\times10^{-6}(V_{ep}+V_{sp})$

消耗的$S_2O_3^{2-}$：$0.10V_{ep} - 1.0\times10^{-5}(V_{ep}+V_{sp})$

生成的$S_4O_6^{2-}$：$0.050V_{ep} - 5.0\times10^{-6}(V_{ep}+V_{sp})$

剩余的$S_2O_3^{2-}$：$0.10(V_{sp}-V_{ep}) + 1.0\times10^{-5}(V_{ep}+V_{sp})$

终点时的I^-：$1.0V_{ep} + 0.10V_{ep} - 1.0\times10^{-5}(V_{ep}+V_{sp})$

根据上述物质的量，容易得出以下浓度(mol·L^{-1})：

$$[I_3^-]_{ep} = 5.0\times10^{-6}$$

$$[I^-]_{ep} = \frac{1.1V_{ep}}{V_{ep}+V_{sp}} - 1.0\times10^{-5} = \frac{1.1R}{R+1} - 1.0\times10^{-5}$$

$$[S_4O_6^{2-}]_{ep} = \frac{0.050V_{ep}}{V_{ep}+V_{sp}} - 5.0\times10^{-6} = \frac{0.050R}{R+1} - 5.0\times10^{-6}$$

$$[S_2O_3^{2-}]_{ep} = \frac{0.10(V_{sp}-V_{ep})}{V_{ep}+V_{sp}} + 1.0\times10^{-5} = \frac{0.10(1-R)}{R+1} + 1.0\times10^{-5}$$

将上述浓度代入滴定反应平衡常数的表达式，简单整理后得到：

$$10^{2\frac{E_2^{\ominus\prime}-E_1^{\ominus\prime}}{0.059}+6} = \frac{5(R+1)^2(0.10001-0.09999R)^2}{(1.09999R-1.0\times10^{-5})^3(0.049995R-5\times10^{-6})}$$

通过附录 5 软件在[1, 1.001]范围内求解(滴定剂过量，所以$R>1$)，得到$R=1.000208$和$R=1.000192$。将这两个值分别代入$[S_2O_3^{2-}]_{ep}$的表达式①，发现当$R=1.000208$时，$[S_2O_3^{2-}]_{ep}<0$。因此，$R=1.000192$，最终得到$E_t=(R-1)\times100\%=0.019\%$。

将例 5.13 解出的R值代入上述$[S_2O_3^{2-}]_{ep}$表达式，结果为零，这与解题时用近似手段一致——认为$S_2O_3^{2-}$消耗完全。

5.4 滴定曲线用于终点误差计算

与酸碱滴定和配位滴定类似，氧化还原滴定曲线也可以用于终点误差计算。绘制一条数据点足够多的高精度滴定曲线，然后在绘制程序中查找E_{ep}所对应的V_{ep}即可。下面通过这种方式计算例 5.11，同时介绍如何绘制有不对称电对的氧化还原滴定曲线。

不妨设被测物溶液体积为 20.0 mL，再设加入V mL 滴定剂，此时平衡体系的体积为$(V+20.0)$ mL，相关物质的分析浓度为：$c_{Fe^{2+}}=\frac{2.4}{V+20.0}$、$c_{K_2Cr_2O_7}=\frac{0.020V}{V+20.0}$。

绘制滴定曲线，需要建立E与V之间的函数关系。为此，列出能斯特方程并转化为指数形式以方便推导：

$$E = E_1^{\ominus\prime} + \frac{0.059}{6}\lg\frac{[Cr_2O_7^{2-}]}{[Cr^{3+}]^2} \Longrightarrow a = \frac{[Cr_2O_7^{2-}]}{[Cr^{3+}]^2} \tag{1}$$

$$E = E_2^{\ominus\prime} + 0.059\lg\frac{[Fe^{3+}]}{[Fe^{2+}]} \Longrightarrow b = \frac{[Fe^{3+}]}{[Fe^{2+}]} \tag{2}$$

式中，$a=10^{\frac{6(E-E_1^{\ominus\prime})}{0.059}}$，$b=10^{\frac{E-E_2^{\ominus\prime}}{0.059}}$。

① 之所以要验证$[S_2O_3^{2-}]_{ep}$，是因为在获得最终方程的过程中该项被取平方，对正负值没有区分。

为了处理(1)(2)两式中的浓度，列出关于 $K_2Cr_2O_7$ 和 Fe^{2+} 的 MBE：

$$[Cr_2O_7^{2-}] + 0.5[Cr^{3+}] = c_{K_2Cr_2O_7} = \frac{0.020V}{V + 20.0}$$

$$[Fe^{3+}] + [Fe^{2+}] = c_{Fe^{2+}} = \frac{2.4}{V + 20.0}$$

应该通过 MBE 消去(1)(2)两式中反应物浓度，保留生成物浓度，因为生成物浓度之间存在确定计量关系 $3[Ce^{3+}] = [Fe^{3+}]$(5.1.2 中辅助等量关系第 1 条)。将 MBE 分别代入(1)(2)两式，简单整理后得到：

$$a = \frac{0.020V}{V + 20.0}\frac{1}{[Cr^{3+}]^2} - \frac{1}{2[Cr^{3+}]} \tag{3}$$

$$\frac{1}{b} = \frac{2.4}{V + 20.0}\frac{1}{[Fe^{3+}]} - 1 \xrightarrow{3[Cr^{3+}] = [Fe^{3+}]} [Cr^{3+}] = \frac{0.8}{V + 20.0}\frac{b}{b + 1} \tag{4}$$

将(4)式代入(3)式以消去 $[Cr^{3+}]$，得到：

$$a = \frac{V(V + 20.0)(b + 1)^2}{32b^2} - \frac{(V + 20.0)(b + 1)}{1.6b}$$

上式是关于 V 的一元二次方程，通过求根公式得到：

$$V = \frac{\sqrt{400b^2 + 400b + 32ab^2 + 100} - 10}{b + 1}$$

通过以上反函数产生一系列(V, E)数据点，具体步骤是“指定 $E \rightarrow$ 计算 a 和 $b \rightarrow$ 代入到反函数计算 V”；连接这些数据点，得到滴定曲线，如图 5.3 所示。

基于 Matlab 的绘制程序见附录程序 6.6，程序取了大量(V, E)数据点，以提高滴定曲线的精度；通过查找 $V = 19.98$ mL 和 $V = 20.02$ mL 分别对应的电势，获得滴定突跃，见图 5.3。

在绘制程序后添加下列语句，以查找 $E_{ep} = 0.84$ V 对应的滴定剂加入体积：

```
[Minimum, Position] = min(abs(E – 0.84));
Vep = V(Position);
```

得到 $V_{ep} = 19.96$ mL，由此计算出终点误差为-0.20%，与例 5.11 的结果基本一致。

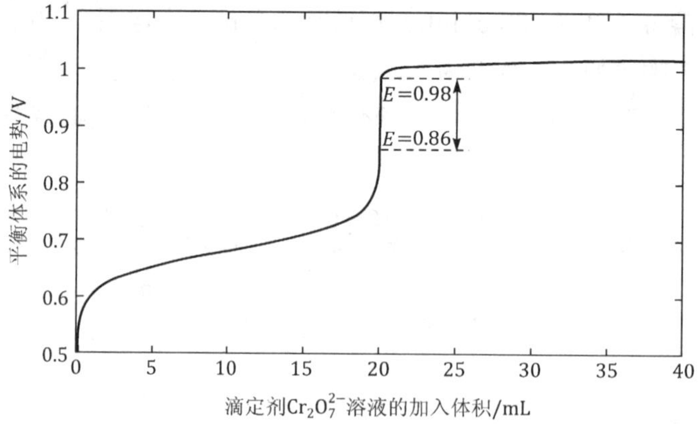

图 5.3 0.020 mol·L-1 $K_2Cr_2O_7$ 溶液滴定 20.0 mL 0.12 mol·L-1 Fe^{2+}溶液的滴定曲线以及滴定突跃

对比图 5.2 和 5.3，发现这两个滴定体系的突跃下端点相同、上端点不同。根据 5.2.3

结论可知，还原剂决定下端点，而且如果是对称电对，端点与组分浓度无关。两个滴定体系的还原剂均为Fe^{2+}，所以突跃下端点相同；氧化剂不同，其决定的突跃上端点因此不同。

上面介绍的是精确绘制方法。在精度要求不高的场合，如滴定曲线仅用于定性解释，不作定量计算，那么可以通过近似处理简化绘制过程，这也是传统课程常采用的方法。下面介绍这种绘制方法。

化学计量点之前，如滴定剂加入体积V在 0.001~19.999 mL，被测物过量，其氧化态和还原态均为常量组分，浓度估算误差相对较小，可用于计算体系电势：

$$E = E_2^{\ominus'} + 0.059\lg\frac{[Fe^{3+}]}{[Fe^{2+}]} = E_2^{\ominus'} + 0.059\lg\frac{V}{20-V}$$

化学计量点之后，如滴定剂加入体积V在 20.001~40 mL，滴定剂过量，其氧化态和还原态均为常量组分，浓度估算误差相对较小，可用于计算体系电势：

$$E = E_1^{\ominus'} + \frac{0.059}{6}\lg\frac{[Cr_2O_7^{2-}]}{[Cr^{3+}]^2} = E_1^{\ominus'} + \frac{0.059}{6}\lg\frac{V^2-400}{32}$$

通过上述两个函数分段绘制出滴定曲线，结果与图 5.3 几乎重合。然而，这种近似方法无法得到化学计量点电势，而且在化学计量点附近，绘图误差最大。

5.5 氧化还原滴定分析中的预处理

氧化还原滴定分析中，经常需要对被分析物进行预处理，将其氧化或者还原为适合滴定分析的价态。

测定铁矿石的品位时需要进行预还原处理。矿样中的铁在溶样后以Fe^{3+}和Fe^{2+}两种形式存在，因此需要使用还原剂，如Sn^{2+}，将Fe^{3+}全部还原为Fe^{2+}，然后通过$K_2Cr_2O_7$标准溶液滴定，测得矿样中的全铁含量。

测定Cr^{3+}需要进行预氧化处理。没有合适的强氧化剂可以直接滴定Cr^{3+}，因此需要使用氧化剂，如$S_2O_8^{2-}$，将Cr^{3+}全部氧化为$Cr_2O_7^{2-}$，然后以Fe^{2+}标准溶液滴定。

滴定分析中使用的预氧化剂或者预还原剂，必须满足条件：①能够定量地氧化或者还原被分析物，反应尽量快；②能够高选择性地与被分析物反应；③剩余的预处理试剂易于除去。

表 5.2 和表 5.3 列出常见的预氧化剂和预还原剂及其应用。

表 5.2 常见预氧化剂

物质	应用	反应条件	除去方法
$(NH_4)_2S_2O_8$	$Ce^{3+} \longrightarrow Ce^{4+}$ $Cr^{3+} \longrightarrow Cr_2O_7^{2-}$ $Mn^{2+} \longrightarrow MnO_4^-$ $VO^{2+} \longrightarrow VO_3^-$	HNO_3或者 H_2SO_4溶液 $AgNO_3$为催化剂	煮沸分解
$NaBiO_3$	$Ce^{3+} \longrightarrow Ce^{4+}$ $Cr^{3+} \longrightarrow Cr_2O_7^{2-}$ $Mn^{2+} \longrightarrow MnO_4^-$	HNO_3溶液	过滤

续表

物质	应用	反应条件	除去方法
$HClO_4$	$Cr^{3+} \longrightarrow Cr_2O_7^{2-}$ $I^- \longrightarrow IO_3^-$ $VO^{2+} \longrightarrow VO_3^-$	热、浓溶液 1)	冷却后稀释
氯气、溴水	$I^- \longrightarrow IO_3^-$	酸性或者中性溶液	煮沸或者通入空气
H_2O_2	$Cr^{3+} \longrightarrow CrO_4^{2-}$	NaOH 溶液	加入Ni^{2+}或者I^-煮沸分解
KIO_4	$Mn^{2+} \longrightarrow MnO_4^-$	加热，酸性溶液	加入Hg^{2+}沉淀为 $Hg(IO_4)_2$后过滤
Na_2O_2	$Fe(CrO_2)_2 \longrightarrow CrO_4^{2-}$	熔融	碱性溶液中煮沸
PbO_2	$Ce^{3+} \longrightarrow Ce^{4+}$ $Cr^{3+} \longrightarrow Cr_2O_7^{2-}$	焦磷酸盐缓冲溶液，pH = 2~6	过滤

1) 热、浓 $HClO_4$ 遇到有机物容易爆炸，因此预处理前需要使用 HNO_3 破坏试样中的有机物。

表 5.3　常见预还原剂

物质	应用	反应条件	除去方法
$SnCl_2$	As(Ⅴ) ⟶ As(Ⅲ) $Fe^{3+} \longrightarrow Fe^{2+}$ Mo(Ⅵ) ⟶ Mo(Ⅴ)	HCl 热溶液	以 $HgCl_2$ 氧化
SO_2	As(Ⅴ) ⟶ As(Ⅲ) $Fe^{3+} \longrightarrow Fe^{2+}$ Sb(Ⅴ) ⟶ Sb(Ⅲ) V(Ⅴ) ⟶ V(Ⅳ)	H_2SO_4 热溶液，SCN^-催化	煮沸或者通入 CO_2
$TiCl_3$	$Fe^{3+} \longrightarrow Fe^{2+}$	酸性溶液	稀释，以水中溶解 O_2 氧化
联氨	As(Ⅴ) ⟶ As(Ⅲ) Sb(Ⅴ) ⟶ Sb(Ⅲ)		在浓 H_2SO_4 中煮沸
Al	Sn(Ⅵ) ⟶ Sn^{2+} Ti(Ⅵ) ⟶ Ti^{3+}	HCl 溶液	过滤
H_2S	$Ce^{4+} \longrightarrow Ce^{3+}$ $Cr_2O_7^{2-} \longrightarrow Cr^{3+}$ $Fe^{3+} \longrightarrow Fe^{2+}$ $MnO_4^- \longrightarrow Mn^{2+}$	强酸性溶液	加热煮沸
锌汞齐还原柱 1)	$Cr^{3+} \longrightarrow Cr^{2+}$ $Cu^{2+} \longrightarrow Cu$ $Fe^{3+} \longrightarrow Fe^{2+}$ Mo(Ⅳ) ⟶ Mo^{3+} Ti(Ⅳ) ⟶ Ti^{3+} V(Ⅴ) ⟶ V^{2+}	H_2SO_4 溶液	

1) 锌汞齐还原柱将粒状 Zn 填充到玻璃柱中制备而成。被分析物溶液流经此柱后即被还原，然后用稀 H_2SO_4 将还原产物冲洗下来进行滴定分析。多余的预还原剂仍然保留在柱中。

5.6 常见氧化还原滴定法

本节介绍氧化还原滴定分析的一些典型应用。

5.6.1 高锰酸钾法

法国科学家马格里特(F. Marguerittc)在 1846 年首次采用高锰酸钾(potassium permanganate)测定铁。法国化学家佩劳茨(T. J. Pelouze)和德国化学家莫尔(F. Mohr)对方法的发展做出过重要贡献。

高锰酸钾是强氧化剂，不同酸性条件下，电对半反应和标准电势如下：

$$MnO_4^- + 8H^+ + 5e \rightleftharpoons Mn^{2+} + 4H_2O \qquad E^{\ominus} = 1.507\ V\ ([H^+] > 1\ mol{\cdot}L^{-1})$$

$$MnO_4^- + 2H_2O + 3e \rightleftharpoons MnO_2 + 4OH^- \qquad E^{\ominus} = 0.595\ V\ (\text{弱酸性或者中性})$$

$$MnO_4^- + e \rightleftharpoons MnO_4^{2-} \qquad E^{\ominus} = 0.558\ V\ ([OH^-] > 2\ mol{\cdot}L^{-1})$$

强酸性环境中，$KMnO_4$ 氧化性太强，所以调节酸度时应该使用 H_2SO_4，不能使用 HCl。

由于氧化性太强，$KMnO_4$ 容易与水和空气中的微小还原性杂质发生反应，因此不能直接配制标准溶液。通常先粗配为浓溶液，加热并保持微沸约 1 h，然后静置 2~3 天，通过微孔玻璃漏斗过滤后，保存于棕色试剂瓶。用时稀释，并通过 $Na_2C_2O_4$ 或者 $H_2C_2O_4{\cdot}2H_2O$ 标定：

$$2MnO_4^- + 5C_2O_4^{2-} + 16H^+ = 2Mn^{2+} + 10CO_2 + 8H_2O$$

标定后的 $KMnO_4$ 标准溶液也不宜长期放置。

$KMnO_4$ 本身可作为指示剂。如果浓度过低($< 0.002\ mol{\cdot}L^{-1}$)时，那么需外加指示剂，如二苯胺磺酸钠、邻二氮菲-亚铁等。

$KMnO_4$ 滴定反应要求合适的温度、酸度和滴定速度。为了加快反应，滴定通常在 70~80 ℃进行。对于酸度，应该根据具体情况进行控制，但是要避免酸度过高，防止 $KMnO_4$ 分解：

$$4MnO_4^- + 12H^+ = 4Mn^{2+} + 5O_2 + 6H_2O$$

在滴定初期滴定速度要慢，否则也可能发生上述副反应。生成大量Mn^{2+}之后，滴定反应被催化加快，此时滴定速度可以快一些。

如前所述，$KMnO_4$ 容易与空气中的微小还原性杂质发生反应。所以，滴定完成后稍过量 $KMnO_4$ 的粉红色不能持久。为了便于判断，通常以粉红色半分钟内不褪去作为滴定终点。

下面介绍高锰酸钾法的一些具体应用。

(1) 高锰酸钾法测定 H_2O_2：

$$2MnO_4^- + 5H_2O_2 + 6H^+ = 2Mn^{2+} + 5O_2 + 8H_2O$$

酸性条件下，以 $KMnO_4$ 标准溶液直接滴定。H_2O_2 容易分解，所以应该快速完成滴定。为此，滴定前加入少量 $MnSO_4$ 作为催化剂，而不必等待反应生成Mn^{2+}。

如果试样含有还原性杂质，如有机物等，这些杂质将额外消耗 $KMnO_4$。这种情况下，可以考虑使用碘量法。

对于碱金属和碱土金属过氧化物，也可通过上述方法测定其含量。

(2) 高锰酸钾法测定软锰矿的 MnO_2 含量。首先溶样，然后加入一定量过量的 $Na_2C_2O_4$ 溶液，H_2SO_4 酸化后加热，MnO_2 全部被还原为 Mn^{2+}：

$$MnO_2 + C_2O_4^{2-} + 4H^+ = Mn^{2+} + 2CO_2 + 2H_2O$$

最后，以 $KMnO_4$ 标准溶液滴定剩余 $Na_2C_2O_4$，最终求得 MnO_2 含量。

(3) 高锰酸钾法测定样品(如白云石)的 Ca 含量，是一种间接滴定方法。首先溶样，然后通过 $Na_2C_2O_4$ 将 Ca^{2+} 全部沉淀为 CaC_2O_4。CaC_2O_4 经过滤和洗涤后，再溶于稀 H_2SO_4，以 $KMnO_4$ 标准溶液滴定释放出的 $C_2O_4^{2-}$，最终求得 Ca 含量。

Th^{4+} 和 La^{3+} 能够与 $C_2O_4^{2-}$ 生成沉淀，所以也可通过上述方法测定其含量。

(4) 高锰酸钾法测定有机物。强碱性条件下，$KMnO_4$ 可以将某些有机物，如甲酸，定量氧化为 CO_3^{2-} 和 H_2O，自身则被还原为 MnO_4^{2-}。反应完成后，酸化溶液，使 MnO_4^{2-} 发生歧化：

$$3MnO_4^{2-} + 4H^+ = 2MnO_4^- + MnO_2 + 2H_2O$$

然后加入一定量过量的 $FeSO_4$ 溶液，将所有高价锰全部还原为 Mn^{2+}，最后以 $KMnO_4$ 标准溶液滴定剩余 Fe^{2+}。根据反应计量关系、各标准溶液的浓度和用量，最终求得有机物的量。

对于甘油、甲醇、甘露醇、甲醛、苯酚、酒石酸、柠檬酸、水杨酸以及葡萄糖等有机物，也可通过上述方法测定其含量。

(5) 高锰酸钾法测定化学需氧量(chemical oxygen demand，COD)。COD 反映还原性物质(主要是有机物)对水体的污染程度。COD 是指一定量水体中还原性污染物消耗氧化剂的量，换算成氧的质量浓度，以 $mg \cdot L^{-1}$ 计。

首先通过 H_2SO_4 酸化水样，然后加入一定量过量的 $KMnO_4$ 溶液，水浴加热，充分氧化其中的还原性污染物。再加入一定量过量的 $Na_2C_2O_4$，反应完成后以 $KMnO_4$ 标准溶液滴定剩余 $C_2O_4^{2-}$，由此计算出与还原性污染物反应的 $KMnO_4$ 的量，并换算为 COD。高锰酸钾法适用于地表水、饮用水以及生活污水的 COD 测定，表示为 COD_{Mn}。对于污染较严重的工业废水，可以采用重铬酸钾法，表示为 COD_{Cr}。

5.6.2　重铬酸钾法

19 世纪 40 年代，法国化学家 J. J. Schabus 和 F. Ponny 分别独自创立重铬酸钾(potassium dichromate)对 Fe^{2+} 的滴定方法。

重铬酸钾是强氧化剂，通常用于酸性溶液，电对半反应和标准电势如下：

$$Cr_2O_7^{2-} + 14H^+ + 6e \rightleftharpoons 2Cr^{3+} + 7H_2O \qquad E^{\ominus} = 1.232\ V$$

$K_2Cr_2O_7$ 的氧化性弱于 $KMnO_4$，受还原性杂质的干扰小，溶液非常稳定，可以在盐酸介质中滴定。$K_2Cr_2O_7$ 容易提纯，可以作为基准物质直接配制标准溶液。

$K_2Cr_2O_7$ 溶液呈黄色，其还原产物 Cr^{3+} 呈绿色，颜色都较浅，不足以指示终点。因此，重铬酸钾法需外加指示剂，如二苯胺磺酸钠。

下面介绍重铬酸钾法的一些具体应用。

(1) 重铬酸钾法测定矿石中的全铁，是确定铁矿石品位的常用方法。矿样通过浓盐酸加热溶样。溶样完全后，加入少量硅钼黄作指示剂，通过 $SnCl_2$ 预还原，直至绿色(高浓度Fe^{3+}的棕红色与硅钼黄的黄色)变为纯蓝色(硅钼蓝)，表示Fe^{3+}已经全部被还原为Fe^{2+}。然后，加入硫酸和磷酸①，二苯胺磺酸钠为指示剂，通过 $K_2Cr_2O_7$ 标准溶液滴定，求得矿石中的铁含量。

(2) 重铬酸钾法测定一些与CrO_4^{2-}生成沉淀的金属离子，如Pb^{2+}、Ba^{2+}。过滤沉淀并洗涤，再溶于酸中，CrO_4^{2-}即转化为$Cr_2O_7^{2-}$，通过Fe^{2+}标准溶液滴定，最终求得金属离子的含量。

(3) 重铬酸钾法测定化学需氧量，以 COD_{Cr} 表示，以区别于高锰酸钾法所测的 COD_{Mn}。重铬酸钾法应用广泛，既适用于高锰酸钾法能测的地表水、饮用水和生活污水，也适用于污染较严重的工业废水。

首先加入 $HgSO_4$(消除Cl^-干扰)，然后用 H_2SO_4 酸化水样，Ag_2SO_4 为催化剂，加入一定量过量的 $K_2Cr_2O_7$，加热回流，充分氧化其中的还原性污染物。反应完成后，邻二氮菲-亚铁为指示剂，用Fe^{2+}标准溶液滴定剩余 $K_2Cr_2O_7$，由此计算出与还原性污染物反应的 $K_2Cr_2O_7$ 的量，并换算为 COD。

5.6.3 碘量法

碘量法始于 1826 年，法国化学家 Houton de la Billardieré 以淀粉为指示剂，通过 NaI 滴定 $Ca(ClO)_2$。1845 年，法国化学家 A. Duflos 将一定量过量的 KI 加入Fe^{3+}溶液中，生成的 I_2 通过 $SnCl_2$ 滴定，由此创立了间接碘量法。鉴于 $SnCl_2$ 和 Na_2SO_3 在空气中不稳定，法国化学家施瓦兹(K. L. H. Schwarz)建议以 $Na_2S_2O_3$ 代替之，碘量法最终成型。

1. 碘量法以及相关反应

I_2(iodine)是弱氧化剂，I^-(iodide)是中等强度的还原剂，二者都可以用于滴定分析，统称碘量法。I_2 的溶解度较小，而且易挥发，所以将 I_2 溶于 KI 溶液，形成较稳定的I_3^-(triiodide)，电对半反应和标准电势如下：

$$I_3^- + 2e \rightleftharpoons 3I^- \qquad E^{\ominus} = 1.232\ \text{V}$$

I_2 作为氧化剂的直接滴定方法称为直接碘量法，即碘滴定法(iodimetry)。直接碘量法适用于测定还原性较强的物质，如S^{2-}、SO_3^{2-}、$S_2O_3^{2-}$、Sn^{2+}、Sb(Ⅲ)、As(Ⅲ)、维生素 C 等。I_2 的氧化性较弱，因此直接碘量法的应用范围有限。

I^-作为还原剂，与被测的氧化性物质反应，定量生成 I_2。然后，通过硫代硫酸钠(sodium thiosulfate)标准溶液滴定 I_2，生成连四硫酸钠(sodium tetrathionate)：

$$I_2 + 2Na_2S_2O_3 = 2NaI + Na_2S_4O_6$$

以此间接地测得氧化性物质的含量。这种方法称为间接碘量法，即滴定碘法(iodometry)。与

① 硫酸用于控制酸度。磷酸和Fe^{3+}生成无色$Fe(HPO_4)_2^-$以降低电对Fe^{3+}/Fe^{2+}的电势并消除其颜色干扰。

直接碘量法相比，间接碘量法的应用范围更广。

为了使上述反应能够定量进行，需要控制溶液酸度为中性或者弱酸性($pH < 9$)。强酸性溶液中，会发生下列副反应：

$$S_2O_3^{2-} + 2H^+ = H_2SO_3 + S\downarrow$$

$$I_2 + H_2SO_3 + H_2O = 2I^- + SO_4^{2-} + 4H^+$$

$$4I^- + O_2 + 4H^+ = 2I_2 + 2H_2O$$

强碱性溶液中，发生下列副反应：

$$4I_2 + S_2O_3^{2-} + 10OH^- = 8I^- + 2SO_4^{2-} + 5H_2O$$

$$3I_2 + 6OH^- = IO_3^- + 5I^- + 3H_2O$$

此外，还应该注意避光，除去Cu^{2+}、NO_2^-，这些因素都会加速 O_2 对I^-的氧化。

2. 碘量法试剂

碘量法使用的标准溶液包括 $Na_2S_2O_3$ 溶液和 I_2 溶液。$Na_2S_2O_3$ 和 I_2 都不是基准物质，所以不能直接配制标准溶液。

配制 $Na_2S_2O_3$ 溶液需要新煮沸并冷却的蒸馏水，以除去水中溶解的 CO_2 和 O_2，并杀死细菌。溶液中还要加入少量 Na_2CO_3，产生碱性环境以抑制细菌生长。这些措施都是为了避免 $Na_2S_2O_3$ 的浓度受到下列反应的影响。

$$S_2O_3^{2-} + CO_2 + H_2O = HSO_3^- + HCO_3^- + S\downarrow$$

$$2S_2O_3^{2-} + O_2 = 2SO_4^{2-} + 2S\downarrow$$

$$S_2O_3^{2-} = SO_3^{2-} + S\downarrow$$

金属离子会催化 O_2 氧化$S_2O_3^{2-}$，例如Cu^{2+}：

$$2Cu^{2+} + 2S_2O_3^{2-} = 2Cu^+ + S_4O_6^{2-}$$

$$4Cu^+ + O_2 + 4H^+ = 4Cu^{2+} + 2H_2O$$

粗配的 $Na_2S_2O_3$ 溶液通常使用 $K_2Cr_2O_7$ 标定。首先移取一定量 $K_2Cr_2O_7$ 标准溶液，然后加入过量 KI，在避光处(光照会加速 O_2 氧化I^-)反应一段时间：

$$Cr_2O_7^{2-} + 6I^- + 14H^+ = 2Cr^{3+} + 3I_2 + 7H_2O$$

最后用 $Na_2S_2O_3$ 溶液滴定定量生成的 I_2，根据反应计量关系和 $K_2Cr_2O_7$ 的用量，求得 $Na_2S_2O_3$ 溶液的浓度。

标定后的 $Na_2S_2O_3$ 溶液应保存于棕色试剂瓶，不宜久置。如果发现溶液浑浊(有硫析出)，弃之重配，或者过滤后重新标定。

碘溶液的配制相对简单。称取通过升华法得到的纯碘，与过量 KI 和少量水在研钵中混合，研磨至 I_2 完全溶解，稀释后保存于棕色试剂瓶。粗配的 I_2 溶液通过基准物质 As_2O_3 标定：

$$I_2 + AsO_3^{3-} + H_2O = 2I^- + AsO_4^{3-} + 2H^+$$

也可以通过 $Na_2S_2O_3$ 标准溶液来标定。

直链淀粉是碘量法的专属指示剂。直链淀粉与 I_2 生成深蓝色的络合物，变色灵敏，但是温度升高时颜色变浅。有机溶剂会减弱 I_2 与淀粉的作用，影响变色。淀粉吸附 I_2，使之难以参加滴定反应，所以，间接碘量法中，淀粉应该在接近终点时加入。

3. 碘量法的应用

直接碘量法测定 H_2S 或者S^{2-}：

$$I_2 + H_2S = 2I^- + 2H^+ + S\downarrow$$

滴定应该在酸性溶液中进行，否则除了 I_2 的歧化反应外，还会发生以下副反应：

$$4I_2 + S^{2-} + 8OH^- = 8I^- + SO_4^{2-} + 4H_2O$$

直接碘量法测定钢铁中的硫。试样与助熔剂锡在 1300℃下燃烧，样品中的硫转化为 SO_2。用水吸收 SO_2 后，以 I_2 标准溶液滴定：

$$I_2 + H_2SO_3 + H_2O = 2I^- + SO_4^{2-} + 4H^+$$

间接碘量法测定铜合金中的铜。试样通过 HNO_3 溶样，然后加入少量 H_2SO_4 蒸发除去剩余 HNO_3 和低价氮的氧化物，以防止这些物质氧化I^-。溶样完成后，加入 HAc-NH_4Ac 缓冲溶液控制酸度为$pH = 3.2 \sim 4.0$，然后加入过量 KI，与Cu^{2+}反应，定量生成 I_2：

$$2Cu^{2+} + 4I^- = 2CuI\downarrow + I_2$$

通过 $Na_2S_2O_3$ 标准溶液滴定至终点，最终求得合金中的铜含量。

上述滴定分析中，临近终点时加入 KSCN，将 CuI 转化为更加难溶的 CuSCN：

$$CuI + SCN^- = CuSCN\downarrow + I^-$$

这种处理是为了消除 CuI 沉淀对 I_2 的吸附，减小误差；之所以在临近终点时加入 KSCN，是为了避免SCN^-对 I_2 的还原。

如果铜合金含铁，为了避免Fe^{3+}氧化I^-，溶样后加入F^-，生成非常稳定的FeF_6^{3-}，Fe^{3+}不再与I^-反应。

碘量法也广泛用于测定有机物。如果有机物与 I_2 的反应满足滴定要求，可以采用直接碘量法。这类有机物包括巯基乙酸、四乙基铅和维生素 C(抗坏血酸)。

更多有机物通过间接碘量法测定，包括葡萄糖、甲醛、丙酮和硫脲等。以葡萄糖为例，向其碱性溶液加入一定量过量的 I_2，发生下列氧化还原反应：

$$I_2 + 2OH^- = IO^- + I^- + H_2O$$

$$CH_2OH(CHOH)_4CHO + IO^- + OH^- = CH_2OH(CHOH)_4COO^- + I^- + H_2O$$

反应剩余的IO^-发生歧化反应：

$$3IO^- = IO_3^- + 2I^-$$

然后酸化溶液，溶液中的含碘组分又会反应生成 I_2：

$$IO_3^- + 5I^- + 6H^+ = 3I_2 + 3H_2O$$

最后以 $Na_2S_2O_3$ 标准溶液滴定。根据反应计量关系、各标准溶液的浓度和用量，求得葡萄糖的含量。

卡尔 · 费歇尔(Karl Fischer)法测定水是碘量法的典型应用，准确度高、选择性好，是许多无机物和有机物含水量的标准测定方法。卡尔·费歇尔法的基本原理是 I_2 需要 H_2O 才能氧化 SO_2:

$$I_2 + SO_2 + 2H_2O = 2HI + H_2SO_4$$

加入碱性物质吡啶中和生成的酸，可以使上述反应定量进行。总反应如下：

$$C_5H_5N\cdot I_2 + C_5H_5N\cdot SO_2 + H_2O + C_5H_5N = 2C_5H_5N\cdot HI + C_5H_5N\cdot SO_3$$

反应产物 $C_5H_5N\cdot SO_3$ 能够与 H_2O 发生反应，干扰测定：

$$C_5H_5N\cdot SO_3 + H_2O = C_5H_5N\cdot HOSO_2OH$$

为此加入甲醇以避免干扰：

$$C_5H_5N\cdot SO_3 + CH_3OH = C_5H_5NHOSO_2OCH_3$$

由上述介绍可知，卡尔·费歇尔法测定水时需要 I_2、SO_2、C_5H_5N 和 CH_3OH 组成的混合物，该混合物称为卡尔·费歇尔试剂，呈红棕色，与 H_2O 反应后变为浅黄色。卡尔·费歇尔试剂标准溶液通过纯水或者含水甲醇标定。

卡尔·费歇尔法相当灵敏，因此所用器皿必须严格干燥；控制环境湿度，湿度太大时需要除湿；测量结果须扣除试剂空白。

间接碘量法成功测定钇钡铜氧超导体 $YBa_2Cu_3O_7$ 中铜的价态。钇、钡和氧的价态一般是 Y^{3+}、Ba^{2+}和O^{2-}，这样铜的价态介于+2 和+3 之间，在超导体中应该以Cu^{2+}和Cu^{3+}的形式存在，分子式似乎是$YBa_2(Cu^{3+})_x(Cu^{2+})_yO_7$。$Cu^{3+}$异常罕见，但是传统的碘量法提供了可靠证据。

取一定量钇钡铜氧超导体溶于稀酸。超导体中的二价铜进入溶液，价态不变；Cu^{3+}全部转化为Cu^{2+}。通过间接碘量法测定溶液中的Cu^{2+}，1 mol 超导体中的铜将产生$(0.5x + 0.5y)$ mol 的 I_2。再取一定量超导体，将之溶于含I^-的稀酸中，发生如下氧化还原反应：

$$Cu^{3+} + 3I^- = CuI\downarrow + I_2$$

$$2Cu^{2+} + 4I^- = 2CuI\downarrow + I_2$$

1 mol 超导体中的铜将产生$(x + 0.5y)$ mol 的 I_2。

实验结果是$x : y \approx 1 : 2$，证实了分子式$YBa_2(Cu^{3+})(Cu^{2+})_2O_7$，也间接证明了$Cu^{3+}$的存在。

5.6.4　溴酸钾法

溴酸钾(potassium bromate)是强氧化剂，通常用于酸性溶液，电对半反应和标准电势如下：

$$BrO_3^- + 6H^+ + 6e \rightleftharpoons Br^- + 3H_2O \qquad E^{\ominus} = 1.423\ \text{V}$$

$KBrO_3$ 容易提纯，可以作为基准物质直接配制标准溶液，也可以通过碘量法标定。

溴酸钾法可以直接滴定一些还原性物质，如 As(Ⅲ)、Sb(Ⅲ)、Sn^{2+}等，但主要应用是通过 Br_2 加成反应或者取代反应来测定有机物。向 $KBrO_3$ 标准溶液加入过量 KBr，溶液非常稳定，只有酸化时才会发生反应：

$$BrO_3^- + 5Br^- + 6H^+ = 3Br_2 + 3H_2O$$

生成定量的 Br_2，并与被测有机物发生加成反应或者取代反应。反应完成后，通过间接碘量法测定剩余 Br_2，进而得到被测有机物的含量。

可以看出，溴酸钾法测定有机物时，通过化学反应即时制备 Br_2 标准溶液，巧妙地解决了无法直接配制 Br_2 标准溶液的问题。

测定苯酚是溴酸钾法的重要应用之一。向试样溶液加入一定量过量的 $KBrO_3$-KBr 标准溶液，然后酸化。$HBrO_3$(与过量的 KBr 反应)定量生成 Br_2，Br_2 再与苯酚发生取代反应，生成 2, 4, 6-三溴苯酚。剩余 Br_2 用过量 KI 还原，最后以 $Na_2S_2O_3$ 标准溶液滴定生成的 I_2。根据反应计量关系、各标准溶液的浓度和用量，求得苯酚的含量。

5.6.5　铈量法

硫酸高铈(cerium sulphate)是强氧化剂，通常用于酸性溶液(碱性溶液中易水解生成碱式盐沉淀)，电对半反应和标准电势如下：

$$Ce^{4+} + e \rightleftharpoons Ce^{3+} \qquad E^{\ominus} = 1.61\ \text{V}$$

硫酸介质中，Ce^{4+}的氧化性与 $KMnO_4$ 相近。因此，铈量法适用于绝大多数高锰酸钾法的分析对象。

Ce^{3+}无色，Ce^{4+}呈黄色，颜色较浅不足以指示终点，因此铈量法需外加指示剂，一般使用邻二氮菲-亚铁。

与高锰酸钾法相比，铈量法具有显著优点：硫酸铈铵 $Ce(SO_4)_2 \cdot 2(NH_4)_2SO_4 \cdot 2H_2O$ 是基准物质，可以直接配制标准溶液；溶液稳定，可以长期存放；属于单电子转移反应，没有中间价态产物，副反应少；与Fe^{2+}的反应显著快于与Cl^-、有机物的反应，因此可以在盐酸介质中或者有机物存在下直接滴定Fe^{2+}。

铈量法的缺点是铈盐比较昂贵。

习　题

1. 电对Ag^+/Ag 的标准电极电势为 0.7996 V，计算电对 AgCl/Ag 的标准电极电势。(0.22 V)
2. 计算 1 $mol \cdot L^{-1}$ HCl 介质中Ce^{4+}与Fe^{2+}反应的平衡常数。(1.5×10^{10})
3. 计算氧化还原反应$BrO_3^- + 5Br^- + 6H^+ \rightleftharpoons 3Br_2 + 3H_2O$的平衡常数。($2.81 \times 10^{33}$)
4. 两对称电对的电子转移数均为 2。欲使相应氧化还原反应完成 99.9%以上，标准电极电势之差至少是多少？如果电子转移数均为 1，结果又如何？(0.177 V；0.354 V)
5. 计算在$pH = 1.00$酸性溶液中，电对VO_2^+/VO^{2+}的条件电势。(0.873 V)
6. 在$pH = 10.00$ NH_4^+-NH_3 缓冲溶液中，Ag^+-NH_3 配离子之外的缓冲剂总浓度为 0.10 $mol \cdot L^{-1}$，计算电对Ag^+/Ag 的条件电势。(0.51 V)
7. 在$pH = 10.00$溶液中，Zn^{2+}-NH_3 配离子之外的 NH_3 的总浓度为 0.10 $mol \cdot L^{-1}$，计算电对Zn^{2+}/Zn的条件电势。(−0.92 V)
8. 0.10 $mol \cdot L^{-1}$ Fe^{3+}溶液与同浓度Sn^{2+}溶液等体积混合，计算平衡体系的$[Sn^{4+}]$和电势。电对Fe^{3+}/Fe^{2+}和

Sn^{4+}/Sn^{2+}的条件电势分别为 0.68 V 和 0.14 V。(0.025 mol·L^{-1}；0.14 V)

9. 以 0.1000 mol·L^{-1} Ce^{4+}溶液滴定 20.00 mL 同浓度Fe^{2+}溶液，滴定剂加入量分别为 15.00 mL、20.00 mL 和 25.00 mL 时，体系电势是多少？电对Ce^{4+}/Ce^{3+}和Fe^{3+}/Fe^{2+}的条件电势分别为 1.44 V 和 0.68 V。(0.71 V；1.06 V；1.40 V)

10. $K_2Cr_2O_7$滴定Fe^{2+}，试以标准电势推导E_{sp}的表达式。如果使用条件电势，结果又如何？

11. 1 mol·L^{-1} $HClO_4$介质中，以 $KMnO_4$滴定Fe^{2+}，计算E_{sp}、sp 时剩余MnO_4^-和Fe^{2+}占各自总量的分数。(1.34 V；2.3×10^{-10}；2.3×10^{-10})

12. 0.10 mol·L^{-1} $KBrO_3$溶液，pH = 7.00。向该溶液加入过量 KBr，平衡时$[Br^-]$ = 1.0 mol·L^{-1}。计算平衡体系电势和$[Br_2]$。(提示：$KBrO_3$和 KBr 在中性条件下几乎不反应) (0.993 V；6.4×10^{-4} mol·L^{-1})

13. 以Sn^{2+}滴定Fe^{3+}，计算滴定突跃。(0.240~0.594 V)

14. 1 mol·L^{-1} HCl 介质中，以 0.10 mol·L^{-1} Ce^{4+}溶液滴定 0.050 mol·L^{-1} Sn^{2+}溶液。试绘制滴定曲线，并获取滴定突跃；从二苯胺磺酸钠、亚甲基蓝和硝基邻二氮菲-亚铁中选择合适的指示剂。

15. 以 0.020 mol·L^{-1} $K_2Cr_2O_7$溶液滴定 0.12 mol·L^{-1} Fe^{2+}溶液，计算滴定突跃的上端点，并说明其影响因素。电对$Cr_2O_7^{2-}/Cr^{3+}$和Fe^{3+}/Fe^{2+}的条件电势$E_1^{\ominus'}$和$E_2^{\ominus'}$分别为 1.00 V 和 0.68 V。(0.98 V；与滴定剂和被测物的浓度有关，与被测物溶液的体积无关)

16. 1 mol·L^{-1} HCl 介质中，以 0.10 mol·L^{-1} Ce^{4+}溶液滴定同浓度Fe^{2+}溶液，邻二氮菲-亚铁为指示剂，计算终点误差。(0.019%)

17. 以 0.1000 mol·L^{-1} Sn^{2+}溶液滴定同浓度Fe^{3+}溶液，E_{ep} = 0.25 V，计算终点误差。(0.044%)

18. 称取 1.5466 g 铬钢样，用过硫酸盐预处理后制备成含$Cr_2O_7^{2-}$溶液。向溶液加入$(NH_4)_2Fe(SO_4)_2\cdot6H_2O$ 1.5433 g，然后用 0.02192 mol·L^{-1} $KMnO_4$标准溶液滴定至终点，消耗 21.05 mL。计算试样中铬的质量分数。(1.825%)

19. 重铬酸钾法测定某工业废水的化学需氧量。移取水样 100.00 mL，H_2SO_4酸化后加入一定量 $K_2Cr_2O_7$溶液，在 Ag_2SO_4催化下加热回流 2 h，然后以 0.1225 mol·L^{-1} $FeSO_4$溶液滴定至终点，消耗 15.19 mL。另取 100.00 mL 蒸馏水，按照上述步骤进行空白实验，最后消耗 $FeSO_4$溶液 25.01 mL。计算 COD_{Cr}。(96.24 mg·L^{-1})

20. 称取 1.5113 g Pb_3O_4，加入 HNO_3溶样，过滤并用蒸馏水洗涤棕黑色固体不溶物。将不溶物转移至锥形瓶，加入 HAc-NaAc 溶液，再加入过量 KI，使不溶物完全溶解，立即以 0.1052 mol·L^{-1} $Na_2S_2O_3$标准溶液滴定至溶液呈淡黄色，然后加入适量淀粉溶液，继续滴定至蓝色刚好褪去，消耗溶液 13.94 mL。计算四价铅的物质的量在试样中所占的比例，并与理论值对比。(33.26%)

21. Ce^{4+}可以将甘油定量氧化为甲酸。现有 0.1035 g 甘油样品，加入 50.00 mL 0.1618 mol·L^{-1} Ce^{4+}溶液，反应完全后，以 0.05844 mol·L^{-1} Fe^{2+}标准溶液滴定剩余Ce^{4+}至终点，消耗 13.28 mL。计算样品中甘油的质量分数。(81.35%)

22. 将 0.7859 g 含钡试样制备成溶液，然后加入过量 KIO_3。过滤、洗涤 $Ba(IO_3)_2$沉淀后酸溶，加入过量 KI，以 0.06061 mol·L^{-1} $Na_2S_2O_3$标准溶液滴定至终点，消耗 23.03 mL。计算试样中钡的质量分数。(2.033%)

23. 称取 0.6439 g 基准物 $K_2Cr_2O_7$，溶解后转入 250 mL 容量瓶中定容。称取 0.1131 g 铁矿样，盐酸溶样后通过 $SnCl_2$将Fe^{3+}全部还原为Fe^{2+}，二苯胺磺酸钠为指示剂，以上述 $K_2Cr_2O_7$标准溶液滴定至终点，消耗 19.02 mL。计算 $K_2Cr_2O_7$浓度以及矿样中铁的质量分数。(0.008755 mol·L^{-1}；49.34%)

24. 称取 0.1533 g 基准物 $Na_2C_2O_4$，热水溶解后加入 10 mL 1：2 的 H_2SO_4，然后以 $KMnO_4$ 溶液滴定至终点，消耗 16.88 mL。称取 0.2353 g 白云石，盐酸溶样后通过 $(NH_4)_2C_2O_4$ 沉淀其中的 Ca^{2+}，过滤、洗涤沉淀后以 H_2SO_4 溶解，用上述 $KMnO_4$ 溶液滴定至终点，消耗 21.43 mL。计算 $KMnO_4$ 浓度以及白云石中 CaO 的质量分数。(0.02711 $mol \cdot L^{-1}$；34.61%)

25. 碱性条件下用 8-羟基喹啉将 50.00 mL 溶液中的 Al^{3+} 定量沉淀为 $Al(OC_9H_6N)_3$。过滤、洗涤沉淀后以 HCl 溶解，再加入 $KBrO_3$(0.04285 $mol \cdot L^{-1}$)-KBr(1 $mol \cdot L^{-1}$)溶液 50.00 mL，生成的 Br_2 与 8-羟基喹啉发生二取代反应，剩余 Br_2 通过间接碘量法测定，为 0.5113 mmol。计算原溶液中 Al^{3+} 的浓度。(0.01972 $mol \cdot L^{-1}$)

26. 称取 0.7378 g 基准物 $K_2Cr_2O_7$，溶解后转入 250 mL 容量瓶中定容。移取该溶液 25.00 mL，加入 5 mL 盐酸和 1 g KI，暗处反应 5 min 后用 $Na_2S_2O_3$ 溶液滴定至终点，消耗 22.17 mL。称取铜合金 0.1272 g，溶样并进行预处理，然后加入 1 g KI，立即以上述 $Na_2S_2O_3$ 溶液滴定至终点，消耗 19.25 mL。计算 $Na_2S_2O_3$ 浓度以及铜合金中铜的质量分数。(0.06788 $mol \cdot L^{-1}$；65.28%)

27. 将 0.7268 g 铅合金试样酸溶并进行预还原处理，然后加入过量 K_2CrO_4。过滤、洗涤沉淀后酸溶，再加入过量 KI，以 0.06180 $mol \cdot L^{-1}$ $Na_2S_2O_3$ 标准溶液滴定生成的 I_2，终点时消耗 17.21 mL。计算合金中铅的质量分数。(10.11%)

第 6 章　重量分析和沉淀滴定

重量分析(gravimetric analysis)是一种经典化学分析方法，通过天平称量来实现对目标物的分析。实际样品多为混合物，因此重量分析包含分离步骤，将目标物从样品中分离并转化为某种可称量的形式。常量组分的称量可以相当准确，所以目标物的分离很大程度上决定了分析结果的可靠性。适用于重量分析的分离方法中，应用最广泛的是沉淀分离。

沉淀滴定法(precipitation titration)是基于金属离子与沉淀剂之间的沉淀反应，通过滴定方式进行的一种经典定量分析方法。沉淀反应数量众多，但是很多反应不够完全，或者不够快，或者没有固定沉淀组成，所以满足滴定分析要求的非常少。此外，沉淀的吸附作用、悬浊液对颜色判断的干扰都是不利因素。因此，具有实用价值的沉淀滴定分析只有一类，即银量法(argentometric titration)，是基于Ag^+与Cl^-或者Ag^+与SCN^-之间的沉淀反应。

沉淀反应在重量分析法和沉淀滴定法中具有重要作用，因此有必要深入理解沉淀平衡体系的定量性质。具备这些知识，才能够选择合适沉淀体系、优化沉淀条件，满足定量分析对结果可靠性以及分析效率方面的要求。

6.1　沉淀平衡体系

6.1.1　沉淀平衡体系的定量性质

沉淀平衡体系的定量性质包括基础概念和基本等量关系。基本等量关系是物料平衡式，平衡常数是另一个独立等量关系。但是体系中同时存在液相和固相，平衡常数的形式略异于常规，这就是溶度积常数。

沉淀构晶离子

构成沉淀的离子称为沉淀构晶离子。以沉淀M_aB_b为例，其构晶离子为M^{b+}和B^{a-}。当溶液中构晶离子的浓度足够高，沉淀会析出，最终达到平衡。反过来，将沉淀置于一定量的蒸馏水中，沉淀构晶离子将从固相进入液相，最终也会达到平衡。

沉淀溶解平衡

沉淀溶解可以分为两个阶段，分别是固-液相间转移和液相中的离解，而且在每一阶段都存在一个平衡。以下是沉淀M_aB_b的溶解平衡过程：

$$M_aB_{b(s)} \rightleftharpoons M_aB_{b(l)} \rightleftharpoons aM^{b+} + bB^{a-}$$

式中，$M_aB_{b(s)}$和$M_aB_{b(l)}$分别表示沉淀M_aB_b处于固相和液相。

沉淀分子M_aB_b从固相转移到液相，平衡常数为：

$$S^0 = \frac{a_{M_aB_{b(l)}}}{a_{M_aB_{b(s)}}}$$

式中，a表示组分的活度。固相组分的活度为 1，所以上式变为：

$$S^0 = a_{M_aB_{b(l)}}$$

上式表明，沉淀从固相到液相的转移量等于S^0，所以平衡常数S^0也称沉淀的固有溶解度。

液相中的沉淀分子M_aB_b发生离解，平衡常数为：

$$K = \frac{a^a_{M^{b+}} a^b_{B^{a-}}}{a_{M_aB_{b(l)}}}$$

定义$K^0_{sp} = KS^0$，通过以上两式得到：

$$K^0_{sp} = a^a_{M^{b+}} a^b_{B^{a-}}$$

上式表明，沉淀溶解达到平衡时，液相中沉淀构晶离子活度的幂的乘积为一定值，这就是活度积常数(activity product constant)。反之，如果这个乘积大于活度积常数，沉淀就会析出。

溶度积常数

活度积常数是沉淀平衡的热力学性质之一，也是平衡体系的一个等量关系式。为了方便计算，将常数表达式中的活度近似为浓度，这样就得到了溶度积常数K_{sp} (solubility product constant)。对于沉淀M_aB_b，其K_{sp}如下：

$$K_{sp} = [M^{b+}]^a[B^{a-}]^b$$

溶度积常数方便计算，然而受离子强度的影响，所以不是严格意义上的热力学常数。尽管如此，溶度积常数在定量计算中还是得到广泛应用。

沉淀溶解度

从固-液两相转移的角度看，沉淀溶解度是 1 L 溶液中沉淀分子从固相到液相的转移量。从溶液的角度看，沉淀溶解度是进入液相的沉淀分子的分析浓度；沉淀分子离解出构晶离子，所以溶解度等于构晶阳离子或者构晶阴离子所有存在形式的平衡浓度(乘以相应系数)之和。

例如，将 $BaSO_4$ 置于蒸馏水，微量 $BaSO_4$ 分子会从固相转移到液相，进入液相后则离解出Ba^{2+}和SO_4^{2-}。溶液中的Ba^{2+}和SO_4^{2-}均来自沉淀溶解，所以溶解度s可以表示为：

$$s = [Ba^{2+}] \text{ 或者 } s = [SO_4^{2-}]$$

再举一例，考虑 AgCl 沉淀的溶解度。AgCl 的情况比较复杂：Ag^+与Cl^-既可以生成沉淀，又可以生成配合物。所以，将 AgCl 沉淀置于蒸馏水，溶液中存在以下两类平衡：

$$AgCl \rightleftharpoons Ag^+ + Cl^- \quad \text{沉淀平衡}$$

$$\left.\begin{aligned} Ag^+ + Cl^- &\rightleftharpoons AgCl \\ Ag^+ + 2Cl^- &\rightleftharpoons AgCl_2^- \\ Ag^+ + 3Cl^- &\rightleftharpoons AgCl_3^{2-} \\ Ag^+ + 4Cl^- &\rightleftharpoons AgCl_4^{3-} \end{aligned}\right\} \text{配位平衡}$$

该平衡体系中，所有含 Ag 组分或者含 Cl 组分均来自沉淀溶解，因此分别基于 Ag 和 Cl，可以写出溶解度s的表达式：

$$s = [Ag^+] + [AgCl] + [AgCl_2^-] + [AgCl_3^{2-}] + [AgCl_4^{3-}]$$
$$s = [Cl^-] + [AgCl] + 2[AgCl_2^-] + 3[AgCl_3^{2-}] + 4[AgCl_4^{3-}]$$

通过两个表达式消去s，所得即是体系的电荷平衡式。

从上面的介绍可以发现：沉淀溶解度至少有两个表达式，分别基于构晶阳离子和构晶阴离子列出，依据是物料平衡。所以，沉淀溶解度表达式本质上是物料平衡式。

6.1.2　沉淀平衡体系的定量解析

沉淀平衡体系的定量解析遵循第 1 章图 1.3 所示的理论框架。基本等量关系是物料平衡式 MBE，结合溶度积常数进行求解。

沉淀溶解致使部分构晶离子进入溶液，这些离子可能发生其他反应，如构晶阳离子与配体或者沉淀剂反应，构晶阴离子水解或者与其他阳离子反应。但是，无论发生什么反应，溶液中构晶阳离子的总量和构晶阴离子的总量服从沉淀分子构成所描述的定量关系。这是解析沉淀平衡的基本 MBE。

建立 MBE 有时需要考虑析出沉淀的量，于是等式中出现沉淀的假想浓度。假想浓度只是为了便于建立 MBE，在后续推导中可以消去，参见例 6.2 和例 6.3。

上述 MBE 结合溶度积常数可以解决大部分简单沉淀平衡问题。如果还存在其他化学平衡，那么再列出相关 MBE 作为独立等式，用于求解；涉及酸碱平衡时，使用 CBE 比较简便。

例 6.1　　**基础概念；低难度**

100.0 mL 氨水含有 0.010 mol $AgNO_3$，平衡后$[NH_3] = 0.25\ mol\cdot L^{-1}$。向该溶液加入 0.0010 mol NaCl，是否析出 AgCl 沉淀？忽略Ag^+-Cl^-配离子。($K_{sp} = 1.8\times10^{-10}$；$\beta_1 = 1.7\times10^3$，$\beta_2 = 1.1\times10^7$)

解　$AgNO_3$ 和 NaCl 的分析浓度均为 $0.010\ mol\cdot L^{-1}$。列出关于 Ag 的 MBE：

$$[Ag^+] + [Ag(NH_3)^+] + [Ag(NH_3)_2^+] = 0.010$$

整理后得到：

$$[Ag^+](1 + \beta_1[NH_3] + \beta_2[NH_3]^2) = 0.010$$

代入$[NH_3] = 0.25\ mol\cdot L^{-1}$，计算出$[Ag^+] = 1.45\times10^{-8}\ mol\cdot L^{-1}$。$[Ag^+][Cl^-] < K_{sp}$，所以没有 AgCl 沉淀析出。

例 6.2　　**基础概念；精确解法；近似解法；中等难度**

将 AgSCN 沉淀置于 0.100 L 1.00 $mol\cdot L^{-1}$ NaCl 溶液中，计算平衡时进入溶液的 AgSCN 的量。忽略 Ag^+-Cl^-配离子。(AgSCN：$K_{sp1} = 1.1\times10^{-12}$；AgCl：$K_{sp2} = 1.8\times10^{-10}$)

解法一　Cl^-浓度较高，导致 AgCl 沉淀析出，即部分 AgSCN 转化为 AgCl，示意图如下：

$$AgSCN \longrightarrow Ag^+ + SCN^-$$
$$\quad\quad\quad\quad \llcorner\!\!\rightarrow AgCl$$

据此列出 MBE：

$$[Ag^+] + [AgCl_{(s)}] = [SCN^-]$$

其中，$[AgCl_{(s)}]$表示沉淀的假想浓度，只是为了建立 MBE。为消去$[AgCl_{(s)}]$，列出关于 Cl 的 MBE：

$$[Cl^-] + [AgCl_{(s)}] = 1.00$$

通过以上两式得到：

$$[Ag^+] + 1.00 = [SCN^-] + [Cl^-]$$①

通过溶度积常数消去$[SCN^-]$和$[Cl^-]$，得到：

$$[Ag^+]^2 + [Ag^+] = K_{sp1} + K_{sp2}$$

解得$[Ag^+] = 1.811\times10^{-10}\ mol\cdot L^{-1}$。$[SCN^-] = \frac{K_{sp1}}{[Ag^+]} = 6.07\times10^{-3}\ mol\cdot L^{-1}$，所以 6.07×10^{-4} mol AgSCN 进入溶液。

解法二 溶度积常数如下：

$$[Ag^+][SCN^-] = K_{sp1}$$
$$[Ag^+][Cl^-] = K_{sp2}$$

两式相比，得到：

$$[SCN^-] = \frac{K_{sp1}}{K_{sp2}}[Cl^-]$$

忽略沉淀转化对Cl^-的消耗，那么$[Cl^-] \approx 1.00\ mol\cdot L^{-1}$，代入到上式计算出$[SCN^-] = 6.11\times10^{-3}\ mol\cdot L^{-1}$，所以 6.11×10^{-4} mol AgSCN 进入溶液。

解法二忽略沉淀反应对组分浓度的影响，计算变得简单，这也是传统课程常用的简化手段。近似结果的误差是 0.7%。

例 6.3 **沉淀平衡与酸碱平衡共存；高难度**

配制 $0.050\ mol\cdot L^{-1}\ H_2C_2O_4$溶液用于酸碱滴定，失误使用了自来水，自来水的硬度较大，其中Ca^{2+}浓度约为 $0.0070\ mol\cdot L^{-1}$。计算该溶液 pH，并与蒸馏水配制的溶液进行比较。自来水可视为浓度为 $0.0070\ mol\cdot L^{-1}$ 的 $CaCl_2$溶液。($K_{sp} = 2.3\times10^{-9}$；$H_2C_2O_4$：$K_1 = 5.9\times10^{-2}$，$K_2 = 6.4\times10^{-5}$)

解 对于蒸馏水配制的溶液，按照第 3 章例 3.6 的解题思路，容易计算出$[H^+] = 3.24\times10^{-2}\ mol\cdot L^{-1}$，$pH = 1.49$。通过分布分数计算出$[C_2O_4^{2-}] = 6.37\times10^{-5}\ mol\cdot L^{-1}$，自来水中$[Ca^{2+}] = 0.0070\ mol\cdot L^{-1}$，$[Ca^{2+}][C_2O_4^{2-}] > K_{sp}$。所以，用自来水配制 $0.050\ mol\cdot L^{-1}\ H_2C_2O_4$溶液，有 CaC_2O_4生成。

对于自来水配制的 $H_2C_2O_4$溶液，列出关于 $H_2C_2O_4$和 Ca 的 MBE：

$$[H_2C_2O_4] + [HC_2O_4^-] + [C_2O_4^{2-}] + [CaC_2O_{4(s)}] = 0.050$$
$$[Ca^{2+}] + [CaC_2O_{4(s)}] = 0.0070$$

式中，$[CaC_2O_{4(s)}]$表示沉淀的假想浓度，只是为了建立 MBE。两式相减以消去$[CaC_2O_{4(s)}]$，得到：

$$[H_2C_2O_4] + [HC_2O_4^-] + [C_2O_4^{2-}] - [Ca^{2+}] = 0.043$$

通过分布分数和K_{sp}，上式整理为：

$$[C_2O_4^{2-}]\frac{[H^+]^2 + K_1[H^+] + K_1K_2}{K_1K_2} - \frac{K_{sp}}{[C_2O_4^{2-}]} = 0.043 \quad (1)$$

① 这就是体系的电荷平衡式，依照电中性原则即可得到，其实不必大费周章。

上式包含未知量$[C_2O_4^{2-}]$和$[H^+]$，还需要一个包含$[H^+]$的独立等式才能求解。为此，列出体系的 CBE：

$$2[Ca^{2+}] + [H^+] = [HC_2O_4^-] + 2[C_2O_4^{2-}] + [Cl^-] + [OH^-]$$

将 CBE 整理为包含$[C_2O_4^{2-}]$和$[H^+]$的等式：

$$\frac{2K_{sp}}{[C_2O_4^{2-}]} + [H^+] = \frac{[H^+][C_2O_4^{2-}]}{K_2} + 2[C_2O_4^{2-}] + 0.0140 + [OH^-] \tag{2}$$

(1)×2+(2)，得到：

$$[C_2O_4^{2-}]\frac{2[H^+]^2 + K_1[H^+]}{K_1K_2} + [H^+] = 0.100 + \frac{K_w}{[H^+]} \tag{3}$$

(3)式代入(1)式以消去$[C_2O_4^{2-}]$，得到关于$[H^+]$的方程。使用附录 5 软件求解时，不必费力写出这个方程，以$[C_2O_4^{2-}]$为中间变量，即可快速完成输入。方程表达式的 Matlab 代码如下，其中第 2 条语句是从(3)式得出的$[C_2O_4^{2-}]$表达式。

```
Ksp = 2.3e-9; K1 = 5.9e-2; K2 = 6.4e-5;
C2O4 = (0.100 + 1e-14 ./ x - x)*K1*K2 ./ (2*x.^2+K1*x);
y = C2O4.*(x.^2+K1*x+K1*K2)/K1/K2 – Ksp./C2O4 - 0.043;
```

解得$[H^+] = 3.97\times10^{-2}$ mol·L^{-1}，所以 pH = 1.40。

分析化学实验中以自来水配制溶液肯定是错误的，本例这种错误的配制方式却(由于Ca^{2+})增大了 $H_2C_2O_4$ 的离解，以 NaOH 滴定时，结果不受影响。

沉淀平衡体系定量解析中，溶解度计算是一类典型问题。计算在原理上并无特别之处，关键在于正确的溶解度表达式，计算要点列举如下：

(1) 明确构晶离子进入溶液后发生的所有反应，并因此明确与之相关的各种组分。

(2) 基于构晶阳离子和构晶阴离子写出沉淀溶解度的两个表达式。

(3) 溶度积常数作为一个独立等量关系。

(4) 其他物料平衡式和电荷平衡式作为另外的独立等量关系。

6.1.3　沉淀溶解度主要影响因素的定量分析

沉淀溶解平衡中，平衡如果由于某些因素发生改变，那么沉淀溶解度必然受到影响。主要影响因素可以归纳为同离子效应、酸效应和配位效应。这些效应的机理不同，但是相应的沉淀溶解度计算并无实质区别，因此能够总结出通用的计算策略。下面分别介绍这些效应。

1. 同离子效应

向沉淀平衡体系加入沉淀的构晶离子，沉淀溶解度会降低，这种现象称为同离子效应(common ion effect)。

例 6.4　　**同离子效应；低难度**

分别计算 $BaSO_4$ 在纯水和$[SO_4^{2-}] = 0.10$ mol·L^{-1}溶液中的溶解度。($K_{sp} = 1.1\times10^{-10}$)

解　根据定义，写出纯水中溶解度s的表达式：

$$s = [Ba^{2+}],\ s = [SO_4^{2-}]$$

两式相乘，再结合K_{sp}，得到：

$$s^2 = K_{sp}$$

代入数据后计算出$s = 1.0\times10^{-5}$ mol·L^{-1}。

SO_4^{2-}溶液中，Ba^{2+}全部来自沉淀溶解，但是SO_4^{2-}来自溶液固有和沉淀溶解，因此得到如下等式：

$$s = [Ba^{2+}]$$
$$s + 0.10 = [SO_4^{2-}]$$

两式相乘，再结合K_{sp}，得到：

$$s(s + 0.10) = K_{sp}$$

解得$s = 1.1\times10^{-9}$ mol·L^{-1}。

上述计算可以通过近似手段简化。溶液原有SO_4^{2-}的浓度高达 0.10 mol·L^{-1}，同离子效应显著，致使s非常小。所以$s + 0.10 \approx 0.10$，这样不必解方程即可得到$s = \frac{K_{sp}}{0.10} = 1.1\times10^{-9}$ mol·L^{-1}。

同离子效应可以显著减小沉淀溶解，在沉淀制备和沉淀洗涤中具有重要作用。沉淀制备时，通常要加入过量沉淀剂(一般过量 50%~100%)，尽量使被测离子转化为沉淀。沉淀过滤后，需要洗去表面上附着的杂质，洗涤时首先使用构晶离子的稀溶液，借助同离子效应减少沉淀损失，最后使用蒸馏水。

当然，也不能因为同离子效应而使用超量的沉淀剂。这种做法一方面会导致沉淀后处理的困难，另一方面反而会增加沉淀的溶解，这是盐效应。盐效应将在 6.1.4 中介绍。

上例表明，忽略沉淀溶解对溶液的影响可以简化计算。沉淀溶解度很低时，这种近似手段比较合理，因此可用于同离子效应相关计算，误差较小。如果沉淀溶解度不够低，或者存在能够增大溶解度的酸效应或者配位效应，那么忽略沉淀溶解的影响可能导致显著误差。

2. 酸效应

酸效应是指某些沉淀的溶解度会随$[H^+]$升高而增大。酸效应的原因是构晶阴离子发生水解，沉淀平衡移动，导致更多沉淀分子从固相转移到液相，表现为沉淀溶解度增大。

例 6.5 **酸效应；近似解法；低难度**

计算 CaF_2 在pH = 2.00盐酸溶液中的溶解度。(CaF_2：$K_{sp} = 3.9\times10^{-11}$；HF：$K_a = 6.6\times10^{-4}$)

解法一 根据定义，写出溶解度s的表达式：

$$s = [Ca^{2+}]$$
$$2s = [F^-] + [HF] \Longrightarrow 2s = [F^-] + \frac{[H^+][F^-]}{K_a}$$

为了利用K_{sp}，上式推导为包含$[F^-]$的代数式。两式结合K_{sp}，得到：

$$4s^3 = K_{sp}\left(1 + \frac{[H^+]}{K_a}\right)^2$$

假设溶液原有H^+浓度不受F^-水解的影响，$[H^+] = 0.010$ mol·L^{-1}，代入到上式计算出$s = 1.4\times10^{-3}$ mol·L^{-1}。

解法二 沉淀溶解平衡后，体系的 CBE 如下：

$$2[Ca^{2+}] + [H^+] = [F^-] + [Cl^-] + [OH^-]$$

通过K_{sp}消去 CBE 中的$[F^-]$，得到：

$$2[Ca^{2+}] + [H^+] = \sqrt{\frac{K_{sp}}{[Ca^{2+}]}} + [Cl^-] + [OH^-]$$

假设溶液原有H^+的浓度不受F^-水解的影响，那么$[H^+] = 0.010$ mol·L^{-1}、$[Cl^-] = 0.010$ mol·L^{-1}、$[OH^-] = 1.0\times10^{-12}$ mol·L^{-1}，所以上式变为：

$$2[Ca^{2+}] = \sqrt{\frac{K_{sp}}{[Ca^{2+}]}} + 1.0\times10^{-12}$$

通过附录 5 软件解得$[Ca^{2+}] = 2.1\times10^{-4}$ mol·L^{-1}，这也是溶解度s的值。

两种解法的原理都正确无误，结果却相差极大，原因是近似手段$[H^+] = 0.010$ mol·L^{-1}导致的误差不同。欲得到溶解度的准确值，需要$[H^+]$的真实值，参见例 6.6 的精确求解。

例 6.6 **酸效应；精确解法；中等难度**

考虑沉淀溶解对溶液$[H^+]$的影响，精确求解例 6.5。

解 根据定义，写出溶解度s的表达式：

$$s = [Ca^{2+}] \tag{1}$$

$$2s = [F^-] + [HF] \Longrightarrow 2s = [F^-] + \frac{[H^+][F^-]}{K_a} \tag{2}$$

为了利用K_{sp}，(2)式推导为包含$[F^-]$的代数式。两式结合K_{sp}，得到：

$$4s^3 = K_{sp}\left(1 + \frac{[H^+]}{K_a}\right)^2 \tag{3}$$

F^-水解消耗了H^+，导致上式中$[H^+]$变成未知量，还需要一个包含$[H^+]$的独立等式才能求解。为此，列出体系的 CBE：

$$2[Ca^{2+}] + [H^+] = [F^-] + [Cl^-] + [OH^-]$$

将(1)(2)两式代入上式，整理后得到：

$$\frac{[H^+]}{[H^+] + K_a}2s + [H^+] = 0.010 + \frac{K_w}{[H^+]} \tag{4}$$

(3)(4)两式包含未知量s和$[H^+]$，所以可解。从(3)式得到$[H^+]$的表达式，代入到(4)式后得到关于s的方程。使用附录 5 软件求解时，不必费力写出这个方程，以$[H^+]$为中间变量，即可快速完成输入。方程表达式的 Matlab 代码如下，其中第 2 条语句就是从(3)式得出的$[H^+]$表达式。

```
Ksp = 3.9e-11; K = 6.6e-4;
H = (2*sqrt(x) .^ 3 / sqrt(Ksp) - 1) * K;
y = H ./ (H + K) * 2 .* x + H - 0.010 - 1e-14 ./ H;
```

解得$s = 1.2\times10^{-3}$ mol·L^{-1}。

将$s = 1.2\times10^{-3}$ mol·L^{-1}代入(3)式，计算出$[H^+] = 0.0078$ mol·L^{-1}。例 6.5 两种解法中，如果使用$[H^+] = 0.0078$ mol·L^{-1}进行计算，那么均可以得到$s = 1.2\times10^{-3}$ mol·L^{-1}；而使用近似手段$[H^+] = 0.010$ mol·L^{-1}，解法一的误差为 17%，解法二的误差高达−83%。

如果不考虑F^-水解，直接通过$s = \sqrt[3]{\frac{K_{sp}}{4}}$计算，那么得到$s = 2.1\times10^{-4}$ mol·L^{-1}。可见，溶解度被酸效

应增大近 6 倍。

F^-水解消耗原溶液中的部分H^+，从而减弱了酸效应。所以，与例 6.5 解法一结果相比，CaF_2的真实溶解度要小一些。

例 6.7 **酸效应；近似解法；低难度**

计算 CuS 在纯水中的溶解度。(CuS：$K_{sp} = 8.0\times10^{-37}$；$H_2S$：$K_1 = 1.3\times10^{-7}$，$K_2 = 7.1\times10^{-15}$)

解 根据定义，写出溶解度s的表达式：

$$s = [Cu^{2+}]$$

$$s = [S^{2-}] + [HS^-] + [H_2S] \Longrightarrow s = [S^{2-}]\frac{K_1K_2 + K_1[H^+] + [H^+]^2}{K_1K_2}$$

为了利用K_{sp}，上式推导为包含$[S^{2-}]$的代数式。两式结合K_{sp}，得到：

$$s^2 = K_{sp}\frac{K_1K_2 + K_1[H^+] + [H^+]^2}{K_1K_2}$$

K_{sp}非常小，沉淀转移到溶液的S^{2-}极少，因此忽略S^{2-}水解对溶液的影响，认为$[H^+] \approx 10^{-7}$ mol·L^{-1}，代入到上式计算出$s = 4.5\times10^{-15}$ mol·L^{-1}。

如果不考虑S^{2-}水解，直接通过$s = \sqrt{K_{sp}}$计算出$s = 8.9\times10^{-19}$ mol·L^{-1}。可见，酸效应显著增大沉淀溶解度。

本题虽然是近似求解，但是结果准确，原因是近似手段$[H^+] \approx 10^{-7}$ mol·L^{-1}比较合理。如果K_{sp}不够小，那么近似手段可能导致显著误差，这种情况需要精确求解，参见例 6.8。

例 6.8 **酸效应；精确解法；深入分析；超高难度**

计算 MnS 在纯水中的溶解度。(MnS：$K_{sp} = 3.2\times10^{-11}$；$H_2S$：$K_1 = 1.3\times10^{-7}$，$K_2 = 7.1\times10^{-15}$)

解 本题与例 6.7 非常相似，同理可以推导出下式：

$$s^2 = K_{sp}\frac{K_1K_2 + K_1[H^+] + [H^+]^2}{K_1K_2} \tag{1}$$

与例 6.7 不同的是：MnS 的K_{sp}较大，溶解出较多S^{2-}，而S^{2-}水解可能会显著影响溶液酸度。如果仍然使用例 6.7 中的近似手段$[H^+] \approx 10^{-7}$ mol·L^{-1}，那么误差可能很大，所以考虑精确求解。

精确求解时，(1)中$[H^+]$变成未知量，还需要一个包含$[H^+]$的独立等式才能求解。为此，列出体系的 CBE：

$$2[Mn^{2+}] + [H^+] = 2[S^{2-}] + [HS^-] + [OH^-]$$

通过溶解度表达式$s = [Mn^{2+}]$、$s = [S^{2-}] + [HS^-] + [H_2S]$，结合(作为酸根的) S^{2-}和HS^-的分布分数，CBE 整理为：

$$2s + [H^+] = \frac{2K_1K_2 + K_1[H^+]}{[H^+]^2 + K_1[H^+] + K_1K_2}s + \frac{K_w}{[H^+]} \tag{2}$$

(1)式开方后代入到(2)式以消去s，整理后得到关于$[H^+]$的方程[①]：

① 不应从(2)式推导出s的表达式，平方后代入到(1)式以消去s^2。s是很小的小数，平方后更小，更易受数值运算误差的影响。

$$\frac{2[H^+]^2 + K_1[H^+]}{\sqrt{[H^+]^2 + K_1[H^+] + K_1K_2}} = \sqrt{\frac{K_1K_2}{K_{sp}}}\left(\frac{K_w}{[H^+]} - [H^+]\right)$$

通过附录 5 软件解得$[H^+] = 2.810\times10^{-11}$ mol·L-1，代入到(1)式或者(2)式，计算出$s = 3.6\times10^{-4}$ mol·L-1。

如果采用例 6.7 解法的近似手段，忽略S^{2-}水解对溶液酸度的影响，将$[H^+] \approx 10^{-7}$ mol·L-1 代入(1)式，那么得到$s = 2.8\times10^{-2}$ mol·L-1，误差惊人。

将上述精确解法用于例 6.7，得到$s = 4.5\times10^{-15}$ mol·L-1，与近似结果相同，说明近似手段在例 6.7 中足够准确，尽管它对本题完全无效。

下面给出一种传统解法，以资对比。

忽略S^{2-}的二级水解，得到：

$$S^{2-} + H_2O \rightleftharpoons HS^- + OH^-$$

沉淀 MnS 的溶解平衡为：

$$MnS_{(s)} \rightleftharpoons Mn^{2+} + S^{2-}$$

两个反应合并，得到：

$$MnS_{(s)} + H_2O \rightleftharpoons Mn^{2+} + HS^- + OH^-$$

该反应的平衡常数为$[Mn^{2+}][HS^-][OH^-] = \frac{K_wK_{sp}}{K_2}$。

以上反应表明：$s = [Mn^{2+}] = [HS^-] = [OH^-]$，代入到平衡常数表达式$s^3 = \frac{K_wK_{sp}}{K_2}$，计算出$s = 3.6\times10^{-4}$ mol·L-1，与精确结果相同。

将此传统解法应用于例 6.7，结果为$s = 1.0\times10^{-12}$ mol·L-1，误差惊人，原因是解法中的近似手段不再全部有效。

且慢！

结果表明：平衡体系中$[OH^-] = 3.6\times10^{-4}$ mol·L-1，$[Mn^{2+}] = 3.6\times10^{-4}$ mol·L-1，那么$[Mn^{2+}][OH^-]^2 = 4.7\times10^{-11}$，大于$K_{sp,Mn(OH)_2}$。所以，体系会出现 $Mn(OH)_2$ 沉淀，上述解法并不严密。

真实情况是：MnS 溶解出Mn^{2+}和S^{2-}，S^{2-}水解导致OH^-增多，与Mn^{2+}生成 $Mn(OH)_2$ 沉淀。该体系存在多个平衡，相当复杂，令人生畏。然而，等量关系式是对平衡体系化学性质的数学描述，只要溶液体系客观存在，那么正确列出的等量关系式肯定有解。

由于 $Mn(OH)_2$ 沉淀的析出，$s \neq [Mn^{2+}]$，但是基于含 S 组分的溶解度表达式仍然成立：

$$s = [S^{2-}] + [HS^-] + [H_2S] \Longrightarrow s = [S^{2-}]\frac{K_1K_2 + K_1[H^+] + [H^+]^2}{K_1K_2}$$

以K_{sp1}和K_{sp2}分别表示 MnS 和 $Mn(OH)_2$ 的溶度积常数，那么$[Mn^{2+}] = \frac{K_{sp2}}{[OH^-]^2} = \frac{K_{sp2}[H^+]^2}{K_w^2}$、$[S^{2-}] = \frac{K_{sp1}}{[Mn^{2+}]} = \frac{K_{sp1}K_w^2}{K_{sp2}[H^+]^2}$，一同代入上式：

$$s = \frac{K_{sp1}K_w^2}{K_{sp2}[H^+]^2}\frac{K_1K_2 + K_1[H^+] + [H^+]^2}{K_1K_2} \tag{3}$$

为了求解$[H^+]$，列出体系的 CBE：

$$2[Mn^{2+}] + [H^+] = 2[S^{2-}] + [HS^-] + [OH^-]$$

为了利用溶度积常数，CBE 整理为包含$[S^{2-}]$的代数式：

$$2[Mn^{2+}] + [H^+] = 2[S^{2-}] + \frac{[H^+][S^{2-}]}{K_2} + [OH^-]$$

将$[Mn^{2+}] = \frac{K_{sp2}[H^+]^2}{K_w^2}$和$[S^{2-}] = \frac{K_{sp1}K_w^2}{K_{sp2}[H^+]^2}$代入上式，得到：

$$\frac{2K_{sp2}[H^+]^2}{K_w^2}+[H^+]=\frac{2K_2+[H^+]}{K_2}\frac{K_{sp1}K_w^2}{K_{sp2}[H^+]^2}+\frac{K_w}{[H^+]}$$

通过附录 5 软件解得$[H^+]=9.595\times10^{-10}$ mol·L^{-1}，代入到(3)式，计算出溶解度$s=3.0\times10^{-3}$ mol·L^{-1}。

3. 配位效应

配位效应是指某些沉淀的溶解度由于溶液中配体的存在而增大。配位效应的原因是配体与构晶阳离子发生配位反应，沉淀平衡移动，导致更多沉淀分子从固相转移到液相，表现为沉淀溶解度增大。

例 6.9 **配位效应；低难度**

将 CdS 沉淀置于含CN^-的强碱性溶液，平衡后$[CN^-]=0.086$ mol·L^{-1}，计算溶解度。强碱性溶液中，忽略S^{2-}和CN^-水解。($K_{sp}=1.0\times10^{-27}$；Cd^{2+}-CN^-配离子：$\beta_1=3.0\times10^5$，$\beta_2=4.0\times10^{10}$，$\beta_3=1.7\times10^{15}$，$\beta_4=6.0\times10^{18}$)

解 根据定义，写出溶解度s的表达式：

$$s=[S^{2-}]$$

$$s=[Cd^{2+}]+[Cd(CN)^+]+\cdots+[Cd(CN)_4^{2-}]\Longrightarrow s=[Cd^{2+}](1+\beta_1[CN^-]+\cdots+\beta_4[CN^-]^4)$$

为了利用K_{sp}，上式推导为包含$[Cd^{2+}]$的代数式。两式结合K_{sp}，得到：

$$s^2=K_{sp}(1+\beta_1[CN^-]+\beta_2[CN^-]^2+\beta_3[CN^-]^3+\beta_4[CN^-]^4)$$

代入$[CN^-]=0.086$ mol·L^{-1}，计算出$s=5.7\times10^{-7}$ mol·L^{-1}。

本题较为容易，因为题目特别声明了$[CN^-]=0.086$ mol·L^{-1}是沉淀溶解平衡后的浓度。如果没有这一特别声明，解题难度变大，参见例 6.10。

例 6.10 **配位效应；精确解法；中等难度**

计算 AgCl 在 0.10 mol·L^{-1} 氨水中的溶解度。忽略Ag^+-Cl^-配离子和NH_4^+。($K_{sp}=1.8\times10^{-10}$；Ag^+-NH_3配离子：$\beta_1=1.74\times10^3$，$\beta_2=1.12\times10^7$)

解 根据定义，写出溶解度s的表达式：

$$s=[Ag^+]+[Ag(NH_3)^+]+[Ag(NH_3)_2^+]\Longrightarrow s=[Ag^+](1+\beta_1[NH_3]+\beta_2[NH_3]^2) \quad (1)$$

$$s=[Cl^-] \quad (2)$$

为了利用K_{sp}，(1)式推导为包含$[Ag^+]$的代数式。两式结合K_{sp}，得到：

$$s^2=K_{sp}(1+\beta_1[NH_3]+\beta_2[NH_3]^2) \quad (3)$$

Ag^+-NH_3配离子消耗了 NH_3，导致上式中$[NH_3]$变成未知量，还需要一个包含$[NH_3]$的独立等式才能求解。为此，列出关于 NH_3 的 MBE：

$$[NH_3]+[Ag(NH_3)^+]+2[Ag(NH_3)_2^+]=0.10$$

将(1)式代入上式以消去$[Ag^+]$，得到：

$$[NH_3]+s\frac{\beta_1[NH_3]+2\beta_2[NH_3]^2}{1+\beta_1[NH_3]+\beta_2[NH_3]^2}=0.10 \quad (4)$$

(3)(4)两式包含未知量s和$[NH_3]$，所以可解。(3)式开方代入到(4)以消去s，得到：

$$[NH_3] + \sqrt{K_{sp}\frac{\beta_1[NH_3] + 2\beta_2[NH_3]^2}{\sqrt{1 + \beta_1[NH_3] + \beta_2[NH_3]^2}}} = 0.10$$

通过附录 5 软件解得$[NH_3] = 9.176\times10^{-2}$ mol·L^{-1}，代入到(3)式或者(4)式，计算出$s = 4.1\times10^{-3}$ mol·L^{-1}。

如果为了方便计算，忽略沉淀溶解对$[NH_3]$的影响，认为平衡时$[NH_3] = 0.10$ mol·L^{-1}(相对误差 9%)，那么通过(3)式即可计算出$s = 4.5\times10^{-3}$ mol·L^{-1}，相对误差 10%。

Ag^+-NH_3 配离子消耗部分 NH_3，从而减弱了配位效应，因此 AgCl 的实际溶解度比近似结果小。

例 6.11 **配位效应；中等难度**

分析浓度为 0.050 mol·L^{-1} EDTA 溶液，通过缓冲溶液控制pH = 10.00，计算 CaC_2O_4 在此溶液中的溶解度。碱性溶液中忽略$C_2O_4^{2-}$水解。($K_{sp} = 2.3\times10^{-9}$；$K_{CaY} = 4.9\times10^{10}$，$\alpha_{Y(H)}|_{pH=10.00} = 2.82$)

解 根据定义，写出溶解度s的表达式：

$$s = [C_2O_4^{2-}]$$

$$s = [Ca^{2+}] + [CaY^{2-}]$$

为了利用K_{sp}，将上式中的$[CaY^{2-}]$表示为关于$[Ca^{2+}]$的代数式①，得到：

$$s = [Ca^{2+}] + \frac{K''[Ca^{2+}]}{K''[Ca^{2+}] + 1}c_Y$$

式中，$K'' = \frac{K_{CaY}}{\alpha_{Y(H)}}$。

将$[Ca^{2+}] = \frac{K_{sp}}{[C_2O_4^{2-}]} = \frac{K_{sp}}{s}$ 代入上式以消去$[Ca^{2+}]$，得到：

$$s = \frac{K_{sp}}{s} + \frac{K''K_{sp}}{K''K_{sp} + s}c_Y$$

通过附录 5 软件解得$s = 0.050$ mol·L^{-1}。

CaC_2O_4 在该溶液中的溶解度非常大，原因是 EDTA 极强的配位作用。沉淀溶解出Ca^{2+}的总量为 0.050 mol·L^{-1}，通过$[Ca^{2+}] = \frac{K_{sp}}{[C_2O_4^{2-}]} = \frac{K_{sp}}{s}$计算出$[Ca^{2+}] = 4.6\times10^{-8}$ mol·L^{-1}，可见Ca^{2+}几乎全部生成螯合物，溶液原有的 EDTA 也消耗殆尽。

例 6.12 **配位效应；近似解法；低难度**

计算 AgCl 在 1.0×10^{-3} mol·L^{-1} NaCl 溶液中的溶解度。($K_{sp} = 1.8\times10^{-10}$；$Ag^+$-$Cl^-$配离子：$\beta_1 = 1.10\times10^3$，$\beta_2 = 1.10\times10^5$，$\beta_3 = 1.10\times10^5$，$\beta_4 = 2.00\times10^5$)

解法一 基于含 Ag 组分，写出溶解度s的表达式：

$$s = [Ag^+] + [AgCl] + [AgCl_2^-] + [AgCl_3^{2-}] + [AgCl_4^{3-}]$$

通过K_{sp}消去$[Ag^+]$，得到：

$$s = \frac{K_{sp}}{[Cl^-]}(1 + \beta_1[Cl^-] + \beta_2[Cl^-]^2 + \beta_3[Cl^-]^3 + \beta_4[Cl^-]^4)$$

忽略 AgCl 溶解对溶液原有Cl^-浓度的影响，认为平衡时$[Cl^-] \approx 1.0\times10^{-3}$ mol·L^{-1}，代入到上式，计算出$s = 4.0\times10^{-7}$ mol·L^{-1}。

---

① 将稳定常数$K'' = \frac{[CaY^{2-}]}{[Ca^{2+}][Y'']}$代入 EDTA 的 MBE $[CaY^{2-}] + [Y''] = c_Y$，得到$[CaY^{2-}] + \frac{[CaY^{2-}]}{K''[Ca^{2+}]} = c_Y$，整理后即得该代数式。

解法二 基于含 Cl 组分，写出溶解度s的表达式：

$$s = [Cl^-] + [AgCl] + 2[AgCl_2^-] + 3[AgCl_3^{2-}] + 4[AgCl_4^{3-}] - 0.0010$$

通过K_{sp}消去$[Ag^+]$，得到：

$$s = [Cl^-] + \frac{K_{sp}}{[Cl^-]}(\beta_1[Cl^-] + 2\beta_2[Cl^-]^2 + 3\beta_3[Cl^-]^3 + 4\beta_4[Cl^-]^4) - 0.0010$$

同样忽略 AgCl 溶解对溶液原有Cl^-浓度的影响，将$[Cl^-] \approx 1.0\times10^{-3}$ mol·L^{-1} 代入上式，计算出$s = 2.4\times10^{-7}$ mol·L^{-1}。

两种解法的溶解度表达式都正确，结果却大相径庭。解题中唯一近似手段是$[Cl^-] \approx 1.0\times10^{-3}$ mol·L^{-1}，该近似对不同算法的结果产生了不同的影响。

通过误差传递研究$[Cl^-]$的估算误差对溶解度s的影响，发现这种影响在解法二比在解法一大 6000 多倍。所以，解法一选择的溶解度表达式相当运气，解法二则必须使用更精确的$[Cl^-]$才能得到较好结果，参见例 6.13。

例 6.13 **配位效应；精确解法；深入分析；高难度**

考虑沉淀溶解对溶液$[Cl^-]$的影响，精确求解例 6.12。

解 根据定义，写出溶解度s的表达式：

$$s = [Ag^+] + [AgCl] + [AgCl_2^-] + [AgCl_3^{2-}] + [AgCl_4^{3-}] \tag{1}$$

$$s = [Cl^-] + [AgCl] + 2[AgCl_2^-] + 3[AgCl_3^{2-}] + 4[AgCl_4^{3-}] - 0.0010 \tag{2}$$

两式相减以消去s，简单整理后得到：

$$[Ag^+] = [Cl^-] + [AgCl_2^-] + 2[AgCl_3^{2-}] + 3[AgCl_4^{3-}] - 0.0010$$ ①

通过K_{sp}消去$[Ag^+]$，得到关于$[Cl^-]$的方程：

$$\frac{K_{sp}}{[Cl^-]} = [Cl^-] + \frac{K_{sp}}{[Cl^-]}(\beta_2[Cl^-]^2 + 2\beta_3[Cl^-]^3 + 3\beta_4[Cl^-]^4) - 0.0010$$

通过附录 5 软件解得$[Cl^-] = 0.0010001601$ mol·L^{-1}，代入到(1)式或者(2)式，计算出溶解度$s = 4.0\times10^{-7}$ mol·L^{-1}。由于使用了更精确的$[Cl^-]$，(2)式也给出相同结果，尽管该式在近似计算时的误差高达−40%。

也许有人认为上述解法虽然精确，却表现出一种不必要的复杂。溶液原有Cl^-的浓度较高；Cl^-既有同离子效应，也有配位效应，而配位效应却不强。所以，例 6.12 解法一足够了。

是否总可以忽略 AgCl 溶解对溶液原有$[Cl^-]$的影响？近似解法是否足够精确？做个数字实验，分别采用精确方法和近似方法，计算 AgCl 沉淀在不同浓度 NaCl 溶液中的溶解度，结果如下。

c_{NaCl}/(mol·L^{-1})	$s_{精确}$/(mol·L^{-1})	$s_{近似}$/(mol·L^{-1})	误差/%
0.000100	1.97×10^{-6}	2.00×10^{-6}	1.5
0.00100	3.98×10^{-7}	3.98×10^{-7}	0
0.100	2.41×10^{-6}	2.41×10^{-6}	0
0.500	1.95×10^{-5}	1.95×10^{-5}	0
1.00	7.58×10^{-5}	7.58×10^{-5}	0
2.00	4.06×10^{-4}	4.07×10^{-4}	0.25
5.00	5.05×10^{-3}	5.09×10^{-3}	0.79

① 容易发现，这就是体系的电荷平衡式。

以上数据表明：NaCl 浓度过低或者过高时，近似结果的误差较大。NaCl 浓度过低时，同离子效应较弱，不能有效降低沉淀溶解，致使原有$[Cl^-]$受到显著影响。NaCl 浓度过高时，配位效应占优势，增大沉淀溶解，原有$[Cl^-]$也受到显著影响。

从例 6.13 数字实验的结果可以发现，随着溶液$[Cl^-]$的升高，AgCl 溶解度先减小后增大，原因是配位效应逐渐超过同离子效应。类似现象也见于Pb^{2+}-I^-体系，I^-与Pb^{2+}既可以生成 PbI_2 沉淀，也可以生成多级配合物；当$[I^-]$超过临界值时，PbI_2 溶解度随$[I^-]$的升高而增大。

4. 多种效应并存

同离子效应降低沉淀溶解度，酸效应和配位效应则会增大沉淀溶解度。下面通过实例说明几种效应并存时溶解度的计算。

例 6.14 **酸效应与配位效应并存；近似解法；低难度**

将 CdS 置于 0.10 mol·L^{-1} NaCN 碱性溶液，平衡后pH = 10.00，计算 CdS 的溶解度。忽略CN^-水解。($K_{sp} = 1.0\times10^{-27}$；$H_2S$：$K_1 = 1.3\times10^{-7}$，$K_2 = 7.1\times10^{-15}$；HCN：$K = 6.2\times10^{-10}$；$Cd^{2+}$-$CN^-$配离子：$\beta_1 = 3.0\times10^5$，$\beta_2 = 4.0\times10^{10}$，$\beta_3 = 1.7\times10^{15}$，$\beta_4 = 6.0\times10^{18}$)

解 根据定义，写出溶解度s的表达式：

$$s = [Cd^{2+}] + [Cd(CN)^+] + \cdots + [Cd(CN)_4^{2-}] \Longrightarrow s = [Cd^{2+}](1 + \beta_1[CN^-] + \cdots + \beta_4[CN^-]^4)$$

$$s = [S^{2-}] + [HS^-] + [H_2S] \Longrightarrow s = [S^{2-}]\frac{K_1K_2 + K_1[H^+] + [H^+]^2}{K_1K_2}$$

为了利用K_{sp}，两式推导为分别包含$[Cd^{2+}]$和$[S^{2-}]$的代数式。两式相乘再结合K_{sp}，得到：

$$s^2 = \frac{K_{sp}}{\delta_{S^{2-}}}(1 + \beta_1[CN^-] + \beta_2[CN^-]^2 + \beta_3[CN^-]^3 + \beta_4[CN^-]^4)$$

式中，$\delta_{S^{2-}} = \frac{K_1K_2}{K_1K_2+K_1[H^+]+[H^+]^2}$。

忽略Cd^{2+}-CN^-配离子对CN^-的消耗，所以$[CN^-] = \frac{K}{[H^+]+K}0.10$，最终得到$s = 6.8\times10^{-5}$ mol·L^{-1}。

例 6.15 **酸效应与配位效应并存；精确解法；高难度**

考虑沉淀溶解对溶液的影响，精确求解例 6.14。

解 例 6.14 得到下式：

$$s^2 = \frac{K_{sp}}{\delta_{S^{2-}}}(1 + \beta_1[CN^-] + \beta_2[CN^-]^2 + \beta_3[CN^-]^3 + \beta_4[CN^-]^4) \quad (1)$$

Cd^{2+}-CN^-配离子消耗了CN^-，$[CN^-] = \frac{K}{[H^+]+K}0.10$不再成立。上式中$[CN^-]$变成未知量，还需要一个包含$[CN^-]$的独立等式才能求解。为此，列出关于 CN 的 MBE：

$$[HCN] + [CN^-] + [Cd(CN)^+] + 2[Cd(CN)_2] + 3[Cd(CN)_3^-] + 4[Cd(CN)_4^{2-}] = 0.10$$

通过$K_{sp} = [Cd^{2+}][S^{2-}] = [Cd^{2+}]s\delta_{S^{2-}}$消去上式中$[Cd^{2+}]$，并整理为包含$[CN^-]$的等式：

$$\frac{[CN^-]}{\delta_{CN^-}} + \frac{K_{sp}}{s\delta_{S^{2-}}}(\beta_1[CN^-] + 2\beta_2[CN^-]^2 + 3\beta_3[CN^-]^3 + 4\beta_4[CN^-]^4) = 0.10 \quad (2)$$

式中，$\delta_{CN^-}=\frac{K}{[H^+]+K}$、$\delta_{S^{2-}}=\frac{K_1K_2}{K_1K_2+K_1[H^+]+[H^+]^2}$。

(1)(2)两式包含未知量s和$[CN^-]$，所以可解。(1)式开方后代入到(2)式以消去s，得到关于$[CN^-]$的方程。使用附录 5 软件求解时，不必费力写出这个方程，以s为中间变量，即可快速完成输入。方程表达式的 Matlab 代码如下，其中变量 DeltaS 和 DeltaCN 分别是$\delta_{S^{2-}}$和δ_{CN^-}的值，第 4 条语句是从(1)式得出的s表达式。

```
Ksp = 1.0e-27; b1 = 3.0e5; b2 = 4.0e10; b3 = 1.7e15; b4 = 6.0e18;
DeltaS = 7.09404e-5;
DeltaCN = 0.861111;
s = sqrt(Ksp/DeltaS*(1+b1*x+b2*x.^2+b3*x.^3+b4*x.^4));
y = x/DeltaCN + Ksp/DeltaS./s.*(b1*x+2*b2*x.^2+3*b3*x.^3+4*b4*x.^4) - 0.10;
```

解得$[CN^-]=8.5877\times10^{-2}$ mol·L^{-1}，代入到(1)式或者(2)式，计算出溶解度$s=6.8\times10^{-5}$ mol·L^{-1}。

精确结果与近似结果相同，说明例 6.14 解法所用的近似手段比较可靠，即可以忽略Cd^{2+}-CN^-配离子对CN^-的消耗。这种近似手段之所以有效，根本原因在于 CdS 非常难溶。

例 6.16 **同离子效应与配位效应并存；中等难度**

计算 Ag_2CrO_4 在纯水中的溶解度。将 Ag_2CrO_4 置于 3.0×10^{-3} mol·L^{-1} 氨水中，然后加入CrO_4^{2-}，$[CrO_4^{2-}]$为多少时，同离子效应能够恰好抵消配位效应？忽略CrO_4^{2-}水解和NH_4^+。($K_{sp}=1.2\times10^{-12}$；Ag^+-NH_3 配离子：$\beta_1=1.74\times10^3$，$\beta_2=1.12\times10^7$)

解 以s表示溶解度，根据定义并结合K_{sp}，得到 Ag_2CrO_4 在纯水中溶解度的表达式：

$$s=\sqrt[3]{\frac{K_{sp}}{4}}$$

代入相关数值后计算出$s=6.7\times10^{-5}$ mol·L^{-1}。

在 NH_3、CrO_4^{2-}混合溶液中，如果同离子效应恰好抵消配位效应，那么 Ag_2CrO_4 的溶解度等于其纯水溶解度，即：

$$[Ag^+]+[Ag(NH_3)^+]+[Ag(NH_3)_2^+]=2s=1.34\times10^{-4} \tag{1}$$

关于 NH_3 的 MBE 为：

$$[NH_3]+[Ag(NH_3)^+]+2[Ag(NH_3)_2^+]=0.0030 \tag{2}$$

将(1)式代入(2)式以消去$[Ag^+]$，整理后得到关于$[NH_3]$的方程：

$$[NH_3]+\frac{1.34\times10^{-4}(\beta_1[NH_3]+2\beta_2[NH_3]^2)}{1+\beta_1[NH_3]+\beta_2[NH_3]^2}=0.0030$$

通过附录 5 软件解得$[NH_3]=2.742\times10^{-3}$ mol·L^{-1}，代入到(1)式或者(2)式，计算出$[Ag^+]$，最后通过K_{sp}计算出$[CrO_4^{2-}]=0.54$ mol·L^{-1}。

可见，浓度高达 0.54 mol·L^{-1} 的CrO_4^{2-}才能够抵消 0.0030 mol·L^{-1} NH_3 对 Ag_2CrO_4 溶解度的增大。

例 6.17 **同离子效应与配位效应并存；精确解法；高难度**

在 $Na_2S_2O_3$ 和 NaCl 分析浓度均为 0.010 mol·L^{-1} 的溶液中，计算 AgCl 的溶解度。忽略Ag^+-Cl^-配离子。($K_{sp}=1.8\times10^{-10}$；Ag^+-$S_2O_3^{2-}$配离子：$\beta_1=6.61\times10^8$，$\beta_2=2.88\times10^{13}$，$\beta_3=1.41\times10^{14}$)

解 根据定义，写出溶解度s的表达式：

$$s = [Ag^+] + [Ag(S_2O_3)^-] + [Ag(S_2O_3)_2^{3-}] + [Ag(S_2O_3)_3^{5-}]$$
$$s + 0.010 = [Cl^-]$$

两式结合K_{sp}，得到：

$$s(s + 0.010) = K_{sp}(1 + \beta_1[S_2O_3^{2-}] + \beta_2[S_2O_3^{2-}]^2 + \beta_3[S_2O_3^{2-}]^3) \quad (1)$$

Ag^+-$S_2O_3^{2-}$配离子消耗了$S_2O_3^{2-}$，导致上式中$[S_2O_3^{2-}]$变成未知量，还需要一个包含$[S_2O_3^{2-}]$的独立等式才能求解。为此，列出关于$S_2O_3^{2-}$的 MBE：

$$[S_2O_3^{2-}] + [Ag(S_2O_3)^-] + 2[Ag(S_2O_3)_2^{3-}] + 3[Ag(S_2O_3)_3^{5-}] = 0.010$$

通过$[Ag^+] = \frac{K_{sp}}{[Cl^-]} = \frac{K_{sp}}{s+0.010}$消去式中$[Ag^+]$，得到：

$$[S_2O_3^{2-}] + \frac{K_{sp}}{s + 0.010}(\beta_1[S_2O_3^{2-}] + 2\beta_2[S_2O_3^{2-}]^2 + 3\beta_3[S_2O_3^{2-}]^3) = 0.010 \quad (2)$$

(1)(2)两式包含未知量s和$[S_2O_3^{2-}]$，所以可解。(2)式代入(1)式以消去s，得到关于$[S_2O_3^{2-}]$的方程。使用附录 5 软件求解时，不必费力写出这个方程，以s为中间变量，即可快速完成输入。方程表达式的 Matlab 代码如下，其中第 2 条语句就是从(2)式得出的s表达式。

```
Ksp = 1.8e-10; b1 = 6.61e8; b2 = 2.88e13; b3 = 1.41e14;
s = Ksp*(b1*x + 2*b2*x.^2 + 3*b3*x.^3)./(0.010 - x) - 0.010;
y = s.*(s+0.010) - Ksp*(1 + b1*x + b2*x.^2 + b3*x.^3);
```

解得$[S_2O_3^{2-}] = 1.1547\times10^{-4}$ mol·L^{-1}，代入到(2)式，计算出溶解度$s = 5.4\times10^{-3}$ mol·L^{-1}。

平衡体系中，$[S_2O_3^{2-}] = 1.2\times10^{-4}$ mol·L^{-1}，比原有浓度降低 99%；$[Cl^-] = s + 0.010 = 0.015$ mol·L^{-1}，比原有浓度升高 50%。由此可见，AgCl 沉淀溶解对溶液产生了显著影响。如果忽略这种影响，认为平衡时$[S_2O_3^{2-}] = 0.010$ mol·L^{-1}、$[Cl^-] = 0.010$ mol·L^{-1}，溶解度计算倒是比较简单，为 54.5 mol·L^{-1}，远于事理。

信息栏 6.1　　沉淀溶解对溶液的影响；沉淀溶解度的计算

沉淀难溶，所以人们倾向于忽略沉淀溶解的影响，认为溶液原有组分的浓度保持不变。这种近似手段的诱人之处在于能够显著简化计算。

如果K_{sp}非常小，或者同离子效应非常显著，那么只有极少量沉淀进入溶液，其影响确实可以忽略。这种情况下，计算相当简单，结果也比较准确，如例 6.4、6.7 和 6.14。

如果K_{sp}不足够小，或者酸效应、配位效应的影响比较显著，那么沉淀的溶解量就比较可观，离解出的构晶离子会显著影响溶液原有H^+或者配体的浓度。这种情况下，近似手段可能导致较大误差，如例 6.6、6.8、6.10 和 6.17。

精确求解考虑沉淀溶解的影响，溶液原有H^+或者配体的浓度成为未知量，因此需要增加独立方程，可以使用电荷平衡式(用于处理酸效应，参见例 6.6)或者物料平衡式(用于处理配位效应，参见例 6.10)。精确求解的原理简单、思路明确，最终方程可能有些复杂，然而通过软件也能够快速求解。

6.1.4　沉淀溶解度的其他影响因素

除了上面介绍的同离子效应、酸效应和配位效应外，还有其他因素影响沉淀的溶解度。强电解质即使不与构晶离子反应，也会增大沉淀溶解度，这种现象称为盐效应。盐效应是因为沉淀溶度积“常数”随离子强度的升高而增大(活度积才是热力学常数，参见 6.1.1 中“沉淀溶解平衡”条目)。电解质浓度越高，或者构晶离子的电荷数越大，盐效应越明显。

制备沉淀时，如果沉淀剂的用量太大，盐效应可能会超过同离子效应，沉淀溶解度反而增大。图 6.1 中，随着 Na_2SO_4 浓度的升高，$PbSO_4$ 溶解度先减小后增大，是由于盐效应逐渐占优势。

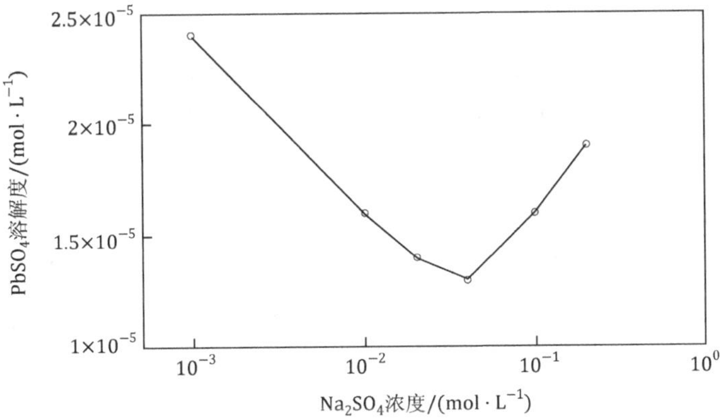

图 6.1 $PbSO_4$ 在不同浓度 Na_2SO_4 溶液中的溶解度

升高温度增大沉淀溶解度，这是因为绝大多数沉淀的溶解是吸热过程。由于温度效应，应该将沉淀冷却到室温后再过滤和洗涤。但是对于 $Fe_2O_3 \cdot nH_2O$、$Al_2O_3 \cdot nH_2O$ 等溶解度很小的无定形沉淀，为了便于操作，应该趁热过滤，以热洗涤液洗涤，温度效应导致的沉淀损失可以忽略。

对于多数无机沉淀物，其在有机溶剂中的溶解度小于水中的溶解度。因此，分析测试中常向水溶液加入乙醇、丙酮等以减小无机沉淀的溶解。对于有机沉淀剂制备的沉淀，其在有机溶剂中的溶解度大于水中的溶解度。

沉淀颗粒越大，溶解度越小。例如，粒径 0.05 μm 的 $SrSO_4$ 沉淀，溶解度约为 6.7×10^{-4} mol·L^{-1}；如果粒径为 0.01 μm，溶解度增大到 9.3×10^{-4} mol·L^{-1}。由于这种尺寸效应，沉淀制备后留在溶液中放置一段时间，小颗粒会逐渐消失，大颗粒则逐渐长大。大颗粒沉淀的溶解损失较小，而且便于过滤和洗涤。沉淀溶解度与沉淀粒径之间的关系近似服从 Ostwald-Freundlich 方程。尺寸效应仅在粒径很小时才显著。

沉淀的析出形态也会影响溶解度。刚析出的沉淀处于亚稳态，溶解度相对较大；放置一段时间后会自发转化为稳定态，溶解度降低。例如，刚析出的 CoS 处于亚稳态(α型，$K_{sp} = 5\times10^{-22}$)，久置后转为稳定态(β型，$K_{sp} = 2.5\times10^{-26}$)。

6.2 沉淀的形成

沉淀的形成是一个相当复杂的动力学过程。为了制备出杂质少、损失小、形态好的沉淀，以满足重量分析的要求，需要了解沉淀的形成过程。

6.2.1　沉淀的类型

按照颗粒的尺寸和形态，沉淀可以分为晶形沉淀、凝胶状沉淀和无定形沉淀。晶形沉淀颗粒最大，直径为 0.1~1 μm；凝胶状沉淀颗粒的直径为 0.02~0.1 μm；无定形沉淀颗粒最小，直径< 0.02 μm。

强极性盐类一般形成晶形沉淀，如 $BaSO_4$、$MgNH_4PO_4$ 等；二价金属离子氢氧化物形成晶形沉淀，但是有形成无定形沉淀的趋势，如 $Cd(OH)_2$、$Zn(OH)_2$ 等；三价金属离子氢氧化物形成无定形沉淀的趋势更大，然而通过控制沉淀条件，也有可能获得晶形沉淀；更高价态金属离子的水合氧化物、硫化物一般形成无定形沉淀。

沉淀形态既取决于沉淀性质，也与沉淀条件有关。事实上，通过控制条件，可以使晶形沉淀的颗粒更大，无定形沉淀更加致密。这些形态方面的改善，不仅方便过滤和洗涤操作，而且能够减少沉淀中的杂质。

6.2.2　沉淀的形成过程

沉淀的形成过程包括两个阶段：晶核形成和晶体生长。

过饱和溶液中，沉淀构晶离子因静电作用而自发聚集，形成离子对，离子对进而结合成离子群，离子群生长到一定尺寸就形成晶核。例如，$BaSO_4$的晶核由 8 个构晶离子构成，Ag_2CrO_4的晶核由 6 个构晶离子构成，CaF_2则由 9 个构晶离子构成。晶核的这种形成机制称为均相成核作用(homogeneous nucleation)。

晶核的另外一种形成机制称为异相成核作用(heterogeneous nucleation)，即溶液中的极微小固体颗粒充当晶种，诱导构晶离子沉积而形成晶核。

由于空气中的尘埃、试剂中的不溶性杂质，溶液不可避免地混有极微小的外来固体颗粒。因此，异相成核作用总是存在，而且晶核数量基本稳定。均相成核作用只有在构晶离子浓度较高时才显著，而且晶核数量随构晶离子浓度的升高而增加。

晶体生长在宏观上表现为固体增多，微观上则存在两种不同的生长机制。一种机制是构晶离子按照特定晶格排列方式在晶核表面堆积，使晶核逐渐长大，形成更大的晶粒。另一种机制是构晶离子继续形成更多的晶核，由此产生大量的细小微晶，这些微晶倾向于聚集。前一种机制称为定向，后一种机制称为聚集。

定向机制主要与沉淀性质有关，强极性盐类的定向机制占优势，容易形成晶形沉淀。聚集机制主要与溶液的相对过饱和度有关，构晶离子浓度越高，聚集机制越显著，也就越容易形成无定形沉淀。

6.2.3　沉淀的污染

重量分析中，既要降低目标沉淀的损失，也要减小目标沉淀的污染。然而，杂质离子总会或多或少地混入目标沉淀。为了提高重量分析的可靠性，需要了解沉淀纯度的影响因素，以便控制条件，减小沉淀污染。

共沉淀(coprecipitation)是沉淀污染的一个主要因素，指可溶性杂质混入目标沉淀。共沉淀分为三类：表面吸附、混晶、吸留和包夹。

(1) 表面吸附(adsorption)导致共沉淀。溶液中，沉淀颗粒表面的净电荷不为零，吸附其他离子，形成吸附层；吸附层的净电荷也不为零，再吸附带有相反电荷的离子，形成扩散层。吸附层和扩散层组成双电层，随沉淀进入固相，从而造成污染。

在吸附层，构晶离子被优先吸附，能够与之形成沉淀的离子则进入扩散层；如果没有这类离子，那么带相反电荷的高价离子进入吸附层。例如 $BaSO_4$，在SO_4^{2-}过量的溶液中优先吸附SO_4^{2-}；如果溶液中还有Ca^{2+}和Hg^{2+}，那么Ca^{2+}进入扩散层，因为 $CaSO_4$ 比 $HgSO_4$ 更难溶。

对于表面吸附，沉淀表面积越大、溶液温度越低，吸附的杂质就越多。所以，无定形沉淀的表面吸附比较严重，升高溶液温度能够有效减小吸附。

(2) 混晶(mixed crystal)导致共沉淀。如果杂质离子与构晶离子的半径相近、电子结构相似、形成的晶体结构相同，那么杂质离子可以取代部分构晶离子进入晶格，形成混晶。有时杂质离子进入晶格间隙，形成的混晶称为异形混晶。常见的混晶有 $BaSO_4$ 和 $PbSO_4$、AgCl 和 AgBr、$BaCrO_4$ 和 $RaCrO_4$、$MgNH_4PO_4$ 和 $MgNH_4AsO_4$、$KClO_4$ 和 KBF_4、$BaSO_4$ 和 $KMnO_4$、$K_2NaCo(NO_2)_6$ 和 $Rb_2NaCo(NO_2)_6$ 等。

(3) 吸留(occlusion)和包夹(inclusion)导致共沉淀。如果沉淀形成过快，那么沉淀表面杂质甚至母液都可能被继续快速形成的沉淀所覆盖，最终被包裹到沉淀内部。杂质离子的包裹称为吸留，母液的包裹称为包夹。为了消除吸留和包夹，可以降低沉淀剂浓度、减小沉淀速度，或者进行二次沉淀(将制得的沉淀过滤后溶解，再次沉淀)。

除了共沉淀外，后沉淀(postprecipitation)是沉淀污染的另一个主要因素。后沉淀也称继沉淀，是指目标沉淀析出后，杂质离子在其表面沉淀的现象。被吸附后，构晶离子在沉淀表面的浓度显著大于其溶液本体浓度，于是(浓度较低而没有形成沉淀的)杂质离子在目标沉淀表面生成沉淀。例如，以$C_2O_4^{2-}$沉淀Ca^{2+}时，如果溶液中还存在Mg^{2+}，那么会出现后沉淀现象，MgC_2O_4 在 CaC_2O_4 表面析出。

就杂质引入而言，后沉淀与共沉淀有三点不同：①放置时间越长，后沉淀引入的杂质越多，共沉淀则不然；②温度升高，后沉淀引入的杂质可能更多，共沉淀的影响则随温度升高而降低；③有些情况下，后沉淀引入杂质的量远大于共沉淀。

6.2.4 沉淀条件的选择

合适的沉淀条件能够降低杂质的污染，减少目标沉淀的损失，获得便于过滤和洗涤的沉淀形态，最终制备出符合重量分析要求的沉淀。

如果目标沉淀是晶形沉淀，那么沉淀条件为：①在稀溶液中进行沉淀；②缓慢加入沉淀剂，且充分搅拌；③在热溶液中进行沉淀；④沉淀形成后，在母液中放置一段时间，进行陈化。

上述条件中，①和②是为了减弱晶核形成过程中的均相成核作用，增强晶体生长过程中的定向排列，以获得较大晶粒；③是为了降低沉淀对杂质的吸附；④中的陈化是一个动态平衡过程，小晶粒逐渐溶解，过饱和的构晶离子又在大晶粒上析出沉淀(颗粒越小，溶解度越大，参见 6.1.4)。陈化不仅能够得到更好的沉淀形态，而且还释放出小晶粒中吸留和包夹的杂质。

如果目标沉淀是无定形沉淀，那么沉淀条件为：①在浓溶液中进行沉淀；②适当快速加入沉淀剂；③沉淀形成后，加入热水稀释并充分搅拌；④加入挥发性强电解质，如铵盐、强酸等；⑤沉淀形成后，不必陈化，趁热过滤。

上述条件中，①和②是为了降低离子水合的程度，减少含水量，使沉淀致密，然而浓溶液导致杂质增多，吸附严重，所以通过条件③使部分被吸附杂质重新进入溶液；④是为了防止胶体形成，同时促进沉淀颗粒凝聚，洗涤液也应加入挥发性强电解质，以防止沉淀在洗涤时发生胶溶而穿滤；⑤是为了有效洗去吸附的杂质，因为无定形沉淀久置后会变得相当致密，吸附的杂质被紧密包裹，难以去除。

6.2.5　均相沉淀法

为了获得颗粒较大的晶形沉淀，需要减弱晶核形成过程中的均相成核作用，增强晶体生长过程中的定向排列。所以，应该在稀溶液中进行沉淀，缓慢加入沉淀剂且充分搅拌。尽管如此，沉淀剂加入的瞬间依然会出现局部过浓现象。

针对沉淀剂的局部过浓问题，人们设计了一种巧妙的解决办法：在被沉淀离子溶液中均匀而缓慢地产生沉淀剂，然后形成沉淀，这就是均相沉淀法(precipitation from homogeneous solution，PFHS)。

例如，向Ca^{2+}的酸性溶液加入$(NH_4)_2C_2O_4$，酸性较强时沉淀剂$C_2O_4^{2-}$的浓度很低，不足以沉淀Ca^{2+}。向此溶液加入尿素，溶解后缓慢加热，90℃时尿素分解：

$$CO(NH_2)_2 + H_2O = CO_2 + 2NH_3$$

该反应均匀而缓慢地释放 NH_3，中和H^+，进而使$C_2O_4^{2-}$均匀而缓慢地增多，CaC_2O_4沉淀析出。

上例有些特殊，多数均相沉淀法是向被沉淀离子和沉淀剂前体的混合溶液滴加某种试剂，该试剂与沉淀剂前体反应，均匀而缓慢地生成沉淀剂。例如，向ZrO^{2+}和AsO_3^{3-}混合溶液滴加NO_3^-溶液，并充分搅拌，NO_3^-将AsO_3^{3-}氧化为AsO_4^{3-}，然后$(ZrO)_3(AsO_4)_2$沉淀析出。该均相沉淀过程不同于直接将AsO_4^{3-}溶液滴加到ZrO^{2+}溶液：试剂滴加后，前者的沉淀剂逐渐生成，后者的沉淀剂则是立即出现，所以沉淀剂局部过浓问题较前者严重。

与常规沉淀方法相比，均相沉淀法非常有效地解决了沉淀剂局部过浓问题，晶粒更大，甚至能够制备出 $Fe_2O_3·nH_2O$、$Al_2O_3·nH_2O$ 等水合氧化物的晶形沉淀。沉淀颗粒越大，吸附的杂质越少，因此均相沉淀法制备出的沉淀比较纯净。均相沉淀法的缺点：容器内壁容易沉积一层沉淀薄膜，难以过滤和洗涤。

表 6.1 列出一些常见的均相沉淀法。

表 6.1 常见均相沉淀法

被沉淀物	沉淀剂	沉淀剂的生成 1)
Al^{3+}、Fe^{3+}、Th^{4+}	OH^-	$CO(NH_2)_2 + 3H_2O = CO_2 + 2NH_4^+ + 2OH^-$
Th^{4+}	OH^-	$(CH_2)_6N_4 + 10H_2O = 6HCHO + 4NH_4^+ + 4OH^-$
Ca^{2+}、Th^{4+}、稀土	$C_2O_4^{2-}$	$(CH_3)_2C_2O_4 + 2OH^- = 2CH_3OH + C_2O_4^{2-}$
Ca^{2+}	$C_2O_4^{2-}$	$CO(NH_2)_2 + H_2C_2O_4 + H_2O = CO_2 + 2NH_4^+ + C_2O_4^{2-}$
Ba^{2+}、Sr^{2+}、Pb^{2+}	SO_4^{2-}	$(CH_3)_2SO_4 + 2OH^- = 2CH_3OH + SO_4^{2-}$
Zr^{4+}、Hf^{4+}	PO_4^{3-}	$(CH_3)_3PO_4 + 3OH^- = 3CH_3OH + PO_4^{3-}$
Be^{2+}、Mg^{2+}	PO_4^{3-}	$3CO(NH_2)_2 + 2H_3PO_4 + 3H_2O = 3CO_2 + 6NH_4^+ + 2PO_4^{3-}$
ZrO^{2+}	AsO_4^{3-}	$AsO_3^{3-} + NO_3^- = AsO_4^{3-} + NO_2^-$
硫化物	S^{2-}	$CH_3CSNH_2 + 2OH^- = CH_3CONH_2 + S^{2-} + H_2O$

1) 生成沉淀剂所需的试剂分别是尿素、六亚甲基四胺、草酸二甲酯、硫酸二甲酯、磷酸三甲酯、硫代乙酰胺。

6.3 有机沉淀剂

无机沉淀剂历史悠久、应用广泛，缺点是选择性不高、沉淀溶解度稍大、易吸附杂质。为了解决这些问题，人们发展了有机沉淀剂。

有机沉淀剂具有明显优点：①选择性高；②沉淀溶解度小；③杂质吸附少；④摩尔质量大，因此称量相对误差小；⑤有些沉淀组成恒定，烘干后即可称量，分析效率高。

向有机沉淀剂分子引入更多疏水基团，如烷基、苯基、萘基等，可以进一步降低沉淀溶解度(称为加重效应)，缺点是沉淀剂的水溶性下降，容易被包夹在沉淀中。另外，有机沉淀剂形成的沉淀形态不佳，容易飘浮在液面或者黏附于器壁，给过滤和洗涤带来困难。

有机沉淀剂可以分为生成螯合物的沉淀剂和生成离子缔合物的沉淀剂。

6.3.1 生成螯合物的有机沉淀剂

这类有机沉淀剂的分子至少含有两种官能团，以便与金属离子生成螯合物。一种官能团是酸性基团，如—OH、—COOH、—SH、—SO_3H、—NOH—等，基团中的H^+可以被金属离子置换。另一种官能团是碱性基团，如—NH_2、—NH—、N≡、—CO—、—CS—等，基团中的未共用电子对可以与金属离子形成配位键。

丁二酮肟(dimethylglyoxime)属于此类有机沉淀剂，结构式如下：

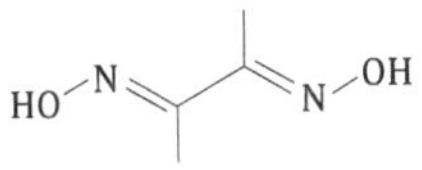

丁二酮肟水溶性较差，因此常制成乙醇-水溶液。

丁二酮肟具有较高的选择性，仅与Ni^{2+}、Fe^{2+}、Pt^{2+}和Pd^{2+}生成沉淀，与Co^{2+}、Cu^{2+}、Zn^{2+}等离子生成水溶性配合物。

丁二酮肟常用于重量法测定镍，在氨性溶液中与Ni^{2+}生成鲜红色螯合物沉淀，结构式如下：

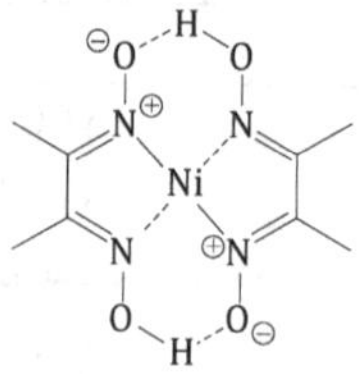

丁二酮肟镍组成恒定，可以烘干后直接称量。Fe^{3+}、Al^{3+}和Cr^{3+}在氨性溶液中生成水合氧化物沉淀，干扰测定，可以通过柠檬酸或者酒石酸掩蔽。

8-羟基喹啉(8-hydroxyquinoline)也属于此类有机沉淀剂，结构式如下：

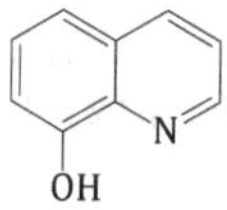

8-羟基喹啉常用于重量法测定铝，在弱酸性或者弱碱性溶液中(pH = 3~9)生成螯合物沉淀：

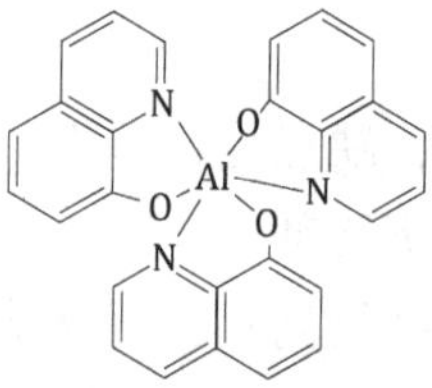

8-羟基喹啉与多种金属离子生成沉淀，通过控制酸度或者加入掩蔽剂能够提高选择性。例如，8-羟基喹啉在乙酸溶液中沉淀Al^{3+}，Mg^{2+}不干扰；在酒石酸盐的碱性溶液中沉淀Cd^{2+}、Cu^{2+}、Mg^{2+}和Zn^{2+}，Al^{3+}、Cr^{3+}、Fe^{3+}、Pb^{2+}和Sn^{4+}不干扰。8-羟基喹啉的一些衍生物表现出较高选择性，如 2-甲基-8-羟基喹啉，在pH = 5.5沉淀Zn^{2+}、在pH = 9.0沉淀Mg^{2+}，Al^{3+}不干扰。

6.3.2　生成离子缔合物的有机沉淀剂

这类有机沉淀剂的相对分子质量较大，水溶液中以阳离子或者阴离子形式存在，可以与带相反电荷的离子生成离子缔合物沉淀。

氯化四苯砷$(C_6H_5)_4AsCl$ 水溶液中存在体积较大的$(C_6H_5)_4As^+$阳离子，能够与体积较大的阴离子，如MnO_4^-、$HgCl_4^{2-}$，生成离子缔合物沉淀：

$$(C_6H_5)_4As^+ + MnO_4^- = (C_6H_5)_4As \cdot MnO_4$$

$$2(C_6H_5)_4As^+ + HgCl_4^{2-} = [(C_6H_5)_4As]_2 \cdot HgCl_4$$

四苯硼酸钠 $NaB(C_6H_5)_4$ 能够与K^+、NH_4^+、Rb^+、Tl^+和Ag^+生成离子缔合物沉淀：

$$K^+ + B(C_6H_5)_4^- = KB(C_6H_5)_4$$

一般试样几乎不含Rb^+、Tl^+和Ag^+，而NH_4^+容易预先除去，所以 $NaB(C_6H_5)_4$ 是测定K^+的优良沉淀剂，沉淀组成恒定，可以烘干后直接称量。

6.4 沉淀滴定法

本章开始已经提及，满足滴定分析要求的沉淀反应很少，沉淀滴定法以银量法为主。因此，本节内容主要基于银量法，求解思路和计算策略同样适用于其他沉淀滴定体系。

6.4.1 沉淀滴定曲线

滴定过程中平衡体系 pX ($pX = -\lg[X]$，X 表示被滴定的银离子或者卤素离子)随滴定剂加入体积V的变化曲线，称作沉淀滴定曲线，即V-pX 曲线。

滴定曲线形象地显示了滴定过程中被滴定物的量的变化，对于理解滴定体系和选择指示剂具有重要作用。

滴定曲线的系统介绍包括定义、作用以及绘制方法，参见第一章 1.2.2 中的“滴定曲线”条目。

下面以一个简单滴定体系为例，介绍V-pX 曲线的绘制方法。

以 0.10 $mol \cdot L^{-1}$ $AgNO_3$溶液滴定 20.00 mL 同浓度 NaBr 溶液，试绘制V-pBr 曲线。

设加入V mL 滴定剂，此时平衡体系的体积为$(V + 20.00)$ mL。相关物质的分析浓度为：$c_{Br} = \frac{2.0}{V+20.00}$、$c_{Ag} = \frac{0.10V}{V+20.00}$。

绘制滴定曲线，需要建立$[Br^-]$与V之间的函数关系。为此，列出关于 Br 和 Ag 的 MBE：

$$[Br^-] + [AgBr_{(s)}] = c_{Br} = \frac{2.0}{(V + 20.00)}$$

$$[Ag^+] + [AgBr_{(s)}] = c_{Ag} = \frac{0.10V}{(V + 20.00)}$$

式中，$[AgBr_{(s)}]$表示沉淀的假想浓度，只是为了建立 MBE。两式相减以消去$[AgBr_{(s)}]$，得到：

$$[Br^-] - [Ag^+] = \frac{2.0 - 0.10V}{V + 20.00}$$

将$K_{sp} = [Ag^+][Br^-]$代入上式以消去$[Ag^+]$，得到：

$$[Br^-] - \frac{K_{sp}}{[Br^-]} = \frac{2.0 - 0.10V}{V + 20.00}$$

令$a = [Br^-] - \frac{K_{sp}}{[Br^-]}$，将上式整理成关于$V$的代数式：

$$V = \frac{2.0 - 20.00a}{a + 0.10}$$

通过以上反函数产生一系列(V, pBr)数据点，具体步骤是“指定 pBr → 计算$[Br^-]$ → 代入到反函数计算V”；连接这些数据点，得到滴定曲线，如图 6.2 实线所示。

基于 Matlab 的绘制程序见附录程序 6.7。程序取了大量(V, pBr)数据点，以提高曲线精度；通过查找$V = 19.98$ mL 和$V = 20.02$ mL 分别对应的 pBr，获得滴定突跃，见图 6.2。

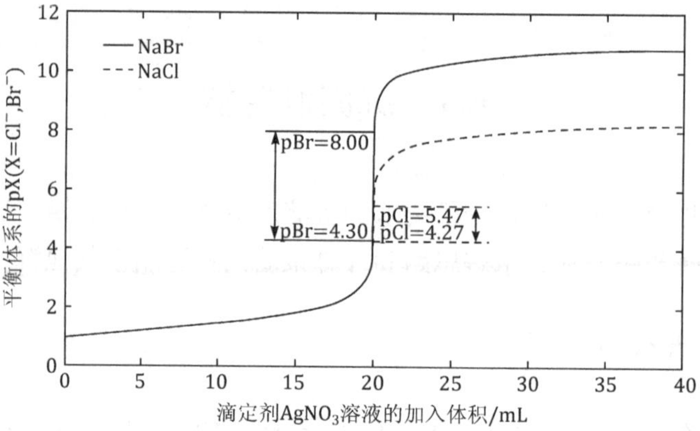

图 6.2　0.10 mol·L-1 $AgNO_3$ 溶液分别滴定 20.00 mL 同浓度 NaBr 和 NaCl 溶液的滴定曲线以及滴定突跃

如果被滴定物是 NaCl，仍然可以使用上述方法绘制滴定曲线，只需要改变K_{sp}的值即可，结果如图 6.2 虚线所示。

图 6.2 显示了滴定曲线的典型特征：pX $(X = Br^-、Cl^-)$在滴定初期缓慢变化，接近化学计量点时发生突跃，化学计量点之后的变化又趋于平缓。从图中还可以看出，不同卤素离子的滴定曲线具有相似外形。

这两个滴定体系的化学计量点均出现在$V = 20.00$ mL 处，在附录程序 6.7 后添加以下语句，即可得到 pBr_{sp} 和 pCl_{sp}，分别是 6.15 和 4.87。

```
[Minimum, Position] = min(abs(V1 – 20.00)); pBrsp = pBr(Position);
[Minimum, Position] = min(abs(V2 – 20.00)); pClsp = pCl(Position);
```

6.4.2　滴定突跃及其影响因素

沉淀滴定突跃是指滴定剂加入体积分别为 $0.999V_{sp}$和 $1.001V_{sp}$时，平衡体系 pX 的改变($pX = -\lg[X]$，X 表示被滴定的银离子或者卤素离子)。通过程序绘制V-pX 滴定曲线时(参见附录程序 6.7)，查找 $0.999V_{sp}$和 $1.001V_{sp}$分别对应的 pX 值，就能够获得滴定突跃端点。这种方式在 6.4.1 作过介绍。

此外，银量法滴定突跃端点有比较简单的近似计算式，下面介绍算式的推导。

考虑 $AgNO_3$(浓度c_{Ag})滴定卤素离子X^-(浓度c_X，体积V_0)的情形。易知，化学计量点时加入滴定剂的体积$V_{sp} = \frac{c_X V_0}{c_{Ag}}$。

当滴定剂加入 $0.999V_{sp}$，即在滴定突跃的下端点，卤素离子有剩余，浓度近似等于：

$$[X^-] = \frac{c_X V_0 - c_{Ag} 0.999 V_{sp}}{0.999 V_{sp} + V_0} = \frac{0.001 c_X V_0}{0.999 V_{sp} + V_0} \approx \frac{0.001 c_X V_0}{V_{sp} + V_0} = 0.001 c_{X,sp}$$

式中，$c_{X,sp}$表示卤素离子在化学计量点的分析浓度。所以，滴定突跃下端点为$pX = 3 - \lg c_{X,sp}$。

当滴定剂加入 $1.001V_{sp}$，即在滴定突跃的上端点，Ag^+过量，浓度近似等于：

$$[Ag^+] = \frac{c_{Ag} 1.001 V_{sp} - c_X V_0}{1.001 V_{sp} + V_0} = \frac{0.001 c_X V_0}{1.001 V_{sp} + V_0} \approx \frac{0.001 c_X V_0}{V_{sp} + V_0} = 0.001 c_{X,sp}$$

将之代入$K_{sp} = [Ag^+][X^-]$，得到：

$$[X^-] = \frac{K_{sp}}{[Ag^+]} = \frac{1000K_{sp}}{c_{X,sp}}$$

所以，滴定突跃上端点为$pX = \lg c_{X,sp} - 3 - \lg K_{sp}$。

由于推导过程中的近似手段，上述端点计算式仅在反应足够完全(K_{sp}足够小)时才比较准确。以图 6.2 中的Ag^+-Br^-和Ag^+-Cl^-滴定体系为例，计算式得到的滴定突跃分别是 4.30~8.00 和 4.30~5.44；前者与真实值相同，而后者与真实值略有差异，原因是$K_{sp,AgCl}$不够小。

通过突跃端点的计算式，可以推测滴定曲线的大致形状。例如Ag^+滴定卤素离子X^-，化学计量点前的滴定曲线主要取决于X^-的浓度，且随浓度增大而向下扩张；化学计量点后的滴定曲线主要取决于X^-的浓度和K_{sp}，且随浓度增大、K_{sp}减小而上扩张。

6.4.3 沉淀滴定终点误差的计算

与其他类型滴定相同，沉淀滴定终点误差也可以通过终点误差的体积定义式计算。定义式如下：

$$E_t = \frac{V_{ep} - V_{sp}}{V_{sp}} \times 100\%$$

式中，V_{ep}和V_{sp}分别表示终点和化学计量点时加入滴定剂的体积。体积定义式的系统性说明参见第一章 1.2.2 中的“终点误差”条目。

计算终点误差E_t时，滴定剂和被测物的浓度设为已知，所以计算关键在于V_{ep}。V_{ep}是沉淀指示剂变色时加入滴定剂的体积，变色点定量表现为某构晶离子的临界浓度。从该临界浓度计算V_{ep}需要一个包含这两个量的等式，该等式可以从滴定体系的物料平衡式导出。

以上是理论分析，具体计算步骤以及相关说明见信息栏 6.2。这些步骤是“化学平衡定量解析的理论框架”在终点误差计算中的体现(参见第 1 章 1.2.2 相应条目)。

信息栏 6.2　　沉淀滴定终点误差计算步骤

(1) 分别用V_{ep}和V_{sp}表示滴定终点和化学计量点时加入滴定剂的体积，并令$R = \frac{V_{ep}}{V_{sp}}$。根据反应物浓度和滴定反应的计量关系，以$V_{sp}$表示出被测物溶液的体积。

(2) 以V_{ep}和V_{sp}表示出终点时溶液的总体积，并将相关物质的分析浓度表示为关于R的代数式。

(3) 列出终点时关于构晶离子的 MBE，其中包含沉淀的假想浓度。消去假想浓度，得到包含构晶离子浓度和R的代数式。

(4) 根据指示剂得到一个构晶离子的临界浓度，通过K_{sp}得到另一个构晶离子的浓度，代入到上式计算R。将R代入$E_t = (R-1) \times 100\%$，计算出终点误差。

方法实质：将终点时的 MBE 转化为包含构晶离子临界浓度和R的等式，然后计算R。

例 6.18　　莫尔法终点误差；低难度

以 0.10 mol·L^{-1} $AgNO_3$溶液滴定同浓度Cl^-溶液。CrO_4^{2-}为指示剂，$[CrO_4^{2-}]_{ep} = 5.0\times10^{-3}$ mol·L^{-1}，终点时红色沉淀 Ag_2CrO_4 消耗的Ag^+相当于 2.0×10^{-5} mol·L^{-1}。计算终点误差。(AgCl：$K_{sp1} = 1.8\times10^{-10}$；

Ag_2CrO_4：$K_{sp2} = 1.2\times10^{-12}$）

解　分别用V_{ep}和V_{sp}表示滴定终点和化学计量点时加入 $AgNO_3$ 溶液的体积，并令$R = \frac{V_{ep}}{V_{sp}}$。根据反应物浓度和滴定反应的计量关系，易知被测物溶液的体积等于V_{sp}。

终点时溶液的总体积等于$(V_{ep} + V_{sp})$，相关物质的分析浓度为：$c_{Cl,ep} = \frac{0.10V_{sp}}{V_{ep}+V_{sp}} = \frac{0.10}{R+1}$、$c_{Ag,ep} = \frac{0.10V_{ep}}{V_{ep}+V_{sp}} = \frac{0.10R}{R+1}$。

终点时体系的 MBE 如下：

$$[Cl^-]_{ep} + [AgCl_{(s)}]_{ep} = c_{Cl,ep} = \frac{0.10}{R+1}$$

$$[Ag^+]_{ep} + [AgCl_{(s)}]_{ep} + 2.0\times10^{-5} = c_{Ag,ep} = \frac{0.10R}{R+1}$$

式中，$[AgCl_{(s)}]_{ep}$表示 AgCl 沉淀的假想浓度，只是为了建立 MBE。两式相减以消去$[AgCl_{(s)}]_{ep}$，得到：

$$[Cl^-]_{ep} - [Ag^+]_{ep} - 2.0\times10^{-5} = 0.10\frac{1-R}{R+1}$$

在指示剂变色点，$[Ag^+]_{ep} = \sqrt{\frac{K_{sp2}}{[CrO_4^{2-}]_{ep}}}$、$[Cl^-]_{ep} = \frac{K_{sp1}}{[Ag^+]_{ep}} = K_{sp1}\sqrt{\frac{[CrO_4^{2-}]_{ep}}{K_{sp2}}}$，一同代入到上式：

$$K_{sp1}\sqrt{\frac{[CrO_4^{2-}]_{ep}}{K_{sp2}}} - \sqrt{\frac{K_{sp2}}{[CrO_4^{2-}]_{ep}}} - 2.0\times10^{-5} = 0.10\frac{1-R}{R+1}$$

代入$[CrO_4^{2-}]_{ep} = 5.0\times10^{-3}\ mol\cdot L^{-1}$，计算出$R = 1.000478$，最终得到$E_t = (R-1)\times100\% = 0.048\%$。

例 6.19　　**福尔哈德法终点误差；中等难度**

以 0.10 $mol\cdot L^{-1}$ KSCN 溶液滴定同浓度Ag^+溶液。Fe^{3+}为指示剂，滴定前浓度为 0.015 $mol\cdot L^{-1}$，当$[FeSCN^{2+}]_{ep} = 6.0\times10^{-6}\ mol\cdot L^{-1}$，溶液呈现清晰可辨的红色，指示终点。计算终点误差。($K_{sp} = 1.9\times10^{-12}$；$FeSCN^{2+}$配离子：$K_{稳} = 138$)

解　分别用V_{ep}和V_{sp}表示滴定终点和化学计量点时加入 KSCN 溶液的体积，并令$R = \frac{V_{ep}}{V_{sp}}$。根据反应物浓度和滴定反应的计量关系，易知被测物溶液的体积等于V_{sp}。

终点时溶液的总体积等于$(V_{ep} + V_{sp})$，相关物质的分析浓度为：$c_{Ag,ep} = \frac{0.10V_{sp}}{V_{ep}+V_{sp}} = \frac{0.10}{R+1}$、$c_{SCN,ep} = \frac{0.10V_{ep}}{V_{ep}+V_{sp}} = \frac{0.10R}{R+1}$、$c_{Fe,ep} = \frac{0.015V_{sp}}{V_{ep}+V_{sp}} = \frac{0.015}{R+1}$。

终点时体系的 MBE 如下：

$$[Ag^+]_{ep} + [AgSCN_{(s)}]_{ep} = c_{Ag,ep} = \frac{0.10}{R+1}$$

$$[SCN^-]_{ep} + [AgSCN_{(s)}]_{ep} + [FeSCN^{2+}]_{ep} = c_{SCN,ep} = \frac{0.10R}{R+1}$$

式中，$[AgSCN_{(s)}]_{ep}$表示 AgSCN 沉淀的假想浓度。两式相减以消去$[AgSCN_{(s)}]_{ep}$，得到：

$$[Ag^+]_{ep} - [SCN^-]_{ep} - 6.0\times10^{-6} = 0.10\frac{1-R}{R+1}$$

将$[Ag^+]_{ep} = \frac{K_{sp}}{[SCN^-]_{ep}}$代入上式，得到：

$$\frac{K_{sp}}{[SCN^-]_{ep}} - [SCN^-]_{ep} - 6.0\times10^{-6} = 0.10\frac{1-R}{R+1} \tag{1}$$

上式包含未知量$[SCN^-]_{ep}$和R，还需要一个独立方程才能求解。为此，列出关于 Fe 的 MBE：

$$[Fe^{3+}]_{ep} + [FeSCN^{2+}]_{ep} = c_{Fe,ep} = \frac{0.015}{R+1}$$

通过稳定常数消去$[Fe^{3+}]_{ep}$，并代入$[FeSCN^{2+}]_{ep} = 6.0×10^{-6}$ mol·L^{-1}，得到：

$$\frac{6.0 \times 10^{-6}}{K_{稳}[SCN^-]_{ep}} + 6.0 \times 10^{-6} = \frac{0.015}{R+1} \tag{2}$$

将(2)式代入(1)式以消去$[SCN^-]_{ep}$，得到关于R的方程。使用附录 5 软件求解时，不必费力写出这个方程，以$[SCN^-]_{ep}$为中间变量，即可快速完成输入。方程表达式的 Matlab 代码如下，其中第 2 行语句就是从(2)式得出的$[SCN^-]_{ep}$表达式。

```
Ksp = 1.9e-12; K = 138;
SCN = 6.0e-6 ./ (0.015 ./ (x + 1) - 6.0e-6) / K;
y = Ksp ./ SCN - SCN - 6.0e-6 - 0.10 * (1 - x) ./ (x + 1);
```

在 1~1.1 范围内求根(滴定剂过量，所以$R > 1$)，解得$R = 1.00023$，最终得到$E_t = (R-1) \times 100\% = 0.023\%$。

以上是精确求解，本题还可以使用近似手段，从配离子$FeSCN^{2+}$的稳定常数直接得出(1)式所需的$[SCN^-]_{ep}$，计算相对简单。

近似认为$c_{Fe,ep} \approx c_{Fe,sp} = 0.0075$ mol·L^{-1}，再忽略配离子$FeSCN^{2+}$消耗的Fe^{3+}，那么得到$[Fe^{3+}]_{ep} = 0.0075$ mol·L^{-1}。将$[Fe^{3+}]_{ep}$和$[FeSCN^{2+}]_{ep}$代入$K_{稳} = \frac{[FeSCN^{2+}]_{ep}}{[Fe^{3+}]_{ep}[SCN^-]_{ep}}$即可计算出$[SCN^-]_{ep}$，将$[SCN^-]_{ep}$代入(1)式计算出$R = 1.00023$，最终得到$E_t = 0.023\%$，与精确结果相同。

6.5 常见沉淀滴定法

本节介绍沉淀滴定分析的一些典型应用，以银量法为主。沉淀滴定过程中，尤其是临近终点时，应当充分振荡，以降低沉淀对构晶离子的吸附，减小分析误差。

6.5.1 莫尔法

莫尔法由德国化学家莫尔(K. F. Mohr)创立，以Ag^+溶液滴定Cl^-或者Br^-溶液，或者以返滴定方式测定Ag^+。莫尔法不能测I^-或者SCN^-，原因是 AgI 对I^-的吸附、AgSCN 对SCN^-的吸附过于强烈，即使充分振荡也无法有效降低吸附。

莫尔法以 K_2CrO_4 为指示剂，滴定初期Ag^+首先与Cl^-生成 AgCl 沉淀(AgCl 的溶解度小于 Ag_2CrO_4)，滴定反应完成后，继续加入的Ag^+与CrO_4^{2-}生成红色 Ag_2CrO_4 沉淀，指示终点。

化学计量点时，$[Ag^+]_{sp} = \sqrt{K_{sp,AgCl}} = 1.3×10^{-5}$ mol·L^{-1}，此时欲产生 Ag_2CrO_4 沉淀指示终点，那么$[CrO_4^{2-}]_{sp} = \frac{K_{sp,Ag_2CrO_4}}{[Ag^+]_{sp}^2} = 7.1×10^{-3}$ mol·L^{-1}。K_2CrO_4 自身的黄色会影响终点判断，所以实际浓度应该略低于理论值，一般是 $5.0×10^{-3}$ mol·L^{-1}。

莫尔法的适宜 pH 范围是 6.5~10.5，酸度过高或者过低都会导致副反应：

$$Ag_2CrO_4 + H^+ = 2Ag^+ + HCrO_4^-$$

$$2Ag^+ + 2OH^- = Ag_2O + H_2O$$

AsO_4^{3-}、CO_3^{2-}、$C_2O_4^{2-}$、PO_4^{3-}、S^{2-}、SO_4^{2-}等和Ag^+生成沉淀，Ba^{2+}、Pb^{2+}和CrO_4^{2-}生成

沉淀，所以滴定时需要除去这些干扰离子。

6.5.2 福尔哈德法

福尔哈德法由德国化学家福尔哈德(J. Volhard)创立，以SCN^-滴定Ag^+，或者以返滴定方式测定卤素离子或者SCN^-。

福尔哈德法以铁铵矾$NH_4Fe(SO_4)_2$为指示剂，滴定反应完成后，继续加入的SCN^-与Fe^{3+}生成红色$FeSCN^{2+}$配离子，指示终点。根据实际分析经验，当Fe^{3+}浓度为 0.015 mol·L^{-1}，终点变色明显而且终点误差较小。

返滴定法测定SCN^-时，向被测物溶液加入一定量过量的标准Ag^+溶液，被测SCN^-与Ag^+反应完全后，用SCN^-标准溶液滴定剩余Ag^+，最终测得含量。

返滴定法测定Cl^-时，加入过量的标准Ag^+溶液后，需要处理已经生成的 AgCl 沉淀，否则返滴定时加入的SCN^-与 AgCl 反应，生成溶解度更小的 AgSCN。可以滤去 AgCl 沉淀再进行返滴定，或者加入硝基苯、1, 2-二氯乙烷等有机溶剂，附着在 AgCl 表面，避免其与SCN^-接触。

返滴定法测定Br^-和I^-时不存在上述问题，因为 AgBr 和 AgI 的溶解度均小于 AgSCN 的溶解度。返滴定法测定I^-时，指示剂应该在 AgI 生成后加入，以避免Fe^{3+}对I^-的氧化。

福尔哈德法的适宜 pH 范围是 0~1，在此强酸性溶液中，AsO_4^{3-}、CO_3^{2-}、$C_2O_4^{2-}$、PO_4^{3-}、SO_4^{2-}等酸根不再与Ag^+生成沉淀，因此不会干扰滴定分析。

6.5.3 法扬斯法

法扬斯法是物理化学家法扬斯(K. Fajans)创立的方法，既可以测定Ag^+，也可以测定卤素离子。法扬斯法借助卤化银沉淀的吸附性，通过吸附指示剂(adsorption indicator)确定滴定终点。

卤化银沉淀具有强烈的吸附性，是银量法的误差来源之一，然而在法扬斯法中却是确定终点的必要条件。

滴定过程中，生成的卤化银沉淀优先吸附构晶离子，致使其表面带有电荷。如果沉淀表面电荷与指示剂离子的电荷相反，那么指示剂离子被吸附到沉淀表面。由于这种吸附，指示剂分子构型发生改变，导致颜色变化，从而指示终点。

例如Ag^+滴定Cl^-，荧光黄阴离子作为指示剂。终点前Cl^-过量，AgCl 沉淀因优先吸附Cl^-而使表面带有负电荷；荧光黄阴离子不被吸附，呈现本来的黄绿色。终点后Ag^+过量，AgCl 沉淀因吸附Ag^+而使其表面带有正电荷，荧光黄阴离子被吸附在沉淀表面，呈现粉红色，指示终点。

Cl^-滴定Ag^+时，如果使用荧光黄指示剂，那么终点前后的颜色变化是由粉红到黄绿。

吸附指示剂的颜色变化发生在卤化银沉淀表面，所以沉淀的表面积越大，终点变色越敏锐。为此，滴定时常加入糊精，以防止卤化银沉淀聚集，导致表面积减小。

卤化银容易感光变为灰黑色，因此法扬斯法应避免在强光下进行。

指示剂应该主要以离子形态存在，才能够被沉淀吸附。所以需要调节酸度，使溶液中有足够的指示剂离子。例如，荧光黄是有机弱酸，$K_a \approx 1\times10^{-7}$，为了有足够的荧光黄阴离子指示终点，调节溶液 pH 为 7~10。

指示剂的吸附性应该适当，吸附和脱附能够迅速完成，否则无法正确指示终点。例如，曙红不适合作为Ag^+滴定Cl^-的指示剂，因为其吸附性大于Cl^-，化学计量点之前就会被吸附到 AgCl 沉淀表面发生颜色变化，无法正确指示终点。

表 6.2 列出一些常见的吸附指示剂。

表 6.2 常见吸附指示剂及其应用条件

名称	滴定剂	被测物	适宜 pH
荧光黄	Ag^+	Cl^-	7~10
二氯荧光黄	Ag^+	Cl^-	4~10
曙红	Ag^+	Br^-、I^-、SCN^-	2~10
溴甲酚氯	Ag^+	SCN^-	4~5
甲基紫	Cl^-	Ag^+	一般酸性溶液
罗丹明 6G	Br^-	Ag^+	一般酸性溶液
钍试剂	Ba^{2+}	SO_4^{2-}	1.5~3.5
溴酚蓝	Cl^-或Br^-	Hg_2^{2+}	一般酸性溶液

6.5.4 其他沉淀滴定法

银量法之外，个别沉淀反应也可以用于滴定，适合特定组分的分析，下面介绍两例。

1. 硝酸铋法测定磷

通过强酸溶样，样品中的磷全部转换为磷酸。然后，以二甲酚橙为指示剂，通过硝酸铋标准溶液滴定，直至溶液由亮黄变为红紫。

$$Bi^{3+} + H_3PO_4 = BiPO_4\downarrow + 3H^+$$

滴定在强酸性溶液中进行，因此可以避免很多离子的干扰，包括Al^{3+}、Ca^{2+}、NH_4^+、AsO_4^{3-}、SO_4^{2-}、SiO_3^{2-}。

该方法可以测定磷矿石中的磷。

2. 氯化钡法测定硫酸根

通过 HAc，将待测SO_4^{2-}溶液 pH 调节为 3.0~3.5。然后，使用茜素红吸附指示剂，以氯化钡标准溶液滴定，直至溶液变为淡红。

为了降低 $BaSO_4$ 沉淀的溶解度，向溶液加入乙醇。

该方法可用于纯碱生产中的质量控制分析，比重量法简单、快速。

习 题

1. 将沉淀 M_2B_3 置于纯水，通过光度法测得溶液中$[B^{2-}] = 3.0\times10^{-5}$ mol·L^{-1}。构晶离子不发生其他反应，计算K_{sp}。(1.1×10^{-23})
2. 已知 100 mL 水最多可溶解 0.0032 g Tl_2CrO_4，计算K_{sp}。(9.1×10^{-13})
3. 已知$E^{\ominus}_{Hg_2^{2+}/Hg} = 0.7973$ V，在 0.10 mol·L^{-1} KBr 溶液中，Hg_2Br_2/Hg 电极电势为 0.1982 V。计算K_{sp,Hg_2Br_2}。(4.92×10^{-23})
4. Ag_2CO_3的$K_{sp} = 8.1\times10^{-12}$，远小于 $BaCO_3$的$K_{sp} = 5.0\times10^{-9}$。混合溶液中，$[Ag^+]$和$[Ba^{2+}]$均为 1.0×10^{-3} mol·L^{-1}，向该溶液逐渐加入 Na_2CO_3，哪种离子先沉淀？第二种离子开始沉淀时，先沉淀的离子的浓度是多少？忽略CO_3^{2-}的水解。(Ba^{2+}；6.2×10^{-4} mol·L^{-1})
5. 通过NH_4^+-NH_3缓冲溶液(二者分析浓度均为 0.10 mol·L^{-1})阻止 $Mg(OH)_2$ 沉淀析出，那么Mg^{2+}的最高允许浓度是多少？忽略Mg^{2+}-OH^-配离子。(0.056 mol·L^{-1})
6. $M(OH)_2$ 沉淀的K_{sp}为 1.9×10^{-14}。现有 0.10 mol·L^{-1} 金属离子M^{2+}溶液 100.0 mL，向溶液加入 NaOH 以沉淀M^{2+}，当 99% M^{2+}转化为 $M(OH)_2$ 沉淀时，溶液 pH 是多少？需要加入多少克 NaOH？(忽略溶液体积变化) (8.64；0.79 g)
7. 将固体 AgCl 和 AgBr 置于纯水，计算$[Ag^+]$以及 AgBr 溶解对$[Ag^+]$的贡献，浓度保留 3 位有效数字。(1.34×10^{-5} mol·L^{-1}；0.28%)
8. 溶液中$[Cl^-]$超过多少时，AgSCN 可以转化为 AgCl？(1.72×10^{-4} mol·L^{-1})
9. 现有 $H_2C_2O_4$ 溶液 1.0×10^3 mL，分析浓度为 0.10 mol·L^{-1}。向此溶液加入 0.111 g $CaCl_2$，忽略体积变化，是否生成沉淀？(是)
10. $BaSO_4$ 沉淀过滤后，需要清除其表面杂质。分别用 100 mL 纯水和 100 mL 0.0010 mol·L^{-1} Na_2SO_4 溶液洗涤，两种洗涤方式中沉淀各损失了多少？结果以 mg 计，保留两位有效数字。(0.24 mg；2.6×10^{-3} mg)
11. 将 Ag_2SO_4 和 $SrSO_4$ 混合物置于纯水，忽略SO_4^{2-}水解，计算各自的溶解度，保留两位有效数字。(1.6×10^{-2} mol·L^{-1}；2.1×10^{-5} mol·L^{-1})
12. 计算 $BaSO_4$ 在 0.010 mol·L^{-1} HNO_3 溶液中的溶解度，假设溶液原有H^+浓度不受SO_4^{2-}水解的影响，保持不变。(1.5×10^{-5} mol·L^{-1})
13. 计算 CaC_2O_4 在$pH = 3.00$盐酸溶液中的溶解度，假设溶液原有H^+浓度不受$C_2O_4^{2-}$水解的影响，保持不变。(2.0×10^{-4} mol·L^{-1})
14. 将固体 CaC_2O_4 置于$pH = 3.00$盐酸溶液中，计算溶液$[H^+]$和 CaC_2O_4 的溶解度。溶解度小于习题 13 的结果，解释原因。(8.3×10^{-4} mol·L^{-1}；1.8×10^{-4} mol·L^{-1})
15. 将固体 $CaCO_3$ 置于纯水，计算溶液$[H^+]$和 $CaCO_3$ 的溶解度。(1.2×10^{-10} mol·L^{-1}；1.2×10^{-4} mol·L^{-1})
16. 将固体 $BaCrO_4$ 置于$pH = 4.20$缓冲溶液，构晶离子CrO_4^{2-}除了发生水解反应外，还会生成$Cr_2O_7^{2-}$：

$$2HCrO_4^- \rightleftharpoons Cr_2O_7^{2-} + H_2O \qquad K = 43$$

从含 Cr 组分考虑，写出沉淀溶解度的表达式，并计算溶解度。(提示：将溶解度表达式整理为关于$[CrO_4^{2-}]$的一元方程)(1.55×10^{-4} mol·L^{-1})

17. Ag^+、Cl^-和 NH_3 混合溶液中，NH_3 的平衡浓度大于多少时，0.010 mol·L^{-1} Ag^+和 0.010 mol·L^{-1} Cl^-不能

生成沉淀？(> 0.22 mol·L^{-1})

18. Ca^{2+}、CO_3^{2-}和 EDTA 的混合溶液中，三者的分析浓度分别是 0.50 mol·L^{-1}、0.50 mol·L^{-1}和 0.55 mol·L^{-1}。欲避免 $CaCO_3$ 沉淀的形成，$\alpha_{Y(H)}$不得超过多少？忽略CO_3^{2-}的水解。(44.1)

19. 计算 CdS 在NH_4^+-NH_3缓冲溶液(缓冲组分的分析浓度均为 0.10 mol·L^{-1})中的溶解度。忽略Cd^{2+}对 NH_3 的消耗。(5.3×10^{-10} mol·L^{-1})

20. 分别在忽略和考虑Ag^+-Cl^-配离子两种情况下，计算 AgCl 在纯水中的溶解度。(1.3×10^{-5} mol·L^{-1}；1.4×10^{-5} mol·L^{-1})

21. 计算 $Zn(OH)_2$ 在 1.00×10^{-4} mol·L^{-1} NaOH 溶液中的溶解度，假设溶液原有OH^-的浓度不受沉淀溶解和配合物形成的影响，保持不变。(8.65×10^{-6} mol·L^{-1})

22. 将固体 $Zn(OH)_2$ 置于 1.00×10^{-4} mol·L^{-1} NaOH 溶液，在考虑溶液原有OH^-的浓度受沉淀溶解以及配合物形成影响的情况下，计算平衡体系[OH^-]和 $Zn(OH)_2$ 的溶解度。(提示：通过体系的电荷平衡式求解[OH^-]) (9.56×10^{-5} mol·L^{-1}；8.44×10^{-6} mol·L^{-1})

23. 通过福尔哈德法测定 NaCl 含量。将 0.2255 g 试样制成溶液，加入 50.00 mL 0.1033 mol·L^{-1} $AgNO_3$ 标准溶液，反应完成后加入硝基苯保护 AgCl 沉淀。以 0.1159 mol·L^{-1} NH_4SCN 滴定剩余Ag^+，终点时消耗 23.16 mL。计算该 NaCl 试样的纯度。(64.26%)

24. 称取 0.2809 g 铬矿样，溶样并预处理后制备成CrO_4^{2-}溶液，然后向溶液加入过量Pb^{2+}。$PbCrO_4$ 沉淀经过滤、洗涤和烘干后称量，为 0.0209 g。计算矿样中铬的质量分数(以 Cr_2O_3 计)。(1.75%)

25. 通过重量法测定试样中的砷。称取 0.2042 g 试样，通过预处理将 As 定量转化为 H_3AsO_4，然后在中性条件下加入过量Ag^+。Ag_3AsO_4 沉淀经过滤、洗涤后溶于 HNO_3，然后加入过量Cl^-。AgCl 沉淀经过滤、洗涤和烘干后称量，为 0.1633 g。计算试样中砷的质量分数。(13.93%)

26. 称取 0.1820 g 镍合金试样，用 HNO_3 溶样，然后加入酒石酸以掩蔽Fe^{3+}、Al^{3+}和Cr^{3+}。在pH = 8~9 的氨性溶液中以丁二酮肟沉淀镍。过滤、洗涤、烘干沉淀后称量，质量为 0.0928 g。计算试样中镍的质量分数。(10.36%)

参考文献

邓勃. 1984. 数理统计方法在分析测试中的应用. 北京：化学工业出版社
国伟林. 2013. 分析化学辅导及习题精解. 延吉：延边大学出版社
华中师范大学，东北师范大学，陕西师范大学，等. 2011. 分析化学(上册). 4 版. 北京：高等教育出版社
金谷，江万权，周俊英. 2005. 定量分析化学实验. 合肥：中国科学技术大学出版社
李莲云，余惠娟，尹华勤，等. 2015. 酸碱滴定中指示剂浓度的影响. 大学化学，30(6)：79-82
李龙泉，朱玉瑞，金谷，等. 2005. 定量化学分析. 2 版. 合肥：中国科学技术大学出版社
李娜，Hefferren J J，李克安. 2009. Quantitative Chemical Analysis. 北京：北京大学出版社
邵利民. 2012. 滴定分析终点误差的通用高效计算策略. 化学通报，75(10)：952-956
邵利民. 2016. 通过反函数或者隐函数快速准确地绘制滴定曲线. 化学通报，79(2)：187-191
邵利民. 2017. 开发面向分析化学的复杂方程绘图求解软件. 大学化学，32(10)：52-60
邵利民. 2017. 论化学平衡中的独立等量关系. 大学化学，32(11)：69-74
邵利民. 2017. 再论滴定分析终点误差的统一计算. 化学通报，80(3)：307-311
邵利民. 2019. 一种准确滴定判别的统一方法. 化学通报，82(11)：1051-1055
邵利民. 2020. 面向分析化学教学的数理统计软件的开发和应用. 大学化学，35(2)：107-113
邵利民，虞正亮. 2012. 面向过程的分析化学酸碱平衡体系定量解析策略. 化学通报，75(2)：188-192
王玉枝，张正奇. 2016. 分析化学. 3 版. 北京：科学出版社
王正国. 1997. 配位滴定法中联合滴定的普适终点误差公式. 西南民族学院学报自然科学版，23(4)：455-457
魏振军. 2005. 概率论与数理统计三十三讲. 2 版. 北京：中国统计出版社
武汉大学. 2006. 分析化学(上册). 5 版. 北京：高等教育出版社
武汉大学《定量分析习题精解》编写组. 1999. 定量分析习题精解. 北京：科学出版社
张锡瑜, 等. 2000. 化学分析原理. 北京：科学出版社
赵匡华. 1990. 化学通史. 北京：高等教育出版社
赵选民，徐伟，师义民，等. 2002. 数理统计. 2 版. 北京：科学出版社
郑用熙. 1986. 分析化学中的数理统计方法. 北京：科学出版社
周性尧，任建国. 1998. 分析化学中的离子平衡. 北京：科学出版社
Harris D C. 2007. Quantitative Chemical Analysis. 7th ed. New York：Freeman W H and Company
International Union of Pure and Applied Chemistry(IUPAC). 1987. IUPAC Compendium of Analytical Nomenclature. 2nd ed. Oxford：Blackwell Scientific Publications
Reilley C N，Schmid R W. 1958. Chelometric titration with potentiometric end point detection：mercury as a pM indicator electrode. Analytical Chemistry，30(5)：947-953
Ringbom A. 1958. The analyst and the inconstant constants. Journal of Chemical Education，35(6)：282-288
Ringbom A. 1963. Complexation in Analytical Chemistry：A Guide for the Critical Selection of Analytical Methods Based on Complexation Reactions. New York：Interscience
Schwarzenbach G K. 1957. Complexometric Titrations. New York：Interscience

附　　录

附录 1　数理统计应用软件

为了方便数理统计应用，作者基于 Matlab 开发了名为 stac (a statistical toolbox for analytical chemistry)的软件，以代替传统的统计数值表，还开发了功能相同的安卓手机软件。软件下载页面是 http://staff.ustc.edu.cn/~lshao/misc.html。软件比较直观易用，下面介绍主要功能，可以扫描二维码观看演示视频或者阅读文献①了解详情。

stac 主要功能分为两类：①计算累积分布函数(CDF)和逆累积分布函数(ICDF)，②计算显著性检验中的临界值或者P-值。第一类功能的界面如附图 1.1(a)所示，用户在 Mode 功能区选择“CDF<>ICDF”即可开始计算。第二类功能的界面如附图 1.1(b)所示，用户在 Mode 功能区选择“Two-sided Test”“Left One-sided Test”和“Right One-sided Test”其中之一即可开始计算，这 3 种模式分别用于双侧检验、左侧单侧检验和右侧单侧检验。

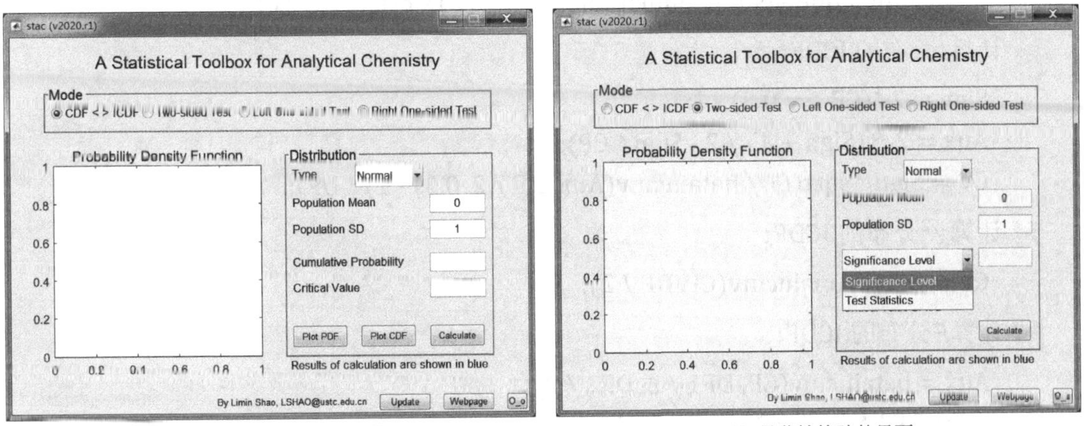

(a) 计算CDF和ICDF的界面　　(b) 显著性检验的界面

附图 1.1　基于 Matlab 开发的统计工具软件 stac

在“CDF<>ICDF”计算模式下，用户先从 Type 下拉列表中选择分布类型，并输入该分布的参数。计算临界值时，在 Cumulative Probability 编辑框输入累积概率，回车或者单击 Calculate 按钮，结果显示在 Critical Value 编辑框中；计算累积概率时，则在 Critical Value 编辑框输入临界值，结果显示在 Cumulative Probability 编辑框中。坐标系显示相应的概率密度曲线，并以阴影部分面积表示(输入的或者计算出的)累积概率。

① 邵利民. 2020. 面向分析化学教学的数理统计软件的开发和应用. 大学化学，35(2): 107-113.

在显著性检验模式下，用户也是首先选择分布类型、输入相应参数。然后，在下拉列表中选择 Significance Level 或者 Test Statistics，选择前者时输入显著性水平以计算临界值，选择后者时输入检验统计量取值以计算P-值。坐标系显示相应的概率密度曲线，并以阴影部分面积表示显著性水平或者P-值。

stac 软件的核心是计算各种分布的累积分布函数和逆累积分布函数。下面给出 Matlab 程序供参考。程序中，变量 CP 是 cumulative probability 的简写，表示累积概率；变量 CV 是 critical value 的简写，表示临界值；变量 DF 是 degree of freedom 的简写，表示自由度。

▶▶计算正态分布的 CDF：

```
CP = 1/2 * erfc(-(CV - PopulationMean) / PopulationSD / sqrt(2));
```

▶▶计算t分布的 CDF：

```
Sign = 2 * (CV >= 0) - 1;
CP = (Sign + 1) / 2 - Sign * betainc(DF / (DF + CV^2), DF / 2, 0.5) / 2;
```

▶▶计算χ^2分布的 CDF：

```
CP = gammainc(CV / 2, DF / 2);
```

▶▶计算F分布的 CDF：

```
CP = betainc(DF1 * CV /(DF2 + DF1 * CV), DF1 / 2, DF2 / 2);
```

▶▶计算正态分布的 ICDF：

```
CV = PopulationMean - PopulationSD * sqrt(2) * erfcinv(2 * CP);
```

▶▶计算t分布的 ICDF：

```
Sign = 2 *(CP >= 0.5) - 1;
Aux = 2 *((Sign + 1) / 2 - Sign * CP);
CV = Sign * sqrt((1 / betaincinv(Aux, DF / 2, 0.5) - 1) * DF);
```

▶▶计算χ^2分布的 ICDF：

```
CV = 2 * gammaincinv(CP, DF / 2);
```

▶▶计算F分布的 ICDF：

```
Aux = betaincinv(CP, DF1 / 2, DF2 / 2);
CV = DF2 * Aux / (DF1 - DF1 * Aux);
```

附录 2　关于假设检验的解释

假设检验是数理统计的重要内容。假设检验容易实施，其观点和思想却较难理解，而后者却是合理使用方法和正确解释结果的必要条件。基于这种考虑，有必要深入介绍假设检验。

假设检验根据样本信息来检验关于总体的某个假设是否成立，基本步骤如下：

(1) 提出原假设H_0。

(2) 确定显著性水平α。

(3) 选择检验统计量T，其概率分布在H_0为真时已知。

(4) 根据T的概率分布，以及该问题属于双侧检验还是单侧检验，确定拒绝域。

(5) 计算T在该具体问题中的取值t，然后判断其是否落入拒绝域。若是，拒绝原假设；若否，则接受原假设。

通俗地说，假设检验就是根据实际情况判断原假设是否成立。假设检验过程是一个逻辑链：提出假设 → 此假设为真时的推论 → 与实际情况进行对比 → 如果一致，那么接受原假设，否则拒绝原假设。

原假设H_0是研究者不愿意接受的或者希望通过证据予以反对的假设。这个规定尽管不是特别直接易懂，实际中却是有道理的，目的是减小检验者个人倾向导致的、不恰当的错误。假设检验不排除错误结论，但是需要消除人为因素对这种错误的放大。下面通过一个例子进行说明。

设想一个考试场景，原假设是“学生作弊”。监考女教师心肠软、不想伤及无辜，难以接受“学生清白却被认定作弊”，于是她把判定作弊的条件设为“取出课本并抄写”。这样，女教师犯“原假设为假，却接受了原假设”这类错误的概率非常小，符合她在这个检验问题中的个人倾向。但是，通过隐秘手段作弊的学生很有可能被认为没有作弊。女教师无意间增大了自己犯另一类错误的概率，即“原假设为真，却拒绝了原假设”。女教师不是没有意识到自己判定条件的缺陷，只是相比于无意放任，她更加在意没有冤枉学生。

同样是这个场景，同样是这个原假设，监考是位男教师。男教师要求严格，于是他把判定作弊的条件设为“扭头看”。他宣称：“作弊却没有被发现，几乎不可能！”确实如此，男教师犯“原假设为真，却拒绝了原假设”这类错误的概率非常小(这个错误正是那位女教师容易犯的)，符合他在这个检验问题中的个人倾向。但是，在此苛刻条件下，没有作弊的学生却有可能被认为作弊。也就是说，男教师无意间增大了自己犯另一类错误的概率，即“原假设为假，却接受了原假设”(这个错误正是那位女教师不容易犯的)。男教师不是没有意识到自己判定条件的缺陷，只是相比于无意冤枉，男教师更加在意没有放任学生。

上例中的两类错误是假设检验中的两类错误。第一类错误是原假设为真时拒绝了原假设，是“弃真”错误，也称为“检验中的损失”，犯此类错误的概率记为α (type Ⅰ error probability)；第二类错误是原假设为假时接受了原假设，是“存伪”错误，也称为“检验中的污染”，犯此类错误的概率记为β (type Ⅱ error probability)。

上例中，两位教师的检验都有问题，操作时都带有明显的个人倾向，以至于检验结果偏向他们自己的好恶，损害了结果的客观性。

假设检验中，为了降低个人偏见的影响，规定把检验者想拒绝的假设作为原假设，并要求有比较充足的理由才能拒绝原假设。为了实现这一要求，规定犯第一类错误的概率要小，即通过小α (“拒真错误”概率)来抑制检验者拒绝原假设的倾向。

按照这样的规定，上例中女教师的原假设应为“学生作弊”，但是判定条件必须修改，以满足α取较小值的要求。对于男教师，原假设应为“学生没有作弊”，而原来的判定条件会导致α增大，因此也必须进行修改。这样，无论是慈爱的女教师，还是严厉的男教师进行检验，他们个人倾向对检验结果的影响都得到控制。

上面讨论了原假设的设定原则，此外还有一个技术性限制，就是前面介绍的假设检验步骤第 3 步：选择检验统计量T，其概率分布在H_0为真时已知，原假设的设定必须满足这一要求。

下面给出α和β 的一个图示(附图 2.1)和例题，以加深理解。

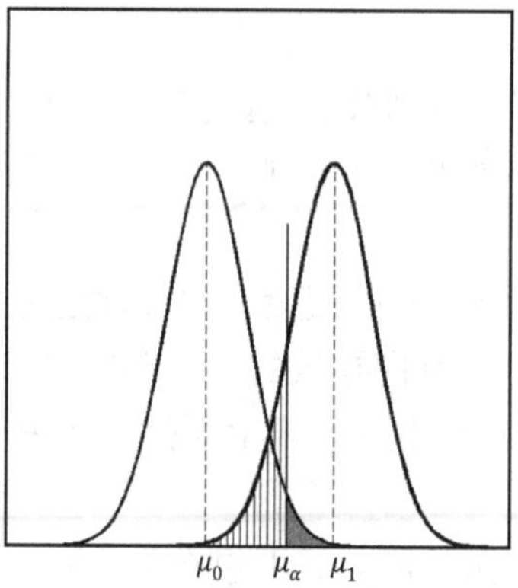

附图 2.1

左、右曲线分别是原假设(H_0：$\mu=\mu_0$)为真、假时的检验统计量的分布；μ_α临界值；阴影部分面积等于 α，划线部分面积等于 β

例　某灌装生产线的设计标准是 40 mL/瓶。根据长期经验，标准偏差为 5。质检人员每周抽查 25 瓶，如果灌装量的均值小于 38 或者大于 42 即认为生产条件不稳定。这种情况下，质检员犯第一类错误的概率是多少？如果灌装量的真实值是 37，质检员犯第二类错误的概率是多少？

解　以L表示灌装量。对于第一类错误，$L \sim N(40,1)$，由此计算出：

$$\alpha = P\{L < 38\} + P\{L > 42\} = 0.0455$$

对于第二类错误，$L \sim N(37,1)$，由此计算出：

$$\beta = P\{38 < L < 42\} = 0.1587$$

根据假设检验中的两类错误α和β，可以获得检验结论的可靠性。如果结论是“拒绝H_0”，那么该结论正确的概率是$1-\alpha$；如果结论是“接受H_0”，那么该结论正确的概率是$1-\beta$。计算β需要知道H_0为假时检验统计量的分布，该分布通常不可知，所以，“接受H_0”这一结论正确的概率一般无法得知。

附录 3　电荷平衡式 CBE 可以通过物料平衡式 MBE 导出的证明

通过归纳法证明。

3.1　包含 2 个成分的简单分子

设分子式为C_xD_y。$C_xD_y \rightleftharpoons xC^{y+} + yD^{x-}$，根据$C_xD_y$的分子构成，得到如下 MBE：

$$\frac{1}{x}[C^{y+}] = \frac{1}{y}[D^{x-}]$$

整理后得到：

$$y[C^{y+}] = x[D^{x-}]$$

上式就是 CBE。所以，形如C_xD_y的简单分子，其 CBE 可以由 MBE 导出。

3.2　包含 3 个成分的复杂分子

设分子式为$A_aB_bD_y$，A、B 和 D 所带电荷分别是$+m$、$-n$和-1。A_aB_b的净电荷为$+y$，为$(A_aB_b)^{y+}$设定一个物质的量和电荷均相同的虚拟成分C^{y+}，下面证明，$(A_aB_b)^{y+}$的物料和电荷定量性质等价于C^{y+}。证明过程中，仅考虑离解出A^{m+}和B^{n-}的那部分$(A_aB_b)^{y+}$；对于平衡后没有继续离解的$(A_aB_b)^{y+}$，其物料和电荷定量性质与C^{y+}显然等价。

由于虚拟成分C^{y+}与$(A_aB_b)^{y+}$的物质的量相同，所以得到如下 MBE：

$$\frac{1}{a}[A^{m+}] = [C^{y+}] \tag{1}$$

$$\frac{1}{b}[\mathrm{B}^{n-}] = [\mathrm{C}^{y+}] \tag{2}$$

以上两式表明，出现在任意 MBE 中的$[\mathrm{A}^{m+}]$和$[\mathrm{B}^{n-}]$都可以分别被$a[\mathrm{C}^{y+}]$和$b[\mathrm{C}^{y+}]$替代。所以，$(\mathrm{A}_a\mathrm{B}_b)^{y+}$的物料定量性质被等效转移到虚拟成分$\mathrm{C}^{y+}$。

$(1) \times am - (2) \times bn$，得到：

$$m[\mathrm{A}^{m+}] - n[\mathrm{B}^{n-}] = am[\mathrm{C}^{y+}] - bn[\mathrm{C}^{y+}] \tag{3}$$

另外，$(\mathrm{A}_a\mathrm{B}_b)^{y+}$的净电荷为$+y$，所以有如下关系成立：

$$am - bn = y \tag{4}$$

将(4)式代入(3)式，得到：

$$m[\mathrm{A}^{m+}] - n[\mathrm{B}^{n-}] = y[\mathrm{C}^{y+}] \tag{5}$$

式中，$m[\mathrm{A}^{m+}] - n[\mathrm{B}^{n-}]$是离子$\mathrm{A}^{m+}$和$\mathrm{B}^{n-}$的电荷定量关系，$y[\mathrm{C}^{y+}]$是虚拟成分$\mathrm{C}^{y+}$的电荷定量特征。以$y[\mathrm{C}^{y+}]$替代 CBE 中的$m[\mathrm{A}^{m+}] - n[\mathrm{B}^{n-}]$，CBE 仍然成立，所以$(\mathrm{A}_a\mathrm{B}_b)^{y+}$的电荷定量性质被等效转移到虚拟成分$\mathrm{C}^{y+}$。

综上所述，三成分化合物$\mathrm{A}_a\mathrm{B}_b\mathrm{D}_y$的 MBE 和 CBE 与二成分化合物$\mathrm{C}_x\mathrm{D}_y$等价。3.1 中已经证明，二成分化合物的 CBE 可被 MBE 导出，所以$\mathrm{A}_a\mathrm{B}_b\mathrm{D}_y$的 CBE 也可以被其 MBE 导出，并非一个独立条件。

3.3　包含N $(N > 3)$个成分的复杂分子

上面已经证明，复杂分子中两个成分的物料和电荷定量性质可以等效转移到一个虚拟成分上，所以，包含N个成分的分子的 MBE 和 CBE 与包含$N-1$个成分的分子等价。以此类推，最终可以获得一个与原分子在物料和电荷定量性质等价的、只有两个成分的简单分子，而对于此简单分子，3.1 中已经证明，其 CBE 可以被 MBE 导出，所以该复杂分子的 CBE 也可以被其 MBE 导出，并非一个独立条件。

3.4　多组分混合溶液或者发生化学反应的体系

如果溶液包含多个化合物，且化合物之间没有化学反应，那么存在一个 CBE，反映溶液整体的电中性。每个化合物也存在一个反映自身电中性的 CBE，从这些 CBE 可以得出溶液整体的 CBE。根据以上证明，每个化合物自身的 CBE 都可以由其 MBE 推导出，因此溶液整体的 CBE 可以由所有化合物的 MBE 推导出，不是一个独立等式。

对于发生化学反应的体系，达到平衡后，生成物与剩余反应物宏观上不再发生变化，所以相应溶液可以视为上述“包含多个化合物，且化合物之间没有化学反应”的等价溶液，根据上面的分析，该溶液的 CBE 不独立于 MBE。

附录 4　质子平衡式 PBE 可以通过物料平衡式 MBE 和电荷平衡式 CBE 导出的证明

设某酸(碱)分子为$\mathrm{Na}_x\mathrm{H}_y\mathrm{B}$，分子含有$y$个可继续离解的氢离子。由于酸根的水解和离解，溶液中的组分有：$\mathrm{H}_{y+x}\mathrm{B}$，$\mathrm{H}_{y+x-1}\mathrm{B}^{-}$，$\mathrm{H}_{y+x-2}\mathrm{B}^{2-}$，…，$\mathrm{H}_{y+2}\mathrm{B}^{(x-2)-}$，$\mathrm{H}_{y+1}\mathrm{B}^{(x-1)-}$，$\mathrm{H}_y\mathrm{B}^{x-}$，$\mathrm{H}_{y-1}\mathrm{B}^{(x+1)-}$，$\mathrm{H}_{y-2}\mathrm{B}^{(x+2)-}$，…，$\mathrm{HB}^{(x+y-1)-}$，$\mathrm{B}^{(x+y)-}$。其中，列于组分$\mathrm{H}_y\mathrm{B}^{x-}$左侧的是其水

解产物，右侧是其离解产物。

根据质子条件 PBE 的建立规则，选择H_yB^{x-}作为质子参考水准，列出 PBE：

$$[H^+] + x[H_{y+x}B] + (x-1)[H_{y+x-1}B^-] + (x-2)[H_{y+x-2}B^{2-}] + \cdots + 2[H_{y+2}B^{(x-2)-}] \\ + [H_{y+1}B^{(x-1)-}] = [H_{y-1}B^{(x+1)-}] + 2[H_{y-2}B^{(x+2)-}] + \cdots + y[B^{(x+y)-}] + [OH^-]$$

根据电中性原则，列出 CBE：

$$[Na^+] + [H^+] = [H_{y+x-1}B^-] + 2[H_{y+x-2}B^{2-}] + \cdots + (x-2)[H_{y+2}B^{(x-2)-}] \\ + (x-1)[H_{y+1}B^{(x-1)-}] + x[H_yB^{x-}] + (x+1)[H_{y-1}B^{(x+1)-}] \\ +(x+2)[H_{y-2}B^{(x+2)-}] + \cdots + (x+y)[B^{(x+y)-}] + [OH^-]$$

根据Na_xH_yB的分子构成，列出 MBE：

$$\frac{[Na^+]}{x} = [H_{y+x}B] + [H_{y+x-1}B^-] + [H_{y+x-2}B^{2-}] + \cdots + [H_{y+2}B^{(x-2)-}] + [H_{y+1}B^{(x-1)-}] \\ + [H_yB^{x-}] + [H_{y-1}B^{(x+1)-}] + [H_{y-2}B^{(x+2)-}] + \cdots + [B^{(x+y)-}]$$

将 MBE 代入 CBE 以消去$[Na^+]$，其中作为质子参考水准的$[H_yB^{x-}]$同时被消去。整理后，结果即是 PBE。

上述证明中的质子参考水准是离子。某些酸碱平衡体系中，质子参考水准是电中性分子，PBE 不独立性的证明更加简单。这种情况下的质子参考水准就是酸(碱)分子，该酸(碱)的所有离子存在形式都是质子得失的结果，而且得失质子数等于其电荷数。根据 PBE 建立规则，这些离子全部出现在 PBE 中，而且其系数等于相应的电荷数，这时的 PBE 就是 CBE。以某弱酸H_xB溶液为例，选择H_xB作为质子参考水准，得到 PBE：$[H^+] = [H_{x-1}B^-] + 2[H_{x-2}B^{2-}] + \cdots + (x-1)[HB^{(x-1)-}] + x[B^{x-}] + [OH^-]$，容易发现，这就是 CBE。

综上所述，PBE 可以由 MBE 和 CBE 导出，并不是独立于此二者的另一个等量条件。

附录 5　方程求解软件

化学平衡定量解析所涉及的复杂方程，曾经难以求解，这也是传统课程体系依赖简单算式的原因。当前计算机硬件普及、软件丰富，求解已经不再困难。现在，人们更关心的是高效求解，降低软件使用成本，从而使不完全具备算法和编程知识的分析化学师生方便快速地求解方程。为此，作者基于 Matlab 开发了针对化学平衡特点的方程绘图求解软件 iroots2，以及功能相同的安卓手机软件。

软件下载页面是 http://staff.ustc.edu.cn/~lshao/misc.html。软件比较直观易用，下面介绍主要功能，可以扫描二维码观看演示视频或者阅读文献①了解详情。

iroots2 的界面如附图 5.1(a)所示。主界面划分为 Function 和 Action 两个功能区，分别用于输入方程表达式、绘制对应函数图像并求解方程。

① 邵利民. 2017. 开发面向分析化学的复杂方程绘图求解软件. 大学化学，32(10): 52-60.

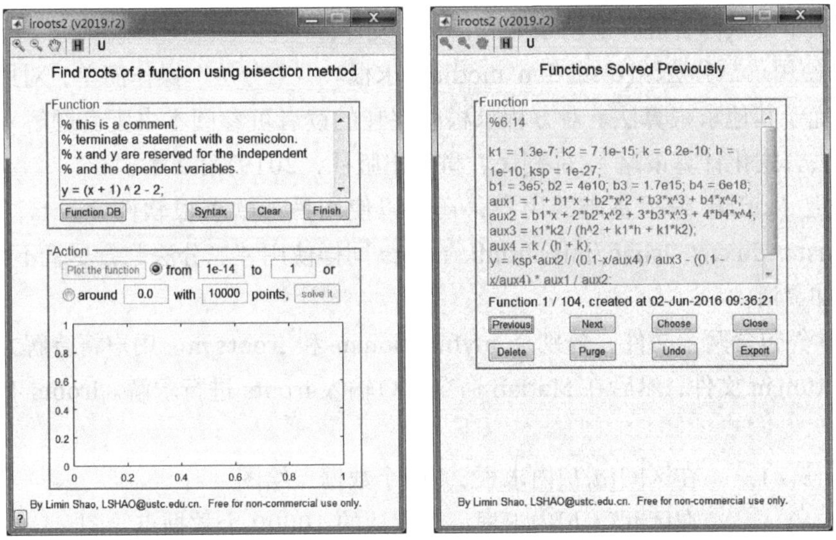

(a) 软件主界面　　　　(b) 数据库界面

附图 5.1　基于 Matlab 开发的方程求解软件 iroots2

在 Function 功能区，用户按照 Matlab 语法输入待解方程的表达式。为了简要说明语法规则，软件启动后即显示一个实例。单击“Syntax”按钮，可以查看一个稍显复杂的实例，是 CaF_2 沉淀在 0.010 $mol \cdot L^{-1}$ 盐酸溶液中溶解平衡时关于$[H^+]$的高次方程。方程输入完成后，单击“Finish”按钮，进入求解阶段。

函数图像的绘制和方程求解在 Action 功能区完成。功能区下方是显示函数图像的坐标系。功能区上方是按钮、文本和编辑框等控件，这些控件组成一句完整表述：Plot the function from 1e-14 to 1 or around 0.0 with 10000 points, solve it。以这种扁平化方式既解释方程的求解过程，又完成相应功能，同时保持界面的简洁清晰。

求根区间端点的默认值为 10^{-14} 和 1，目的是便于求解浓度，因为化学平衡中组分浓度通常处于这个区间。区间端点的具体数值并不重要，只需满足“函数在区间内与横轴只有一个交点”即可。用户如果知道方程的近似解，将之输入 around 后面的编辑框，那么软件自动搜索一个满足要求的求根区间并绘图。

单击“Plot the function”按钮，函数图像显示在坐标系中，红色直线$y = 0$表示横轴。如果函数与横轴只有一个交点，那么坐标系背景为绿色，单击“solve it”按钮后，即显示求根结果。如果坐标系背景为红色，表明函数与横轴没有交点或者有多个交点，此时“solve it”按钮为不可点击状态。如果没有交点，那么根据图像显示的趋势修改求根区间；如果有多个交点，那么通过工具栏上的按钮对图像进行缩放或者平移，直到图像上只有一个交点(坐标系同时变为绿色，“solve it”按钮变为可点击状态)，然后进行求解。

求解过的方程被自动保存到一个数据库中。单击“Function DB”按钮进入数据库。数据库默认界面如附图 5.1(b)所示。按钮“Previous”和“Next”用于浏览数据库中的方程。方程的位置和创建时间显示在下方，鼠标右键单击此处，文本消失，取而代之的是一个滑动条，滑动条的功能与按钮“Previous”和“Next”相同，但是操作更加快捷，适合方程较多时的浏览和定位；再次单击鼠标右键，滑动条消失，文本复原。

iroots2 使用“二分法”(bisection method)求根。“二分法”操作简单，对用户的要求很低，易用性优于其他求根算法。对方程求根感兴趣的读者可参阅本书配套题解《分析化学题解——基于去公式化计算策略》(邵利民，科学出版社，2019)第 2 章。

具备一定 Matlab 编程基础的用户，还可以使用另一款求根软件 iroots，下载页面是 http://staff.ustc.edu.cn/~lshao/misc.html。iroots 同样使用“二分法”，尽管不如 iroots2 直观，但是更加灵活。

iroots 软件包含两个文件，分别是 myfunction.m 和 iroots.m。用户将待解方程的表达式写入 myfunction.m 文件，然后在 Matlab 命令窗口输入 iroots 进行求解。iroots 有以下 4 种运行方式：

iroots(a, b, n)	在区间[a, b]内求根，以n个数据点绘图
iroots(a, b)	在区间[a, b]内求根，以默认的 10000 个数据点绘图
iroots(x)	在x附近求根，以默认的 10000 个数据点绘图
iroots	在区间[10^{-14}, 1]内求根，以默认的 10000 个数据点绘图

运行后，iroots 显示函数在求根区间上的图像。如果是绿色背景，那么表明只有一个交点，关闭图形窗口即启动求根。如果没有交点(红色背景)，那么需要修改求根区间(关闭图形窗口，重新运行 iroots)；如果有多个交点(红色背景)，那么通过工具栏上的按钮对图像进行缩放或者平移，直到图像上只有一个交点，然后关闭图形窗口启动求根。

下面给出 iroots.m 的源代码供参考。

```
function iroots(varargin)

global PermissionColor ProhibitionColor isNewVersionAvailable Webpage
PermissionColor = [0.8 1 0.8];
ProhibitionColor = [1 0.8 0.8];
isNewVersionAvailable = false;
Webpage = 'http://staff.ustc.edu.cn/~lshao/misc.html';

WindowPositionScale = 0.8;

VersionControl = 'Finding roots of a function (v2019.r2)';

MatlabDigitalVersion = sscanf(version, '%f');
if MatlabDigitalVersion(1) < 7.10
    disp(' ');
    disp('Error!');
    disp(' ');
    disp('The software only runs under Matlab 7.10 (R2010a) or newer.');
    disp(' ');
    input('Press any key to quit...   ');
```

```
        return;
end;
% Check the Matlab main version.

% <<<< check for update
aux = strfind(VersionControl, '(v') + 2;
CurrentVersion = VersionControl(aux:end-1);
aux = strfind(CurrentVersion, '.');
CurrentVersion(aux) = [];
% information for update check.

try
    webcontent = urlread(Webpage);
    aux1 = regexpi(webcontent, 'iroots_+[a-z, 0-9]+.zip', 'match');
    if isempty(aux1)
        FileName = [];
        % the web server mulfunctioned or the webpage was incorrect.
    else
        FileName = aux1{1};
    end

    if ~strcmp(FileName, ['iroots_' CurrentVersion '.zip'])
        isNewVersionAvailable = true;
    end
catch ME
    isNewVersionAvailable = false;
    % when the connection is off, new version cannot be determined.
end
% >>>> Check for update.

PS = '\';
if ismac
    PS = '/';
end
% set path separater (PS) for Windows and MacOS.
AbsolutePath = [pwd PS 'myfunction.m'];
if ~exist(AbsolutePath, 'file')
    disp(' ');
    disp('Error!   File "myfunction.m" is missing.');
    disp(' ');
```

```
        FileID = fopen(AbsolutePath, 'w');
        if FileID == -1
            disp(['Unable to create a new "myfuncion.m".  '...
                'Try following steps to solve the problem.']);
            disp('Exit Matlab.  Right click on the shortcut or the executive file of ');
            disp('Matlab, then click item "Run as administrator" from the menu.');
            return;
        else
            fprintf(FileID, '%s\n\n', 'function y = myfunction(x)');
            fprintf(FileID, '%s\n', ['% This is an example to calculate the [H+] '...
               'of a 0.1 M HAc solution.']);
            fprintf(FileID, '%s\n', 'y = x - 1.8e-5 * 0.1 / (x + 1.8e-5) - 1e-14 / x;');
            fclose(FileID);
            disp('A new "myfunction.m" is created for you to input the function.');
            edit myfunction
        end

        return;
    end
    % Check the existence of 'myfunction.m', and create one if it is absent.


    nPoints = 10000;

    switch nargin
        case 0
            a = 1e-14; b = 1;
        case 1
            Interval = bingo(varargin{1});
            if isempty(Interval)
                disp(' ');
                disp(['Error!  Could not find a valid interval for the bisection '...
                    'method around ' num2str(varargin{1}) '.']);
                disp(' ');
                return;
            else
                a = Interval(1); b = Interval(2);
            end
        case 2
            [a, b] = deal(varargin{:});
```

```
    case 3
        [a, b, nPoints] = deal(varargin{:});
    otherwise
        disp('Incorrect syntax.   Type ''help iroots'' for information.');
        return;
end
% Assign value to necessary parameters.

isLogarithmicX = false;
x = linspace(min(a, b), max(a, b), nPoints);

if (a > 0) && (b > 0)
    Exponent1 = log10(min(a, b)); Exponent2 = log10(max(a, b));
    if (Exponent2 - Exponent1) > 5
        x = 10 .^ linspace(Exponent1, Exponent2, nPoints);
        isLogarithmicX = true;
    end
end

y = zeros(size(x));

try
    for i = 1:nPoints
        y(i) = myfunction(x(i));
    end
catch ME
    disp(' ');
    disp('An error occurred when executing ''myfunction.m''.   The error message is');
    disp(' ');
    disp([' ' ME.message]);
    disp(' ');
    input('Press any key to quit...   ');
    return;
end
% This loop is time-consuming and awkward, but it relieves users from the pain of
% mastering matrix operations while preparing "myfunction.m".

FigureHandle = figure('Name', 'iRoots', 'NumberTitle', 'off', 'Name', VersionControl);

OldUnits = get(FigureHandle, 'Units');
```

```
set(FigureHandle, 'Units', 'normalized');
set(FigureHandle, 'OuterPosition', [(1 - WindowPositionScale) / 2, ...
    (1 - WindowPositionScale) / 2, WindowPositionScale, WindowPositionScale]);
set(FigureHandle, 'Units', OldUnits);
% Give the figure an eye-friendly size regardless of screen resolutions.

if isLogarithmicX
    semilogx(x, y, 'k', 'LineWidth', 1.5, 'Tag', 'FunctionCurve');
else
    plot(x, y, 'k', 'LineWidth', 1.5, 'Tag', 'FunctionCurve');
end

set(gca, 'FontSize', 12, 'NextPlot', 'add', 'XGrid', 'on', 'YGrid', 'on', 'Box', 'on');
set(gca, 'UserData', [x; y]);
XLimit = get(gca, 'XLim');

plot(XLimit, [0 0], 'r', 'LineWidth', 2);
% Draw a zero-Y line for assistance.

temp = get(gca, 'Children'); set(gca, 'Children', temp(end:-1:1));
% Make the curve of the funtion on top of the zero-Y line.

nZeroCrossings = sum(abs(diff((y > 0) + (y <= 0) * -1))) / 2;
% The number of zero-crossings of the function.
if nZeroCrossings == 1
    set(gca, 'Color', PermissionColor);
else
    set(gca, 'Color', ProhibitionColor);
end

Heading = {['{\color{red}Instructions}: By zooming or panning, find an interval ' ...
    'in which the curve in black traverses only once the horizontal line in red, ' ...
    'and the axis turns green ']; ['accordingly, then close the figure to start the ' ...
    'iteration.   If such a condition is not satisfied, closing the figure does not start ' ...
    'the iteration, and the axis is pink.']};

set(gcf, 'UserData', Heading);

title(Heading, 'FontSize', 12);
```

```
try
    h1 = zoom;
    h2 = pan;
    set(h1, 'ActionPreCallback', @hidetitle, 'ActionPostCallback', @showhints);
    set(h2, 'ActionPreCallback', @hidetitle, 'ActionPostCallback', @showhints);
end
% Some version of Matlab does not support post actions of zooming or panning.

set(gcf, 'CloseRequestFcn', @iteration);

% Zooming or panning changes the axes limits, and then the axis updates the position
% of its title.  For a complex title, the update is a bit time-consuming, which causes
% the zooming or panning sluggish.  In order to avoid this, the following function
% replaces the complex title with a simple one before zooming or panning is performed.
% When the zooming or panning is finished, the original (complex) title is restored.
function hidetitle(obj, evd)
title({' '; ' '}, 'FontSize', 12);

function showhints(obj, evd)
global PermissionColor ProhibitionColor

title(get(gcf, 'UserData'), 'FontSize', 12);

CurveData = get(gca, 'UserData');
XLimit = get(gca, 'XLim');

LeftBorder = find((CurveData(1, :) > XLimit(1)), 1, 'first');
RightBorder = find((CurveData(1, :) < XLimit(2)), 1, 'last');

temp = (CurveData(2, LeftBorder:RightBorder) > 0) + ...
    (CurveData(2, LeftBorder:RightBorder) <= 0) * -1;
nZeroCrossings = sum(abs(diff(temp))) / 2;
% The number of zero-crossings of the function.
if nZeroCrossings == 1
    set(gca, 'Color', PermissionColor);
else
    set(gca, 'Color', ProhibitionColor);
end

if (RightBorder - LeftBorder) <= 10
```

```
    set(findobj('Tag', 'FunctionCurve'), 'Marker', 'O', 'LineStyle', '--');
else
    set(findobj('Tag', 'FunctionCurve'), 'Marker', 'none', 'LineStyle', '-');
end

if LeftBorder == RightBorder
    warndlg('There is only one point in this interval.  Try zooming out.', ...
        'Zooming-in Warning', 'modal');
end

% Call Matlab native function "fzero" to find roots of the function.
function iteration(src, evnt)
global ProhibitionColor isNewVersionAvailable Webpage

set(gcf, 'CloseRequestFcn', 'delete(gcf)');

if get(gca, 'Color') == ProhibitionColor
    disp(' ');
    disp('Error: this interval encompasses no or more than one root.');
    disp('       bisection cannot be performed in those cases.');
    disp(' ');
    disp('Read the instruction and try again.');
else
    CurveData = get(gca, 'UserData');
    XLimit = get(gca, 'XLim');

    LeftBorder = find((CurveData(1, :) > XLimit(1)), 1, 'first');
    RightBorder = find((CurveData(1, :) < XLimit(2)), 1, 'last');

    try
        [Root, Evaluation, ExitFlag] = fzero(@myfunction, ...
            CurveData(1, [LeftBorder, RightBorder]));
        if ExitFlag == 1
            if abs(Root) < eps
                disp(' ');
                disp('!!!WARNING!!!')
                disp(' ');
                disp(['The root was found to be smaller than double precession '...
                    '(' num2str(eps) '),']);
                disp(['so it is probably inaccurate.  Try one of the 2 approaches '...
```

```
                    'to solve the problem.']);
                disp(' ');
                disp(['1. Click the Zoom In button; continuously enlarge the '...
                    'zero-crossing part until the interval is sufficiently small, ']);
                disp('and solve the function.');
                disp(['2. Rewrite the function by substituting kx for x where k '...
                    ' takes a small value, e.g 10^-6, solve the new function, ']);
                disp(['and multiply the found root with k to obtain the root '...
                    ' of the original function.']);
                disp(' ');
            end
            disp(['       Root: ' num2str(Root, '%17.16e')]);
            disp(['       Function evaluated at the root: ' num2str(Evaluation)]);
            if Root > 0
                disp(['       The logarithm of the root: ' num2str(log10(Root))]);
            end
        else
            disp('       The iterative process failed to find the root.')
        end
    catch ME
        disp(' ');
        disp(['Error: ' ME.message]);
        disp(' ');
        disp('Read the instruction and try again.');
    end
end

delete(gcf);

if isNewVersionAvailable
    pause(3);
    Message = ['A new version of iroots was found.\n' ...
        'Do you want to visit the website to download it?'];
    Answer = questdlg(sprintf(Message), 'Version', 'Yes', 'No', 'Yes');

    if strcmp(Answer, 'Yes')
        web(Webpage, '-browser');
    end
end
```

```
% Based on a user-input value, try to find a valid interval for the bisection method.
function Interval = bingo(a)
Interval = [];
MaxIterations = 1000;

for i = 1: MaxIterations
    isLongLoop = false;

    tic;
    while isinf(myfunction(a))
        a = a + eps;

        ElapsedTime = toc;
        if ElapsedTime > 5
            isLongLoop = true;
            break;
        end
    end
    if isLongLoop
        break;
    end
    % search a finite value of the function.  If it takes more than 5 sec, the search
    % may be too long.

    f = myfunction(a);

    Delta = eps;
    tic;
    while myfunction(a + Delta) == f
        Delta = Delta * 10;

        ElapsedTime = toc;
        if ElapsedTime > 5
            isLongLoop = true;
            break;
        end
    end
    if isLongLoop
        break;
    end
```

```
    % search a small step that effects the calculation of first derivative.
    % If it takes more than 5 sec, the search may be too long.

    Step = f * Delta / (myfunction(a + Delta) - f)*1.01;
    b = a - Step;
    % a new value with respect to a of the independent variable that alters
    % the function in the direction of sign change.
    % 1.01 is an arbitrary value to avoid the trap of Newton method.

    tic;
    while isinf(myfunction(b))
        b = b + eps;

        ElapsedTime = toc;
        if ElapsedTime > 5
            isLongLoop = true;
            break;
        end
    end
    if isLongLoop
        break;
    end
    % search a finite value of the function.  If it takes more than 5 sec, the search
    % may be too long.

    if f * myfunction(b) < 0
        % bingo!
        LeftBorder = min(a, b);
        k = 10^sign(LeftBorder);
        LeftBorder = LeftBorder / k;
        RightBorder = max(a, b);
        k = 10^sign(RightBorder);
        RightBorder = RightBorder * k;
        Interval = [LeftBorder RightBorder];
        % purposely enlarge the interval to make it less horrifying.
        break;
    else
        a = b;
    end
end
```

附录 6　绘制滴定曲线的 Matlab 程序

程序 6.1　绘制 25 mL HAc-NaAc 缓冲体系($c_{HAc} = c_{NaAc} = 0.10$ mol·L^{-1})的n-pH 曲线，n为外加强酸/强碱的物质的量(mmol)

```
Ka = 1.8e-5;
nLowerLimit = 0; nUpperLimit = 4;
% The preset range of the moles of the added strong acid and base.
pH = linspace(1, 14, 100000);
% Generates linearly equally spaced values between 1 and 14.
H = 10 .^ -pH;
n1 =(H + 0.10 - Ka ./ (H + Ka) * 0.20 - 1e-14 ./ H) * 25;
% Moles of the strong acid (HCl) added to the buffer.
n2 =(Ka ./ (H + Ka) * 0.20 + 1e-14 ./ H - H - 0.10) * 25;
% Moles of the strong base (NaOH) added to the buffer.
Filter1 = find((n1 > nLowerLimit)&(n1 < nUpperLimit));
Filter2 = find((n2 > nLowerLimit)&(n2 < nUpperLimit));
% Keep values of n1 and n2 inside the preset range.
figure; plot(n1(Filter1), pH(Filter1), n2(Filter2), pH(Filter2));
```

程序 6.2　绘制 0.10 mol·L^{-1} NaOH 溶液分别对 20.00 mL 同浓度 HCl 和 HAc 溶液的滴定曲线

```
Ka = 1.8e-5;
VLowerLimit = 0; VUpperLimit = 40;
% The preset range of the volumes of the titrant.
pH = linspace(1, 14, 100000);
% Generates linearly equally spaced values between 1 and 14.
H = 10 .^ -pH;
V1 =(2.0 - 20.00*(H - 1e-14 ./ H)) ./ (0.10 + H - 1e-14 ./ H);
% Volumes of the titrant added to the analyte of hydrochloride acid.
V2 =(2.0*Ka ./ (H + Ka) - 20.00*(H - 1e-14 ./ H))./(0.1 + H - 1e-14 ./ H);
% Volumes of the titrant added to the analyte of acetic acid.
Filter1 = find((V1 > VLowerLimit)&(V1 < VUpperLimit));
Filter2 = find((V2 > VLowerLimit)&(V2 < VUpperLimit));
% Keep values of V1 and V2 inside the preset range.
figure; plot(V1(Filter1), pH(Filter1), V2(Filter2), pH(Filter2));
[Minimum, Position] = min(abs(V1 - 19.98)); pHJump1_Lower = pH(Position);
[Minimum, Position] = min(abs(V1 - 20.02)); pHJump1_Upper = pH(Position);
[Minimum, Position] = min(abs(V2 - 19.98)); pHJump2_Lower = pH(Position);
[Minimum, Position] = min(abs(V2 - 20.02)); pHJump2_Upper = pH(Position);
```

程序 6.3 绘制 0.10 mol·L-1 EDTA 溶液分别在pH = 10.00和pH = 8.00对 20.00 mL 同浓度 Ca^{2+}溶液的滴定曲线

```
K1 = 4.9e10/2.82;
K2 = 4.9e10/186.21;
% Conditional stability constants of CaY at pH of 10.00 and 8.00, respectively.
VLowerLimit = 0;
VUpperLimit = 40;
pCa = linspace(0.99, 14, 100000);
% Generates linearly equally spaced values between 0.99 and 14.
Ca = 10 .^ -pCa;
V1 =(2.0 - 20.00*Ca)./(0.10*K1*Ca ./(K1*Ca + 1) + Ca);
% Volumes of the titrant added to the analyte at pH 10.
V2 =(2.0 - 20.00*Ca)./(0.10*K2*Ca ./(K2*Ca + 1) + Ca);
% Volumes of the titrant added to the analyte at pH 8.
Filter1 = find((V1 > VLowerLimit)&(V1 < VUpperLimit));
Filter2 = find((V2 > VLowerLimit)&(V2 < VUpperLimit));
% Keep values of V1 or V2 inside the preset range.
figure; plot(V1(Filter1), pCa(Filter1), V2(Filter2), pCa(Filter2));
[Minimum, Position] = min(abs(V1 - 19.98)); pCaJump1_Lower = pCa(Position);
[Minimum, Position] = min(abs(V1 - 20.02)); pCaJump1_Upper = pCa(Position);
[Minimum, Position] = min(abs(V2 - 19.98)); pCaJump2_Lower = pCa(Position);
[Minimum, Position] = min(abs(V2 - 20.02)); pCAJump2_Upper = pCa(Position);
```

程序 6.4 绘制 0.01 mol·L-1 EDTA 溶液在pH = 10对 20.00 mL Ca^{2+}和Mg^{2+}溶液(分析浓度均为 0.010 mol·L-1)的滴定曲线

```
K1 = 4.9e10/2.82;
K2 = 5.0e8/2.82;
% Conditional stability constants of CaY and MgY at pH 10, respectively.
VLowerLimit = 0;
VUpperLimit = 60;
EDTA = [linspace(0, 1e-10, 10000) linspace(1e-10, 1e-8, 10000) ...
    linspace(1e-8, 1e-6, 10000) linspace(1e-6, 1e-3, 10000) linspace(1e-3, 3e-2, 10000)];
% Apparent concentration of EDTA serves as an intermediate variable.
aux = K1*EDTA ./(K1*EDTA+1)+K2*EDTA ./(K2*EDTA+1);
V = (0.20*aux + 20.00*EDTA)./(0.010 - EDTA);
pCa = -log10(0.20 ./(20.00 + V)./(K1*EDTA + 1));
pMg = -log10(0.20 ./(20.00 + V)./(K2*EDTA + 1));
Filter = find((V > VLowerLimit)&(V < VUpperLimit));
% Keep values of V inside the preset range.
figure; plot(V(Filter), pCa(Filter), V(Filter), pMg(Filter));
```

程序 6.5　绘制 0.10 mol·L^{-1} Ce^{4+}溶液对 20.00 mL 同浓度Fe^{2+}溶液的滴定曲线

```
E1 = 1.44;
E2 = 0.68;
% Conditional potentials for the Ce4+/Ce3+ and the Fe3+/Fe2+ couples.
VLowerLimit = 0;
VUpperLimit = 40;
E = linspace(0, 1.44, 100000);
% Generates linearly equally spaced values between 0 and 1.44.
a = 10 .^ ((E - E1) / 0.059);
b = 10 .^ ((E - E2) / 0.059);
V = 20 * b.* (a + 1)./(b + 1);
% Volumes of the titrant (Ce4+) added to the analyte (Fe2+).
Filter = find((V > VLowerLimit)&(V < VUpperLimit));
% Keep values of V inside the preset range.
figure; plot(V(Filter), E(Filter));
[Minimum, Position] = min(abs(V - 19.98)); EJump_Lower = E(Position);
[Minimum, Position] = min(abs(V - 20.02)); EJump_Upper = E(Position);
```

程序 6.6　绘制 0.020 mol·L^{-1} $Cr_2O_7^{2-}$溶液对 20.00 mL 0.12 mol·L^{-1} Fe^{2+}溶液的滴定曲线

```
E1 = 1.00;
E2 = 0.68;
% Conditional potentials for the Cr2O72-/Cr3+ and the Fe3+/Fe2+ couples.
VLowerLimit = 0;
VUpperLimit = 40;
E = linspace(0, 2.00, 100000);
% Generates linearly equally spaced values between 0 and 2.
a = 10 .^ (6 *(E - E1)/ 0.059);
b = 10 .^ ((E - E2)/ 0.059);
V = (sqrt(400*b.^2 + 400*b + 32*a.*b.^2 + 100) - 10) ./ (b + 1);
% Volumes of the titrant (Cr2O72-) added to the analyte (Fe2+).
Filter = find((V > VLowerLimit)&(V < VUpperLimit));
% Keep values of V inside the preset range.
figure; plot(V(Filter), E(Filter));
[Minimum, Position] = min(abs(V - 19.98)); EJump_Lower = E(Position);
[Minimum, Position] = min(abs(V - 20.02)); EJump_Upper = E(Position);
```

程序 6.7　绘制 0.10 mol·L^{-1} $AgNO_3$溶液分别对 20.00 mL 同浓度Br^-和Cl^-溶液的滴定曲线

```
Ksp1 = 5e-13;
Ksp2 = 1.8e-10;
% Ksp values of AgBr and AgCl.
VLowerLimit = 0;
```

```
VUpperLimit = 40;
pBr = linspace(1, 12, 100000);
pCl = linspace(1, 12, 100000);
% Generates linearly equally spaced values between 1 and 12.
Br = 10 .^ -pBr;
Cl = 10 .^ -pCl;
V1 =(2.0 - 20.00 * (Br - Ksp1./Br))./(Br - Ksp1./Br + 0.10);
V2 =(2.0 - 20.00 * (Cl - Ksp2./Cl))./(Cl - Ksp2./Cl + 0.10);
% Volumes of the titrant (Ag+) added to the analyte (Br- or Cl-).
Filter1 = find((V1 > VLowerLimit)&(V1 < VUpperLimit));
Filter2 = find((V2 > VLowerLimit)&(V2 < VUpperLimit));
% Keep values of V1 and V2 inside the preset range.
figure; plot(V1(Filter1), pBr(Filter1), V2(Filter2), pCl(Filter2));
[Minimum, Position] = min(abs(V1 - 19.98)); pBrJump_Lower = pBr(Position);
[Minimum, Position] = min(abs(V1 - 20.02)); pBrJump_Upper = pBr(Position);
[Minimum, Position] = min(abs(V2 - 19.98)); pClJump_Lower = pCl(Position);
[Minimum, Position] = min(abs(V2 - 20.02)); pClJump_Upper = pCl(Position);
```

附录 7　物质的物理性质和物理化学性质常数表

本附录中的数据已经录入一个基于 Matlab 开发的数据库软件 cadb(chemical analysis database)，软件下载页面是 http://staff.ustc.edu.cn/~lshao/misc.html。可以扫描二维码观看演示视频了解详情。

附表 7.1　常见基准物质的干燥条件和应用

名称	干燥后的组成	干燥条件	标定对象
十水合碳酸钠	Na_2CO_3	270～300℃	酸
碳酸氢钠	Na_2CO_3	270～300℃	酸
硼砂	$Na_2B_4O_7 \cdot 10H_2O$	恒湿器中保存 1)	酸
邻苯二甲酸氢钾	$KHC_8H_4O_4$	110～120℃	碱
二水合草酸	$H_2C_2O_4 \cdot 2H_2O$	室温空气干燥	碱或者 $KMnO_4$
碳酸钙	$CaCO_3$	110℃	EDTA
锌	Zn	室温干燥器中保存	EDTA
氧化锌	ZnO	900～1000℃	EDTA
重铬酸钾	$K_2Cr_2O_7$	100～110℃	还原剂
溴酸钾	$KBrO_3$	130℃	还原剂
碘酸钾	KIO_3	120～140℃	还原剂

续表

名称	干燥后的组成	干燥条件	标定对象
铜	Cu	室温干燥器中保存	还原剂
三氧化二砷	As_2O_3	硫酸干燥器中保存	氧化剂
草酸钠	$Na_2C_2O_4$	105～110℃	氧化剂
硫代硫酸钠	$Na_2S_2O_3$	120℃	Br_2 或者 I_2
氯化钠	NaCl	500～600℃	$AgNO_3$ 或者 $Hg_2(NO_3)_2$
硫氰酸钾	KSCN	150～200℃	$AgNO_3$
硝酸银	$AgNO_3$	硫酸干燥器中保存	氯化物或者硫氰酸盐
银	Ag	P_2O_5 上干燥至恒量	氯化物

1) 硼砂在空气中易失去一部分结晶水而变成 $Na_2B_4O_7·5H_2O$。因此，作为基准物质的硼砂使用前应在水中重结晶两次，保存在相对湿度为 60%的恒湿器(NaCl 和蔗糖的饱和溶液)中

附表 7.2 常见弱酸的离解常数和弱碱的水解常数(按照数值大小排列)

名称(化学式)	$K_a(pK_a)$或者$K_b(pK_b)$			
三氯乙酸(CCl_3COOH)	0.23(0.64)			
铬酸(H_2CrO_4)	0.18(0.74)	3.2×10^{-7}(6.49)		
草酸($H_2C_2O_4$)	5.9×10^{-2}(1.23)	6.4×10^{-5}(4.19)		
二氯乙酸($CHCl_2COOH$)	5.0×10^{-2}(1.30)			
亚磷酸(H_3PO_3)	5.0×10^{-2}(1.30)	2.5×10^{-7}(6.60)		
焦磷酸($H_4P_2O_7$)	3.0×10^{-2}(1.52)	4.4×10^{-3}(2.36)	2.5×10^{-7}(6.60)	5.6×10^{-10}(9.25)
亚硫酸(H_2SO_3)	1.3×10^{-2}(1.90)	6.3×10^{-8}(7.20)		
硫酸(H_2SO_4)		1.0×10^{-2}(2.00)		
磷酸(H_3PO_4)	7.6×10^{-3}(2.12)	6.3×10^{-8}(7.20)	4.4×10^{-13}(12.36)	
砷酸(H_3AsO_4)	6.3×10^{-3}(2.20)	1.0×10^{-7}(7.00)	3.2×10^{-12}(11.49)	
氨基乙酸盐($^+NH_3CH_2COOH$)	4.5×10^{-3}(2.35)	2.5×10^{-10}(9.60)		
一氯乙酸($CH_2ClCOOH$)	1.4×10^{-3}(2.86)			
邻苯二甲酸[$C_6H_4(COOH)_2$]	1.1×10^{-3}(2.95)	3.9×10^{-6}(5.41)		
水杨酸[$C_6H_4(OH)COOH$]	1.0×10^{-3}(3.00)	7.9×10^{-14}(13.10)		
酒石酸[$(CH(OH)COOH)_2$]	9.1×10^{-4}(3.04)	4.3×10^{-5}(4.37)		
柠檬酸[$C(CH_2COOH)_2(OH)COOH$]	7.4×10^{-4}(3.13)	1.7×10^{-5}(4.77)	4.0×10^{-7}(6.40)	
氢氟酸(HF)	6.6×10^{-4}(3.18)			
亚硝酸(HNO_2)	5.1×10^{-4}(3.29)			
甲酸(HCOOH)	1.8×10^{-4}(3.74)			
乳酸[$CH_3CH(OH)COOH$]	1.4×10^{-4}(3.85)			
焦硼酸($H_2B_4O_7$)	1.0×10^{-4}(4.00)	1.0×10^{-9}(9.00)		

续表

名称(化学式)	$K_a(pK_a)$或者$K_b(pK_b)$	
苯甲酸(C_6H_5COOH)	$6.2\times10^{-5}(4.21)$	
琥珀酸[$(CH_2COOH)_2$]	$6.2\times10^{-5}(4.21)$	
抗坏血酸($C_6H_8O_6$)	$5.0\times10^{-5}(4.30)$	$1.5\times10^{-10}(9.82)$
乙酸(CH_3COOH)	$1.8\times10^{-5}(4.74)$	
碳酸(H_2CO_3)	$4.2\times10^{-7}(6.38)$	$5.6\times10^{-11}(10.25)$
氢硫酸(H_2S)	$1.3\times10^{-7}(6.89)$	$7.1\times10^{-15}(14.15)$
次氯酸($HClO$)	$3.0\times10^{-8}(7.52)$	
氢氰酸(HCN)	$6.2\times10^{-10}(9.21)$	
亚砷酸($HAsO_2$)	$6.0\times10^{-10}(9.22)$	
硼酸(H_3BO_3)	$5.8\times10^{-10}(9.24)$	
硅酸(H_2SiO_3)	$1.7\times10^{-10}(9.77)$	$1.6\times10^{-12}(11.8)$
苯酚(C_6H_5OH)	$1.1\times10^{-10}(9.96)$	
过氧化氢(H_2O_2)	$1.8\times10^{-12}(11.74)$	
乙胺($C_2H_5NH_2$)	$4.3\times10^{-4}(3.37)$	
甲胺(CH_3NH_2)	$4.2\times10^{-4}(3.38)$	
二甲胺[$(CH_3)_2NH$]	$1.2\times10^{-4}(3.92)$	
乙醇胺($HOCH_2CH_2NH_2$)	$3.2\times10^{-5}(4.49)$	
乙二胺($H_2NCH_2CH_2NH_2$)	$8.5\times10^{-5}(4.07)$	$7.1\times10^{-8}(7.15)$
氨(NH_3)	$1.8\times10^{-5}(4.74)$	
联氨($H_2N—NH_2$)	$9.8\times10^{-7}(6.01)$	$1.3\times10^{-15}(14.89)$
三乙醇胺[$N(CH_2CH_2OH)_3$]	$5.8\times10^{-7}(6.24)$	
羟胺(NH_2OH)	$9.1\times10^{-9}(8.04)$	
吡啶(C_5H_5N)	$1.8\times10^{-9}(8.74)$	
六亚甲基四胺[$(CH_2)_6N_4$]	$1.4\times10^{-9}(8.85)$	
苯胺($C_6H_5NH_2$)	$4.2\times10^{-10}(9.38)$	

附表 7.3　常见缓冲溶液

缓冲溶液(共轭酸碱对)	$pK_a(K_a)$
氨基乙酸-HCl($^{+}NH_3CH_2COOH$-NH_2CH_2COOH)	$2.35(4.5\times10^{-3}=K_{a1})$
一氯乙酸-NaOH($CH_2ClCOOH$-CH_2ClCOO^-)	$2.85(1.4\times10^{-3})$
邻苯二甲酸氢钾-HCl[$C_6H_4(COOH)_2$-$C_6H_4(COO)_2H^-$]	$2.96(1.1\times10^{-3}=K_{a1})$
甲酸-NaOH($HCOOH$-$HCOO^-$)	$3.74(1.8\times10^{-4})$
乙酸-乙酸钠(HAc-Ac^-)	$4.74(1.8\times10^{-5})$
六亚甲基四胺[$(CH_2)_6N_4H^+$-$(CH_2)_6N_4$]	$5.15(7.1\times10^{-6})$
NaH_2PO_4-Na_2HPO_4($H_2PO_4^-$-HPO_4^{2-})	$7.17(6.8\times10^{-8}=K_{a2})$

续表

缓冲溶液(共轭酸碱对)	$pK_a(K_a)$
三乙醇胺-HCl[$^+HN(C_2H_4OH)_3$-$N(C_2H_4OH)_3$]	7.77(1.7×10^{-8})
三羟甲基甲胺-HCl[$^+NH_3C(CH_2OH)_3$-$NH_2C(CH_2OH)_3$]	8.21(6.2×10^{-9})
$Na_2B_4O_7$-NaOH[H_3BO_3-$B(OH)_4^-$]	9.24(5.8×10^{-10})
NH_3-NH_4Cl(NH_4^+-NH_3)	9.26(5.6×10^{-10})
乙醇胺-HCl($^+NH_3C_2H_4OH$-$NH_2C_2H_4OH$)	9.50(3.2×10^{-10})
氨基乙酸-NaOH(NH_2CH_2COOH-$NH_2CH_2COO^-$)	9.60($2.5\times10^{-10}=K_{a2}$)
$NaHCO_3$-Na_2CO_3(HCO_3^--CO_3^{2-})	10.25($5.6\times10^{-11}=K_{a2}$)
Na_2HPO_4-NaOH(HPO_4^{2-}-PO_4^{3-})	12.36($4.4\times10^{-13}=K_{a3}$)

附表 7.4 常见标准缓冲溶液

标准缓冲溶液	pH(25°C)
饱和酒石酸氢钾(0.034 $mol\cdot L^{-1}$)	3.557
邻苯二甲酸氢钾(0.050 $mol\cdot L^{-1}$)	4.008
KH_2PO_4-Na_2HPO_4(各 0.025 $mol\cdot L^{-1}$)	6.865
硼砂(0.010 $mol\cdot L^{-1}$)	9.180
饱和氢氧化钙	12.454

附表 7.5 常见酸碱指示剂

指示剂	变色 pH 范围	酸式色/碱式色	pK_{HIn}	浓度
甲酚红	0.2～1.8	红/黄	1.0	0.1%(20%乙醇溶液)
百里酚蓝(首次变色)	1.2～2.8	红/黄	1.65	0.1(20%乙醇溶液)
甲基黄	2.9～4.0	红/黄	3.3	0.1%(90%乙醇溶液)
甲基橙	3.1～4.4	红/黄	3.4	0.05%(水溶液)
溴酚蓝	3.1～4.6	黄/紫	4.1	0.1%(20%乙醇溶液)，或其钠盐的水溶液
溴甲酚绿	4.0～5.6	黄/蓝	4.9	0.1%(水溶液)
甲基红	4.4～6.2	红/黄	5.2	0.1%(60%乙醇溶液)，或其钠盐的水溶液
溴甲酚紫	5.2～6.8	黄/紫	6.4	0.1%(20%乙醇溶液)
溴百里酚蓝	6.2～7.6	黄/蓝	7.3	0.1%(20%乙醇溶液)
中性红	6.8～8.0	红/黄橙	7.4	0.1%(60%乙醇溶液)
酚红	6.7～8.4	黄/红	8.0	0.1%(60%乙醇溶液)，或其钠盐的水溶液
百里酚蓝(二次变色)	8.0～9.6	黄/蓝	8.9	0.1%(20%乙醇溶液)
酚酞	8.0～9.6	无/红	9.1	0.1%(90%乙醇溶液)
百里酚酞	9.4～10.6	无/蓝	10.0	0.1%(90%乙醇溶液)

附表 7.6　常见混合酸碱指示剂

指示剂的组成	变色点 pH	酸式色/碱式色
一份 0.1%甲基黄乙醇溶液 一份 0.1%亚甲基蓝乙醇溶液	3.25	蓝紫/绿
一份 0.1%甲基橙水溶液 一份 0.25%靛蓝二磺酸钠水溶液	4.1	紫/黄绿
三份 0.1%溴甲酚绿乙醇溶液 一份 0.2%甲基红乙醇溶液	5.1	酒红/绿
一份 0.1%溴甲酚绿钠盐水溶液 一份 0.1%氯酚红钠盐水溶液	6.1	黄绿/蓝紫
一份 0.1%中性红乙醇溶液 一份 0.1%亚甲基蓝乙醇溶液	7.0	蓝紫/绿
一份 0.1%甲酚红钠盐水溶液 三份 0.1%百里酚蓝钠盐水溶液	8.3	黄/紫
一份 0.1%百里酚蓝(50%乙醇溶液) 三份 0.1%酚酞(50%乙醇溶液)	9.0	黄/紫
两份 0.1%百里酚酞乙醇溶液 一份 0.1%茜素黄乙醇溶液	10.2	黄/紫

附表 7.7　金属离子-EDTA 螯合物的稳定常数(20 ~ 25℃，$I = 0.1\ mol \cdot L^{-1}$)

离子	$K_{稳}$ ($\lg K_{稳}$)	离子	$K_{稳}$ ($\lg K_{稳}$)	离子	$K_{稳}$ ($\lg K_{稳}$)
Ag^{+}	2.09×10^{7}(7.32)	HfO^{2+}	1.26×10^{19}(19.10)	Sb^{3+}	1.00×10^{24}(24.00)
Al^{3+}	2.00×10^{16}(16.30)	Hg^{2+}	5.01×10^{21}(21.70)	Sc^{3+}	1.26×10^{23}(23.10)
Ba^{2+}	7.24×10^{7}(7.86)	Ho^{3+}	5.50×10^{18}(18.74)	Sm^{3+}	1.38×10^{17}(17.14)
Be^{2+}	2.00×10^{9}(9.30)	In^{3+}	1.00×10^{25}(25.00)	Sn^{2+}	1.29×10^{22}(22.11)
Bi^{3+}	8.71×10^{27}(27.94)	La^{3+}	3.16×10^{15}(15.50)	Sr^{2+}	5.37×10^{8}(8.73)
Ca^{2+}	4.90×10^{10}(10.69)	Li^{+}	6.17×10^{2}(2.79)	Tb^{3+}	4.68×10^{17}(17.67)
Cd^{2+}	2.88×10^{16}(16.46)	Lu^{3+}	6.76×10^{19}(19.83)	Th^{4+}	1.58×10^{23}(23.20)
Ce^{3+}	9.55×10^{15}(15.98)	Mg^{2+}	5.01×10^{8}(8.70)	Ti^{3+}	2.00×10^{21}(21.30)
Co^{2+}	2.04×10^{16}(16.31)	Mn^{2+}	7.41×10^{13}(13.87)	TiO^{2+}	2.00×10^{17}(17.30)
Co^{3+}	1.00×10^{36}(36.00)	MoO_2^{+}	1.00×10^{28}(28.00)	Tl^{+}	2.00×10^{5}(5.30)
Cr^{3+}	2.51×10^{23}(23.40)	Na^{+}	4.57×10(1.66)	Tl^{3+}	6.31×10^{37}(37.80)
Cu^{2+}	6.31×10^{18}(18.80)	Nd^{3+}	3.98×10^{16}(16.60)	Tm^{3+}	1.17×10^{19}(19.07)
Dy^{3+}	2.00×10^{18}(18.30)	Ni^{2+}	4.17×10^{18}(18.62)	U^{4+}	6.31×10^{25}(25.80)
Er^{3+}	7.08×10^{18}(18.85)	Pb^{2+}	1.10×10^{18}(18.04)	VO^{2+}	6.31×10^{18}(18.80)
Eu^{3+}	2.24×10^{17}(17.35)	Pd^{2+}	3.16×10^{18}(18.50)	VO_2^{+}	1.26×10^{18}(18.10)
Fe^{2+}	2.09×10^{14}(14.32)	Pm^{3+}	5.62×10^{16}(16.75)	Y^{3+}	1.23×10^{18}(18.09)
Fe^{3+}	1.26×10^{25}(25.10)	Pr^{3+}	2.51×10^{16}(16.40)	Yb^{3+}	3.72×10^{19}(19.57)
Ga^{3+}	2.00×10^{20}(20.30)	Pu^{3+}	1.28×10^{18}(18.10)	Zn^{2+}	3.16×10^{16}(16.50)
Gd^{3+}	2.34×10^{17}(17.37)	Ra^{2+}	2.51×10^{7}(7.40)	ZrO^{2+}	3.16×10^{29}(29.50)

附表 7.8 EDTA 的酸效应系数

pH	$\alpha_{Y(H)}(\lg\alpha_{Y(H)})$	pH	$\alpha_{Y(H)}(\lg\alpha_{Y(H)})$	pH	$\alpha_{Y(H)}(\lg\alpha_{Y(H)})$
0.0	4.37×10^{23}(23.64)	4.0	2.75×10^{8}(8.44)	8.0	1.86×10^{2}(2.27)
0.1	1.15×10^{23}(23.06)	4.1	1.74×10^{8}(8.24)	8.1	1.48×10^{2}(2.17)
0.2	2.95×10^{22}(22.47)	4.2	1.10×10^{8}(8.04)	8.2	1.17×10^{2}(2.07)
0.3	7.76×10^{21}(21.89)	4.3	6.92×10^{7}(7.84)	8.3	93.3(1.97)
0.4	2.09×10^{21}(21.32)	4.4	4.37×10^{7}(7.64)	8.4	74.1(1.87)
0.5	5.62×10^{20}(20.75)	4.5	2.75×10^{7}(7.44)	8.5	58.9(1.77)
0.6	1.51×10^{20}(20.18)	4.6	1.74×10^{7}(7.24)	8.6	46.8(1.67)
0.7	4.17×10^{19}(19.62)	4.7	1.10×10^{7}(7.04)	8.7	37.2(1.57)
0.8	1.20×10^{19}(19.08)	4.8	6.92×10^{6}(6.84)	8.8	30.2(1.48)
0.9	3.47×10^{18}(18.54)	4.9	4.47×10^{6}(6.65)	8.9	24.0(1.38)
1.0	1.02×10^{18}(18.01)	5.0	2.82×10^{6}(6.45)	9.0	19.1(1.28)
1.1	3.09×10^{17}(17.49)	5.1	1.82×10^{6}(6.26)	9.1	15.5(1.19)
1.2	9.55×10^{16}(16.98)	5.2	1.17×10^{6}(6.07)	9.2	12.6(1.10)
1.3	3.09×10^{16}(16.49)	5.3	7.59×10^{5}(5.88)	9.3	10.2(1.01)
1.4	1.05×10^{16}(16.02)	5.4	4.90×10^{5}(5.69)	9.4	8.32(0.92)
1.5	3.55×10^{15}(15.55)	5.5	3.24×10^{5}(5.51)	9.5	6.76(0.83)
1.6	1.29×10^{15}(15.11)	5.6	2.14×10^{5}(5.33)	9.6	5.62(0.75)
1.7	4.79×10^{14}(14.68)	5.7	1.41×10^{5}(5.15)	9.7	4.68(0.67)
1.8	1.86×10^{14}(14.27)	5.8	9.55×10^{4}(4.98)	9.8	3.89(0.59)
1.9	7.59×10^{13}(13.88)	5.9	6.46×10^{4}(4.81)	9.9	3.31(0.52)
2.0	3.24×10^{13}(13.51)	6.0	4.47×10^{4}(4.65)	10.0	2.82(0.45)
2.1	1.45×10^{13}(13.16)	6.1	3.09×10^{4}(4.49)	10.1	2.45(0.39)
2.2	6.61×10^{12}(12.82)	6.2	2.19×10^{4}(4.34)	10.2	2.14(0.33)
2.3	3.16×10^{12}(12.50)	6.3	1.58×10^{4}(4.20)	10.3	1.91(0.28)
2.4	1.55×10^{12}(12.19)	6.4	1.15×10^{4}(4.06)	10.4	1.74(0.24)
2.5	7.94×10^{11}(11.90)	6.5	8.32×10^{3}(3.92)	10.5	1.58(0.20)
2.6	4.17×10^{11}(11.62)	6.6	6.17×10^{3}(3.79)	10.6	1.45(0.16)
2.7	2.24×10^{11}(11.35)	6.7	4.68×10^{3}(3.67)	10.7	1.35(0.13)
2.8	1.23×10^{11}(11.09)	6.8	3.55×10^{3}(3.55)	10.8	1.29(0.11)
2.9	6.92×10^{10}(10.84)	6.9	2.69×10^{3}(3.43)	10.9	1.23(0.09)
3.0	3.98×10^{10}(10.60)	7.0	2.09×10^{3}(3.32)	11.0	1.17(0.07)
3.1	2.34×10^{10}(10.37)	7.1	1.62×10^{3}(3.21)	11.1	1.15(0.06)
3.2	1.38×10^{10}(10.14)	7.2	1.26×10^{3}(3.10)	11.2	1.12(0.05)
3.3	8.32×10^{9}(9.92)	7.3	9.77×10^{2}(2.99)	11.3	1.10(0.04)
3.4	5.01×10^{9}(9.70)	7.4	7.59×10^{2}(2.88)	11.4	1.07(0.03)
3.5	3.02×10^{9}(9.48)	7.5	6.03×10^{2}(2.78)	11.5	1.05(0.02)
3.6	1.86×10^{9}(9.27)	7.6	4.79×10^{2}(2.68)	11.6	1.05(0.02)
3.7	1.15×10^{9}(9.06)	7.7	3.72×10^{2}(2.57)	11.7	1.05(0.02)
3.8	7.08×10^{8}(8.85)	7.8	2.95×10^{2}(2.47)	11.8	1.02(0.01)
3.9	4.47×10^{8}(8.65)	7.9	2.34×10^{2}(2.37)	11.9	1.02(0.01)

附表 7.9　金属指示剂的$\alpha_{In(H)}$以及理论变色点的 pM_t 值

1. 铬黑 T(EBT)

pH	pCa_t	pMg_t	pMn_t	pZn_t	$\lg\alpha_{In(H)}$
6.0	/	1.0	3.6	6.9	6.0
7.0	/	2.4	5.0	8.3	4.6
8.0	1.8	3.4	6.2	9.3	3.6
9.0	2.8	4.4	7.8	10.5	2.6
10.0	3.8	5.4	9.7	12.2	1.6
11.0	4.7	6.3	11.5	13.9	0.7
12.0	5.3	/	/	/	0.1
13.0	5.4	/	/	/	/

注：$\lg K_{CaIn} = 5.4$，$\lg K_{MgIn} = 7.0$，$\lg K_{MnIn} = 9.6$，$\lg K_{ZnIn} = 12.9$。MIn 配合物呈红色。铬黑 T 在 pH < 6.3 时呈红色，6.3 < pH < 11.6 时呈蓝色，pH > 11.6 时呈橙色

2. 二甲酚橙(XO)

pH	pBi_t	pCd_t	pHg_t	pLa_t	pPb_t	pTh_t	pZn_t	pZr_t	$\lg\alpha_{In(H)}$
0.0	/	/	/	/	/	/	/	7.5	35.0
1.0	4.0	/	/	/	/	3.6	/	/	30.0
2.0	5.4	/	/	/	/	4.9	/	/	25.1
3.0	6.8	/	/	/	4.2	6.3	/	/	20.7
4.0	/	/	/	/	4.8	/	/	/	17.3
4.5	/	4.0	/	4.0	6.2	/	4.1	/	15.7
5.0	/	4.5	7.4	4.5	7.0	/	4.8	/	14.2
5.5	/	5.0	8.2	5.0	7.6	/	5.7	/	12.8
6.0	/	5.5	9.0	5.6	8.2	/	6.5	/	11.3

注：MIn 配合物呈红色。二甲酚橙在 pH < 6.3 时呈黄色，pH > 6.3 时呈红色

3. 1-(2-吡啶偶氮)-2-萘酚(PAN)

pH	pCo_t	pCu_t	pMn_t	pNi_t	pZn_t	$\lg\alpha_{In(H)}$
4.0	3.8	7.8	/	4.5	3.0	8.2
5.0	4.8	8.8	1.3	6.0	4.0	7.2
6.0	5.8	9.8	2.3	7.9	6.0	6.2
7.0	6.8	10.8	3.3	9.9	8.0	5.2
8.0	7.8	11.8	4.3	11.9	8.3	4.2
9.0	8.8	12.8	5.5	13.9	10.3	3.2
10.0	9.8	13.8	7.0	15.9	12.3	2.2
11.0	10.8	14.8	9.0	17.9	14.3	1.2

注：$\lg K_{CoIn} = 12.15$，$\lg K_{CuIn} = 16.0$，$\lg K_{MnIn} = 8.5$，$\lg K_{NiIn} = 12.7$，$\lg K_{ZnIn} = 11.2$

附表 7.10　常见配合物的累积稳定常数

配体	离子	$I/(\text{mol}\cdot\text{L}^{-1})$	$\lg\beta_j\,(j=1, 2, \cdots)$					
NH_3	Ag^+	0.5	3.24	7.05	/	/	/	/
	Cd^{2+}	2	2.64	4.75	6.19	7.12	6.80	5.14
	Co^{2+}	2	2.11	3.74	4.79	5.55	5.73	5.11
	Co^{3+}	2	6.7	14.0	20.1	25.7	30.8	35.2
	Cu^+	2	5.93	10.86	/	/	/	/
	Cu^{2+}	2	4.31	7.98	11.02	13.32	12.86	/
	Ni^{2+}	2	2.80	5.04	6.77	7.96	8.71	8.74
	Zn^{2+}	2	2.37	4.81	7.31	9.46	/	/
Br^-	Ag^+	0	4.38	7.33	8.00	8.73	/	/
	Bi^{3+}	2.3	4.30	5.55	5.89	7.82	/	9.70
	Cd^{2+}	3	1.75	2.34	3.32	3.70	/	/
	Cu^+	0	/	5.89	/	/	/	/
	Hg^{2+}	0.5	9.05	17.32	19.74	21.00	/	/
Cl^-	Ag^+	0	3.04	5.04	5.04	5.30	/	/
	Hg^{2+}	0.5	6.74	13.22	14.07	15.07	/	/
	Sn^{2+}	0	1.51	2.24	2.03	1.48	/	/
	Sb^{3+}	4	2.26	3.49	4.18	4.72	4.72	4.11
CN^-	Ag^+	0	/	21.1	21.7	20.6	/	/
	Cd^{2+}	3	5.48	10.60	15.23	18.78	/	/
	Co^{2+}	/	/	/	/	/	/	19.09
	Cu^+	0	/	24.0	28.59	30.3	/	/
	Fe^{2+}	0	/	/	/	/	/	35
	Fe^{3+}	0	/	/	/	/	/	42
	Hg^{2+}	0	/	/	/	41.4	/	/
	Ni^{2+}	0.1	/	/	/	31.3	/	/
	Zn^{2+}	0.1	/	/	/	16.7	/	/
F^-	Al^{3+}	0.5	6.13	11.15	15.00	17.75	19.37	19.84
	Fe^{3+}	0.5	5.28	9.30	12.06	/	15.77	/
	Th^{4+}	0.5	7.65	13.46	17.97	/	/	/
	TiO_2^{2+}	3	5.4	9.8	13.7	18.0	/	/
	ZrO_2^{2+}	2	8.80	16.12	21.94	/	/	/
I^-	Ag^+	0	6.58	11.74	13.68	/	/	/
	Bi^{3+}	2	3.63	/	/	14.95	16.80	18.80
	Cd^{2+}	0	2.10	3.43	4.49	5.41	/	/
	Pb^{2+}	0	2.00	3.15	3.92	4.47	/	/
	Hg^{2+}	0.5	12.87	23.82	27.60	29.83	/	/
PO_4^{3-}	Ca^{2+}	0.2	1.7 (CaHL)	/	/	/	/	/
	Mg^{2+}	0.2	1.9 (MgHL)	/	/	/	/	/
	Mn^{2+}	0.2	2.6 (MnHL)	/	/	/	/	/
	Fe^{3+}	0.66	9.35 (FeHL)	/	/	/	/	/

续表

配体	离子	$I/(\mathrm{mol \cdot L^{-1}})$	$\lg\beta_j\,(j=1, 2, \cdots)$					
SCN^-	Ag^+	2.2	/	7.57	9.08	10.08	/	/
	Au^+	0	/	23	/	42	/	/
	Co^{2+}	1	1.0	/	/	/	/	/
	Cu^+	5	/	11.00	10.90	10.48	/	/
	Fe^{2+}	0.5	2.95	3.36	/	/	/	/
	Hg^{2+}	1	/	17.47	/	21.23	/	/
$S_2O_3^{2-}$	Ag^+	0	8.82	13.46	14.15	/	/	/
	Cu^+	0.8	10.35	12.27	13.71	/	/	/
	Hg^{2+}	0	/	29.86	32.26	33.61	/	/
	Pb^{2+}	0	5.1	/	6.4	/	/	/
OH^-	Al^{3+}	2	/	/	163 $[Al_6(OH)_{15}^{3+}]$	33.3	/	/
	Bi^{3+}	3	12.4	/	168.3$[Bi_6(OH)_{12}^{6+}]$	/	/	/
	Cd^{2+}	3	4.3	7.7	10.3	12.0	/	/
	Co^{2+}	0.1	5.1	/	10.2	/	/	/
	Cr^{3+}	0.1	10.2	18.3	/	/	/	/
	Fe^{2+}	1	4.5	/	/	/	/	/
	Fe^{3+}	3	11.0	21.7	25.1 $[Fe_2(OH)_2^{4+}]$	/	/	/
	Hg^{2+}	0.5	/	21.7	/	/	/	/
	Mg^{2+}	0	2.6	/	/	/	/	/
	Mn^{2+}	0.1	3.4	/	/	/	/	/
	Ni^{2+}	0.1	4.6	/	/	/	/	/
	Pb^{2+}	0.3	6.2	10.3	13.3	7.6$[Pb_2(OH)^{3+}]$	/	/
	Sn^{2+}	3	10.1	/	/	/	/	/
	Th^{4+}	1	9.7	/	/	/	/	/
	Ti^{3+}	0.5	11.8	/	/	/	/	/
	TiO^{2+}	1	13.7	/	/	/	/	/
	VO^{2+}	3	8.0	/	/	/	/	/
	Zn^{2+}	0	4.4	10.1	14.2	15.5	/	/
乙酰丙酮	Al^{3+}	0	8.60	15.5	21.30	/	/	/
	Cu^{2+}	0	8.27	16.34	/	/	/	/
	Fe^{2+}	0	5.07	8.67	/	/	/	/
	Fe^{3+}	0	11.4	22.1	26.7	/	/	/
	Ni^{2+}	0	6.06	10.77	13.09	/	/	/
	Zn^{2+}	0	4.98	8.81	/	/	/	/
柠檬酸	Ag^+	0	7.1 (Ag_2HL)	/	/	/	/	/
	Al^{3+}	0.5	7.0 $(AlHL)$	20.0 (AlL)	30.6 $(AlOHL)$	/	/	/
	Ca^{2+}	0.5	10.9 (CaH_3L)	8.4 (CaH_2L)	3.5 $(CaHL)$	/	/	/
	Cd^{2+}	0.5	7.9 (CdH_2L)	4.0 $(CdHL)$	11.3 (CdL)	/	/	/
	Co^{2+}	0.5	8.9 (CoH_2L)	4.4 $(CoHL)$	12.5 (CoL)	/	/	/
	Cu^{2+}	0.5	12.0 (CuH_3L)	18.0 (CuL)	/	/	/	/

续表

配体	离子	I/(mol·L^{-1})	lgβ_j (j = 1, 2, …)					
柠檬酸	Cu^{2+}	0	6.1 (CuHL)	/	/	/	/	/
	Fe^{2+}	0.5	7.3 (FeH_3L)	3.1 (FeHL)	15.5 (FeL)	/	/	/
	Fe^{3+}	0.5	12.2 (FeH_2L)	10.9 (FeHL)	25.0 (FeL)	/	/	/
	Ni^{2+}	0.5	9.0 (NiH_2L)	4.8 (NiHL)	14.3 (NiL)	/	/	/
	Pb^{2+}	0.5	11.2 (PbH_2L)	5.2 (PbHL)	12.3 (PbL)	/	/	/
	Zn^{2+}	0.5	8.7 (ZnH_2L)	4.5 (ZnHL)	11.4 (ZnL)	/	/	/
草酸	Al^{3+}	0	7.26	13.0	16.3	/	/	/
	Cd^{2+}	0.5	2.9	4.7	/	/	/	/
	Co^{2+}	0	4.79	6.7	9.7	/	/	/
	Co^{2+}	0.5	10.6 (CoH_2L)	5.5 (CoHL)	/	/	/	/
	Co^{3+}	/	/	/	~20	/	/	/
	Cu^{2+}	0.5	4.5	8.9	6.25 (CuHL)	/	/	/
	Fe^{2+}	0.5～1	2.9	4.52	5.22	/	/	/
	Fe^{3+}	0	9.4	16.2	20.2	/	/	/
	Mg^{2+}	0.1	2.76	4.38	/	/	/	/
	Mn^{2+}	2	9.98	16.57	19.42	/	/	/
	Ni^{2+}	0.1	5.2	7.64	8.5	/	/	/
	Th^{4+}	0.1	/	/	/	24.5	/	/
	TiO^{2+}	2	6.6	9.9	/	/	/	/
	Zn^{2+}	0.5	4.89	7.60	8.15	5.6 (ZnH_2L)	/	/
磺基水杨酸	Al^{3+}	0.1	13.20	22.83	28.89	/	/	/
	Cd^{2+}	0.25	16.68	29.08	/	/	/	/
	Co^{2+}	0.1	6.13	9.82	/	/	/	/
	Cr^{3+}	0.1	9.56	/	/	/	/	/
	Cu^{2+}	0.1	9.52	16.45	/	/	/	/
	Fe^{2+}	0.1～0.5	5.90	9.90	/	/	/	/
	Fe^{3+}	0.25	14.64	25.18	32.12	/	/	/
	Mn^{2+}	0.1	5.24	8.24	/	/	/	/
	Ni^{2+}	0.1	6.42	10.24	/	/	/	/
	Zn^{2+}	0.1	6.05	10.65	/	/	/	/
酒石酸	Bi^{3+}	0	/	/	8.30	/	/	/
	Ca^{2+}	0.5	4.85 (CaHL)	/	/	/	/	/
	Ca^{2+}	0	2.98	9.01	/	/	/	/
	Cd^{2+}	0.5	2.8	/	/	/	/	/
	Cu^{2+}	1	3.2	5.11	4.78	6.51	/	/
	Fe^{3+}	0	/	/	7.49	/	/	/
	Mg^{2+}	0.5	1.2	4.65 (MgHL)	/	/	/	/
	Pb^{2+}	0	3.78	/	4.7	/	/	/
	Zn^{2+}	0.5	2.4	8.32	4.5 (ZnHL)	/	/	/

续表

配体	离子	I/(mol·L^{-1})	lgβ_j (j= 1, 2, …)					
乙二胺	Ag^+	0.1	4.70	7.70		/	/	/
	Cd^{2+}	0.5	5.47	10.09	12.09	/	/	/
	Co^{2+}	1	5.91	10.64	13.94	/	/	/
	Co^{3+}	1	18.70	34.90	48.69	/	/	/
	Cu^+	/	/	10.8	/	/	/	/
	Cu^{2+}	1	10.67	20.00	21.0	/	/	/
	Fe^{2+}	1.4	4.34	7.65	9.70	/	/	/
	Hg^{2+}	0.1	14.30	23.3	/	/	/	/
	Mn^{2+}	1	2.73	4.79	5.67	/	/	/
	Ni^{2+}	1	7.52	13.80	18.06	/	/	/
	Zn^{2+}	1	5.77	10.83	14.11	/	/	/
硫脲	Ag^+	0.03	7.4	13.1	/	/	/	/
	Bi^{3+}	/	/	/	/	/	/	11.9
	Cu^+	0.1	/	/	13	15.4	/	/
	Hg^{2+}	/	/	22.1	24.7	26.8	/	/

附表 7.11　金属离子-氨羧类配体螯合物的稳定常数lg$K_{稳}$(18～25℃，I= 0.1 mol·L^{-1})

(按照元素字母顺序排列)

离子	CyDTA	DTPA	EGTA	HEDTA	NTA
Ag^+	/	/	6.88	6.71	5.16
Al^{3+}	19.5	18.6	13.9	14.3	11.4
Ba^{2+}	8.69	8.87	8.41	6.3	4.82
Be^{2+}	11.51	/	/	/	7.11
Bi^{3+}	32.3	35.6	/	22.3	17.5
Ca^{2+}	13.20	10.83	10.97	8.3	6.41
Cd^{2+}	19.93	19.2	16.7	13.3	9.83；lgβ_2=14.61
Co^{2+}	19.62	19.27	12.39	14.6	10.38；lgβ_2=14.39
Co^{3+}	/	/	/	37.4	6.84
Cr^{3+}	/	/	/	/	6.23
Cu^{2+}	22.0	21.55	17.71	17.6	12.96
Fe^{2+}	19.0	16.5	11.87	12.3	8.33
Fe^{3+}	30.1	28.0	20.5	19.8	15.9
Ga^{3+}	23.2	25.54	/	16.9	13.6
Hg^{2+}	25.00	26.70	23.2	20.30	14.6
In^{3+}	28.8	29.0	/	20.2	16.9
Li^+	/	/	/	/	2.51
Mg^{2+}	11.02	9.30	5.21	7.0	5.41
Mn^{2+}	17.48	15.60	12.28	10.9	7.44
Na^+	/	/	/	/	lgβ_2=1.22
Ni^{2+}	20.3	20.32	13.55	17.3	11.53；lgβ_2=16.42

续表

离子	CyDTA	DTPA	EGTA	HEDTA	NTA
Pb^{2+}	20.38	18.80	14.71	15.7	11.39
Sc^{3+}	26.1	24.5	18.2	/	$\lg\beta_2$=24.1
Sr^{2+}	10.59	9.77	8.50	6.9	4.98
Th^{4+}	25.6	28.78	/	/	/
Tl^{3+}	38.3	/	/	/	20.9；$\lg\beta_2$=32.5
U^{4+}	27.6	7.69	/	/	/
VO^{2+}	20.1	/	/	/	/
Y^{3+}	19.85	22.13	17.16	14.78	11.41；$\lg\beta_2$=20.43
Zn^{2+}	19.37	18.40	12.7	14.7	10.67；$\lg\beta_2$=14.29
Zr^{4+}	/	35.8	/	/	20.8
稀土元素	17～22	19	/	13～16	10～12

注：CyDTA 为环己二胺四乙酸；DTPA 为二乙三胺五乙酸；EGTA 为乙二醇双(2-氨基乙醚)四乙酸；HEDTA 为 2-羟乙基乙二胺三乙酸；NTA 为氨三乙酸

附表 7.12 金属离子的水解效应系数$\lg\alpha_{M(OH)}$

离子	I/(mol·L^{-1})	pH													
		1	2	3	4	5	6	7	8	9	10	11	12	13	14
Ag(Ⅰ)	0.1											0.1	0.5	2.3	5.1
Al(Ⅲ)	2					0.4	1.3	5.3	9.3	13.3	17.3	21.3	25.3	29.3	33.3
Ba(Ⅱ)	0.1													0.1	0.5
Bi(Ⅲ)	3	0.1	0.5	1.4	2.4	3.4	4.4	5.4							
Ca(Ⅱ)	0.1													0.3	1.0
Cd(Ⅱ)	3									0.1	0.5	2.0	4.5	8.1	12.0
Ce(Ⅳ)	1～2	1.2	3.1	5.1	7.1	9.1	11.1	13.1							
Cu(Ⅱ)	0.1								0.2	0.8	1.7	2.7	3.7	4.7	5.7
Fe(Ⅱ)	1									0.1	0.6	1.5	2.5	3.5	4.5
Fe(Ⅲ)	3			0.4	1.8	3.7	5.7	7.7	9.7	11.7	13.7	15.7	17.7	19.7	21.7
Hg(Ⅱ)	0.1			0.5	1.9	3.9	5.9	7.9	9.9	11.9	13.9	15.9	17.9	19.9	21.9
La(Ⅲ)	3										0.3	1.0	1.9	2.9	3.9
Mg(Ⅱ)	0.1											0.1	0.5	1.3	2.3
Ni(Ⅱ)	0.1									0.1	0.7	1.6			
Pb(Ⅱ)	0.1							0.1	0.5	1.4	2.7	4.7	7.4	10.4	13.4
Th(Ⅳ)	1				0.2	0.8	1.7	2.7	3.7	4.7	5.7	6.7	7.7	8.7	9.7
Zn(Ⅱ)	0.1									0.2	2.4	5.4	8.5	11.8	15.5

附表 7.13　标准电极电势(按照元素字母顺序排列)

标准电极电势/V	半反应
0.7996	$Ag^+ + e \rightleftharpoons Ag$
0.07133	$AgBr + e \rightleftharpoons Ag + Br^-$
0.22233	$AgCl + e \rightleftharpoons Ag + Cl^-$
−0.15224	$AgI + e \rightleftharpoons Ag + I^-$
−0.691	$Ag_2S + 2e \rightleftharpoons 2Ag + S^{2-}$
−1.662	$Al^{3+} + 3e \rightleftharpoons Al$
−2.33	$H_2AlO_3^- + H_2O + 3e \rightleftharpoons Al + 4OH^-$
−0.38	$As + 3H^+ + 3e \rightleftharpoons AsH_3$
0.248	$HAsO_2 + 3H^+ + 3e \rightleftharpoons As + 2H_2O$
−0.68	$AsO_2^- + 2H_2O + 3e \rightleftharpoons As + 4OH^-$
0.560	$H_3AsO_4 + 2H^+ + 2e \rightleftharpoons HAsO_2 + 2H_2O$
−0.71	$AsO_4^{3-} + 2H_2O + 2e \rightleftharpoons AsO_2^- + 4OH^-$
1.498	$Au^{3+} + 3e \rightleftharpoons Au$
1.401	$Au^{3+} + 2e \rightleftharpoons Au^+$
−2.912	$Ba^{2+} + 2e \rightleftharpoons Ba$
0.320	$BiO^+ + 2H^+ + 3e \rightleftharpoons Bi + H_2O$
1.0873	$Br_2(\text{水}) + 2e \rightleftharpoons 2Br^-$
1.05	$Br_3^- + 2e \rightleftharpoons 3Br^-$
0.761	$BrO^- + H_2O + 2e \rightleftharpoons Br^- + 2OH^-$
1.574	$HBrO + H^+ + e \rightleftharpoons \frac{1}{2}Br_2(\text{水}) + H_2O$
1.482	$BrO_3^- + 6H^+ + 5e \rightleftharpoons \frac{1}{2}Br_2 + 3H_2O$
1.423	$BrO_3^- + 6H^+ + 6e \rightleftharpoons Br^- + 3H_2O$
−2.868	$Ca^{2+} + 2e \rightleftharpoons Ca$
−0.4030	$Cd^{2+} + 2e \rightleftharpoons Cd$
1.61	$Ce^{4+} + e \rightleftharpoons Ce^{3+}$
1.35827	$Cl_2(\text{气}) + 2e \rightleftharpoons 2Cl^-$
1.482	$HClO + H^+ + 2e \rightleftharpoons Cl^- + H_2O$
1.628	$HClO + H^+ + e \rightleftharpoons \frac{1}{2}Cl_2 + H_2O$
0.81	$ClO^- + H_2O + 2e \rightleftharpoons Cl^- + 2OH^-$
1.645	$HClO_2 + 2H^+ + 2e \rightleftharpoons HClO + H_2O$
1.47	$ClO_3^- + 6H^+ + 5e \rightleftharpoons \frac{1}{2}Cl_2 + 3H_2O$
1.451	$ClO_3^- + 6H^+ + 6e \rightleftharpoons Cl^- + 3H_2O$
1.189	$ClO_4^- + 2H^+ + 2e \rightleftharpoons ClO_3^- + H_2O$
1.39	$ClO_4^- + 8H^+ + 7e \rightleftharpoons \frac{1}{2}Cl_2 + 4H_2O$

续表

标准电极电势/V	半反应
−0.28	$Co^{2+} + 2e \rightleftharpoons Co$
−0.199	$CO_2 + 2H^+ + 2e \rightleftharpoons HCOOH$
−0.49	$2CO_2 + 2H^+ + 2e \rightleftharpoons H_2C_2O_4$
−0.913	$Cr^{2+} + 2e \rightleftharpoons Cr$
−0.407	$Cr^{3+} + e \rightleftharpoons Cr^{2+}$
−0.13	$CrO_4^{2-} + 4H_2O + 3e \rightleftharpoons Cr(OH)_3 + 5OH^-$
1.232	$Cr_2O_7^{2-} + 14H^+ + 6e \rightleftharpoons 2Cr^{3+} + 7H_2O$
0.52	$Cu^+ + e \rightleftharpoons Cu$
0.153	$Cu^{2+} + e \rightleftharpoons Cu^+$
0.3419	$Cu^{2+} + 2e \rightleftharpoons Cu$
0.86	$Cu^{2+} + I^- + e \rightleftharpoons CuI$(固)
3.053	$F_2 + 2H^+ + 2e \rightleftharpoons 2HF$
2.866	$F_2 + 2e \rightleftharpoons 2F^-$
−0.447	$Fe^{2+} + 2e \rightleftharpoons Fe$
0.771	$Fe^{3+} + e \rightleftharpoons Fe^{2+}$
0.358	$Fe(CN)_6^{3-} + e \rightleftharpoons Fe(CN)_6^{4-}$
−0.560	$Ga^{3+} + 3e \rightleftharpoons Ga$
0.00000	$2H^+ + 2e \rightleftharpoons H_2$
−0.8277	$2H_2O + 2e \rightleftharpoons H_2 + 2OH^-$
0.7973	$Hg_2^{2+} + 2e \rightleftharpoons 2Hg$
0.851	$Hg^{2+} + 2e \rightleftharpoons Hg$
0.13923	$Hg_2Br_2 + 2e \rightleftharpoons 2Hg + 2Br^-$
0.26808	Hg_2Cl_2(固)$ + 2e \rightleftharpoons 2Hg + 2Cl^-$
0.48	$HgCl_4^{2-} + 2e \rightleftharpoons Hg + 4Cl^-$
0.63	$2HgCl_2 + 2e \rightleftharpoons Hg_2Cl_2$(固)$ + 2Cl^-$
0.6125	$Hg_2SO_4 + 2e \rightleftharpoons 2Hg + SO_4^{2-}$
0.5355	$I_2 + 2e \rightleftharpoons 2I^-$
0.536	$I_3^- + 2e \rightleftharpoons 3I^-$
1.439	$2HIO + 2H^+ + 2e \rightleftharpoons I_2 + 2H_2O$
0.987	$HIO + H^+ + 2e \rightleftharpoons I^- + H_2O$
1.195	$2IO_3^- + 12H^+ + 10e \rightleftharpoons I_2 + 6H_2O$
1.601	$H_5IO_6 + H^+ + 2e \rightleftharpoons IO_3^- + 3H_2O$
−0.3382	$In^{3+} + 3e \rightleftharpoons In$
−2.931	$K^+ + e \rightleftharpoons K$
−2.522	$La^{3+} + 3e \rightleftharpoons La$
−3.0401	$Li^+ + e \rightleftharpoons Li$
−2.372	$Mg^{2+} + 2e \rightleftharpoons Mg$
−1.185	$Mn^{2+} + 2e \rightleftharpoons Mn$

续表

标准电极电势/V	半反应
1.5415	$Mn^{3+} + e \rightleftharpoons Mn^{2+}$
1.224	$MnO_2 + 4H^+ + 2e \rightleftharpoons Mn^{2+} + 2H_2O$
1.507	$MnO_4^- + 8H^+ + 5e \rightleftharpoons Mn^{2+} + 4H_2O$
1.679	$MnO_4^- + 4H^+ + 3e \rightleftharpoons MnO_2 + 2H_2O$
0.595	$MnO_4^- + 2H_2O + 3e \rightleftharpoons MnO_2 + 4OH^-$
0.558	$MnO_4^- + e \rightleftharpoons MnO_4^{2-}$
0.48	$MoO_2^{2+} + 2H^+ + e \rightleftharpoons MoO^{3+} + H_2O$
0.59	$[SiMo_{12}O_{40}]^{4-} + 4H^+ + 4e \rightleftharpoons [H_4SiMo_{12}O_{40}]^{4-}$
1.065	$N_2O_4 + 2H^+ + 2e \rightleftharpoons 2HNO_2$
0.934	$NO_3^- + 3H^+ + 2e \rightleftharpoons HNO_2 + H_2O$
0.983	$HNO_2 + H^+ + e \rightleftharpoons NO + H_2O$
0.803	$2NO_3^- + 4H^+ + 2e \rightleftharpoons N_2O_4 + 2H_2O$
−2.71	$Na^+ + e \rightleftharpoons Na$
−0.257	$Ni^{2+} + 2e \rightleftharpoons Ni$
2.076	$O_3 + 2H^+ + 2e \rightleftharpoons O_2 + H_2O$
1.229	$O_2 + 4H^+ + 4e \rightleftharpoons 2H_2O$
0.695	$O_2 + 2H^+ + 2e \rightleftharpoons H_2O_2$
0.878	$HO_2^- + H_2O + 2e \rightleftharpoons 3OH^-$
1.77	$H_2O_2 + 2H^+ + 2e \rightleftharpoons 2H_2O$
−0.076	$O_2 + H_2O + 2e \rightleftharpoons HO_2^- + OH^-$
−0.499	$H_3PO_3 + 2H^+ + 2e \rightleftharpoons H_3PO_2 + H_2O$
−0.276	$H_3PO_4 + 2H^+ + 2e \rightleftharpoons H_3PO_3 + H_2O$
−0.1262	$Pb^{2+} + 2e \rightleftharpoons Pb$
1.6913	$PbO_2 + SO_4^{2-} + 4H^+ + 2e \rightleftharpoons PbSO_4 + 2H_2O$
1.455	$PbO_2 + 4H^+ + 2e \rightleftharpoons Pb^{2+} + 2H_2O$
−0.537	$HPbO_2^- + H_2O + 2e \rightleftharpoons Pb + 3OH^-$
−0.3588	$PbSO_4 + 2e \rightleftharpoons Pb + SO_4^{2-}$
−0.47627	$S + 2e \rightleftharpoons S^{2-}$
0.142	$S + 2H^+ + 2e \rightleftharpoons H_2S$(水)
0.172	$SO_4^{2-} + 4H^+ + 2e \rightleftharpoons H_2SO_3 + H_2O$
0.08	$S_4O_6^{2-} + 2e \rightleftharpoons 2S_2O_3^{2-}$
−0.66	$SO_3^{2-} + 3H_2O + 4e \rightleftharpoons S + 6OH^-$
2.010	$S_2O_8^{2-} + 2e \rightleftharpoons 2SO_4^{2-}$
0.51	$4H_2SO_3 + 4H^+ + 6e \rightleftharpoons S_4O_6^{2-} + 6H_2O$
0.40	$2H_2SO_3 + 2H^+ + 4e \rightleftharpoons S_2O_3^{2-} + 3H_2O$
−0.571	$2SO_3^{2-} + 3H_2O + 4e \rightleftharpoons S_2O_3^{2-} + 6OH^-$
−0.212	$SbO^+ + 2H^+ + 3e \rightleftharpoons Sb + H_2O$
−0.510	$Sb + 3H^+ + 3e \rightleftharpoons SbH_3$
−0.924	$Se + 2e \rightleftharpoons Se^{2-}$
−0.399	$Se + 2H^+ + 2e \rightleftharpoons H_2Se$(水)

续表

标准电极电势/V	半反应
−0.366	$SeO_3^{2-} + 3H_2O + 4e \rightleftharpoons Se + 6OH^-$
−0.1375	$Sn^{2+} + 2e \rightleftharpoons Sn$
0.151	$Sn^{4+} + 2e \rightleftharpoons Sn^{2+}$
−0.909	$HSnO_2^- + H_2O + 2e \rightleftharpoons Sn + 3OH^-$
−0.93	$Sn(OH)_6^{2-} + 2e \rightleftharpoons HSnO_2^- + H_2O + 3OH^-$
−2.89	$Sr^{2+} + 2e \rightleftharpoons Sr$
−0.57	$TeO_3^{2-} + 3H_2O + 4e \rightleftharpoons Te + 6OH^-$
0.1	$TiO^{2+} + 2H^+ + e \rightleftharpoons Ti^{3+} + H_2O$
−0.09	$TiOCl^+ + 2H^+ + 3Cl^- + e \rightleftharpoons TiCl_4^- + H_2O$
−0.336	$Tl^+ + e \rightleftharpoons Tl$
0.327	$UO_2^{2+} + 4H^+ + 2e \rightleftharpoons U^{4+} + 2H_2O$
0.337	$VO^{2+} + 2H^+ + e \rightleftharpoons V^{3+} + H_2O$
0.991	$VO_2^+ + 2H^+ + e \rightleftharpoons VO^{2+} + H_2O$
−0.7618	$Zn^{2+} + 2e \rightleftharpoons Zn$
−1.215	$ZnO_2^{2-} + 2H_2O + 2e \rightleftharpoons Zn + 4OH^-$

附表 7.14 一些氧化还原电对的条件电势(按照元素字母顺序排列)

半反应	条件电势/V	介质
Ag(Ⅱ) + e ⇌ Ag^+	1.927	4 mol·L^{-1} HNO_3
Ce(Ⅳ) + e ⇌ Ce(Ⅲ)	1.61	1 mol·L^{-1} HNO_3
	1.44	0.5 mol·L^{-1} H_2SO_4
	1.28	1 mol·L^{-1} HCl
$Co^{3+} + e \rightleftharpoons Co^{2+}$	1.84	3 mol·L^{-1} HNO_3
Co(乙二胺)$_3^{3+}$ + e ⇌ Co(乙二胺)$_3^{2+}$	−0.2	0.1 mol·L^{-1} KNO_3 + 0.1 mol·L^{-1} 乙二胺
Cr(Ⅲ) + e ⇌ Cr(Ⅱ)	−0.40	5 mol·L^{-1} HCl
$Cr_2O_7^{2-} + 14H^+ + 6e \rightleftharpoons 2Cr^{3+} + 7H_2O$	1.08	3 mol·L^{-1} HCl
	1.00	1 mol·L^{-1} HCl
	1.15	4 mol·L^{-1} H_2SO_4
	1.025	1 mol·L^{-1} $HClO_4$
$CrO_4^{2-} + 2H_2O + 3e \rightleftharpoons CrO_2^- + 4OH^-$	−0.12	1 mol·L^{-1} NaOH
Fe(Ⅲ) + e ⇌ Fe(Ⅱ)	0.767	1 mol·L^{-1} $HClO_4$
	0.71	0.5 mol·L^{-1} HCl
	0.68	1 mol·L^{-1} H_2SO_4
	0.68	1 mol·L^{-1} HCl
	0.46	2 mol·L^{-1} H_3PO_4
	0.51	1 mol·L^{-1} HCl + 0.25 mol·L^{-1} H_3PO_4
$Fe(EDTA)^- + e \rightleftharpoons Fe(EDTA)^{2-}$	0.12	0.1 mol·L^{-1} EDTA，pH=4～6
$Fe(CN)_6^{3-} + e \rightleftharpoons Fe(CN)_6^{4-}$	0.56	0.1 mol·L^{-1} HCl

续表

半反应	条件电势/V	介质
$FeO_4^{2-} + 2H_2O + 3e \rightleftharpoons FeO_2^- + 4OH^-$	0.55	10 mol·L⁻¹ NaOH
$I_3^- + 2e \rightleftharpoons 3I^-$	0.5446	0.5 mol·L⁻¹ H_2SO_4
I_2(水) $+ 2e \rightleftharpoons 2I^-$	0.6276	0.5 mol·L⁻¹ H_2SO_4
$MnO_4^- + 8H^+ + 5e \rightleftharpoons Mn^{2+} + 4H_2O$	1.45	1 mol·L⁻¹ $HClO_4$
Pb(Ⅱ) + 2e ⇌ Pb	−0.32	1 mol·L⁻¹ NaAc
Sb(Ⅴ) + 2e ⇌ Sb(Ⅲ)	0.75	3.5 mol·L⁻¹ HCl
$Sb(OH)_6^- + 2e \rightleftharpoons SbO_2^- + 2OH^- + 2H_2O$	−0.428	3 mol·L⁻¹ NaOH
$SbO_2^- + 2H_2O + 3e \rightleftharpoons Sb + 4OH^-$	−0.675	10 mol·L⁻¹ KOH
$SnCl_6^{2-} + 2e \rightleftharpoons SnCl_4^{2-} + 2Cl^-$	0.14	1 mol·L⁻¹ HCl
Ti(Ⅳ) + e ⇌ Ti(Ⅲ)	−0.01	0.2 mol·L⁻¹ H_2SO_4
	0.12	2 mol·L⁻¹ H_2SO_4
	−0.04	1 mol·L⁻¹ HCl
	−0.05	1 mol·L⁻¹ H_3PO_4

附表 7.15　常见微溶化合物的溶度积常数(按照元素字母顺序排列)

化合物	$K_{sp}(pK_{sp})$	化合物	$K_{sp}(pK_{sp})$
Ag_3AsO_4	1×10^{-22}(22.0)	$BaC_2O_4\cdot H_2O$	2.3×10^{-8}(7.64)
AgBr	5.0×10^{-13}(12.30)	$BaCrO_4$	1.2×10^{-10}(9.92)
$AgBrO_3$	5.5×10^{-5}(4.26)	BaF_2	1.0×10^{-6}(6.0)
AgCN	1.2×10^{-16}(15.92)	$Ba_3(PO_4)_2$	5×10^{-30}(29.3)
Ag_2CO_3	8.1×10^{-12}(11.09)	$BaSO_4$	1.1×10^{-10}(9.96)
$Ag_2C_2O_4$	3.5×10^{-11}(10.46)	$BaSeO_4$	3.5×10^{-8}(7.46)
AgCl	1.8×10^{-10}(9.74)	$Be(OH)_2$(无定形)	1×10^{-21}(21.0)
Ag_2CrO_4	1.9×10^{-12}(11.71)	BiI_3	8.1×10^{-19}(18.09)
AgI	9.3×10^{-17}(16.03)	BiOCl	1.8×10^{-31}(30.75)
$AgIO_3$	3.1×10^{-8}(7.51)	$BiPO_4$	1.3×10^{-23}(22.89)
$\frac{1}{2}Ag_2O(Ag^+ + OH^-)$	1.9×10^{-8}(7.71)	$\frac{1}{2}\alpha\text{-}Bi_2O_3(Bi^{3+} + 3OH^-)$	3.0×10^{-39}(38.53)
Ag_3PO_4	1.4×10^{-16}(15.84)	Bi_2S_3	1×10^{-97}(97)
Ag_2S	2.0×10^{-49}(48.7)	$Ca(C_9H_6NO)_2$	4×10^{-11}(10.4)
AgSCN	1.1×10^{-12}(11.97)	$CaCO_3$(方解石)	4.5×10^{-9}(8.35)
Ag_2SO_3	1.5×10^{-14}(13.82)	CaC_2O_4	2.3×10^{-9}(8.64)
Ag_2SO_4	1.5×10^{-5}(4.83)	CaF_2	3.9×10^{-11}(10.41)
Ag_2Se	2×10^{-64}(63.7)	$CaMnO_4$	1×10^{-8}(8.0)
Ag_2SeO_4	1.2×10^{-9}(8.91)	$Ca(OH)_2$	6.5×10^{-6}(5.19)
$Al(OH)_3$(无定形)	1.3×10^{-33}(32.9)	$Ca_2P_2O_7$	1.3×10^{-8}(7.9)
$Au(OH)_3$	3×10^{-48}(47.5)	$CaSO_3$	3.2×10^{-7}(6.5)
$Ba(C_9H_6NO)_2$	2×10^{-8}(7.7)	$CaSO_4$	9.1×10^{-6}(5.04)
$BaCO_3$	5×10^{-9}(8.3)	$CdCO_3$	3.4×10^{-14}(13.74)

续表

化合物	$K_{sp}(pK_{sp})$	化合物	$K_{sp}(pK_{sp})$
CdC_2O_4	1.5×10^{-8}(7.82)	HgI_2	1.1×10^{-28}(27.95)
β-$Cd(OH)_2$	4.5×10^{-15}(14.35)	$HgO(Hg^+ + 2OH^-)$	3.6×10^{-26}(25.44)
γ-$Cd(OH)_2$	7.9×10^{-15}(14.10)	HgS(黑色)	2×10^{-52}(51.7)
CdS	1×10^{-27}(27.0)	HgS(红色)	4×10^{-53}(52.4)
$Ce_2(C_2O_4)_3$	3×10^{-26}(25.5)	$Hg(SCN)_2$	2.8×10^{-20}(19.56)
$Ce(OH)_3$	6.3×10^{-24}(23.2)	$In(C_9H_6NO)_3$	4.6×10^{-32}(31.34)
$CeO_2(Ce^{4+} + 4OH^-)$	1×10^{-65}(65.0)	$In(OH)_3$	1.3×10^{-37}(36.9)
$CeO(OH)_2$	4.0×10^{-25}(24.40)	In_2S_3	6.3×10^{-74}(73.2)
CeP_2O_7	3.5×10^{-24}(23.46)	$La_2(CO_3)_3$	4×10^{-34}(33.4)
$Co(C_9H_6NO)_2$	6.3×10^{-25}(24.2)	$La_2(C_2O_4)_3$	1×10^{-25}(25.0)
$CoCO_3$	1.4×10^{-13}(12.84)	$La(IO_3)_3$	1.02×10^{-11}(10.99)
$Co(OH)_2$	1.3×10^{-15}(14.9)	$La(OH)_3$	2×10^{-20}(20.7)
α-CoS	4×10^{-21}(20.4)	$LaPO_4$	3.7×10^{-23}(22.43)
β-CoS	2×10^{-25}(24.7)	$Mg(C_9H_6NO)_2$	4×10^{-16}(15.4)
$Co(OH)_3$	2×10^{-44}(43.7)	$MgCO_3$	3.5×10^{-8}(7.46)
$Cr(OH)_3$	6×10^{-31}(30.2)	MgF_2	6.6×10^{-9}(8.18)
CuBr	5×10^{-9}(8.3)	$MgNH_4PO_4$	2.5×10^{-13}(12.6)
CuCl	1.2×10^{-6}(5.92)	$Mg(OH)_2$	1.8×10^{-11}(10.74)
CuI	1×10^{-12}(12.0)	$Mg_3(PO_4)_2\cdot8H_2O$	6.3×10^{-26}(25.20)
$\frac{1}{2}Cu_2O(Cu^+ + OH^-)$	2×10^{-15}(14.7)	$Mn(C_9H_6NO)_2$	2×10^{-22}(21.7)
Cu_2S	3.2×10^{-49}(48.5)	$MnCO_3$	1.8×10^{-11}(10.74)
$Cu(C_9H_6NO)_2$	8×10^{-30}(29.1)	$Mn(OH)_2$	1.6×10^{-13}(12.8)
$CuCO_3$	2.3×10^{-10}(9.63)	MnS(无定形)	2.0×10^{-10}(9.7)
CuC_2O_4	2.9×10^{-8}(7.54)	MnS(晶形)	2.0×10^{-13}(12.7)
$Cu(OH)_2$	2.2×10^{-20}(19.66)	$Nd(OH)_3$	3.2×10^{-22}(21.50)
CuS	8×10^{-37}(36.1)	$NiCO_3$	6.6×10^{-9}(8.18)
$Fe(OH)_2$	8×10^{-16}(15.1)	$Ni(OH)_2$	6.3×10^{-16}(15.2)
FeS	6×10^{-18}(17.2)	α-NiS	3.2×10^{-19}(18.5)
$Fe(C_9H_6NO)_3$	3×10^{-44}(43.5)	β-NiS	1.0×10^{-24}(24.0)
$Fe(OH)_3$	1.6×10^{-39}(38.8)	γ-NiS	2.0×10^{-26}(25.7)
Hg_2Br_2	5.6×10^{-23}(22.25)	Ni-丁二酮肟	2.2×10^{-24}(23.66)
$Hg_2(CN)_2$	5×10^{-40}(39.3)	$Ni(C_9H_6NO)_2$	3×10^{-26}(25.5)
Hg_2CO_3	8.9×10^{-17}(16.05)	$PbBr_2$	2.1×10^{-6}(5.68)
Hg_2Cl_2	1.2×10^{-18}(17.91)	$PbCO_3$	7.4×10^{-14}(13.13)
Hg_2CrO_4	2.0×10^{-9}(8.70)	PbC_2O_4	3.2×10^{-11}(10.5)
Hg_2I_2	4.7×10^{-29}(28.33)	$PbCl_2$	1.7×10^{-5}(4.78)
$Hg_2(OH)_2$	2×10^{-24}(23.7)	$PbCrO_4$	2.8×10^{-13}(12.55)
$Hg_2(SCN)_2$	3.0×10^{-20}(19.52)	PbF_2	3.6×10^{-8}(7.44)
$HgBr_2$	1.3×10^{-19}(18.9)	$Pb_2Fe(CN)_6$	9.5×10^{-19}(18.02)

续表

化合物	K_{sp}(pK_{sp})	化合物	K_{sp}(pK_{sp})
PbI_2	7.9×10^{-9}(8.10)	$Th(OH)_4$(22℃)	2×10^{-45}(44.7)
$\frac{1}{2}Pb_2O(OH)_2(Pb^{2+}+2OH^-)$	1.3×10^{-15}(14.9)	$ThO(OH)_2$	5×10^{-24}(23.3)
$Pb_3(PO_4)_2$	3.0×10^{-44}(43.53)	$Ti(OH)_3$	1×10^{-40}(40.0)
PbS	3.2×10^{-28}(27.5)	$Ti(OH)_4$	7.9×10^{-54}(53.10)
$PbSO_4$	1.6×10^{-8}(7.79)	$TiO(OH)_2(TiO^{2+}+2OH^-)$	1.0×10^{-29}(29.0)
$PbSe$	8×10^{-43}(42.1)	$TlBr$	3.6×10^{-6}(5.44)
$PbSeO_4$	1.4×10^{-7}(6.84)	Tl_2CrO_4	9.8×10^{-13}(12.01)
$Pd(OH)_2$	3.2×10^{-29}(28.5)	TlI	5.9×10^{-8}(7.23)
$Pr(OH)_3$	7.9×10^{-22}(21.10)	Tl_2S	6.3×10^{-22}(21.2)
$\frac{1}{2}Sb_2O_3(SbO^++OH^-)$		$Tl(C_9H_6NO)_3$	4×10^{-33}(32.4)
斜方	2.2×10^{-18}(17.66)	$\frac{1}{2}Tl_2O_3(Tl^{3+}+3OH^-)$	6.3×10^{-46}(45.2)
立方	1.7×10^{-18}(17.78)	UF_4	5.8×10^{-22}(21.24)
Sb_2S_3	1×10^{-93}(93)	$UO_2C_2O_4$(20℃)	2.2×10^{-9}(8.66)
$Sm(OH)_3$	7.9×10^{-23}(22.10)	$UO_2(OH)_2$	4×10^{-23}(22.4)
SnI_2	8.3×10^{-6}(5.08)	$V(OH)_3$	5×10^{-35}(34.3)
$SnO(Sn^{2+}+2OH^-)$	6.3×10^{-27}(26.2)	$(VO)_3(PO_4)_2$	8×10^{-26}(25.1)
SnS	1.0×10^{-25}(25.0)	$Y_2(CO_3)_3$	2.5×10^{-31}(30.6)
$SnO_2(Sn^{4+}+4OH^-)$	4×10^{-65}(64.4)	$Y(OH)_3$	6.3×10^{-24}(23.2)
SnS_2	2.4×10^{-27}(26.62)	$Zn(C_9H_6NO)_2$	2×10^{-24}(23.7)
$Sr(C_9H_6NO)_2$	2×10^{-9}(8.7)	$Zn(CN)_2$	3.2×10^{-16}(15.5)
$SrCO_3$	1.1×10^{-10}(9.96)	$ZnCO_3$	1.4×10^{-11}(10.84)
SrC_2O_4	4×10^{-7}(6.4)	ZnC_2O_4	1.3×10^{-9}(8.89)
$SrCrO_4$	2.2×10^{-5}(4.66)	$Zn_2Fe(CN)_6$	2.1×10^{-16}(15.68)
SrF_2	2.9×10^{-9}(8.54)	$Zn(OH)_2$(无定形)	3.0×10^{-16}(15.52)
$Sr_2P_2O_7$	1.2×10^{-7}(6.92)	α-ZnS	2×10^{-25}(24.7)
$SrSO_4$	3.2×10^{-7}(6.50)	β-ZnS	3.2×10^{-23}(22.5)
$Th(C_2O_4)_2$	1.1×10^{-25}(24.96)	$ZrO_2(Zr^{4+}+4OH^-)$	8×10^{-55}(54.1)
ThF_4	5×10^{-29}(28.3)	$ZrO(OH)_2$	1×10^{-29}(29.0)

注：C_9H_6NOH 为 8-羟基喹啉

附表 7.16　常见化合物的相对分子质量(按照元素字母顺序排列)

化合物	相对分子质量	化合物	相对分子质量
Ag_3AsO_4	462.53	$AlCl_3$	133.33
$AgBr$	187.77	$AlCl_3\cdot6H_2O$	241.43
$AgCN$	133.91	$Al(NO_3)_3$	213.01
$AgCl$	143.32	$Al(NO_3)_3\cdot9H_2O$	375.19
Ag_2CrO_4	331.73	Al_2O_3	101.96
AgI	234.77	$Al(OH)_3$	78.00
$AgNO_3$	169.88	$Al_2(SO_4)_3$	342.17
$AgSCN$	165.96	$Al_2(SO_4)_3\cdot18H_2O$	666.46
$Al(C_9H_6NO)_3$	459.44	As_2O_3	197.84

续表

化合物	相对分子质量	化合物	相对分子质量
As_2O_5	229.84	$CrCl_3$	158.36
As_2S_3	246.05	$CrCl_3 \cdot 6H_2O$	266.45
$BaCO_3$	197.31	$Cr(NO_3)_3$	238.01
BaC_2O_4	225.32	Cr_2O_3	151.99
$BaCl_2$	208.24	$CuCl$	99.00
$BaCl_2 \cdot 2H_2O$	244.24	$CuCl_2$	134.45
$BaCrO_4$	253.32	$CuCl_2 \cdot 2H_2O$	170.48
BaO	153.33	CuI	190.45
$Ba(OH)_2$	171.32	$Cu(NO_3)_2$	187.56
$BaSO_4$	233.37	$Cu(NO_3)_2 \cdot 3H_2O$	241.60
$BiCl_3$	315.33	CuO	79.55
$BiOCl$	260.43	Cu_2O	143.09
$CH_2ClCOOH$	94.50	CuS	95.62
CH_3COOH	60.05	$CuSCN$	121.62
CH_3COONH_4	77.08	$CuSO_4$	159.62
CH_3COONa	82.03	$CuSO_4 \cdot 5H_2O$	249.68
$CH_3COONa \cdot 3H_2O$	136.08	$FeCl_2$	126.75
CO_2	44.01	$FeCl_2 \cdot 4H_2O$	198.81
$CO(NH_2)_2$	60.06	$FeCl_3$	162.21
$CaCO_3$	100.09	$FeCl_3 \cdot 6H_2O$	270.30
CaC_2O_4	128.10	$FeNH_4(SO_4)_2 \cdot 12H_2O$	482.22
$CaCl_2$	110.99	$Fe(NO_3)_3$	241.86
$CaCl_2 \cdot 6H_2O$	219.09	$Fe(NO_3)_3 \cdot 9H_2O$	404.01
$Ca(NO_3)_2 \cdot 4H_2O$	236.16	FeO	71.85
CaO	56.08	Fe_2O_3	159.69
$Ca(OH)_2$	74.10	Fe_3O_4	231.55
$Ca_3(PO_4)_2$	310.18	$Fe(OH)_3$	106.87
$CaSO_4$	136.15	FeS	87.92
$CdCO_3$	172.41	Fe_2S_3	207.91
$CdCl_2$	183.33	$FeSO_4$	151.91
CdS	144.47	$FeSO_4 \cdot 7H_2O$	278.03
$Ce(SO_4)_2$	332.24	$Fe(NH_4)_2(SO_4)_2 \cdot 6H_2O$	392.17
$Ce(SO_4)_2 \cdot 4H_2O$	404.30	H_3AsO_3	125.94
$CoCl_2$	129.84	H_3AsO_4	141.94
$CoCl_2 \cdot 6H_2O$	237.93	H_3BO_3	61.83
$Co(NO_3)_2$	182.94	HBr	80.91
$Co(NO_3)_2 \cdot 6H_2O$	291.03	HCN	27.03
CoS	90.99	$HCOOH$	46.03
$CoSO_4$	154.99	H_2CO_3	62.03
$CoSO_4 \cdot 7H_2O$	281.10	$H_2C_2O_4$	90.04

续表

化合物	相对分子质量	化合物	相对分子质量
$H_2C_2O_4 \cdot 2H_2O$	126.07	$KHC_8H_4O_4$	204.22
HCl	36.46	$KHSO_4$	136.18
HF	20.01	KI	166.00
HI	127.91	KIO_3	214.00
HIO_3	175.91	$KIO_3 \cdot HIO_3$	389.91
HNO_2	47.02	$KMnO_4$	158.03
HNO_3	63.02	KNO_2	85.10
H_2O	18.02	KNO_3	101.10
H_2O_2	34.02	$KNaC_4H_4O_6 \cdot 4H_2O$	282.22
H_3PO_4	97.99	K_2O	94.20
H_2S	34.08	KOH	56.11
H_2SO_3	82.09	K_2PtCl_6	485.99
H_2SO_4	98.09	KSCN	97.18
$Hg(CN)_2$	252.63	K_2SO_4	174.27
$HgCl_2$	271.50	$MgCO_3$	84.32
Hg_2Cl_2	472.09	MgC_2O_4	112.33
HgI_2	454.40	$MgCl_2$	95.22
$Hg(NO_3)_2$	324.60	$MgCl_2 \cdot 6H_2O$	203.31
$Hg_2(NO_3)_2$	525.19	$MgNH_4PO_4$	137.32
$Hg_2(NO_3)_2 \cdot 2H_2O$	561.22	$Mg(NO_3)_2 \cdot 6H_2O$	256.43
HgO	216.59	MgO	40.31
HgS	232.65	$Mg(OH)_2$	58.33
$HgSO_4$	296.67	$Mg_2P_2O_7$	222.55
Hg_2SO_4	497.27	$MgSO_4 \cdot 7H_2O$	246.49
$KAl(SO_4)_2 \cdot 12H_2O$	474.41	$MnCO_3$	114.95
KBr	119.00	$MnCl_2 \cdot 4H_2O$	197.91
$KBrO_3$	167.00	$Mn(NO_3)_2 \cdot 6H_2O$	287.06
KCN	65.12	MnO	70.94
K_2CO_3	138.21	MnO_2	86.94
KCl	74.55	MnS	87.01
$KClO_3$	122.55	$MnSO_4$	151.01
$KClO_4$	138.55	$MnSO_4 \cdot 4H_2O$	223.06
K_2CrO_4	194.19	NH_3	17.03
$K_2Cr_2O_7$	294.18	$(NH_4)_2CO_3$	96.09
$K_3Fe(CN)_6$	329.25	$(NH_4)_2C_2O_4$	124.10
$K_4Fe(CN)_6$	368.35	$(NH_4)_2C_2O_4 \cdot H_2O$	142.12
$KFe(SO_4)_2 \cdot 12H_2O$	503.23	NH_4Cl	53.49
$KHC_2O_4 \cdot 12H_2O$	146.15	NH_4HCO_3	79.06
$KHC_2O_4 \cdot H_2C_2O_4 \cdot 2H_2O$	254.19	$(NH_4)_2HPO_4$	132.06
$KHC_4H_4O_6$	188.18	$(NH_4)_2MoO_4$	196.01

续表

化合物	相对分子质量	化合物	相对分子质量
NH_4NO_3	80.04	NiO	74.69
$(NH_4)_3PO_4 \cdot 12MoO_3$	1876.35	NiS	90.76
$(NH_4)_2S$	68.15	$NiSO_4 \cdot 7H_2O$	280.87
NH_4SCN	76.13	OH(基团)	17.01
$(NH_4)_2SO_4$	132.15	P_2O_5	141.94
NH_4VO_3	116.98	$Pb(CH_3COO)_2$	325.29
NO	30.01	$Pb(CH_3COO)_2 \cdot 3H_2O$	379.34
NO_2	46.01	$PbCO_3$	267.21
Na_3AsO_3	191.89	PbC_2O_4	295.22
$Na_2B_4O_7$	201.22	$PbCl_2$	278.11
$Na_2B_4O_7 \cdot 10H_2O$	381.42	$PbCrO_4$	323.19
$NaBiO_3$	279.97	PbI_2	461.01
NaBr	102.89	$Pb(NO_3)_2$	331.21
NaCN	49.01	PbO	223.20
Na_2CO_3	105.99	PbO_2	239.20
$Na_2CO_3 \cdot 10H_2O$	286.19	Pb_3O_4	685.60
$Na_2C_2O_4$	134.00	$Pb_3(PO_4)_2$	811.54
NaCl	58.41	PbS	239.27
NaClO	74.44	$PbSO_4$	303.27
$NaHCO_3$	84.01	SO_2	64.07
NaH_2PO_4	119.98	SO_3	80.07
Na_2HPO_4	141.96	$SbCl_3$	228.15
$Na_2HPO_4 \cdot 12H_2O$	358.14	$SbCl_5$	299.05
$NaHSO_4$	120.07	Sb_2O_3	291.60
$Na_2H_2Y \cdot 2H_2O$	372.24	Sb_2S_3	339.81
$NaNO_2$	69.00	SiF_4	104.08
$NaNO_3$	85.00	SiO_2	60.08
Na_2O	61.98	$SnCl_2$	189.60
Na_2O_2	77.98	$SnCl_2 \cdot 2H_2O$	225.63
NaOH	40.00	$SnCl_4$	260.50
Na_3PO_4	163.94	$SnCl_4 \cdot 5H_2O$	350.58
Na_2S	78.05	SnO_2	150.71
$Na_2S \cdot 9H_2O$	240.19	SnS	150.78
NaSCN	81.08	$SrCO_3$	147.63
Na_2SO_3	126.05	SrC_2O_4	175.64
Na_2SO_4	142.05	$SrCrO_4$	203.62
$Na_2S_2O_3$	158.12	$Sr(NO_3)_2$	211.64
$Na_2S_2O_3 \cdot 5H_2O$	248.19	$Sr(NO_3)_2 \cdot 4H_2O$	283.69
$NiCl_2 \cdot 6H_2O$	237.69	$SrSO_4$	183.68
$Ni(NO_3)_2 \cdot 6H_2O$	290.79	TlCl	239.84

续表

化合物	相对分子质量	化合物	相对分子质量
U_3O_8	842.08	$ZnCl_2$	136.29
$UO_2(CH_3COO)_2 \cdot 2H_2O$	424.15	$Zn(NO_3)_2$	189.39
$(UO_2)_2P_2O_7$	714.00	$Zn(NO_3)_2 \cdot 6H_2O$	297.51
$Zn(CH_3COO)_2$	183.43	ZnO	81.38
$Zn(CH_3COO)_2 \cdot 2H_2O$	219.50	ZnS	97.46
$ZnCO_3$	125.39	$ZnSO_4$	161.46
ZnC_2O_4	153.40	$ZnSO_4 \cdot 7H_2O$	287.57

附表 7.17　元素的相对原子质量(2001，按元素符号的字母顺序排列，不包括人工元素)

元素	原子序数	相对原子质量	元素	原子序数	相对原子质量
Ac(锕) actinium	89	227.0278	Ce(铈) cerium	58	140.116(1)
Ag(银) silver	47	107.8682(2)	Cl(氯) chlorine	17	35.453(2)
Al(铝) aluminium	13	26.981538(2)	Co(钴) cobalt	27	58.933200(9)
Ar(氩) argon	18	39.948(1)	Cr(铬) chromium	24	51.9961(6)
As(砷) arsenic	33	74.92160(2)	Cs(铯) caesium	55	132.90545(2)
Au(金) gold	79	196.96655(2)	Cu(铜) copper	29	63.546(3)
B(硼) boron	5	10.811(7)	Dy(镝) dysprosium	66	162.500(1)
Ba(钡) barium	56	137.327(7)	Er(铒) erbium	68	167.259(3)
Be(铍) beryllium	4	9.012182(3)	Eu(铕) europium	63	151.964(1)
Bi(铋) bismuth	83	208.98038(2)	F(氟) fluorine	9	18.9984032(5)
Br(溴) bromine	35	79.904(1)	Fe(铁) iron	26	55.845(2)
C(碳) carbon	6	12.0107(8)	Ga(镓) gallium	31	69.723(1)
Ca(钙) calcium	20	40.078(4)	Gd(钆) gadolinium	64	157.25(3)
Cd(镉) cadmium	48	112.411(8)	Ge(锗) germanium	32	72.64(1)

续表

元素	原子序数	相对原子质量	元素	原子序数	相对原子质量
H(氢) hydrogen	1	1.00794(7)	Nd(钕) neodymium	60	144.24(3)
He(氦) helium	2	4.002602(2)	Ne(氖) neon	10	20.1797(6)
Hf(铪) hafnium	72	178.49(2)	Ni(镍) nickel	28	58.6934(2)
Hg(汞) mercury	80	200.59(2)	Np(镎) neptunium	93	237.0482
Ho(钬) holmium	67	164.93032(2)	O(氧) oxygen	8	15.9994(3)
I(碘) iodine	53	126.90447(3)	Os(锇) osmium	76	190.23(3)
In(铟) indium	49	114.818(3)	P(磷) phosphorus	15	30.973761(2)
Ir(铱) iridium	77	192.217(3)	Pa(镤) protactinium	91	231.03588(2)
K(钾) potassium	19	39.0983(1)	Pb(铅) lead	82	207.2(1)
Kr(氪) krypton	36	83.798(2)	Pd(钯) palladium	46	106.42(1)
La(镧) lanthanum	57	138.9055(2)	Pr(镨) praseodymium	59	140.90765(2)
Li(锂) lithium	3	6.941(2)	Pt(铂) platinum	78	195.078(2)
Lu(镥) lutetium	71	174.967(1)	Ra(镭) radium	88	226.0254
Mg(镁) magnesium	12	24.3050(6)	Rb(铷) rubidium	37	85.4678(3)
Mn(锰) manganese	25	54.938049(9)	Re(铼) rhenium	75	186.207(1)
Mo(钼) molybdenum	42	95.94(1)	Rh(铑) rhodium	45	102.90550(2)
N(氮) nitrogen	7	14.00674(7)	Ru(钌) ruthenium	44	101.07(2)
Na(钠) sodium	11	22.989770(2)	S(硫) sulfur	16	32.065(5)
Nb(铌) niobium	41	92.90638(2)	Sb(锑) antimony	51	121.760(1)

续表

元素	原子序数	相对原子质量	元素	原子序数	相对原子质量
Sc(钪) scandium	21	44.955910(8)	Tl(铊) thallium	81	204.3833(2)
Se(硒) selenium	34	78.96(3)	Tm(铥) thulium	69	168.93421(2)
Si(硅) silicon	14	28.0855(3)	U(铀) uranium	92	238.02891(3)
Sm(钐) samarium	62	150.36(3)	V(钒) vanadium	23	50.9415(1)
Sn(锡) tin	50	118.710(7)	W(钨) tungsten	74	183.84(1)
Sr(锶) strontium	38	87.62(1)	Xe(氙) xenon	54	131.293(6)
Ta(钽) tantalum	73	180.9479(1)	Y(钇) yttrium	39	88.90585(2)
Tb(铽) terbium	65	158.92534(2)	Yb(镱) ytterbium	70	173.04(3)
Te(碲) tellurium	52	127.60(3)	Zn(锌) zinc	30	65.409(4)
Th(钍) thorium	90	232.0381(1)	Zr(锆) zirconium	40	91.224(2)
Ti(钛) titanium	22	47.867(1)			